新时期金融法变革中的消费者保护研究

盛学军 等 著

西南政法大学

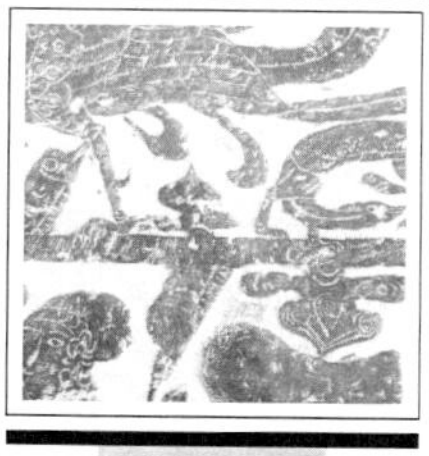

经济法学文库

14

国家社会科学基金项目

法律出版社
LAW PRESS·CHINA

刘志伟

山东滨州人，法学博士，西南政法大学讲师。

主要从事金融法的教学与研究。在《法律科学》《法学评论》等核心期刊发表学术论文18篇，部分被中国人民大学书报资料中心《复印报刊资料》全文转载；主持、主研国家社科基金、省部级、校级科研项目7项。获重庆市优秀博士学位论文、中国法学会证券法学研究会优秀论文、中国法学会银行法学研究会优秀论文等奖励8项。

于朝印

山东济南人，法学博士，山东财经大学副教授、硕士研究生导师，美国哥伦比亚大学访问学者。

主要从事金融法的教学与研究。在《现代法学》《社会科学》等核心期刊发表学术论文30余篇，部分被中国人民大学书报资料中心《复印报刊资料》全文转载；出版学术专著1部，主编、参编教材多部；主持、主研国家社科基金、省部级科研项目多项。

刘如翔

安徽阜阳人，法学博士，四川师范大学副教授、硕士研究生导师。

主要从事金融法的教学与研究。在《中国法学》（英文版）、《金融理论与实践》、《金融与经济》等核心期刊发表学术论文10余篇；出版学术专著1部，主编、参编教材两部；主持、主研国家社科基金、省部级科研项目多项。

张雪强

江西南昌人，法学博士，江西科技师范大学副教授、硕士研究生导师。

主要从事金融法的教学与研究。在《经济法论坛》等核心期刊发表学术论文10余篇，出版学术专著1部，参编法学教材2部；主研国家社科基金、省部级科研项目多项。

金励

四川泸定人，法学博士，西南政法大学副教授、硕士研究生导师，最高人民法院法学研究所博士后。

主要从事金融法的教学与研究。在《现代法学》《财经科学》等核心期刊发表学术论文20余篇，部分被中国人民大学书报资料中心《复印报刊资料》转载；出版学术专著1部；主持、主研国家社科基金、省部级科研项目多项。获省部级以上奖励多项。

王波

陕西西安人，法学博士，西安财经大学副教授、硕士研究生导师，西南政法大学博士后。

主要从事经济法、财税金融法的教学与研究。在《上海财经大学学报》等核心期刊发表学术论文10余篇，部分被中国人民大学书报资料中心《复印报刊资料》全文转载；出版学术专著1部；主持、主研国家社科基金、省部级科研项目多项。获省部级以上奖励多项。

总　序

西南政法大学经济法学科始创于20世纪80年代初，是全国率先设置的几个经济法专业之一。本学科于1996年取得博士学位授予权，2000年开始向国外和我国港澳台地区招收博士研究生，2002年和2007年被教育部评定为国家级高等学校重点学科。经过多年的积累和传承，本学科在经济法理论和实务研究方面取得了较为丰硕的成果，并在经济法基础理论、农村经济法制等领域形成了自己的研究特色和研究优势，在法学界享有一定的声誉。

根深方能叶茂。本学科在李昌麒教授、种明钊教授等前辈的精心策划、直接组织或推动下，在全国同行的热忱关心和大力支持下，在学科全体教师的共同努力下，已成功推出“经济法博士精品文库”（法律出版社出版）、“西南政法大学经济法学系列”（厦门大学出版社出版）和“经济法论坛”（群众出版社出版）等多个系列出版物，建立了“李昌麒经济法网”“中国农村经济法制创新研究中心网”“西南政法大学经济法研究中心网”等多个学术网站。这些系列出版物和学术网站，对夯实本学科的建设平台、繁荣经济法学术研究，产生了并将继续产生极大助益。为进一步拓展本学科的建设平台，推动经济法学研究，我们决定出版“西南政法大学经济法学文库”。与本学科现有的几个系列出版物的侧重点不同，本文库主要为本学科的教师尤其是中青年教师提供一个发表优秀作品的途径，展示本学科教师对经济法学理论和实务问题的新思考和新探索。

当下，经过经济法学界同人的不懈探索，有关经济法的共识增多了，经济法的“合法性”也不再是一个问题。但是，作为一门新兴的法学学科，经济法学的研究在理论上尚需进一步推进，在实证上有待进一步加强。可以说，未来经济法研究，既需要“多谈些主义”，也需要“多谈些问题”；既需要“大胆假设”，也需要“小心求证”；既需要加强“本土性研究”，也需要开拓“国际性视野”；既需要“前瞻性分析”，也需要“回应性探索”。当您推开本文库这扇经济法学研究之门后，您或许看不到惊世骇俗的思想，但我们相信并期待着，您将在本文库中感悟到经济法学的堂奥，见证本学科教师对经济法学脚踏实地、孜孜以求的精神。

些许微衷，尚请贤明察之。

2011 年 5 月

绪　论

金融法变革自现代金融法制确立以来就一直成为金融界、法律界等关注的议题，这在相当程度上源于金融创新生生不息、不断挑战既有规则的活跃属性，可以说，金融市场的创新特性成为金融法制不断变革的一大催生力量。仅仅在20世纪后期就先后爆发英国“金融大爆炸”、美国颁行《金融服务现代化法》等影响深远的金融法变革事件。而近一个时期金融法变革的一个重要方面则是围绕着消费者保护的议题而展开。

“金融消费者”作为法律文件中的正式概念，首次出现在英国于2000年颁布的《英国金融服务与市场法》中。该法从金融监管一体化的思路出发，超越了存贷款、证券投资、保险等具体业务的划分界限，第一次从法律层面提出了“金融服务与金融消费”这样一种从整体视角调整和规范金融市场交易关系的范畴。回顾既往，2008年爆发的全球性金融危机事实上成为国际间推动金融消费者保护的历史机遇。进入“后危机时代”，刚从金融危机的泥潭中恢复过来的欧美诸国即大刀阔斧地启动金融法改革，其重心正是消费者保护，并将完善的消费者保护体系视为决定一个国家金融业国际竞争力的重要因素，以及维护金融安全与金融稳定的重要保障。2010年9月，欧洲议会通过欧盟金融改革法案，决定采取包括建立跨国金融监管机构（European Society for Applied Superconductivity，ESAS）在内的一系列改革措施，而金融监管的中心目标则确定为消费者保护。美国政府更是将“次贷危机”的教训之一归结为缺乏对金融消费者权益的有效保护。因此,针对存在的消费者保护在金融法律目标中未能彰显,监管部门的监管手段、专业知识、监管文化与消费者保护的要求存在冲突,监管权力的配置难以适应消费者保护的执法要求等痼疾,美国政府将金融消费者保护作为“后危机时代”金融监管制度改革的重中之重,排除重重阻挠通过了 2010 年《多德—弗兰克华尔街改革与消费者保护法》。其中的细节、规则作用的机理都急需深究,法律实施的效果也有待观察。

从国内的法律实践来看,除监管部门的若干规章、规范性文件外,正式的金融法典尚未吸收消费者的概念和相关的理念。《消费者权益保护法》虽然经过 2014 年的修订,但其过于原则和笼统的规则还不能较好地与金融业的状况相衔接,在异地存取款、转账收费、银行卡年费、跨行查询、小额账户管理费、信用卡透支计息乃至新兴理财产品等业务中,消费者权利被漠视、受侵害的情况屡屡发生。这种状况与“消费者主权”的理念未能在金融法体系内得到充分的延伸与张扬紧密相关。具体又表现在:(1)金融立法理念侧重于金融机构的安全和效率,忽视对消费者的保护;金融法制凸显“监管者—被监管者”的二元模式,消费者则趋于边缘化。(2)传统金融法上的“倾斜性”保护具有明显的局限性,如银行法中的存款人保护范围就十分狭窄,未能涵盖信用卡、理财产品等诸多业务中的客户。(3)国外法律中专门针对金融消费者保护的信息披露、实质监管等一些新兴规则在国内仍属空白。(4)消费者权利救济的途径尚显单一。消费者协会受制于金融行业管制的界限,尚未全面介入金融领域的消费者保护;至于各个金融行业协会则立足于对金融机构自身利益的维护,缺乏解决成员与消费者纠纷的内在动力与相应的制度设计。显然,国内制度与现实的差距也呼唤金融法制适时地进行变革,同时,也要求理论首先作出回应。

国内外学者就金融消费者保护的研究已取得显著成果,但后续工作仍然任重道远。理论界面临一些共同性的重大问题尚需深入研究,包括:(1)面对消费者保护尚未进入我国金融法典、系统的制度尚未确立的局面,如何理解金融消费者概念和相关的实践?金融消费者保护究竟是一种理念还是体现为一系列规则的制度?(2)如何看待近年来各国金融消费者保护立法的实践背景和制度功能?金融危机之后以消费者保护为主题的一系列金融改革法案在欧美的集中推出,是危机对策式的“条件反射”,甚或是“政治正确”式的“应对民意”,还是与金融法内在冲突和矛盾紧密契合的又一次具有变革意义的法律创新?(3)面对国内金融监管体制改革尚在路上、控制型治理模式尚未完全转型且近期渐趋强化、金融服务发展迅猛但乱象丛生、消费者保护的实践刚刚起步的局面,如何明确中国金融法结构调整和规则改进的方向？在此基础上，如何确立消费者保护的立法模式、制度体系和纠纷解决的基本路径？上述问题如未得以厘清，难免成为制约甚或误导金融法制顺利发展的理论“瓶颈”。这也自然成为本书力求着力的研究方向。

此项成果得到国家社会科学基金资助，同时，该成果的部分内容也属于课题负责人承担的、先后由国家教育部“新世纪优秀人才计划”和重庆市“百千万工程领军人才培养计划”及课题组成员承担的博士后基金等项目分别资助的研究工作。在研究过程中，课题负责人和部分成员先后赴重庆、温州、鄂尔多斯、包头、深圳、武汉、杭州、上海和北京等地调研，与各级法院、金融监管部门、金融机构、地方金融管理部门、新兴金融科技企业、高等院校和研究机构展开咨询和交流，获得了宝贵的研究文献和前沿信息。为此，课题组特别向国家哲学社会科学规划办公室、重庆市社科联、最高人民法院、最高人民检察院、中国人民银行、证监会、银保监会、上海证券交易所、深圳证券交易所、重庆市金融办、温州金融办、腾讯公司等机构和部门表示诚挚的感谢。当然，研究成果中存在的不足和缺陷概由课题组负责。

本书的具体分工如下：盛学军负责全书的规划、论证、统稿及撰写绪论、摘要、第一章和第六章各一部分，刘志伟主要撰写第一章、第三章第一节和第三节、第六章第二节和第三节并参加全书的统稿，于朝印撰写第二章，刘如翔撰写第三章第二节、第六章第四节，张雪强撰写第四章，金励撰写第五章，王波撰写第六章第一节。

作　者

2019 年 1 月

前　言

一、基本结构

全书除绪论外，由6章组成，在结构上分为三个大的部分。第一部分由第一章构成，是在金融法变革的维度下探讨消费者保护这一主题所蕴含的制度逻辑，力求回答这样一些基本问题：金融市场由抑制走向深化尤其是经历21世纪新经济条件下持续拓展的金融创新后，传统金融法面临哪些冲击和挑战、蕴含着什么样的内在矛盾和变革的方向？这些挑战和矛盾与消费者保护这一来源于市场的诉求在制度内部存在什么样的关系，如何演变？金融法变革的轨迹和方向又将如何影响金融消费者保护的实现途径？

第二部分包括第二章、第三章、第四章、第五章，是以我国金融监管实践和司法裁判为主要素材，从银行业、证券和基金投资业、保险业、互联网金融四个大类，全面探讨金融消费者保护的规则发展、运作状况和存在的问题。

第三部分由第六章构成，主要是从整体设计和重点制度上探讨改进和推动金融消费者保护的政策建议。

二、重要观点

1. 消费者保护不仅是金融法变革的原因和动力，也与金融法自身的内在矛盾和发展需求有深层的契合和联系。准确地认识和揭示新时期金融法所面临的挑战、内在矛盾和变革的方向，有助于进一步理解和把握金融消费者保护的制度逻辑和实现途径。

随着金融自由化和金融创新的深化发展,金融行业之间壁垒森严的界限在日益打破,金融服务渐趋商品化,客户在选购金融产品时完全可以跨越各金融行业的划分界限,他们在轻松地“享用”金融机构所提供的信用产品、投资理财产品或者保险产品之时,事实上已成为集银行客户、投资者与投保人的身份于一身的新型市场主体。传统的存款人、投保人及投资者的身份不再泾渭分明,个人在越来越多地与金融企业打交道的过程中,逐渐成为一个接受综合金融服务的新群体,其身份分别由投资者、存款人、投保人而嬗变为金融消费者。在此基础上,金融机构进一步开发推出的创新型金融工具(以资产管理产品为代表),以其结构化设计、证券化技术、表外化处置等为特征,所呈现出的金融交易主体间的权利义务关系、利益分配方式和风险承担机制等更趋复杂,这不仅进一步模糊了金融业内部的传统行业界限,而且强化了交易双方之间的信息差距尤其是缺乏专业经验的个人客户相对于金融机构的弱势地位。在此条件下,无论由公法抑或私法的视角去观察,金融法律制度自身均陷入十分尴尬的“不适”状态。就金融监管法的层面而言,既有的建构在以分业经营为基础上的分业监管原则与具体规则是以机构监管为“重器”,与新时期的跨界经营、综合化经营模式并不协调,面临监管思路相冲突、监管效果差强人意的局面;就金融私法的层面而言,简单适用《合同法》的一般原理和规则,难以应对金融信息严重不对称的挑战、不能准确调整畸形失衡的交易关系;除了证券市场虚假陈述、内幕交易等特定的裁判规则,一般侵权法尚未建立起适用于一般金融服务行为的归责原则、因果关系等法律构成要件。因此,直面并切实应对消费者保护问题,不仅能够回应金融市场的内在需求和金融服务的发展趋向,同时也切中了金融法律制度自身的短板和亟待解决的突出矛盾。质言之,消费者保护已经成为新时期金融法变革的一个重要突破口。

2. 以消费者保护为重要内容的金融法变革,应当从金融法价值目标的平衡、金融法结构的调整、监管体制的改进、交易规则的补充和完善等多个层面系统性地展开。

金融法的立法宗旨应当将消费者保护的目标明确纳入其中。这既反映新时期社会经济和金融生活的强烈需求,凸显变革的方向,也有助于调和金融法既有的价值目标中安全与效率二元冲突的紧张关系,推动实现实质公平。从金融监管模式和金融公法的角度着手,金融监管法应当实现从机构监管、审慎监管、纵向监管向兼具功能监管、行为监管、横向监管的综合监管制度转换,以应对金融市场大量存在的金融功能相似,但外观和交易产品不同的金融产品。金融私法则面临更加复杂的局面,须在深入把握金融产品或金融服务的法律属性的基础上,准确界分零售型金融产品的交易各方之间的风险安排和权利义务配置。从金融创新与深化发展的趋势来看,金融私法重塑的重心是从"金融商事主体"与"金融非商主体"之间交易的实质地位和信息披露等方面不平衡的环节着手,通过赋予"信义义务"等私法规则的安排,推进金融消费者权利的实现。

3. 银行业所提供的产品和服务是消费者接触金融业、进入金融市场的起点和基本通道,也是消费纠纷常见的领域。一方面,《合同法》在消费者保护方面发挥着基础性的作用。在对存款合同、贷款合同、银行理财合同、银行卡合同等有关案例的综合考察中可见,司法裁判存在格式条款的效力认定标准不统一、合同自由原则在银行业务合同中的适用语境被随意解释、合同自由的司法适用界限不清晰等突出问题。另一方面,《消费者权益保护法》作为《合同法》调整功能的延伸与补充,其调整机制突破了合同相对性原则的限制和局限,其调整方法有利于实现实质公平。我国在2014年的法律修改中将金融消费者纳入《消费者权益保护法》的适用范围,银行业监督管理委员会和中国人民银行也分别构建了银行业消费者保护体制。但是司法实务之中,涉及银行业务的案件存在《消费者权益保护法》并不具有优先适用的效力、银监会和人民银行建立的保护机制刚性约束不足、法律责任不健全和机制缺陷等多方面的问题。未来还需要进一步总结和归纳消费者调解、仲裁和司法裁判的经验,包括可以借鉴美国、法国等其他法域在金融消费者纠纷中的处置经验,在适当的时机制定专门的金融消费者权益保护法,明晰银行业金融机构有悖于消费者权利的法律责任,完善银行监管机制。

4. 在证券和资本市场中讨论消费者保护的问题,既涉及新时期条件下人们对投资、消费等传统观念的认识更新,也是面对金融服务普及、金融产品日益多元化的格局所作出的一个积极应对。就一定层面而言,证券和资本市场中的消费者保护,就是以消费者保护的方法和路径维护金融服务和产品买卖中弱势群体的行动的代名词。在保护的制度类型上,一方面,继续发挥事前信息披露、事后反欺诈条款规则等措施对投资者的保护功能;另一方面,着重建构投资者适当性原则所发挥的事中权利维护功能。通过将金融监管机构引入金融机构与投资者尤其是非专业投资者的交易关系中,确立投资者适当性原则以改变金融市场实践中金融机构与非专业投资者之间权利义务的结构关系不对等的问题,从而有助于从根本上改善金融领域中处于弱势地位的投资者的合法权益。在保护的立法体例上,存在分立(单列)立法模式和统一立法模式之别。在分立模式下,“消费者”与“投资者”作为泾渭分明的两类主体,由不同的监管机构负责保护,并分别适用不同的规则及监管标准,投资领域中仍是沿用原有的证券投资者保护模式;在统一模式下,不管是在投资领域还是在其他金融领域均适用基本一致的消费者保护规则。在我国既有的证券投资者保护体系尚不健全的背景下,与其在不同行业包括金融业内部搭建不同的理念和结构的保护体制,不如引入消费者主权保护观念;在立法路径上,从进一步修改完善《消费者权益保护法》及其配套法规入手,逐步建构完整的覆盖投资领域的金融消费者保护体系。

5. 新时期条件下的保险业作为金融业的重要组成部分,其地位和功能也在发生演变,不少保险产品的功能也从单纯的保障功能向兼具保障和投资功能的综合性避险工具的方向发展。相比于银行业、证券业、基金管理等其他金融行业,保险业消费者具有其不同的特质。保险合同是保险业展业的基础,也是确立保险法律关系的基本事实依据,但保险消费者的范围并不仅限于合同当事人的范围,而是扩展到包括投保人、被保险人、受益人等在内的消费保险产品的自然人。保险业消费者权利受侵害的情形突出表现在保险经营者对格式合同的拟订、合同条款的说明和解释、投资型保险产品信息的充分披露、消费者保险产品销售中捆绑销售、个人信息泄露和消费者隐私权被侵害、消费者得不到及时和有效理赔等多个方面。

6. 近年来,依赖电脑技术和远程移动通信设备,以大数据、云计算、APP 软件等信息技术为依托,借助于宽松的管制政策,互联网金融在我国取得高速发展。以 P2P、网络众筹、线上第三方支付等作为主要形式的互联网金融是在传统的正式金融体制之外崛起的新金融活动,它在促进大众阶层公平获取金融服务、推动普惠金融实践的同时,也暴露出消费者保护在新金融领域所面临的困难和挑战。一是电子点击合同的广泛运用、业务风险提示方式的形式化采用、交易标的的不透明安排等,进一步加剧了金融服务中的信息不对称难题;二是相比于线下交易,网上金融交易的隐蔽性、信息收集的便利性和救济途径的障碍问题等因素导致个人信息滥用的情形十分突出;三是从调研数据观察,参与互联网金融的消费群体集中在普通公众,相比于传统金融领域各个层次的客户,这些线上消费群体的风险识别能力不高、承受损失的能力不够,消费者安全及由此引发的社会矛盾更为突出。互联网金融的法制化进程任重道远,网络金融中的消费者保护已然成为社会广泛关注的焦点。

三、主要政策建议

1. 构建并推进以消费者私力救济为基础、以金融机构自律管理为补充、以政府监管为保障的“三足鼎立”的金融消费者保护综合治理机制。金融消费者保护的问题,是金融市场的信息难题、市场主体的有限理性、金融风险的连锁效应等市场缺陷在法律制度上的必然回应,也要求金融法制从整体层面进行设计和安排。制度上不同的安排具有各自的运行机理和优势,相互之间又存在关联性,如政府监管保持适当的谦抑与经营主体自律管理的积极发挥、消费者自力保护与政府监管之间的相互补充与纠偏,以及对经营机构自律监管的倒逼机制等。我国金融消费者保护的法律制度尚处于不成熟阶段,整体上呈现“强干预而弱自律,强他力而弱自力”的不合理结构。因此,应树立均衡性的公共治理理念,完善“适度”的金融监管制度,加强金融机构自律管理与消费者自力保护,优化政府监管与自律管理的互动机制,进而形成“政府监管与自律管理互动,他力救济与自力救济并重”的平衡结构,从整体上推动金融消费者综合保护治理机制发展。

2. 重塑朝向权利导向型的金融监管法。近年来,金融监管制度的重心经历了从合规监管到风险监管、审慎监管到行为监管、机构监管到功能监管的转变,金融行业、金融产品和服务、经营主体和服务对象,乃至监管规则自身均发生巨大改变,金融领域向民营资本开放的步伐得以启动、普惠金融理念走向实践、互联网金融得以高速扩张。不过,金融领域又面临资金自我循环、拉长链条、层层嵌套、监管套利的现象层出不穷等诸多乱象,究其实质,一个关键因素在于中国的金融监管体制仍未走出“控制导向型”模式,仍然停留在“监管者—经营者”的二元结构模式,价值目标总是在“安全与效率”之间单向地摇摆,监管政策也就难免在“控制”与“一放就乱”的格局中循环。因此,在金融监管法中强调消费者权利的维护,就是要将金融服务和产品的个人购买者纳入金融监管的法律构造之中,依靠金融监管这只公权力的“看得见”之手矫正金融服务机构与金融服务对象之间有关地位、能力的不平衡,同时通过鼓励消费者对自身合法权益的维护,既促进金融经营者的守法自律,也倒逼监管部门善待市场、谨慎用权。

3. 推进金融产品适当性原则在金融法律领域的普遍确立。适当性原则在事关证券销售和基金投资产品的一些监管规则和司法裁判中得到一定的肯认,但尚未得到更高效力层面法律制度的正式确立。同时,随着信贷市场逐步从单一走向多元,创新型信贷类产品也层出不穷,其复杂的交易结构、炫目的推介销售方式,加之相关监管部门的规制漏洞,共同促成信贷类产品交易行为成为新的金融服务纠纷的高发地带。因此,有必要将适用于证券领域的投资者适当制度拓展适用于信贷类产品的推介销售之中,推进适当性原则在金融服务领域的普遍确立。当然,也应关注创新型信贷类产品与证券类金融产品的差异,进一步促使信贷类产品适当性制度从原则走向规则,并结合信贷类产品之利率设计、期限转换等内容,构建富有针对性的推介销售适当性规则。

4. 进一步探索金融消费纠纷解决的有效机制。得益于2008年国际金融危机之后人们对金融消费者保护理念的重视,再加之依法治国理念下社会综合治理机制的推动建设,近年来我国金融消费纠纷的多元化解决机制发展迅速,投诉、调解、仲裁、诉讼等纠纷解决机制均已在一定层面予以建立。但是,对照原初确立的便利、高效、切实保护消费者的原则,目前我国的金融消费者救济途径仍然显得比较单一,且受制于金融监管主体的部门界限,显得缺乏整体规划、各行业分散发展、实效有限,更缺乏有针对性的程序设计。因此,还应当进一步革新理念,打破监管部门的樊篱,系统性地规划金融消费纠纷的解决机制,增设专门的受理机构,设计专门的处理程序,将消费者的法律救济落到实处。

目　录

第一章　蕴含消费者主权观念的金融法变革

谈及金融创新深化发展中金融法的变革问题，必然表明金融创新与金融法变迁存在紧密的关联，①并且重点关注的是金融创新如何，以及通过什么媒介因素对金融法的有效性产生影响，而不是相反。作为金融领域法律规范总称的金融法必然会随着现实中整个金融领域样式繁多的创新而发生革新，其中包括金融活动的参与主体、客体，以及其中所涵括的权利义务结构等因素，而这些因素又与金融创新的品性相勾连。当金融法所调整的金融活动与金融创新实践中的金融活动相脱节，金融法必然会面临金融创新的冲击或者是无法满足对金融创新实践进行有效调整的现实诉求。因此，探讨金融创新深化中金融法的革新需关注以下几方面内容：一是必然需从金融领域的创新着手，而其中的核心就是对金融创新的内在规定性及金融创新与金融法的关联性进行考察；二是结合金融的内在规定性、金融创新深化发展中金融功能的演化等来彰明金融法以规制与监管为核心的本质属性，同时探讨金融危机以来货币维度与监管维度的金融法变革；三是在金融创新的背景之下，对金融领域私法规范"寄居"于

---

① "金融创新类型和国家立法传统不同，决定不同国家金融创新与法律制度的先后关系不一样，法律制度对金融创新发挥着促进或抑制作用。"参见刘丹冰：《金融创新与法律制度演进关系探讨》，载《法学杂志》2013年第5期。

传统民商法体系的缺陷与改革路径展开论证；四是结合当下金融法革新的理念与具体制度举措共同内含的消费者主权观念，提出构建内嵌消费者保护功能的现代化金融领域法。

第一节 金融创新深化对既有金融法的冲击

一、金融法形态与金融创新深化的逻辑关联

金融法有“二元”、①“三元”或“多元”结构形态之分，②并且基本上都是以金融交易法、金融组织法、金融监管法为核心进行结构上的缩减或扩展。然而上述诸种划分方式都是从金融所涉事项的外在“表象”或关联项进行的法律形态划分，其尚未深入金融的内在“本质”或属性——既涉及货币又涉及信用，以及以货币与信用结合为一体的形式生成、运作的所有交易行为的集合③——展开剖析，并且这些抽象行为的集合又具象化为样式繁多的金融工具或产品类型。如此看来，金融创新的本质就必然是“货币交换”外加“信用”集合之行为方式的创新，并且当信用“有了货币及以货币为基础构建起来的票据、股票、债券、期货等金融资本凭证的发达，金融工具的创新才有了更广阔的空间”。④ 当然，明晰金融或者是金融创新的内在规定性并不是研究金融或金融创新的根本目的，而仅仅是考察金融功能、分析金融形态，以及有效管理金融等的逻辑起点。其中，金融功能是金融之所以存在的真正意义，金融管理是金融保证功能合理实现的重要手段，而金融形态虽然仅是金融本质的外在表达或者载体，但不分析具象化的金融外在形态则无法把握货币与信用的融合方式，也就无法洞晓金融功能何以发挥，以及利用何种管理手段保证其功能有效发挥。

金融法作为管理金融的强制性手段，其确立或者是金融法内在规定性的述明必须在明晰金融本质的基础上对其功能发挥进行细致的考究，否则将导致金融法设计或金融管理的失败，继而引发金融功能稳定性发挥的丧失。“‘金融’传统上被界定

---

① “实践已经表明，将商业银行法、证券法、票据法、保险法、信托法等视为金融法律，已成为人们的一种共识。而这些法律无不呈现二元规范结构，既包括金融交易、金融组织法律规范，也包括金融监管法律规范。就这一意义而言，二元规范结构一直主导着金融法的发展，国外如此，国内也是如此。”参见王保树：《金融法二元规范结构的协调与发展趋势——完善金融法体系的一个视点》，载《广东社会科学》2009年第1期。

② 金融法的“三元结构形态”包括金融交易法、金融组织法和金融监管法三个层面的内容，而“多元结构形态”则又在此基础上加入了金融调控法、金融刑法等内容。

③ 参见黄达编著：《金融学》（第2版），中国人民大学出版社2009年版，第106页。

④ 季奎明：《金融创新视野中的商事法变革》，中国法制出版社2011年版，第93页。

为‘资金融通’或‘货币资金的融通’，这导致了金融的资源配置功能被认定为金融的核心功能”，①但现代金融的功能已非早期金融所被认为的单纯用于资金配置，其同时可用以管理风险，并且随着以金融工具为核心的金融创新的深化发展，风险管理或风险配置已经演化为金融的核心功能，即主要是用来分散与转换信用风险、期限风险和流动性风险。进一步讲，金融的资源配置功能强调金融既是资源配置的对象又是配置其他资源的手段，而此处主要是在第一层面上来界定金融的资源配置功能，即作为资源配置对象的金融资源。在资源配置对象层面上界定金融的资源配置功能更多强调的是货币资金在投资者和融资者之间跨时空流动，以及使用价值的余缺调剂。金融的风险管理功能则主要是考虑到货币资金跨时空流动或使用价值余缺调剂所生价值的不确定性与风险，当然货币和信用本身的不确定性也会导致融信用与货币于一身的金融存在天生的不确定性与风险。为了有效消除或者缓和不确定性的存在，以及由此引发的风险，以金融工具创新为核心的金融创新便成为管理风险和不确定性的工具的良好选择之一，由此金融也便成为配置风险的重要手段。

金融从资源配置功能向兼具风险配置功能为主的转换，必然会对以管理金融为主要作用对象的金融法及其形态产生重要影响。从资源配置的角度来理解金融的功能，金融法管理的重点即是保证资源配置功能的实现，核心在于金融资金这一客体的合理优化配置，而资金盈余方和资金赤字方各自权利义务并不是金融法所重点关照的对象，即使对资金盈余方和资金赤字方各自权利义务关系进行关注也只能是间接的或者是兼顾。从风险管理的角度来理解金融的功能，金融法调整的对象即是风险的控制与缓释，以及风险在平等交易主体间的合理配置，是对同一金融活动不同参与主体间权利义务结构的实质性平衡，同时也涉及系统性风险的管理和衡平。进一步讲，调整扮演承担资源配置功能角色之金融的金融法，其关注的是金融资金配置的效率最大化，以效率为终极旨趣，所采取的法律调整手段主要是以意思自治为基础的金融私法；②然而由于金融具有高杠杆性、脆弱性及公共性等行业特点，此时金融公法在其中必须扮演补缺性的被动管理角色，以弥补因金融行业自身特点而带来的缺陷，即通过金融公法对金融私法的补足以衡平金融公平、安全与效率价值

---

① 管斌：《金融法的风险逻辑》，法律出版社2015年版，第127页。

② 值得注意的是，金融私法并不是与金融交易法、金融组织法一一对应，金融公法也不与金融监管法存在逻辑上的直接关联，同时金融公法与金融私法更多是从调整手段或方式的角度予以限定，在公法私法化和私法公法化的融合背景下，金融领域并不存在纯粹的公法或者私法。

之间的关系，继而实现金融资源配置的效率最大化。对于承担风险配置功能之金融的金融法，其主要关注的是风险在不同主体之间的合理配置，并且是以公平为金融法的价值取向。同时，金融法对个体金融风险或系统性金融风险的管理和处置旨在追求金融秩序的稳定，此时则以金融安全为价值导向。因此，这一层面的金融法强调对公平价值和安全价值的追求，而公平和安全价值的有效衡平则保证了效率价值的自动实现，此时其采用的法律手段则是金融公法与金融私法的结合，并且金融公法和金融私法在其中扮演的是主动管理的角色，讲求的是金融公法与金融私法的积极主动协同。

从具象化的金融外在形态（金融工具或金融产品）来看，被用于进行资源配置的金融产品或金融工具，更多是传统型的金融产品或工具，如货币、股票、债券等，同时也是基础性的金融产品或工具。值得注意的是，传统型的金融工具或产品之所以被用于配置资源，原因是其与实体经济存在直接性的关联，或者说大部分资金借助上述金融工具或产品直接进入实体经济领域。具有风险配置功能的金融产品或工具则主要是新型的金融产品或工具，如金融期货、金融掉期、金融期权及证券化的金融产品等，具有明显的衍生特性。当然，新型的资产管理计划、理财产品虽然具有资源配置的功能，但主要还是用于风险的配置。究其根本在于被金融机构生产或设计的金融资产管理计划或理财产品都是对基础性的金融产品进行证券化后的结果，而资产证券化在其中扮演了重要的信用转换、期限转换和流动性转换等重要职能，①此时货币资金与金融工具或产品的交换很少直接进入实体经济领域。显见，货币资金与不同类型金融产品或工具的交换所生资本的直接流向将会对金融的功能产生影响，或者说，随着金融创新的深化发展，金融创新之品性——形态、功能、结构——将影响金融法对金融工具或产品进行调整的方式或手段选择。以金融工具或产品创新为核心的金融创新之形态、功能、结构等将影响到金融的功能角色扮演，继而影响到金融公法与金融私法形态结构关系的表达，即金融法变迁与金融创新深化发展存在逻辑上的勾连。② 质言之，具象化表达金融内在本质属性的金融工具或产品之类型差异内含着金融所扮演的功能角色究竟是资源配置还是风险配置，而这又影响到金

---

① 参见孙国峰、贾君怡：《中国影子银行界定及其规模测算——基于信用货币创造的视角》，载《中国社会科学》2015 年第 11 期。

② “金融法律规范适应不同时期金融业在整个社会经济发展中的任务、角色的不同以及受限于法律文明的情况而具有不同的品性。”参见韩龙：《现代金融法品性的历史考察》，载《江淮论坛》2010 年第 4 期。

融公法和金融私法的关系究竟是主次关系还是并列关系，实质上这又会进一步影响到金融法形态的结构表达。同时需要说明的是，类型相异金融工具或产品决定了不同属性金融法形态的选择与建构，而实践中不同类型金融工具或产品的交叉性存在或混同，则决定着金融法的实践形态必须具备调整样式繁多、形态各异的金融工具或产品的法律功能，从而保证不同类型金融工具或产品功能的发挥与有效治理。

二、既有金融法难以适应金融创新的深化

金融法内在规定性的辨识、认定与以货币和信用融合之所生样式繁多的金融工具或产品相支撑，并且金融工具或产品已经成为金融创新与金融法相互照应的核心链接点。金融工具或产品创新之所以在金融创新和金融法的变革中扮演如此重要的角色，关键在于金融创新是围绕新的金融工具与证券化、表外化、全球化及其相互作用[①]而展开，其中证券化、表外化很大程度上本身就是金融工具结构化设计的重要方式。进一步讲，从单纯的货币到货币与信用结合而生的票据、股票、债券等传统的金融工具，再到金融衍生工具、理财产品和资产管理计划等创新型金融工具或产品的诞生，金融工具或产品实现了从单纯的交易媒介到融资手段，再到风险管理方式的功能性转换，此时金融法的形态结构也随之发生变化——从单纯的以意思自治为基础的金融私法到兼具国家干预、调节之用之金融公法的转变，当然金融私法与金融公法的结构关系还与金融创新的深化程度、金融产品或工具的功能预设等存在紧密联系。因而，以金融产品或工具为核心的金融创新必然会影响金融法品性或结构形态，这也就决定了金融工具或产品的创新发展将会对基于传统金融工具或产品之上的金融法提出挑战，或者是说既有金融法与创新型金融工具或产品形成期限或结构上的错配，并具体体现为金融创新超前与金融法律滞后的矛盾、金融法所囊括公法与私法规范的结构性失衡等。

“金融法从早期调整当事人融资交易关系为主，转变为当今应当通过规制与监管实现防范和化解金融风险和危机等目标”，[②]显然是对金融法的功能或品性所进行的定位。早期金融交易活动重点关注的是货币资金在不同民商事主体之间的优化配置，并且货币资金在不同民商事主体之间的优化配置一开始主要依托于传统的借贷，而后才逐渐向股票、债券，乃至金融衍生品等创新型金融工具或产品拓展。在

---

① 参见陆泽峰：《金融创新与法律变革》，法律出版社2000年版，第2页。

② 韩龙：《防范金融风险和危机：金融法之重任》，载《金陵法律评论》2009年第2期。

传统金融活动中,金融工具或产品的选择和使用与实体经济存在紧密的直接关联关系,即通过这些传统型金融工具或产品所进行的货币资金融通基本上都流入了实体经济领域,而不是在虚拟经济领域进行重复性流通转换或"空转"。以货币与信用及其融合体为主营业务的金融领域具有战略重要性、高风险性和公共信心维系性等特征,并且金融还具有垄断倾向、界外效应及信息不对称等特点,①因而金融必须接受第三方的规制或监管,而规制或监管的目的即是防范化解金融风险、保持金融秩序的稳定和维系社会公众的信心。进一步讲,金融之货币资金配置的功能定位决定了金融立法或执法的目标是实现货币资金在不同民商事主体之间的优化配置。然而,"与一般民事或商事交易契约性不同,具有市场化、通用化和标准化的特性,这种交易契约中权利义务的转让并不要得到当事人另一方的同意",②这就决定了金融法与传统民商事法存在本质上的差异。

值得注意的是,单纯用于规范金融交易主体、交易行为等的法律规范本应属于金融私法规范,但出于防范风险的目的考量,金融法还需要对参与金融交易活动的主体、金融交易行为给予有别于以意思自治为传统的私法的特别性法律规制。当然,对金融风险的管理与防范,最终还是为了保证货币资金在不同交易主体之间,以及整个经济金融体系内进行最优化配置;也就是说,不管是对传统民商法进行修正后所形成的金融私法,还是新兴的以规制与监管为主要内容的金融公法,其重点关注的还是货币资金的优化配置,而风险的管理与防范仅仅属于实现货币资金优化配置的工具或手段。传统民商事私法中的"意思自治和由此而致的市场自发性导致一次又一次的严重金融危机。因此,到了现代,金融法转向强调金融规制,以防范金融风险和危机",③这也就决定了金融法以规制与监管为其重要落脚点,并且在法律形式上主要表现为金融公法规范,当然金融私法规范并没有因此而被拒之金融法的大门之外。其中,在金融行业发展早期,规范金融交易活动的金融私法主要是依托于传统的民商事私法原则和规范,即使金融交易活动需要有别于传统民商事私法的法律理念、价值、原则和规范,传统民商事私法尚可通过自我调整——从意思自治到诚实信用原则的转换、法律责任归责原则的发展、从对价到禁止反言的转化等——的方式来适应金融交易活动对私法规范的需要。

现代金融法发展成为以规制与监管为特定品性的公法规范,而金融交易活动对

---

① 参见韩龙:《金融法为何是规制与监管之法?》,载《甘肃政法学院学报》2008 年第 3 期。

② 张宇润:《金融法的定位及内在冲突的衡平》,载《当代法学》2004 年第 1 期。

③ 韩龙:《现代金融法品性的历史考察》,载《江淮论坛》2010 年第 4 期。

私法规范的需求则被嫁接到被修正后的民商事私法规范之上——“在金融领域，许多传统的民法规范在调整金融交易关系时普遍受到了规制性的限制，从这一意义上讲已经被改造为规制性的交易规范，不受限制的纯粹民法规范在金融法中已经很少，金融规制已遍及金融交易关系，因此，现代金融法中调整金融交易的法律规范除少数情形外几乎都有规制的性质和色彩”。[①] 显见，金融法除了包括新兴的具有规制与监管品性的较为纯粹的公法规范，还将具有规制性质和色彩的金融交易私法规范，即附加限定性的非纯粹以“意思自治”为特性的民商事私法规范直接囊括其中。但有一点需要说明，迄今为止，用于规制金融交易活动的金融私法规范并未形成独立的形式规范体系，而是散落于传统的或已经被修正的民商事私法规范中，这便导致实质意义上的金融法遂成为以规制与监管为特定品性的规制性金融公法规范和规制性金融交易私法规范的金融领域法。

随着金融创新的深化发展，既有的以规制与监管为特定品性的金融法能否适应金融创新实践的显示诉求呢？正规与非正规金融领域乱象的层出不穷、金融风险的接连爆发是否说明既有的金融法存在规制或监管上的漏洞、空白或者是滞后呢？对上述问题的回答须建立在厘清既有金融法规制与监管品性的基础上，而这又离不开对以金融工具或产品为核心的金融创新之品性的识别。如果金融法之品性与金融创新之品性具有契合性，便证明既有金融法能够适应金融创新之发展诉求，否则即表明金融法与金融创新存在不同程度的“错配”。既有金融创新集中体现为金融工具或产品的创新，那么现在的重点就是既有的金融法规范能否对新兴的金融工具或产品进行有效的治理。按照金融有关资源配置的功能进行解释，金融体系创造的大量资金本应该进入实体经济领域，而现在却没有进入实体经济领域，资金究竟流向了何处？为什么没有进入实体经济领域？此种情形是否对金融有关资源配置功能的定位提出挑战？一系列问题使我们不得不探寻货币资金的流向，真正的事实则是“随着金融自由化和新技术的快速发展，实体部门的需求在金融创新中逐渐落到‘次要位置’”，[②]已经彻底改变了传统金融教科书所谓的转移资金或者是配置资金才是金融第一功能的事实，大量的货币资金在金融体系内进行自我服务式的金融创新——“在货币供应量快速积累、M2/GDP 屡创新高、各种融资方式加快发展、融资规模持续膨胀的情况下，我们却越来越感到，实体经济资金紧张，融资难、融资贵的

---

① 韩龙：《现代金融法品性的历史考察》，载《江淮论坛》2010 年第 4 期。
② 李鑫：《金融创新发展中的异化问题》，经济管理出版社 2016 年版，第 2 页。

问题突出,金融体系创造的大量资金不知道都到哪儿去了”。① 当然,自我服务式金融创新与服务实体经济的创新并不是完全对立地存在,并且自我服务式金融创新的重点即是进行风险管理,此时金融的核心功能就定位于对风险的管理。如果金融风险管理使货币资金流向最有价值的领域,货币资金就获得了优化配置,否则就形成了自我服务式金融创新的异化。

值得注意的是,金融法作为管理金融的强制性手段,当金融的功能定位于风险管理时,金融法的功能定位也必然建立在风险管理的金融功能上,并且是有益于风险管理,最终实现储蓄的动员和资本的有效配置。显见,金融的资金配置功能与风险管理功能并不矛盾,重点即是谁处在核心功能的地位。在资金配置功能占据核心地位时,金融法直接的功能就是配置资金,形成了以传统民商法为依托的尚未获得独立的金融私法。但随着金融风险的暴露和对风险进行管理的需要,以规制与监管为核心品性且具有独立特性的金融公法成为金融法的重心。然而,随着金融自由化的深入和科学技术的进步,金融的核心功能逐步从配置资金向兼具配置或管理风险转变,此时金融法的风险管理已经不同于以配置资金为核心功能的金融法的风险管理,前者是积极主动地配置风险,而后者是消极被动地缓释风险。从金融法的既有法律体系、功能定位来看,其尚处于以配置资金为核心功能的金融法的风险管理阶段,但以金融工具或金融产品为核心的现代金融创新已经通过金融工具或产品的结构化设计来主动配置或管理风险,因而既有的金融法已经难以对结构化的用以配置或管理风险的金融工具或产品进行有效的调整,也就是说,既有金融法难以适应金融创新的深化发展。

三、金融创新深化对金融法提出新的诉求

金融创新的深化发展集中体现为金融工具或产品的结构化设计,而与之伴随的即是金融产品的层层嵌套与融合对传统的以纵向性、机构性、微观性、分业性为典型特征的金融规制与监管法形成冲击,此举要求未来的金融法应“适应金融业从分业向混业过渡、包含复杂金融关系的金融商品的出现、金融市场主体从横向重新划分、机构监管向功能监管和目标监管转变等趋势”。② 金融工具或产品的结构化设计使

---

① 刘成:《信用创造》,生活·读书·新知三联书店2017年版,第4页。

② 曾筱清、马俊:《论金融服务法对金融法调整对象的新发展》,载郭锋主编:《金融服务法评论》(第3卷),法律出版社2012年版,第31页。

传统银行、证券、保险领域具有各自明显特性金融工具或产品变得越来越迷糊，并且彼此在特性上出现了横向贯通性、经济实质或功能的相似性，其功能已经不再单纯局限于货币资金的配置，而是更多地被用来配置或转移风险，同时此种金融工具或产品本身风险管理的特征又决定了其高投机、高风险性。金融工具或产品的结构化发展已经从传统的货币产品、基础性金融产品向衍生性金融工具或产品转变，而既有的以金融规制与监管为核心品性的金融法实质上是迎合基础性金融产品资金配置需要与辅助性风险管理需求而产生的，其已经无法应对以风险管理或配置为核心的衍生性金融产品之有效调整的现实需求，最为根本的原因是传统金融法未将因金融创新而诞生的新金融法客体、新金融法主体金融消费者以及由此构建的新的金融法律关系即金融服务关系纳入其调整对象。① 从另一个角度来讲，传统的金融法过于强调具有公法属性的规制与监管之特性，而调整金融交易活动的金融私法尚未脱离传统民商法的范畴而独立存在，并且调整平等主体间关系的民商事私法无法将新出现的金融交易标的物、参与新型金融交易标的物的交易主体，以及以此为基础而产生金融服务法律关系纳入其调整范围之内，其中最明显的是传统的民商法根本无法对金融领域无体化、非移动化、账户化的新型金融交易标的物进行有效调整。

新型的金融工具或产品主要是用来配置或管理风险，此即要求金融法将金融风险的配置与管理作为核心的调整对象，这首先需要从新型金融工具或产品的性质、功能着手。新型金融工具或产品已经不是传统的货币在法律上的单纯所有权、债权债务的问题，从股票的诞生开始其法律属性就存在争议。其既不是纯然意义上的所有权，因为当货币资金进入公司组织体的那一刻起，货币资金的所有权已经转移给了公司组织体；同时也不是纯粹意义上的债权，因为货币资金的出让者并不享有向公司组织体返还货币资金的请求权，其所享有的既不是传统意义上的所有权，也不是债权，而是对公司组织体享有的包括剩余索取权和剩余控制权在内的股权这一新兴权利。值得注意的是，尽管股权的诞生对传统的财产权利提出了挑战，但是其本身结构的相对单一性并没有对传统民商事进行彻底修正的诉求。值得注意的是，随着金融创新的深化发展，新兴的金融工具或产品已经彻底地对传统民商事私法提出了质疑，之所以彻底是因为股权的出现是一种增量的改革，而新型的金融工具或产品，尤其是金融衍生产品更多的是存量的结构性调整，其所触及的是传统民商事私法所调整的权利义务关系，并且新型的金融工具或产品呈现出复杂的结构特性。其

---

① 杨东：《论金融法的重构》，载《清华法学》2013 年第 4 期。

中,有一点是非常明显的,那就是传统的金融工具或产品起码是以一定的载体为依托,而现在的金融工具或产品是账户化、无纸化的;传统的金融工具或产品交易的交易标的物与权利是相对分割的,而新型的金融工具或产品交易的交易标的物与权利是相对合一的,权利义务本身已经成为金融交易的对象;新型的金融工具或产品作为一个统一体结构越来越复杂,其内部存在权利的结构性分解与合成,如作为金融衍生品典型代表的金融期权,其明显就是将远期债权的选择权从债权中分离出来并进行重新组合的结果。进一步讲,在金融深化发展过程中,新型金融工具或产品的结构化设计造成了权利的分割、重组或者是变动,形成了一种结构化的权利而不是传统意义上的铁板一块的物理性的"商品"或者是单一性权利,并且金融交易的对象已经与权利义务混为一体,金融交易已经明显地转换为权利义务的交易,而权利义务交易的过程就是风险在不同民商事交易主体之间的配置与转换,或者说金融交易的本身就是风险的交易。因此,传统的民商事私法实在难以对新型的结构化的金融工具或产品进行有效的调整,同时新型金融工具或产品结构的复杂性决定了金融交易活动的参与主体关系已经突破了传统民商事私法所判断的平等性与互换性,具有了非常强的投机性和风险性,这都不能通过传统民商事私法的简单修正得以完成。从作为新型民商事交易标的物的创新型金融工具或产品,到参与创新型金融工具或产品交易的金融交易主体,以及由此而生的金融服务法律关系的建立,这都要求调整金融交易活动的金融私法的独立性构建,而不是依旧依托于简单修正后的民商事私法进行法律上的调整。

正是由于"传统金融法未对处于金融交易环节末端的交易主体、交易客体及主体间的权利义务关系进行统合规制,就会产生大量的监管漏洞和空白",①这也就导致了以规制与监管为核心品性的金融法,除了对金融交易关系存在横向规制之私法规范的不足,还需要对既有的以规制与监管为侧重点的金融公法规范进行结构性的调整,以实现从现行的分业监管向统合监管转变,从审慎性机构监管向功能监管、行为监管转变,从微观审慎金融监管向兼具宏观审慎监管转变,继而防范系统性金融风险的发生。以规制与监管为侧重点的金融公法之所以仍然需要被修正完善,是源于以新型金融工具或产品创新为核心的金融创新的深化发展。第一,创新型金融工具或产品结构化设计已经改变了传统分业经营体制的格局,或者说分业经营体制已经被金融工具或产品同质性所突破,从而在实质意义上促进了混业经营格局的形

① 杨东:《论金融法的重构》,载《清华法学》2013 年第 4 期。

成，此举导致"金融业混业经营成为无法阻挡的潮流，混业经营格局下的金融创新商品的多样化又进一步促进混业经营"，[①]因而必须将既往的以金融行业为着力点的纵向性机构监管转变为以具有同质性"金融商品"为中心的横向性功能监管体制。第二，新型金融工具或产品经济功能的同质性、交叉性、嵌套性，导致了各金融行业或领域风险的相互传播与交叉传染，从而使单一性、个体性或者是某一环节的金融风险迅速转变为系统性的金融风险，其中，"系统性金融风险可以来自金融市场的各个角落，其制造者包括大型银行、银行控股公司或非银行金融机构"。[②] 个体性、单一性或者是某一环节的金融风险转换为系统性金融风险的过程与结果将会对既有的专注于单个金融组织风险防范而对系统性风险关注不足的微观审慎监管形成冲击，这也就需要并促使既有的金融监管法律从单一的微观审慎监管向兼具宏观审慎监管功能的金融法转变。进一步讲，金融工具或产品的创新导致了影子银行的发生，这既对传统的纵向监管、机构监管、微观监管形成冲击，还改变了货币或信用创造的路径与方式，如货币信用创造主体的多元化、货币或类货币工具的丰富多样发展等，此即要求除了需对金融监管法进行修改，还需对具有宏观调控职能的与货币政策相关的中央银行法、货币法进行修正与完善。总体来说，以金融工具或产品为核心的金融创新的深化发展对金融法提出新的诉求，即要求将传统的以微观审慎监管、机构监管、纵向监管为侧重点的金融监管法向兼顾宏观与微观、机构与功能的统合性金融监管法转变，同时将单一关注商业银行信用创造的与货币政策有关的法律向兼顾新型金融工具或产品、影子银行等具备信用创造功能的一切金融组织或业态的信用创造之规制法律转变。除此之外，还要将新出现的金融交易标的物、参与新型金融交易标的物的交易主体，以及以此为基础而产生的金融服务法律关系纳入具备独立性的金融私法的范畴，最终形成以金融领域公、私法相协同的金融领域法，继而满足金融创新深化发展对金融法的新诉求。

四、内嵌消费者权益保护功能的金融领域法

实质意义上的金融法脱胎于商业信用向金融信用的转变，表征商人债权债务关系的"凭证"（商业票据）逐渐让位于货币经营专职机构所出具的"凭证"（银行票据），并且随着部分商人"信誉"的扩张而使纯粹以"信誉"为基础的债权债务"凭证"

① 杨东：《论金融法制的横向规制趋势》，载《法学家》2009年第2期。
② 刘庆飞：《多重背景下金融监管立法的反思与变革》，上海世纪出版集团2015年版，第133页。

（商业票据）与以“真实贸易”为背景的商人债权债务“凭证”（商业票据）共同存在并成为可转让的交易工具。以“商业票据”为交易工具或对象的交易便演化成专门从事货币资金融通的金融交易，此时专门调整金融交易活动的法律便是金融法。传统意义上的金融交易与一般性的商事交易并不存在太大的差异，唯一不同的就是前者专门从事货币资金融通业务，而后者从事普通商品的交易，这时用于调整普通商事交易的商法与传统的民法也可以用来调整货币资金融通交易活动。然而，随着金融交易从个体、偶发到集中、持续转变，并且金融功能从货币资金融通到信用创造，再到风险管理的转变，传统的民商事法律已经无法对其进行有效的系统性调整，无法调整的最真切表现即是货币危机、金融危机的爆发，并且爆发的次数越来越多、间隔周期越来越短，而对经济社会发展的冲击却越来越大。传统民商法所调整“合同的法庭不完全可执行性和产权界定模糊，使仅仅依靠法庭保护利益主体会有些不足，因此代表公众利益的政府的介入是必要的”，[①]当然，政府的事前介入还导源于货币资金经营者的违约最终会带来一定的社会公共成本和金融风险的发生。事实上，金融从单纯的偶发性个体交易向以金融中介为媒介的集中交易之转换，使金融风险呈现出从内部转向外部、从个体转向公众、从自我负担到他者承担的特点，这为政府介入金融领域的交易活动提供了充足理由。外加传统及修正后的民商法并不能对金融领域的风险进行有效治理，新兴的以规制与监管为核心品性的金融公法便取代零星散布于民商事法律规范的金融私法而成为金融法的核心命题，当然，此时金融领域的私法规范仍然寄居在传统的民商法体系之下并服务于金融交易活动。在此情势之下，本应“融合”的金融法便割裂为寄居在传统民商法体系之下的实质意义的金融私法与独立构建的以规制与监管为核心品性的形式性金融公法。

金融领域法律规范之金融公法与金融私法的割裂，一定层面上受不同法律的阶段性发展、金融发展水平等历史性因素的影响，但归结起来更多还是源于其各自理念、价值、原则、规范，乃至其所维护利益之差异。究竟能不能实现同属金融领域之法律规范的统一或深度融合，则需要看能否在金融立法中有效平衡协调立法理念、价值的差异，以及寻找出彼此的共同利益指向。传统金融私法适用之“漏洞”填补更多寄托于传统民商事法律规范，并受传统民法“抽象平等”与“私法自治”精神的影响。同时，作为由商事交易、商事信用所发展引申出来的金融交易、金融信用，其也

---

① 陈经伟：《金融法治与金融规制——转型时期逻辑与经济金融分析》，社会科学文献出版社2016年版，第96页。

深受传统民商法所确立的对个体性交易之"效率"与"安全"价值维护的左右,即寄居于传统民商法体系之下的金融私法所追寻的,更多的是未考虑交易主体差异的抽象"形式公平"与商事"营利性"主导下的个体性"交易效率"与"交易安全"。然而,以货币与信用为核心的金融交易活动本身的杠杆性、风险性、不稳定性等因素共同决定了"金融安全"应当成为金融法的首要价值选择。对国家或社会秩序、安全、稳定进行维护的经验使国家或政府将金融法重塑的视角从以往纯粹维护个体利益的传统民商事私法手段向兼具维护社会公共利益、依靠政府权力的具有"公法"特征的强制性手段靠拢,即强调国家或政府权力在金融安全、金融稳定与金融秩序维护中的积极作用。传统民法以"公平"为旨趣、商法以"效率"为追求,而重塑后的以规制与监管为核心的金融法更加注重"安全"。当然,这里所言的价值旨趣主要强调的是不同部门法之主导性价值观念的选择与差异。

受传统民法"平等"精神的影响,商法或金融私法对商事交易,尤其是金融交易参与主体地位平等的理想假定与商事活动"营利性"的本质,使以规制与监管为核心的金融公法自确立以来一直在"效率"与"安全"价值之间循环往复,并呈现出"监管"与"去监管"、"强监管"与"弱监管"、"去监管"与"监管治理"[①]的金融法变革历史镜像。然而,事实并非如传统民商法假定的那样。随着金融创新的深化发展,以创新型金融工具或产品为客体的金融交易已经改变了交易双方势均力敌的关系状态,并且创新型金融工具或产品的技术性、结构性、复杂性使之与传统的以实物商品或直观服务为交易对象的经营者与消费者的不对等关系相比,有过之而无不及。金融交易主体关系对地位对等性假定的打破,必然会对传统的以"效率"为核心追求的金融私法与以"安全"为终极旨趣的金融公法形成冲击,并要求金融领域法律规范对金融交易主体地位"不平等"的境况进行矫正性平衡,而金融领域法律规范重塑的实质就是将"公平"价值引入其革新中,并实现公平、效率、安全价值的有效协调与衡平。其中,"探讨金融监管(或公)法的公平价值,在很大程度上就是为了揭示金融交易中的权利失衡状态,并明确监管(或公)法对当事人权利失衡状态加以矫正的基本原则",[②]而金融私法或"商法维护商事交易公平的规则,主要体现在商事交易活动

---

① 参见经济合作与发展组织编:《OECD 国家的监管政策——从干预主义到监管治理》,陈伟译,法律出版社 2006 年版,第 7 页。

② 盛学军:《后危机时代下对金融监管法价值的省思》,载《重庆大学学报》(社会科学版)2011 年第 1 期。

中对平等交易、诚实信用等方面的要求之中”，[①]因而金融领域公、私法规范对公平价值的追求主要体现在对金融交易主体之间权利义务关系之平等性的维护上，这也就决定了金融交易主体之“权利义务关系”的平衡实应成为金融领域法律规范对公平价值追求的重要体现之一。

金融领域法律规范对公平价值的追求集中体现为对金融交易主体“权利义务关系”不平衡的矫正，其中，金融交易主体“权利义务关系”的不平衡具体体现为交易主体间金融知识、投资经验、财力水平、金融信息等方面实力的差异与悬殊，形成地位上的事实性强弱不等。从本质上讲，金融交易主体间“权利义务关系”的不平衡实为创新型金融工具或产品的结构化、复杂化、混合化所导致，并且创新型金融工具或产品作为金融交易关系的客体又与金融交易关系的内容具有融合的发展趋势与特征，所以金融领域法律规范对金融交易主体“权利义务关系”的平衡主要需要从金融交易法律关系的客体与金融交易法律关系的内容角度予以展开。

第一，传统的以规制与监管为核心之金融公法将公平价值引入其重塑之中，并围绕金融交易法律关系的客体与金融交易法律关系的内容展开，即体现为机构监管向功能监管、审慎监管向行为监管的转变。究其根本在于“功能监管”主要是对经济实质或金融功能相同或相似的金融工具或产品进行统一监管，避免了具有相同权利义务结构关系之金融工具或产品因监管机构、监管规则、监管标准的不一而接受差异化的监管，保证了“监管公平”，落实到具体举措上即体现为不同金融监管机构的一体化合并或设立、金融监管规则的统合制定等；“行为监管”理念或概念的提出已经打破了以往金融监管仅仅重点关注金融监管机构与金融机构关系的狭隘性，开始将视角转向了金融机构与金融机构交易相对人关系的角度，对金融机构创新型金融工具或产品的交易结构设计、销售、交易等行为进行监管，最终实现对金融机构与金融消费者权利义务结构关系不平衡的矫正，落实到具体行动之中既体现为金融消费者保护机构的设立、金融纠纷争端解决机制的创新设立等。是故，金融监管之机构监管向功能监管、审慎监管向行为监管的转变，表明金融公法的重塑始终是围绕金融交易法律关系的客体与金融交易法律关系的内容展开，并最终体现为对金融交易主体间“权利义务关系”不平衡的矫正，继而实现对金融领域处于弱势地位的消费者的合法权益进行保护。

第二，金融私法将“公平”价值引入其重塑之中即是要对金融交易法律关系客体

① 贾佳：《民法与商法的公平价值之辨》，载《光明日报》2014 年 11 月 19 日，第 16 版。

与金融交易法律关系内容融合中所共同体现的权利义务关系之不平衡问题进行矫正。金融私法对金融交易主体“权利义务关系”不平衡的矫正是通过对金融机构义务的增加或权利的限制与对金融领域消费者所享有合法权益明确细分与具体化列举予以实现的。为增加金融机构义务和对金融领域消费者进行倾斜性保护提供正当性，金融私法则主要是结合创新型金融工具或产品结构性、复杂性与难以理解的特征，以及金融领域消费者因与金融机构实力存在明显悬殊而需要引入“信义义务”予以证成。需要注意的是，之所以将金融交易主体“权利义务关系”不平衡的矫正归入私法的范畴，主要是因为对权利义务关系的矫正是通过立法而不是监管机构直接介入的方式进行，是建立在交易法律关系基础之上进行的调整，政府在其中扮演的是中立者的角色，而金融公法主要是通过对义务主体提出直接性的义务要求，实质上已经介入法律关系并成为法律关系主体的一方当事人。譬如，“信息披露义务”与“说明义务”均属于金融法规范中的强制性规范，传统证券法中“信息披露义务”的履行更多是强调信息披露义务主体直接向监管机构进行披露，而“信义义务”理论下的“说明义务”是金融机构向金融工具或产品的购买者所履行的义务，后者依然没有超越传统私法之“平等”交易主体权利义务关系的范畴。事实上，对金融机构与金融领域消费者主体地位不平等的承认，将“公平”价值引入金融私法的重塑中，并具象化为金融机构对金融领域消费者“信义义务”的履行，表明消费者主权观念已经被引入金融私法的重塑中。

需要予以特别说明的是，或许有人质疑既然已经提出建立内嵌消费者保护功能的金融领域统合性法律规范，那为什么还分别在金融公法与金融私法层面展现金融消费者主权观念呢？之所以如此展开论证，是为了明确地展现出金融私法与金融公法是如何在“消费者主权观念”的媒介作用下走向融合。在金融法律理念、价值、原则、规则尚没有转变的情况下，“金融消费者想要通过传统民法规则以及消费者保护法来寻求司法救济，则会在实践中面临重重困难”，[①]并且内含着“消费者主权观念”的金融公法监管之功能监管、行为监管理念的提出与具体实施也最终需要“转介”到金融私法领域，因而金融领域消费者保护问题的解决亟须将“消费者主权观念”引入融金融私法与金融公法于一体的金融领域法的重塑之中予以实现。进一步讲，金融领域法的统合性重塑与再造，是将“消费者主权”作为其统合的理念基础，并引入

---

① 于莹、贾同乐：《金融经营者不当销售行为的法律规制——以信义义务为进路》，载《财经理论与实践》2016 年第 4 期。

“公平”价值与金融私法的“效率”价值和金融公法的“安全”价值进行有机衡平，化解传统金融私法“效率”价值与金融公法“安全”价值间的冲突，而这最终又须借助具体“权利义务关系”规则的重新配置予以切实执行。

第二节　金融公法革新中消费者主权观念的融入

一、当代金融法之公法品性的理论证成与表达

有无独立的金融法概念与金融法体系是衡量金融法是否具有严谨而科学自洽逻辑结构的重要标准，同时这也直接影响其独立法律品性的存在与否。金融作为商业形态之一种，是专门从事货币与信用的商事经营活动，本应由传统的商事法对其进行调整。究其根本原因在于金融本来就隶属于商事范畴，与专门从事有体性商品交易的商事活动相比，金融活动的商事交易标的物只不过是虚拟的货币、信用，以及由此而衍生出的样式烦琐的货币与信用融合“物”，无论是实体经济领域的有体性商品交易，还是虚拟经济领域的无体性金融商品交易，均未超出现在所定义的商事活动，以及对其进行调整的商事法的范围。同样，从事金融商事活动的“金融组织属于商事组织，现代金融组织法也无疑是商法（特别是商事组织法）的一个重要组成部分”。[①] 就此而言，金融法尚未脱离出既行商法以商主体和商行为为核心之范畴，并且无论在“民商分立”还是“民商合一”的立法模式之下，“实质上民商都是合一的，都属于私法范畴，商法只是作为民法的特别法而存在”。[②] 因而金融法又是商法的特别法，对于金融法自身所未规定的问题基本上须借助于民商法的一般规定予以解决，如对于银行业领域中最为典型的借贷行为，金融（商）法只是负责对借贷行为进行金融商事行为的认定，而其借贷双方具体的权利义务关系则由合同法进行调整，对证券公司承销行为之规范调整莫不是如此。显见，金融法就是民商法的特别法，应将其归于私法的范畴之内，即金融法具有明显的私法品性。事实是如此吗？金融法实质上就是金融私法吗？对此问题的回答还是需要从金融自身的属性及其功能定位谈起。

金融本为经营信用与货币，以及由此而衍生出的样式烦琐的货币与信用融合“物”之行业，专门从事的是一种钱生钱的商事活动，与开展实物交易的商事活动存

---

① 王保树：《金融法二元规范结构的协调与发展趋势——完善金融法体系的一个视点》，载《广东社会科学》2009 年第 1 期。

② 陈岳琴：《论商法的公法化》，中国人民大学出版社 2015 年版，第 96 页。

在本质区别,并且与实物生产交易直接相关之商事活动所发生的货币或信用转移从根本上讲并不是金融行为。“在金融市场上,货币先通过交换变为借据、股票、债券、外汇等,然后在适当的时候,再通过交换将这些金融产品变回货币,直接以钱生钱”,[①]而不是如货币与实物生产交易的循环往复。值得注意的是,金融从偶发性的资金融通到发展成为特定的行业或者说存在特定的商事主体或平台开展信用与货币及其衍生品之交易活动,此举表明金融商事活动的开展需要特定的组织或平台予以主持管理,其已经与传统的单纯个体(自然人或组织体)与个体间偶发性的货币与信用交易存在本质性差异。对于以自有资金开展货币与信用活动之人,其所面临的主要是借款人主观或客观不能归还的信用风险,其风险并不会传染或波及其他人,即使会传导到其债权人也是少数人,并不会产生系统性的风险。然而,对于拿“别人的钱”[②]来开展货币与信用经营之行为,其行为具有涉众性、外部性、信息不对称性等特点,并且因借短放长的期限转换、部分存款准备金和高杠杆率等而具有天然的脆弱性。事实上,金融从单纯的偶发性个体交易向以金融中介为媒介的集中交易之转换,使金融风险从内部转向外部、从个体转向公众、从自我负担到他者承担的特点为政府介入金融领域的商事活动提供了充足理由,外加传统及修正后的民商法并不能有效地对金融领域的风险进行治理,新兴的金融规制与监管公法便取代零星散布于民商事法律规范的金融私法成为金融法的核心命题,并最终形成了具有逻辑自洽性的金融法概念与金融法体系之独立存在。

从金融商事活动参与主体间的关系进一步看,金融中介在早期并不是金融中介,其只是接受委托的货币保管商并收取一定的保管费,同时还代委托人履行债务清算等职责。在货币保管过程中,货币保管商发现自己所保管货币始终存有剩余性的沉淀资金。在金钱利益的驱动下,货币保管商便违反货币所有人代为保管的约定将货币借给资金需求者以获取贷款利息,但这在整体上提高了货币资金的使用效率。令人疑惑的是,为什么货币保管委托人会对货币保管商的违约行为予以默许?究其根本,主要在于不同委托人被保管货币已经发生混同并且即使通过司法裁判也难以得到切实执行。如果所有货币保管委托人均要求归还被保管货币,将会导致不同委托人自身均有不同程度的损失,并且出于对货币保管商的信任,其相信货币保管商能够及时支付自己委托保管的资金。值得注意的是,货币保管商的违约与保管

① 韩龙:《国际金融法前沿问题》,清华大学出版社2010年版,第39页。

② 路易斯·D. 布兰代斯(Louis D. Brandeis)笔下的“别人的钱”,意指人民在银行中的存款和证券市场上的投资,而金融寡头们正在利用这些钱来建立工业托拉斯,并形成货币托拉斯。

委托人的默许将保管受托人经营信用与货币的风险留给了社会、政府或其他主体，这为金融风险的积累与爆发埋下了隐患。从另一层面上讲，这也就为政府介入金融商事活动提供了理由，并且政府可根据所积累风险的大小采取主动的事前执法方式。① 转换视角，金融的核心功能定位实现了从最初的资源配置功能向兼顾风险管理再到配置风险功能的转变，其中，单纯的资金配置功能重点关注金融商事主体之间的金融交易活动，而随着特定金融中介组织的出现与风险的积累，金融法越来越注重金融风险的规制与监管，即金融法从单纯的调整金融交易活动的金融私法向兼容金融规制与监管的金融公法转变，并且金融公法日渐成为金融法的核心品性与要义。随着金融创新的深化发展与金融危机的频繁爆发，金融法中的规制与监管元素越来越呈现出显性发展的趋势，并且逐渐在法律实践中予以落实。其中，美国1933年《格拉斯—斯蒂格尔法案》（又称《1933年银行法》）、1933年《证券法》和1934年《证券交易法》的颁行即代表了金融法规制与监管的显性基因从理论走向实践，并继续推动金融法之规制与监管品性的理论与实践发展。事实上，“在许多场合，甚至在一些专业场合，人们经常会说，金融法就是监管法”。② 在中国金融立法实践上最典型的表现即是《银行业监督管理法》颁行与实施，当然，《商业银行法》《证券法》《中国人民银行法》虽然未以规制或监管命名，其中更多是规制与监管规范，如金融行业的市场准入、金融业务行为的隔离与分化、资本规则的底线设置及市场退出等。

值得注意的是，金融法规制与监管之公法品性的确立，并不代表金融私法，尤其是金融交易法的式微与消弭，并且目前所认为的一些规制与监管规范实质上就是对金融商事活动主体之商事行为交易习惯的正式性确认。实质上，金融业者在长期的金融实践与经验总结中形成了诸多具有内生性的非正式性的审慎经营规则，其具体包括一定比例准备金的提取、最低资本充足比例要求等已经转变为强制性的监管规范。具体来讲，与金融组织和金融交易相关的传统民商事私法规范依旧是实质金融法之重要组成部分，并且“集成了金融领域特性的私法制度散落于民商法的各法典和单行法中”。③ 但与金融相关的诸多民商事私法规范都或多或少地被附加了诸多强制性的法律限制，如从单纯意思自治原则到兼顾诚实信用原则的转换、先契约义

---

① 参见陈经伟：《金融法治与金融规制——转型时期逻辑与经济金融分析》，社会科学文献出版社2016年版，第95页。

② 王保树：《金融法二元规范结构的协调与发展趋势——完善金融法体系的一个视点》，载《广东社会科学》2009年第1期。

③ 宣頔：《金融法律调整的私法转向与理论建构》，载《郑州大学学报》（哲学社会科学版）2016年第2期。

务与缔约过失责任的成立、权利质押规则的设置等，从整体上看即表现为民商事私法公法化的整体性发展趋势。从另一层面来讲，货币或信用创造是货币法或中央银行法所重点规制或调整的对象，并且这也是宏观性金融调控的核心与重点，而对货币或信用创造进行规制的重要方式主要是通过公开市场操作、存款准备金、再贷款与再贴现、利率政策、汇率政策等价值杠杆进行的，即以市场化的传导机制来间接影响商业银行等货币或信用创造主体的决策与行为方式。① 实质上，宏观性金融调控手段的选择与使用在一定程度上讲也可以划归到金融私法的范畴，因为其主要是采用市场化、经济或者是私法手段来影响市场主体，明显地具有公法私法化的倾向。总体来讲，金融法无论是采用直接性的规制与监管手段，还是通过规制与监管来调整传统民商事私法的内容与权利义务结构，抑或是以市场化、经济或私法手段来达到国家公权力调控货币或信用供给的目的等，其都明显展现出当代金融法具有明显的规制与监管品性，规制与监管已经深深地植入金融法之中，并且促使金融私法从依附于传统民商法逐步走向独立。

二、金融创新中货币政策维度金融公法的变革

货币政策维度的金融公法主要是指金融调控法，并且金融调控以货币调控为核心，除此之外其还包括政策性金融调控的内容，②因而货币政策维度金融公法的核心实乃货币调控法。既然金融创新已经对货币政策维度的金融法变革提出新的诉求，那么面对金融创新，货币调控法究竟应作出哪些变革呢？对此问题的回答需要回归到金融创新对既有的以货币政策为核心的货币调控法究竟形成了什么具体性的冲击？金融创新是以金融工具或产品创新为核心的创新，并且“货币调控包括数量调控和价格调控两种模式，价格调控以调节利率为主，数量调控以调节货币数量为主。但即便以价格调控为主的国家，对货币数量也同样高度重视”。③ 这也就决定了作为金融创新之核心的金融工具或产品创新对货币政策或者货币调控的影响主要是通过调整货币供需与货币政策的目标、手段及其传导机制予以实现，而货币政策维度金融公法（货币调控法）的变革也主要是从货币供给、货币需求，以及货币政策的目标、手段及其传导机制三个层面予以展开。

---

① 参见盛学军等：《全球化背景下的金融监管法律问题研究》，法律出版社2008年版，第40页。

② 参见闫海：《货币即权力：货币调控权论》，法律出版社2015年版，第25页。

③ 刘成：《多元化货币信用创造格局下货币调控初探》，载《管理世界》2016年第12期。

货币供给或货币信用创造机制的形成主要是基础货币与货币乘数共同作用的结果,因而金融创新对货币供给或信用创造发生作用的核心着力点即是基础货币与货币乘数。就前者而言,基础货币包括公众持有的通货和以商业银行为主的存款类金融机构的存款准备金,并且基础货币由中央银行投放,而基础货币的投放主要依靠外汇占款、信贷投放与财政赤字三种方式进行。外汇占款式基础货币投放因建立在外汇管制与外向型经济的基础之上而具有明显的被动性;财政赤字则是一种非常规的基础货币投放方式;信贷投放则是一种常规化的基础货币投放方式,其具体包括公开市场操作、再贴现、再贷款"三大法宝",以及常备借贷便利、中期借贷便利、抵押补充贷款等新兴的货币政策工具。随着外汇管理制度的转变与外向型经济向内需型经济的转变而带来的外汇占款降低,中国现在主要利用常规性信贷投放外加非常规性的财政赤字的方式来增加基础货币的投放。就后者而言,货币乘数的大小主要受法定存款准备金率、超额存款准备金率、现金比率及非交易性存款比率等因素的影响。① 既然影响货币供给或信用创造的因素基础货币与货币乘数及其子因素已经得以厘清,金融创新究竟对影响基础货币与货币乘数的子因素产生了何种影响呢?综上所述,金融创新是以金融工具或产品为核心的创新,并且与证券化、表外化、全球化存在极大的关联,因而金融工具或产品创新、证券化、表外化、全球化必然会对影响货币信用创造的因素产生了影响。首先,传统一元化的信用创造体系向多元化转变,"'中央银行+商业银行'的货币创造1.0体系正在转向'中央银行+影子央行+商业银行+影子银行'的货币创造2.0体系",②不仅仅银行体系在创造货币,除此之外的非银行业金融组织或业态也在进行货币或类货币的创造,并且已经跳出了中央银行货币政策调控的范围。其次,金融工具或产品的创新改变了货币的内涵与结构,这表现为现金、存款及其他金融工具或产品彼此比例的改变,即表现为现金比率、非交易存款比率等比率变化,继而扩大了货币乘数效应。最后,证券化、表外化、全球化的发展使货币创造的主体从中央银行与商业银行拓展到证券、信托、保险及新兴的与金融有关的商事组织,商业银行融资结构也从吸收存款、再贴现、再贷款向理财产品、同业业务转变,而且其投资范围也从单纯的贷款发放向理财产品、资管产品、信托计划等投资性金融产品拓展。事实上,金融创新所带来的所有变化

---

① 参见[美]弗雷德里克·S.米什金:《货币金融学》(第9版),郑艳文、荆国勇译,中国人民大学出版社2011年版,第337页。

② 冯明、任泽平:《影子央行和货币创造2.0:理解当前金融杠杆本质和机制的一个基本框架》,载华尔街见闻:https://wallstreetcn.com/articles/3009063,最后访问日期:2018年8月14日。

都严重影响到了中央银行货币政策的调控能力与调控的有效性。

因为货币需求受以收入、利率、价格为核心的货币需求函数、货币流通速度、流动性偏好,以及债券、股票等替代性金融资产种类或结构等因素的影响,所以金融创新对货币需求的影响是通过上述因素发挥作用。首先,随着新型金融工具或产品,尤其是兼具流动性、安全性、营利性的类货币金融工具或产品的增多,货币的内涵、种类、层次、结构发生了变化,如从单纯的货币到包括“余额宝”等“宝宝”在内的货币市场基金、开放式银行理财产品等类货币工具或产品,诸如此类等。具有高流动性、高变现能力的货币类产品减弱了人们对传统意义货币具有高流动性的偏好。其次,从 MO 到 M1、M2、M3……再到中央银行社会融资规模新概念的提出,表明货币的内涵、种类、层次、结构发生了深刻的变化,越来越具有丰富性、多元性、可替代性,继而导致对传统货币需求的减少,这也进一步证明对货币进行定义的难度、货币调控的难度都越来越大。再次,金融创新所带来的金融电子化和支付结算系统的改革,缩小了狭义货币,特别是现金的使用范围,使人们对交易性货币的需求下降,①对投机性货币需求上升。转换到现实实践即表现为支付宝、微信支付等第三方支付手段的广泛使用,杭州、武汉、福州、天津、贵阳等“无现金城市”②的打造则代表着“无现金”社会已经从理论的“神坛”走向世俗的现实世界。同时,还需要关注随着互联网信息技术的发展而带来的以“比特币”为代表的数字货币或虚拟货币的创造对传统货币的替代问题。最后,随着金融创新证券化、表外化、全球化的发展,“大量创新工具都集交易账户与储蓄账户于一体,无法区分清楚交易、支付与价值贮藏手段,经济形势稍有变动,就会引起各种金融资产之间的大规模移动,导致货币需求无规律、频繁地变动”。③ 是故,金融创新使传统货币需求呈下降的发展趋势、货币需求函数的稳定性越来越低,继而导致中央银行货币调控的难度越来越大。

鉴于“货币政策中介目标是连接政策手段和最终目标的桥梁,只有选择恰当的中介目标才能保证货币政策的调控效果”,④所以金融创新对货币政策目标、手段及其传导机制的影响首先表现在货币政策中介目标的选择上。货币政策中介目标由数量指标和利率指标两种类型。目前我国选择的是数量指标,这主要体现在货币供

---

① 陆泽峰:《金融创新与法律变革》,法律出版社 2000 年版,第 210 页。

② 杨波、沈光倩:《为什么越来越多的城市热衷“无现金”?》,载人民网:http://it. people. com. cn/n1/2017/0703/c1009-29379270. html,最后访问日期:2018 年 8 月 14 日。

③ 高晓红、王静:《金融创新与货币政策:冲击与变革》,载《财经问题研究》2002 年第 8 期。

④ 陈小亮等:《社会融资规模能否成为货币政策中介目标——基于金融创新视角的实证研究》,载《经济学动态》2016 年第 9 期。

应量、信贷规模等方面。值得注意的是,金融创新使货币的种类、层次与结构都发生了重大变化且更多的新型融资工具或手段继续被不断创造出来,这便使货币难以被定义或者说难以被测量、被控制。同时信用创造体系,尤其是货币信用创造主体从单一的商业银行向证券公司、保险公司、财务公司及新兴的互联网金融组织或业态等的多元化转变,新型金融组织或业态创造的货币尚未被纳入M2的统计范围之内,这就使传统的以M2为货币政策中介目标的有效性骤然降低。退一步讲,即使将传统的M2扩展到M3、M4……再到中央银行新提出的社会融资规模概念,货币政策的有效性依然遭受侵蚀,原因在于始终有新的信用创造主体层出不穷地创造出新的融资工具或手段,使以数量为指标的货币政策中介目标总是存在实践上的滞后。从世界各国货币政策中介目标选择的发展趋势看,或许以利率为指标是更为恰当合理的选择,当然这需要建立在利率市场化的基础上,这就要求中央银行实现货币政策中介目标的选择从数量型向利率型转变。当然,利率指标也会因为新型金融工具或产品的创新而遭受一定挑战。从货币政策的工具或手段来看,仅面向商业银行的存款准备金率、再贴现、再贷款等货币政策工具因为货币信用创造主体的多元化、类货币工具或产品的丰富而使其有效性面临侵蚀。除此之外,随着证券化、表外化、全球化而带来的银行融资结构的变革、海外货币市场的发展,传统的货币政策传导机制也会遭受阻碍。

一是金融创新对货币供需与货币政策的目标、手段及其传导机制的影响使传统货币调控法仅仅对以"中央银行+商业银行"为核心的货币信用创造体系造成冲击。对此,根据实践中"中央银行+影子央行+商业银行+影子银行"的货币信用创造体系对现行法律进行修正与补充。二是随着货币形式从单一走向多元、从电子货币到以"比特币"为典型代表的数字货币的发展,需要在法律上确定对多元化货币形式,尤其是数字货币的货币调控方式,当然还需要考虑数字货币法定化后货币政策目标、工具与传导机制的建立问题,以及传统法定货币与法定数字货币的货币政策协调问题。三是针对金融创新中的新型金融工具或产品的出现、证券化、表外化的发展趋势,除货币调控法自身需要作出调整之外,同时还需要考虑到新型金融工具或产品的创造、证券化、表外化与金融监管法也存在紧密关联,所以需要货币调控法与微观审慎监管法、宏观审慎监管法的协同变革,尤其是货币调控法与宏观审慎监管法的协调,而在此协调过程中中央银行的法律定位及其职能则需要作出相应的调整与变革。

三、金融创新中金融监管维度金融公法的变革

金融公法除涵括货币政策维度的以货币调控法为核心的金融调控法之外，金融监管法亦在其统摄范围之内，并且是金融公法理论研究与制度实践的重中之重，而此问题的探究需要从金融法的生成说起。“金融法是随着金融关系的发展，以及金融立法的不断发展和完善而不断发展起来的”①——从古代因货币统一需要而生的货币法，到自由经济时代的融于民商法的金融私法，再到垄断资本主义阶段以规制与监管为核心的金融法的产生，其中唯有以规制与监管为重的金融法的产生才带来了金融法理论研究与制度实践的兴盛与繁荣。因而，金融创新对金融监管维度金融公法的冲击一定是垄断资本主义阶段以规制与监管为核心的金融法产生之后的事情。以规制与监管为核心的金融法的大规模产生地是美国，其典型代表即是美国1933年《格拉斯—斯蒂格尔法案》（又称《1933年银行法》）、1933年《证券法》和1934年《证券交易法》等金融法律的颁行。金融创新究竟对以规制与监管为核心的金融法造成了哪些冲击呢？这就需要从金融法自身对银行（业）、证券（业）的管制性规定说起，从宏观层面来讲即体现为“分业经营—分业监管”体制的确立，从微观层面来讲则表现为利率管制、资本管制、信息披露、金融欺诈限制等内容。由于受金融自由化政策推进或者是规制放松、信息技术的发展，以及金融业者对利益的追求等因素共同作用，以具有相同或相似经济功能金融工具或产品创新为核心的金融创新，外加金融市场证券化、表外化与全球化的发展，使金融的功能从单一的资源配置向兼顾风险配置转换，“风险承担和转移成为现代金融创新的核心内容”，②这也就导致了传统的金融监管法已经严重滞后于金融创新的市场实践，或者说金融创新对既有的金融监管法造成了严重冲击，并集中凸显为系统性风险防范与金融领域消费者权益保护的缺失。转换到中国语境之下，即表现为因包括理财产品、资管计划、信托产品等在内的金融工具或业务的层出不穷，以及包括基金子公司、互联网金融新兴金融组织或业态的出现而导致既有分业监管、机构监管、微观审慎监管机制产生了滞后性，这就要求我们对传统的以微观审慎监管、机构监管、纵向监管为侧重点的金融监管法向兼顾宏观与微观、审慎与行为、机构与功能、纵向与横向的统合性金融

---

① 刘少军：《金融法学科地位的几点思考》，载郭锋主编：《金融服务法评论》（第1卷），法律出版社2010年版，第405页。

② 刘迎霜：《金融创新时代的金融监管法制变革趋向——次贷危机的启示》，载《浙江社会科学》2012年第4期。

监管法转变。

一是从单纯微观审慎监管向宏微观审慎监管相结合的金融监管法转变。既有金融监管法以面向单个金融机构风险控制的微观审慎监管机制为侧重点和核心,而专门针对系统性风险控制的宏观审慎监管机制却存在缺失。单一的微观审慎监管可以对单个金融机构经营状况和业务行为进行有效的监管,并且其相信单个金融机构风险的有效控制将能够保证整合金融体系的稳定,然其无法对因"合成谬误"而生成的整个金融系统的风险状况、积累程度等进行有效把握和测量。值得注意的是,随着金融创新的深入发展,银行、证券、信托、保险行业彼此之间,以及各自行业内部产生业务上的交叉、资产负债表相关联、金融工具或产品存在嵌套等横向上的融合,整个金融系统的紧密度越来越高,而微观审慎监管却对此后知后觉、无能为力。同时,"银行在资本约束下的信贷行为、宏观经济因素对借款人违约概率的影响、公允价值等会计准则、VaR 模型的区间选择等因素都会引起银行的顺周期性行为,然而这些情况却无法被微观审慎监管者监测到"。[①] 事实上,宏观审慎监管机制却可以通过逆周期的资本缓冲、贷款损失准备金、流动性缓冲,以及总杠杆率监管、行业杠杆率监管等时间维度的系统性风险监管工具对顺周期行为进行调整,也可以对空间层面系统性重要金融机构,以及整个金融市场因行为、业务、产品关联而生的系统性风险有效监管。当然,微观审慎监管机制自身也需要从资本充足率、资本质量、流动性、杠杆比率等层面继续进行优化。是故,金融监管法的变革方向之一就是实现微观审慎监管与宏观审慎监管的协同互补,在保持微观审慎监管机制继续优化及有效发挥风险防控作用的同时,积极将具有专门防范系统性风险的宏观审慎监管机制纳入金融监管法的范畴之内。

二是从单纯机构监管向机构监管与功能监管相结合的金融监管法转变。中国已经通过金融基本法律确立了"分业经营—分业监管"的体制,但也以"国家另有规定"的但书条款为混业经营提供了法律上的空间,并已经落实到行动之中,这集中表现为中银国际、光大集团等金融控股公司的批准设立。同时,银行、证券、保险等金融行业的监管机构纷纷通过部门规章或规范性文件的方式允许各自监管的机构开展具有同质性的理财产品、资管产品、信托产品等的金融工具或产品开发与销售,并且不同行业金融产品之间还存在结构上的嵌套,实质上这已经在实践层面形成了混

---

① 巴曙松等:《从微观审慎到宏观审慎:危机下的银行监管启示》,载《国际金融研究》2010 年第 5 期。

业经营的格局,继而对分业监管形成冲击与挑战。事实上,分业监管体制秉承的是机构监管的理念,即通过"管机构"而非"管产品""管业务"的方式来实现单一金融行业的监管,但跨行业的金融混业经营已经导致具有相似或相同经济功能的金融工具或产品、同质性的金融业务等无法被纳入监管范围监管或者是即使被纳入监管也面对不同程度的监管标准,继而导致监管漏洞、监管重叠、监管套利,甚至是监管竞次等问题的发生。为了保证金融监管的全面性、统一性与有效性,"从分业经营走向混业经营,从机构监管走向功能监管,是我国金融业和金融法制发展的必然方向"。① 当然,机构监管也有存在的必要,而此时的机构监管更多是对金融组织之设立、内部治理、市场退出等的监管,而将金融工具或产品的开发、销售及业务经营纳入到功能监管的范畴。更深入地讲,从单纯机构监管向机构监管与功能监管相结合金融监管法的转变,实际上与从单纯纵向监管向纵向监管与横向监管相结合金融监管法的转变具有一定的相通性,都是要实现对具有相同或相似经济功能的金融工具或产品、同质性金融业务进行统合性的法律规制。"金融服务横向规制的核心是打破金融业别界限和法规的分割使用,实现金融法规的整合和一体适用",②但彻底实现金融监管法的一体化整合并非是效益最大化的修法方式,比如传统的银行业务与证券业务毕竟还是存在很大差异的,进行统合监管的意义不大,真正需要统合的是金融创新过程中所发生的具有相同或相似经济功能的金融工具或产品、同质性金融业务。因而可以在传统业务法的基础之上,抽象出各行业具有共同性的功能监管法,实现金融工具或产品设计、销售、交易、退出的统一性监管,即形成"'功能法'+'业务法'"的金融监管法结构。

三是从单纯审慎监管向审慎监管与行为监管相结合的金融监管法转变。"行为监管就是指为保护消费者权益而实施的针对金融机构在零售服务领域内市场行为的监管,是'双峰'理论中审慎监管的相对范畴。"③具体就是要对金融创新中新型金融产品或工具的创造、销售及交易等行为是否合法合规进行监管,当然也会对金融消费者的消费行为进行监管。④ 既有的金融监管法过于重视与金融机构资本水平、

① 刘迎霜:《金融创新时代的金融监管法制变革趋向——次贷危机的启示》,载《浙江社会科学》2012 年第 4 期。

② 冯果:《金融商品的横向规制趋势与中国金融法制之阶段性选择》,载郭锋主编:《金融服务法评论》(第 1 卷),法律出版社 2010 年版,第 43 页。

③ 李仁真、周忆:《金融消费者保护与国际金融监管法制的变革》,载《武汉大学学报》(哲学社会科学版)2013 年第 6 期。

④ 参见焦瑾璞:《构建中国金融行为监管体系研究》,中国金融出版社 2015 年版,第 19 页。

经营状况等相关的“以风险为本”的审慎监管,尤其是微观审慎监管的内容,而或多或少地对与金融消费者权益保护相关的“以人为本”的行为监管有所忽视。事实上,行为监管理念或概念的提出已经打破了原先的金融监管仅重点关注金融监管机构与金融机构关系的狭隘性,开始将视角转向了金融机构与金融机构的交易相对人关系的角度,这在一定程度上推进了对金融领域消费者保护从间接目标向直接目标的转换,并且行为监管与审慎监管在金融监管法中的有机结合也将有助于提升金融监管的有效性与金融领域消费者权益保护的水平。

四、金融公法变革中隐含着消费者主权观念

调整金融关系的法经历了从单一的金融私法向兼容金融公法的历史嬗变,后发的以规制与监管为核心之金融(公)法的生成才真正使金融法从过往寄居于传统民商法体系而走向独立与兴盛,并建立了属于自己独享的概念、体系与逻辑结构,而这又归结于新兴金融(公)法在保证金融交易活动效率基础上对金融安全与稳定的追求。“维护金融业的安全与稳定,即金融安全,是金融监管制度建立、发展和不断创新、加强的初衷”,①当然也是以规制与监管为核心品性之新兴金融法的根本旨趣所在。以规制与监管为核心的现代金融法之产生、发展、变革始终是以危机为导向的,其中,20 世纪 30 年代的金融大危机催生了以规制与监管为核心的现代金融法,并且“管制与稳定构成西方(20 世纪)70 年代前金融体系的特征”。② 肇始于 20 世纪 80 年代的“金融大爆炸”开始使金融经营从分业走向混业,与之相随的是金融创新的深化发展——新型的金融工具或产品层出不穷,证券化、表外化及全球化成了引领金融发展的一种潮流,并且最终导致了 2007 年金融危机的爆发。事实上,“过时的监管机制和金融系统风险管理的疏漏是导致危机的重要原因”,③并有学者从根本上认为,“造成本次危机的监管失灵不仅是一种制度,更是一种理念”。④ 金融危机的爆发再次引发了人们对不同国家或地区现行金融监管模式及其背后所隐含理念的反思与比较,行业型监管(以中国为典型代表)、统合型监管(以英国为典型代表),

---

① 邢会强:《金融危机治乱循环与金融法的改进路径——金融法中“三足定理”的提出》,载《法学评论》2010 年第 5 期。

② 李妍:《金融监管制度、金融机构行为与金融稳定》,载《金融研究》2010 年第 9 期。

③ 陈刚:《布什试图为二十国集团峰会定下基调》,载新浪财经:http://finance. sina. com. cn/world/gjjj/20081114/13385508103. shtml,最后访问日期:2018 年 8 月 22 日。

④ [美]约瑟夫·E. 斯蒂格利茨等:《斯蒂格利茨报告——后危机时代的国际货币与金融体系改革》,江舒译,新华出版社 2011 年版,第 76 ~ 77 页。

以及功能型监管或目标导向型监管（以澳大利亚为典型代表）究竟哪一个占优势？哪一个更能适合金融创新的深化发展或者是抵御金融危机的再次发生？值得注意的是，宏观审慎监管与金融领域消费者保护成为世界各国共同关注的事项，并将此两项内容作为未来金融法制变革趋势和发展方向。其中，宏观审慎监管主要是为了弥补传统微观审慎监管仅仅关注单个金融机构审慎经营而无法从宏观层面有效应对系统性风险的缺失，而金融领域消费者保护监管目标的提出则主要是源于以金融工具或产品为核心之金融创新的过度发展、金融机构的不当劝诱销售，以及传统金融监管法对金融领域消费者保护的忽视等，因而以金融领域消费者保护为目标的行为监管与以金融安全为目标的审慎监管（宏观审慎与微观审慎）并列成为未来金融监管法变革的核心内容。除此之外，金融监管法治理念与制度从机构监管向功能监管、从纵向监管向横向监管的转变也将有助于金融领域消费者得到公平保护的权利得以落到实处。

金融创新的深化发展使金融工具从单一走向多元、从简单走向复杂。“在金融产品较为单一和消费者选择空间有限的条件下，金融机构具有体制内的特殊身份，现有监管制度能够发挥作用”。① 然而，创新型金融工具或产品多样化、结构化、复杂化发展使单纯的审慎监管已经无法对创新型金融工具或产品的购买者进行有效保护，这就促使了以监管金融机构新型金融工具或产品设计、销售、交易的行为为旨趣的行为监管理念得以提出。“行为监管指的是监管部门对金融机构经营行为的监督管理，包括信息披露要求、禁止欺诈导、保护个人金融信息、反对不正当竞争，打击操纵市场行为和内幕交易，规范广告行为、合同行为和债务催收行为，关注弱势群体保护，提升金融机构的诚信意识和消费者的诚信意识，解决消费争端等”。② 从此定义可看出行为监管更多的是一种理念，就具体金融监管措施而言，行为监管更多的是对金融机构与金融消费者权利义务关系不平等的一种矫正，明显属于金融私法的内容，体现在金融公法层面主要即是金融消费者保护机构的独立性构建，以及金融消费者争端纠纷解决机制的多元化构建。因而，行为监管理念的实现，首先需要的即是依据“双峰”监管理论，将行为监管与审慎监管明确分离，将行为监管摆在与审慎监管平行对等的地位，将行为监管机构从传统的审慎监管机构中独立出来，改变传统上的“行为监管常被纳入审慎监管框架，金融消费者保护问题没有上升到独立

---

① 岳彩申、张晓东：《金融监管制度发展的新趋势——消费者保护与审慎监管的分离》，载《上海财经大学学报》2011 年第 3 期。

② 孙天琦：《金融业行为风险、行为监管与金融消费者保护》，载《金融监管研究》2015 年第 3 期。

监管的层面,消费者公平利益得不到足够重视或者仅仅是一个潜在或间接政策目标"①的局面。显见,行为监管理念的提出,在金融公法层面最大的意义即是将行为监管从传统的审慎监管中独立出来,并建立与审慎监管机构相并列、平行的行为监管机构,以此将金融领域的消费者保护提升到金融监管法定目标的地位,以彰显金融监管部门对金融领域消费者权益保护的重视。事实上,将行为监管从审慎监管中分离出来,并明确金融领域消费者权益保护的重要性,恰好印证了金融监管法制变革的不仅仅是一种制度或规则上的变革,更重要的是一种金融监管法制理念的变革,具体就是从更大的视野上将传统的仅仅关注金融监管机构与金融机构关系的规制拓展到了兼顾或者是平等对待金融机构与金融领域消费者关系的规制领域,实现了金融法制结构的纵横统合。

谈及金融法制结构的纵横统合,有必要查探当今"金融法制出现了从纵向的金融行业规制到横向的金融商品规制的发展趋势"②的原因,以及其为什么具体细分为"金融商品"的横向规制和"金融业"的横向规制两个层面的内容。随着金融创新的深化发展,创新型的"金融产品日益复杂,同时种类繁多,金融产品又不断衍生和混合,使得公众难以理解金融产品的实质",③同时这些创新型的金融工具或产品又具有经济实质相同的金融功能,这决定了可以对其进行"功能性"的统一规则,即对分别由不同金融机构设计开发的同质性金融工具或产品实施功能性监管,继而完成对"金融商品"的横向规制。具有经济实质相同的金融功能之"金融商品"的横向规制彻底改变了传统的由银行、证券、保险等行业金融监管机构分别对各自监管对象生产或设计具有同质性的金融工具或产品进行分业监管的模式,此举既有助于避免监管漏洞、监管重叠等问题的发生,更重要的是也解决不同金融监管机构之监管割裂、监管不一、监管竞次等问题,而这又有助于保证金融领域消费者的合法权益得到同等标准的公平性保护。紧接着,"金融商品"的横向规制又可以带动包括"金融商品"经营机构、"金融商品"购买者在内的"金融业"的横向规制,从而实现金融机构监管从机构监管向功能监管、从分业监管向混业监管的转换。然而,值得注意的是,无论是"金融商品"的横向规制,还是"金融业"的横向规制,两者都仍然没有改变法律规制对象是金融监管机构与金融机构的纵向管理关系,此处所言的"横"是一种纵

① 冯乾、侯合心:《金融业行为监管国际模式比较与借鉴——基于"双峰"理论的实践》,载《财经科学》2016年第5期。

② 杨东:《论金融法制的横向规制趋势》,载《法学家》2009年第2期。

③ 陈文君:《金融消费者保护监管研究》,上海财经大学出版社2011年版,第19页。

向管理之下从“分业经营”到“混业经营”监管上的“横”。当然，另外一种“横”是从“金融商品”经营机构与“金融商品”购买者关系角度分析，两者之间是一种“横向”而非“纵向”法律关系。其中，前一种意义上的“横”有助于购买具有相同经济实质金融功能“金融商品”的主体享有“平等对待权利”的实现，而不会因为监管机构、监管规则或标准的差异而遭受非同等的对待，后一种意义上的“横”对金融领域消费者权利的保护则是通过对“金融商品”经营机构与“金融商品”购买者权利义务关系的矫正予以实现。进一步讲，前一种意义上“横”的微观表现即是“围绕不同的金融商品，对金融消费者区分规则、适当性原则、说明义务、不当劝诱之禁止等的规则加以规定”，①也就是后一种意义上的“横”，而后一种意义上的“横”之宏观表征即是前一种意义上的“横”。总体来讲，无论是从机构监管向功能监管的转变，还是从纵向监管向横向监管的转变，抑或是从审慎监管向行为监管的转变，金融领域法之金融公法理念与制度的变革都不同程度的隐含对金融领域消费者主权观念的承认与切实执行，这使金融领域消费者合法权益的保护从不被重视或忽略转而被提升到金融监管法定目标的地位。在实然意义上讲，金融消费者主权观念的确立真正体现了金融监管法治理念及其制度变革已经从单纯地注重安全与效率均衡，转换到兼顾金融安全、金融效率、金融公平之“三位一体”的融合，这将有助于金融领域消费者合法权益的保护从纯粹理论观念走向良性的制度构建，并且会为司法裁判中金融领域消费者合法权益的维护提供价值与规则层面的良好指引。

第三节　金融私法重塑中消费者主权观念的彰明

一、金融领域私法何以寄居于民商法体系中

现代金融法是以规制与监管为核心品性之法，②因而金融领域的私法规范主要寄居或散落于传统的民商事私法规范中，当然也有少数规范内嵌于既有金融法律规范之中。譬如，证券法因其保护投资者、健全金融市场等立法目的，立法时即更注重其管制属性，其中还包括公开发行上市公司之公司治理的强制规定，以及强制公开收购、内幕交易、虚假陈述等交易行为的规制；然其抑有其自由属性，如证券发行时

① 董新义：《以功能性规制为基础构建金融消费者保护法》，载《国家检察官学院学报》2016年第6期。

② 参见韩龙：《现代金融法品性的历史考察》，载《江淮论坛》2010年第4期。

发行人与承销商、投资者的权利义务关系等。① 显见，纯然形式意义上的独立性金融领域私法系统实际上并不存在，并且传统的民商事私法规范也可通过自我调整有能力对金融领域的交易活动给予合理有效的统摄与调整。需要厘清的是，传统民商事私法对金融交易活动的规范调整究竟体现在哪些方面？金融领域私法对民商法的依托究竟又体现在哪些层面，以及究竟是什么原因导致金融领域私法能够长期寄居于传统的民商事私法规范中，并且金融领域私法规范除对商主体法与商行为法这两项内容进行特别规定外，其所涉及的权利规范、义务规范及责任规范为什么还需要继续由民法或商法予以规定？等等，诸如此类。从另一层面来看，对上述问题的回答或许会直接揭示出金融创新深化发展中传统民商事私法规范能否继续对具有现代性色彩的新型金融交易活动进行有效调整，以及未来金融领域私法规范究竟应从哪些层面对金融创新进行法律上的回应。

(一) 金融领域的私法规范对民商法的依托

金融交易作为商事交易的分支或者说商事交易在金融领域的延伸，体现在私法层面必然表现为金融领域私法规范与传统民商事私法规范，尤其是与商法规范关系的厘清上，即金融领域的私法规范究竟对民商事法律规范形成何种程度的依托，以及具体体现在哪些层面。第一，从商法对民法的超越与依托来看，“商、商行为、商主体，是商法理论展开的原点性范畴”，②并且商法是以“商”与“非商”为基点，建立了与传统民法相殊异的商主体法与商行为法，构筑了现代商事法律理论研究与制度实践的核心。除商主体法与商行为法之外的商事私法规范，商法依然主要以传统民法规范为理论或制度来源，即“民法已经提供了民事主体、民事权利、民事行为和民事救济的一般性规定，商法只提供各种商事组织和商事交易的具体规则”。③ 第二，从商法与金融领域私法或商法的关系来看，“商事交易是商行为重要形式，而金融交易又是商事交易的重要组成部分”，④因而金融交易法并不是一个完全独立于商法，特别是商行为法的法律部门。就主体角度而言，专门从事金融交易活动的“金融机构属于商事组织，围绕金融机构的产生、治理与解散等而产生的金融组织法也是商法

---

① 参见王文宇:《从商法特色论民商合一制度》，载《月旦法学杂志》2016 年第 4 期。

② 曹兴权:《商事法律制度构建视野的转换——以金融消费者保护为例》，载《上海财经大学学报》2011 年第 5 期。

③ 郑彧:《商法思维的逻辑基础》，载《学术月刊》2016 年第 6 期。

④ 孙勇:《从金融的发展看现代商事交易的特征——兼论金融危机的私法成因》，载王保树主编:《商事法论集》(2009 年第 2 卷总第 17 卷)，法律出版社 2010 年版，第 118 页。

特别是商事组织法的重要组成部分”。[①] 如此，金融交易法与金融组织法便是金融商法的核心构成，而金融交易关系与金融组织关系也便成了金融商法的核心调整对象。

值得注意的是，金融私法之“金融关系”调整的特质，也使其与一般性商法存在明显的殊异之处，而这又主要体现为具有强制属性之主体资格设定、交易规则设置和特殊市场退出标准划定等层面的特定性私法规范。譬如，银行与银行、银行与客户间的法律关系仍旧属于私法的范畴，并且彼此之间在交易中需遵循特定的交易规范，这具体表现在同业资金融通、存贷款等业务的开展必须按照有别于普通的买卖、担保等交易机制或规范进行。具体事例之一即是同业资产买卖回购中的“回购”明显具有让与担保或后让与担保的法律属性，而这又为《物权法》《担保法》等民商事私法规范所禁止。事实上，此种问题的出现一定程度上源于金融从业者借鉴或模仿了域外金融创新的实践经验，与之相关的私法规范却没有随着金融交易模式的引进而及时作出回应或跟进。值得注意的是，在立法尚未作出修订情况下，为解决金融交易中“回购”的法律属性确认和维护具有担保属性回购交易有效性等问题，司法裁判实践便不得不以借助《合同法》中的“无名合同”或一般性条款，并适用民法中的类推解释的方法来填补民商事法律规范在调整创新性金融交易活动时存在的漏洞与不足。[②] 由此可见，金融领域的私法规范依然主要寄居于涵括民法、商法在内的传统私法规范体系之中，并且民法或商法中的一般性规范或兜底条款也可为金融私法的实践运用提供可能的解释，此即形成了传统民商事法律规范对金融领域私法之适用进行“漏洞”填补的逻辑链条。

（二）金融领域的商法塑造隐含着民法思维

谈及金融领域的商法塑造隐含着民法思维，此举或许会勾起大家对“民商分立”或“民商合一”问题的重提或反思，但“分合之争”的意义已经不大。重点不在于合与不合，而在于“合”的程度，是结构形式合一还是实质内容合一，是一般与特别还是相互扶持促进的并列关系；重点也不在于分与不分，“即使商法典鼎足而立，但内容上仍要以民法典的概念、原则为基础，民商分立只是立法的外在体系，实际上内在层面上二者难以分离”。[③] 民法、商法自诞生之初便具有了理论与实践上的黏合性，商

---

① 王延川：《现代商法的生成：交易模型与价值结构》，法律出版社2015年版，第227页。

② 参见王文宇：《非典型（商业）契约的漏洞填补——论任意规定与补充解释的择用》，载《月旦法学杂志》2009年第1期。

③ 李建伟：《民法总则设置商法规范的限度及其理论解释》，载《中国法学》2016年第4期。

事活动的兴盛在一定程度上促进了市民法与万民法之理念与制度的融合，而“市民法与万民法的融合，实质是万民法对市民法的优化、更新、改造和替代……是万民法‘商’的特色及平等性改造作为古代法的野蛮落后的市民法，是市民法变为民法（实际是罗马私法）的过程开了‘民商合一’的先河”。[①] 其中，罗马私法未对民法与商法进行分别规定的根本原因在于，其已经部分地涵括了银钱业者、运输、旅店经营等商事活动法，已经具有国际性，且其中的商事法规范可适用于罗马统治下的诸国，另外就是从事商业经营之主体并不需要特殊资格或能力。[②] “民商分立”观念的提出，根本原因乃是因民商理念不同而导出的价值、原则、规范等系列差异。“商法是在自由资本主义发展时期，为了满足以商业行为为中心的交易活动的需要，而补充的特别的私法规范”，[③]其中，“商人法是近代商法、商事仲裁和民商分立的开端”，[④]而“从商人法到交易法的转变，意味着将营业自由价值置于商法的基础地位……商事交易对应的概念就是商行为”，[⑤]所以商法的核心范畴即是商主体法与商行为法。这在一定程度上证明了商法需要独立于民法，并且事实上也已经出现了独立于民法的商法特别规范。

不容忽视的是，在商主体法构建与渐进发展过程中，尽管商主体法经历了从民法自然人、商法自然人向企业法人的发展变化，但商主体在自然人向包括法人在内的组织体转变时，始终是按照民法自然人的主体逻辑予以构建，也就有了法人否定说、法人实在说、法人拟制说等长久不衰的理论争议，这实际上彰显了商主体法对以自然人为核心主体之民法理论与制度实践的依赖。从商行为法层面来看，“商法之所以与民法相互依存，归根结底，就是商行为极大部分都依靠合同来完成，而合同关系即为民法规范之基础组成”。[⑥] 显见，尽管以商主体法与商行为法为核心范畴之商法体系构建在一定层面上获得了独立，但其基本上依旧是在民法思维的逻辑框架下展开的，其构建大量借鉴了民法的逻辑、概念和体系，并且为了节约立法成本和内容上的重复，商法重在规定私法的特殊规范，而私法的一般性规范仍旧由民法予以规定。

当然，商法对民法的依赖“并不是说民法与商法已全然融为一体，彼此不再独立

---

① 陈岳琴：《论商法的公法化》，中国人民大学出版社 2015 年版，第 88～89 页。

② 参见张国键：《商事法论》，台北，三民书局 1980 年版，第 10 页。转引自陈岳琴：《论商法的公法化》，中国人民大学出版社 2015 年版，第 88 页。

③ ［日］丹宗昭信、厚谷襄儿编：《现代经济法入门》，谢次昌译，群众出版社 1985 年版，第 61 页。

④ 陈岳琴：《论商法的公法化》，中国人民大学出版社 2015 年版，第 92 页。

⑤ 王延川：《现代商法的生成：交易模型与价值结构》，法律出版社 2015 年版，第 44 页。

⑥ 彭真明：《论现代民商合一体例下民法典对商事规范的统摄》，载《社会科学》2017 年第 3 期。

存在，实际上二者在法律表现形式、调整对象、价值理念等方面仍各具独立性”，[①]最为明显的即是民法重在实现“财产服务于人格”的目标，而商法则侧重于“人格服务于财产”。具体如民法关注商主体的资格，而商法关注商主体的内部结构与财产集合，尤其是“不同的资产分割程度，影响着商业组织的运作与结构，亦进一步主导了商业组织法的设计”；[②]民法重点关注民事行为的内心真实意思，而商法则尤为关注商事行为的外观，[③]因而“民法关于意思表示及法律行为效力的规定，未能考虑到商行为之特殊性——原则上以行为外观为其效力依据”。[④] 譬如，针对“对赌协议”“明股实债”等新型金融交易契约之效力认定，究竟应采用民法观念中的穿透思维还是商法观念外观思维，在《民法总则》第 153 条有关民事法律行为无效之规定缺乏对商行为进行特殊关照且缺乏商行为效力认定一般性规定的情形下，这一问题长期困扰着作为金融创新纠纷解决者的司法裁判机关。就此看来，无论是“民商分立”，还是“民商合一”，民法所内蕴的一般性私法规范均无法被替代，即商法须依托于民法之一般性私法规范，但商法之特殊性抑不能被民法规范所遮盖。民法需保持自己的本色，商法尤其是金融商法也需要依自己特质而实现自我构建。因而金融领域私法规范之私法共性空缺需要传统民法一般性私法原则或规范的填补，而对于金融商法因特质而生空缺则只能依托于金融交易活动的特质与金融商事法律的理念进行适用上的漏洞“填补”。质言之，传统商法规范对于金融商事活动调整的“漏洞”即需要结合金融商事活动自身的特质与商法的一般理念进行填补，当然更离不开主要为民法所规定的一般性私法规范。

（三）“物—债”与“股—债”二分结构的延展解释

金融领域私法中的私法一般性或共通性规范，犹如商法对民法一般性规范之依托，由民法与商法单独或共同对其进行适用上的漏洞填补。金融领域私法作为民商法在金融领域发展或延伸的法律规范，其是在一般性民商法规范的基础上，又专门“针对银行、保险、证券等特定商事领域，又制定了组织法与行为法合一的特别商法，进一步对商事领域的私法主体进行细分”，[⑤]对商事领域的私法行为进行拆解。与传统民商事私法规范最大的差异是，金融领域私法是专门对从事货币与信用及其衍

---

① 李建伟：《民法总则设置商法规范的限度及其理论解释》，载《中国法学》2016 年第 4 期。

② 王文宇：《商业组织的特性与选定之道》，载《会计研究月刊》2010 年第 1 期。

③ 参见施天涛：《商事关系的重新发现与当今商法的使命》，载《清华法学》2017 年第 6 期。

④ 蒋大兴：《论民法典（民法总则）对商行为之调整——透视法观念、法技术与商行为之特殊性》，载《比较法研究》2015 年第 4 期。

⑤ 汪青松：《主体制度民商合一的中国路径》，载《法学研究》2016 年第 2 期。

生品交易活进行调整的私法规范,唯此一点已经使金融领域私法所调整金融交易关系之标的物明显不同于传统民商法所调整民商事交易关系的标的物。事实上,传统商法并没有对商事交易活动的交易标的物进行专门规定,而主要依托于传统民法对"物"之一般规定或者是理论解释。进一步讲,"即便商人阶层需要从民事主体中独立出来使用特殊规则,即便某些以营利为目的的行为需要遵循特殊的规则并适用与传统民事行为不同的法律效果,作为交易对象的'有体物'却无须适用特殊的规则",①但金融交易的标的物已经彻底超越了"有体物"的范畴。商法自始至终依托于民法对交易标的物之规定,因而为了适应商事交易实践发展的需要,对"物"进行扩张解释的责任已然落到了民法身上,民法要么是将物的范围从"有体"扩展到"无体",要么是将"无体"的财产权利转介到债法(如仓单、提单等商品证券)或其他特别法中予以规定,其中特别法主要是指知识产权法、票据法、证券法等。事实上,民法主要就是通过既存"物"与"债"二元化结构体系,以及双重权利客体结构的创新性建立(债权物权化),实现了将"无体物"纳入其调整范围之内的目标,这便解决了商法对新兴商事交易标的物无法进行调整的问题;但此举依旧没有从根源上真正解决除传统物、债之外的新型交易标的物之法律属性、契约效力等认定的难题。②

进一步讲,以金融主体法与金融行为法为核心的金融领域私法,虽然可以寄居于传统的民商事私法规范,尤其是商事私法规范之中,然而,金融主体法与金融行为法也存在自己的特质,如在《公司法》之外,还专门制定了《商业银行法》《证券法》《证券投资基金法》等金融领域的专属性法律规范。其中最大的差异即是,传统民商法无法对创新型金融交易标的物之调整给予适用"漏洞"上的填补,而只能依靠包括《证券法》、《证券投资基金法》、期货法等在内的金融商事特别法进行调整。然而,这仅仅是对创新型金融交易标的物的具体确认,对于未来的金融创新依然无法及时有效应对,譬如现行《证券法》已然无法对更具创新性的金融工具或产品的法律属性或契约效力进行合理有效认定,如"明股实债"这一非规范性概念的提出及其法律适用上的困难即是典型代表。由此可知,以金融工具或产品创新为核心的金融创新已经对《物权法》《合同法》《担保法》《公司法》等民商事私法规范,乃至金融领域的专属性法律规范《证券法》《信托法》等的适用均形成了冲击与挑战。

---

① 周亮:《新型商事交易标的物的商法调整》,法律出版社2016年版,第25页。

② 参见温世扬、武亦文:《物权债权区分理论的再证成》,载《法学家》2010年第6期。

二、传统民商事法律规范已无法适应金融创新

金融领域私法尽管与传统民商法存在一定程度的融合,并且金融主体法与金融行为法依旧可归属于传统民商法的范畴,但金融从事货币与信用及其衍生工具或产品的特质决定了金融主体法、金融行为法及“金融商品法”明显超出了传统民商法所能统辖管制的范围。退一步讲,即使传统金融领域的《商业银行法》《证券法》《保险法》等金融法律能够调整金融主体法、金融行为法,以及以证券、保险为典型代表的金融工具或产品,但是金融创新使包括金融衍生品、结构化金融工具或产品在内的金融工具或产品的创新越走越远,外加证券化、表外化、全球化的深入发展,这已经使得银行、证券、保险等单一金融领域的问题变得越来越模糊。无论是管制层面的金融监管法,还是交易层面的金融领域私法都亟须进行系统性重塑。

(一)创新型金融工具或产品的关系性交易结构

传统意义上的金融主体法和金融交易法可以依托于传统的民商法而存在,但传统民商法已经完全无法对新型金融交易标的物之法律适用“漏洞”进行填补,而只能依靠包括《证券法》《证券投资基金法》等在内的金融商事特别法进行调整,并且银行、证券、保险等产品、业务边界的模糊,也已经使《商业银行法》《证券法》《保险法》等金融法律规范无法对包括金融衍生品、结构化金融工具或产品在内的新兴金融交易标的物,以及证券化、表外化及全球化金融业务的发展进行系统而有效的调整。因而金融创新的深化发展对传统民商法最大的挑战,即是包括金融衍生品、结构化金融工具或产品在内的新兴金融交易标的物或者是新兴金融工具或产品的开发设计与交易。

“传统民商法主要针对现货交易而非远期交易,且其主要处理的是有体物的相对独立、单一的交易,因此,金融衍生交易的履约及风险控制规则与传统民商法(如合同法、担保法、破产法)之间存在不同程度的差异或冲突”,①这也就决定了传统民商法无法对调整创新型金融工具或产品、金融业务等进行法律适用上的“漏洞”填补。尤其需要说明的是,创新型金融工具或产品与金融交易、金融业务从传统的分离走向了现代的合一,即金融交易的标的物与金融交易行为形成了融合的发展趋势,如“对赌协议”或“估值调整协议”既可以被认定为附“保底条款”的融资合同,也

① 刘燕、楼建波:《金融衍生交易法律问题的分析框架:跨越金融部门法的界限》,载郭锋主编:《金融服务法评论》(第3卷),法律出版社2012年版,第11页。

可以被界定为创新型的结构化金融工具或产品,但本质上创新型金融交易行为已经与交易标的相互融合。创新型金融工具或产品本质上是一种契约或者是更为复杂的结构性或关联性契约,内在地规定了双方或多方金融交易主体各自的权利义务关系,但同时也是金融交易的标的与对象,金融交易本身即是权利义务关系的交易。更为重要的是,“与法律人通常理解的‘合同’仅仅是法律关系不同,衍生品合约除权利义务的属性外,更直观的表现是盈亏效果,以合约为一方当事人可实现的盈利(相对于另一方则是亏损)来表示”。① 其中,传统的民商事交易盈亏的结果或者是交易价格的计算基本是由交易标的物本身的价值所决定的,而创新型金融工具或产品的价值或价格则直接由其本身权利义务的结构化设计来决定,同时这也进一步证明了金融交易的对象或标的即是交易双方或多方权利义务关系的交易。质言之,创新型金融工具或产品的结构化设计,使其自身内部即是人为的权利义务关系设计,而不是传统的民商事交易标的内部物理结构,前者重点关注的是内含其中的交易价值,而后者更看重交易标的或对象的使用价值。同时,权利义务结构关系设计本身又是对风险进行重新分配的过程,这会直接在金融交易主体之间产生盈亏的法律效果。显见,创新型金融工具或产品的结构化设计使交易主体间的权利义务关系、交易标的物及盈亏风险配置集于一身或者是出现了三者融合的发展趋势,同时这也就决定了创新型金融工具或产品设计与交易内含着金融交易机制、担保机制及风险分配机制融于一体且不可分割而不是相对分离。值得注意的是,传统民商法对金融交易、金融担保与风险分配的调整是相对分离或割裂的而不是不可割裂。因而,在创新型金融工具或产品的交易中,担保机制与风险分配机制根本无法从交易机制中脱离出来或者是已经被设计到金融交易之中而无法脱身,如若脱离将导致整个金融交易的坍塌与崩溃,而传统民商事交易担保的无效实质上并不会对交易本身,尤其是交易的效力产生根本性的影响。总体来讲,创新型金融交易对金融交易机制、金融担保机制、风险分配机制的融合使传统的民商法在整体上无法继续有效适用于金融交易的调整中,这也就导致了传统民商法不能够成为调整新兴金融交易的金融领域私法的“漏洞”填补渊源或者是基本规范缺失的补足者。

(二)结构化金融交易可能引发系统性金融风险

从创新型金融工具或产品,或者是金融交易标的物之交易结构关联性的角度已

① 刘燕、楼建波:《金融衍生交易法律问题的分析框架:跨越金融部门法的界限》,载郭锋主编:《金融服务法评论》(第 3 卷),法律出版社 2012 年版,第 5 页。

经证明了传统民商法不能够成为金融领域私法适用“漏洞”的补足者,那么传统民商法能不能成为调整结构化金融交易之金融领域私法适用“漏洞”的填补来源呢?从理论上讲,商法之所以对民法过度依赖,是因为与商事交易基本重合的商行为绝大多数都需要依靠合同来完成,而合同行为又是民法所调整法律行为最具代表性的行为类型,这也就决定了调整创新型金融交易标的交易行为的金融领域私法适用“漏洞”填补任务或许可以由作为民商法核心内容的《合同法》予以承担。进一步讲,中国直接融资工具的缺乏或者是证券范围的过于狭窄,进一步促使金融市场的“融资方只能借助合同的途径实现直接融资的目的,而这类合同往往会受到效力上的质疑”,①并且无论交易合法有效与否都会对缺乏商业考虑或经济逻辑的《合同法》形成冲击。除此之外,与金融交易相关的传统民商法主要还包括《担保法》《公司法》《企业破产法》等,那么传统的《担保法》《公司法》《企业破产法》能否满足结构化金融交易对金融领域私法的需求呢?

结构化金融交易对金融领域私法规范的诉求已经不能完全为传统民商事私法所涵盖,传统民法更加注重交易主体地位的平等性和交易本身的公平互换性,但金融领域私法则更加注重交易的高效性与安全性。同时,金融领域的公共性、高杠杆性、脆弱性等特点则决定了金融交易更加注重整体性的效率与安全,这又与传统的调整普通商事交易,且单纯注重个体性效率与安全的一般商法存在明显的差异。因而,不注重整体性的效率与安全的传统民商事私法规范在调整结构化金融交易时极有可能导致系统性的金融风险无法被识别、防范或控制。具体来讲,传统民商事私法对金融领域私法适用“漏洞”补足之困难并不只是因为交易的对象是货币与信用及其融合物这一点,更为关键的原因是:第一,金融创新的深化发展已经使新兴的金融工具或产品的复杂性、符合性、关联性、结构性、难以理解性空前提升,这又进一步体现在不具有意思自治能力和营业“持续性”的特定目的载体(Special Purpose Vehicle,SPV)的创新性设置上,此举已经突破了传统民商事主体法律对商事组织设置的条件限定,以及带来以SPV为核心之商事信托法律属性认定的不确定或模糊,继而可能引发金融市场的波动或金融风险的发生,宝能万科控制权之争中对“资管计划”表决权让渡合法与否的争辩即是典型示例。第二,金融商事交易更加注重动

① 杨姗:《新型商事合同效力认定的裁判思维——以融资合同为中心》,载《法学》2017年第8期。

态流动的特点，使结构化的金融交易具有“背对背”①“关联性”“强连续性”等特点，“任何一个主要市场参与人的违约或者破产都可能导致市场的连锁反应”，②这便使金融交易活动具有不可撤销性、重交易结果等特点。事实上，传统商事交易法对票据无因性、证券交易不可撤销性等的规定本身已经是对传统民法中的抗辩权规范进行了修正。同时，“当金融合约一方破产时，其对手方可以突破破产机制的一般限定，继续行使金融合约项下履行、终止、抵消、结算抵押品等一系列权利”，③此举也突破了《企业破产法》所隐含或内蕴的破产约定条款无效、自动冻结约束、偏颇性转让的豁免与欺诈性转让等基石性原则。④ 除此之外，“名为投资实为借贷、名为合伙实为借贷、名为融资租赁实为借贷、名为委托理财实为借贷、名为买卖实为借贷、名为担保实为借贷、名为股权实为（借贷）债权、夹层投资”⑤等“名为……实为……”的金融交易结构也已经对包括《物权法》《担保法》《合同法》在内的传统民商事法律规范形成冲击和挑战，具体即是金融交易本身及其所内含非典型担保的法律属性如何认定、法律效力是否有效等问题难以在现行民商事私法的体系架构内予以有效解决。

（三）零售型金融交易主体间权利义务关系失衡

注重交易主体地位平等的调整金融交易活动参与主体间权利义务关系的民商事私法规范、注重安全与效率的金融监管法等正在面临金融创新的冲击与挑战，究其根本在于“在当代金融科学衍生品交易中，我们既看不到金融机构承担信义义务，也看不到产品瑕疵担保责任”，⑥这就使处于弱势地位的金融交易参与主体面临合法权益遭受侵害的风险，或者是使金融交易活动弱势参与者暴露于风险中。具言之，“由于传统金融法没有将客户、存款人、投资者、股东、持有人、投保人、被保险人、受益人等视为‘消费者’，因此，对于其与金融机构的关系，则适用民商法的一般规

---

① “背对背交易是指金融中介机构通过进行两笔标的相同、方向相反的交易，把从前一个交易的对方承接的风险与收益转移给后一个交易的对方。”参见楼建波：《场外衍生品交易担保之信用支持制度研究——以“海升—大摩案”为分析蓝本》，载《法商研究》2011 年第 1 期。

② 楼建波：《场外衍生品交易担保之信用支持制度研究——以“海升—大摩案”为分析蓝本》，载《法商研究》2011 年第 1 期。

③ 金晓文：《破产程序中的金融合约“安全港“——安全边界的功能性定位》，载《现代法学》2017 年第 1 期。

④ 参见冯果、洪治纲：《论美国破产法之金融合约安全港规则》，载《当代法学》2009 年第 3 期。

⑤ 马荣伟：《以商法思维应对金融创新》，载《中国金融》2016 年第 20 期。

⑥ 孙勇：《从金融的发展看现代商事交易的特征——兼论金融危机的私法成因》，载王保树主编：《商事法论集》（2009 年第 2 卷总第 17 卷），法律出版社 2010 年版，第 125 页。

则，如普通法认为银行和客户法律关系主要是债权人和债务人、委托和被委托的关系”。[①] 实质上这只是从纯粹的民事主体与民事主体、商事主体与商事主体交易关系视角进行的法律适用，没有真正地考虑随着金融创新深化发展中新型金融工具或产品交易双方因知识、能力、经验、财力等层面的差异而进行法律的差异化设计和选择性适用。值得注意的是，用于调整金融交易主体间权利义务关系结构的投资者适当性规则、合格投资者规则、冷静期规则、反悔规则等制度创新，已经表明传统民商事法律规范无法对调整创新型金融交易标的、交易行为的金融领域私法适用进行“漏洞”上的填补，或者是说传统民商事法已无法适应金融创新深化对金融领域私法的现实诉求。是故，创新型金融交易主体间权利义务关系的实质失衡与以金融交易主体间权利义务关系平等为假定的民商事私法规范形成错配，必然导致处于弱势地位的创新型金融工具或产品购买者或消费者的合法权益面临被侵害的风险。

三、金融创新发展中金融领域私法规范的再造

金融创新深化中适用于金融领域的现代性私法究竟应该如何再造？金融创新深化发展究竟对金融领域私法提出了哪些新的诉求？是否有必要将金融领域私法完全从民商事私法之中独立出来并进行系统化构建？对上述种种问题的答疑或许应该从法律关系的角度予以展开。之所以如此，究其根本原因在于法律关系始终位居整个私法的核心位置，其与权利、法律行为一样都是“私法的基本工具”，[②]并且从法律关系角度切入也有助于金融领域私法系统的塑造，以及金融创新深化发展中理论争议问题的解决，[③]如新型金融工具或产品的法律定性、融资担保手段合法或有效与否的判断等。值得注意的是，金融创新的深化发展集中体现为金融工具或产品的创新，以及证券化、表外化与全球化的发展趋势，这就决定了金融领域私法关系解析或构建的核心着力点，在于对作为法律关系客体的创新型金融工具或产品进行法律上的调整。其中，证券化、表外化与金融工具或产品的关系更多地表现为手段与目的、行为与结果的关系，是事物的两面，具有非常明显的融合特征，即金融交易的标

---

① 邢会强：《金融法理论的变革与“金融服务法”理论的初步构建》，载郭锋主编：《金融服务法评论》（第1卷），法律出版社2010年版，第171页。

② 韩光明：《论民事法律关系的内容构建：一个基本概念的范式分析》，载《比较法研究》2009年第5期。

③ 参见俞树毅、金耀龙：《论法律关系在民法体系中的地位》，载《西北师大学报》（社会科学版）2017年第4期。

的物与金融交易行为(包括影响金融交易主体关系的交易机制、担保机制与风险分配机制等)呈现出相互融合的发展趋势。因而,随着金融创新的深化发展,金融领域现代性私法的再造主要是围绕创新型金融工具或产品组织属性的法律确认、零售型金融交易主体间权利义务的倾斜配置和系统性金融风险防范型交易机制的创新性设计予以实现。

(一)创新型金融工具或产品组织属性的法律确认

创新型金融工具或产品本身的技术性、结构性、复杂性、模糊性、风险性、信息性等特征,不仅使金融交易契约呈现出长期性、关系性和不完备的特征,甚至还具有组织的法律属性,更准确地说是"介于水平合同与垂直合同间的中间合同或组织形态"。① 譬如,在资产证券化过程中,为了保证资产证券化顺利实施而设置的不具有意思自治能力和营业"持续性"的特定目的载体(SPV),并且该特定目的载体(SPV)还与其他单个或多个契约相连接而融合成为结构化金融工具或产品,而这些结构化"投融资工具的存在期限较长,内部管理以及外部投资活动都比较复杂,甚至可能上升到组织法的层面"。② 因此,创新型金融工具或产品的结构化设计俨然已经突破了传统民商事主体法律对商事组织体的条件限定,也使契约法所规定的典型契约与无名合同及其相关的任意性规定均无法对创新型金融工具或产品及其交易进行合理有效调整和法律属性或效力上的科学认定。

从另一层面观之,尽管理财产品、资产管理计划等新型金融工具或产品之本质属性在法律上存在"委托"与"信托"之争,但就其基础法律性质而言当为信托。内具信托法律属性的资产管理计划、资产证券化的等创新型金融工具或产品的交易,不仅使信托不再是传统的单一"委托人—受托人"的民事信托,而是已经演化为具有多元受托人、多元委托人,甚至是涉及多方利益主体的复杂化、结构化商事信托,并且商事信托因其法律关系结构复杂而具有契约与组织的双重特征,或者是呈现出从单一契约向关系契约乃至组织属性发展的现代化趋势。③ 退一步讲,即便创新型金融工具或产品之交易架构中涵括了数个非常典型的契约类型,并可以拆解为单一的契约或类推适用典型契约的任意性法律规定,但此举必然导致创新型金融工具或产

① 王文宇、缪因知:《合金论坛笔谈:商事合同与商事组织的内在关联》,载《财经法学》2016 年第 5 期。

② 刘燕、楼建波:《企业并购中的资管计划——以 SPV 为中心的法律分析框架》,载《清华法学》2016 年第 6 期。

③ 参见于朝印:《论商业信托法律主体地位的确定》,载《现代法学》2011 年第 5 期。

品之法律适用在映照法律规定的同时而违背其背后的经济逻辑与商业考量，同时还会影响创新型金融工具或产品之法律内在规定性的有效厘定，因而应当采用商法中商事外观原则从整体上将创新型金融工具或产品认定为一种独立且具有组织属性的契约链接体。

（二）系统性金融风险防范型交易规则的创新设计

厘清金融交易行为与传统民事交易、商事交易在价值选择上的差异，明确金融交易较之于民事交易更加注重交易的安全性与效率性，而与传统商法注重效率与安全的微观性不同，其更加注重金融交易的宏观安全与整体效率。其中，金融交易更加注重微观效率与安全是“商”区别于“民”的最大特征，其旨在实现资源的优化配置，而更加注重宏观层面的效率与安全，则是由“金融”自身的高杠杆性、脆弱性、公共性、战略性等特征决定的，并且金融作为一种交易对象，不仅处于被配置的地位，而且是一种对其他资源配置具有引导功能的资源。① 从另一层面讲，金融创新的深化发展已经使金融工具或产品超越了传统的交易媒介、资源配置等功能，创新型的金融工具或产品已经具有了风险管理与配置的功能，其最大旨趣是实现金融风险在金融交易主体间的分散或者是集中，从货币市场流向资本市场、从短期资金市场流向长期资金市场，或者是相反。

金融自身的信用性、杠杆性、风险性，外加金融功能从资源配置到配置资源，以及风险集散的功能，这都使金融交易较之于传统的商事交易而更加注重宏观性的效率与安全。金融交易的品性决定了金融领域私法的价值选择与制度构建，即现代性金融领域私法的重塑要结合创新型金融交易活动的特质与功能，既要注重微观层面的效率与安全价值，更要注重整体性效率与系统性安全。最典型的制度创新实例即是，针对金融衍生品交易行为而建立的终止净额结算机制已经突破了传统民商法的规定，即“在传统民商法下，合同提前终止也即解除合同，意味着尚未到期、尚未履行的部分不再履行，已经履行的部分则多退少补。但在衍生交易中，合同提前终止后依然要兑现未来的全部盈亏，由违约方支付给守约方”，②此机制的建立是基于金融衍生品交易的风险管理与配置的功能预设，如果不继续履行将导致金融衍生交易风险集散目的落空，同时也会导致以“背对背”“关联性”“强连续性”为特征的金融衍生交易因单一环节的违约而产生连锁反应，继而导致系统性风险并影响整个金融体

---

① 参见杨涤：《金融资源配置论》，中国金融出版社2011年版，第15页。

② 刘燕、楼建波：《金融衍生交易法律问题的分析框架：跨越金融部门法的界限》，载郭锋主编：《金融服务法评论》（第3卷），法律出版社2012年版，第12页。

系的安全。除此之外,传统商事交易法对票据无因性、证券交易不可撤销性等的规定本身也是对传统民法中抗辩权规范的修正。因而,为了保证金融安全,维护金融稳定,防止系统性金融风险的发生,现代性金融领域私法的重塑需要金融风险防范型交易机制的创新设计。

(三)零售型金融交易主体间权利义务的倾斜配置

创新型金融工具或产品已经完全不同于传统物理结构的交易标的物之单一性、易辨性、可见性等特征,其自身的技术性、结构性、复杂性、模糊性、风险性、信息性使得部分金融交易法律关系的主体地位也发生了倾斜性变化,已然不是传统民法所规定的单纯的民事主体与民事主体之间的交易,也不是商法所规定的纯粹的商事主体与商事主体之间的交易,而是金融商事主体与金融民事主体之间的交易,尤其是体现于创新型金融工具或产品的零售交易领域。进一步讲,创新型金融工具或产品本身所具有的技术性、结构性、复杂性、模糊性、风险性、信息性等特征已经使金融交易活动的任何参与者,包括创新型金融工具或产品的生产者、销售者都无法对创新型金融工具或产品所内含的风险进行合理有效的识别、评估与管理,更不用说创新型金融工具或产品的购买者或消费者。

创新型金融工具或产品的内在规定性要求现代金融领域私法需要创新性地对金融工具或产品的内涵与外延予以厘定,同时结合零售型金融交易参与主体的“议约缔约能力”而对金融工具或产品的销售、交易行为提出新的要求,即将信义义务引入其中,并建立合格投资者规则、投资者适当规则、风险警示规则等具体制度。或许有人建议将现代性金融领域私法所规定的上述内容纳入规范传统民事主体与商事主体权利义务关系的《消费者权益保护法》(以下简称“消法”)中,因为“消法”也对商品或服务、消费者权利、经营者义务及责任承担等进行了规定。然而,金融经营货币与信用及其衍生工具或产品的特质决定了创新型金融工具或产品交易重在实现资源、风险的分配,并且十分注重金融工具或产品自身的流通性。也就是说,金融交易除关注交易主体间的实质公平外,还蕴含了金融交易对效率与安全的价值追求,而不是如传统商品或服务交易那样,仅仅注重传统商品或服务的使用价值、零售型交易双方的实质公平,其几乎不对金融交易本身所涉的安全与效率价值进行关注,这也再次证明了金融交易对流通性的关注。再者,金融领域对创新型金融工具或产品购买者权益的保护已经超越了传统消费者所享有的权益,并且即使存在用词相同的情形,也存在不同的内涵,如创新型金融工具或产品的购买者享有消费者所不具有的信息信用权,同时创新型金融工具或产品购买者的“安全权”主要是指财产安全权，具有非常明显的财产安全指向，而传统消费者所享有的“安全权”更加注重对人身安全权的保护。因而，现代性金融领域私法的再造需要实现零售型金融交易双方权利义务的倾斜性配置，以保证金融领域各交易主体地位、权利义务关系的实质对等与平衡。

四、金融私法再造对消费者主权观念的凸显

金融私法主要依存或内嵌于传统民商事法律之中，这便导致其一直到现在仍然寄希望于民商法的庇护而缺乏独立“人格”，并且金融法始终是以“金融公法”的面目展示于世人面前。值得注意的是，民法为金融活动的“平等”与“自决”提供基本行为准则，商法则为金融活动的“商事性”提供“效率”与“安全”的价值与制度保障，但商事活动“营利性”的本质天然地对民法背后所隐含的“伦理性”予以排解，这也导致金融私法对“伦理性”关注的不足，甚至是缺失。面对金融领域“商事主体”与“非商事主体”间的交易逐渐代替“非商事主体”与“非商事主体”或“商事主体”与“商事主体”间的交易并成为新的发展趋势，“诚实信用原则”便逐渐代替传统的“意思自治原则”而成为现代民法的“帝王条款”，继而延伸和发展出涵括先契约义务、契约履行中附随义务，以及后合同义务在内的民法附随义务，以矫正民商事交易主体地位不平等的法律问题。为了进一步矫正民商事交易主体不平等的问题，以“消法”为典型代表的现代化新型私法开始将以“诚实信用原则”为基础而设定的附随义务规则转换为法定基本义务规则。[①] “消法”解决了“商事主体”（经营者）与“非商事主体”（消费者）权利义务关系实质不平等的矫正问题，从而恢复了消费者的意思自治能力、维护了“私法自治”的民法精神。[②] 值得注意的是，“随着我国‘从储蓄向投资转移’的市场导向型金融制度改革的逐步推进，金融商品与服务日益向个人生活渗透和扩展”，[③]并形成了一个庞大的且需要获得法律保护的金融消费群体，但传统的“消法”“不仅在价值理念、适用范围、保护机制、责任制度等方面与现实要求存在明显的差距，而且法条规定亦非常笼统，对于金融领域的针对性和适用性不

---

① 参见霍阳、王全兴：《从民法的附随义务到经济法的基本义务（下）——浅析民法、经济法调整现代合同关系的分工与配合》，载《北京市政法管理干部学院学报》2001 年第 2 期。

② 参见何颖：《金融消费者权益保护制度论》，北京大学出版社 2011 年版，第 26 页。

③ 刘迎霜：《金融创新时代的金融监管法制变革趋向——次贷危机的启示》，载《浙江社会科学》2012 年第 4 期。

强”。[①] 在既行金融法律之理念、价值、原则、规则尚为转变的情况下，“金融消费者想要通过传统民法规则以及消费者保护法来寻求司法救济，则会在实践中面临重重困难”，[②]并且金融公法中新兴功能监管、行为监管理念的提出与具体实施最终也需要“转介”到金融私法领域，因而金融领域消费者保护问题的解决亟须将消费者主权观念嵌入金融私法的重塑之中予以实现。

金融私法寄居于传统民商事法律规范的观念与事实，使金融机构与其客户的关系被假定为平等性的权利义务关系，并且两者之间并不存在信息、实力、地位上的差异。然而，事实并非如此，随着金融创新的深化发展，以创新型金融工具或产品为客体的金融交易已经改变了交易双方势均力敌的关系状态，并且较之于传统的以实物商品或直观服务为对象的经营者与消费者的不对等关系有过之而无不及。创新型金融工具或产品本身就是具备虚拟属性之货币与信用再次虚拟化的结构性金融产品，其设计开发“运用了精深的科学公式和复杂的科学模型，甚至那些数学出身的经济学家也一时难以了解透彻，大部分华尔街公司也不太明白自己交易的这些复杂的金融产品玄机何在”，[③]作为参与金融交易的金融工具或产品的购买者则更加不清楚或者是不能理解其所购买金融工具或产品的风险所在。退一步讲，即使金融机构自己知道或理解其所开发、设计或销售金融工具或产品的风险系数或者说是产品缺陷，但利益的驱动与信息优势会使金融机构经常对金融工具或产品本身的信息进行故意隐瞒、有意误导甚至直接进行欺诈。总体来讲，创新型金融工具或产品的复杂性、难以理解性，无论是源于其客观上的无法或难以被理解，或者是说风险难以或无法被有效识别、评估与管理，还是金融机构主观上的虚假性陈述，这都会导致创新型金融工具或产品购买者的财产权益遭受侵害。

面对创新型金融工具或产品购买者所遭受的财产损失，如果创新型金融工具或产品自身无法或难以被理解，或者是其自身内含着的风险难以或无法被识别、评估与管理，这就相当于“产品”存在缺陷，创新型金融工具或产品的设计、开发者应当承担严格责任；如果创新型金融工具或产品可以被认知、理解，并且其本身存在的风险也可以被有效识别、评估与管理，但包括生产设计或销售这些金融工具或产品的金

① 岳彩申、张晓东：《金融监管制度发展的新趋势——消费者保护与审慎监管的分离》，载《上海财经大学学报》2011年第3期。

② 于莹、贾同乐：《金融经营者不当销售行为的法律规制——以信义义务为进路》，载《财经理论与实践》2016年第4期。

③ 辛乔利：《影子银行——揭秘一个鲜为人知的金融黑洞》，中国经济出版社2010年版，第24页。

融机构存在主观上的虚假陈述、恶意欺诈等问题,金融机构也应当就其主观上的过错或过失承担责任。前者是金融机构不了解自己所开发设计金融工具或产品所致,极有可能将不合适的金融工具或产品销售给不适当的购买者,而导致其自身没有尽到作为专业机构所应当承担的“注意义务”;后者是金融机构利用自己的信息优势违背职业操守、道德而开展的金融交易行为,其自己没有承担起对金融工具或产品购买者所负有的“忠实义务”。而“注意义务”和“忠实义务”从传统上共同构成了“信义义务”的核心内涵。[①] 显见,在创新型金融工具或产品的交易中,“金融经营者与金融消费者建立了一种信义关系”。[②] 之所以如此,究其根本原因在于创新型金融工具或产品本身所具有的复杂性、专业性使金融工具或产品购买者对金融工具或产品的理解与风险评估不得不依赖于包括参与开发、设计和销售金融工具或产品等在内的所有金融机构,并且参与开发、设计和销售金融工具或产品等在内的所有金融机构相对于创新型金融工具或产品的购买者在专业、技能、经验上均具优势地位。

创新型金融工具或产品购买者“依赖”与金融机构自身专业、技能、经验“优势”的融合共同要求金融机构对创新型金融工具或产品购买者承担“信义义务”,并对创新型金融工具或产品购买者提供“信赖保护”,因而建立在交易双方经济地位平等假定基础之上,并注重商事“营利性”的金融私法必须将“实质正义”观念引入其重塑之中,以解决金融交易实践中“金融商事主体”与“金融非商事主体”权利义务关系不平衡的问题。显见,金融创新深化发展中金融私法重塑的核心是从“金融商事主体”与“金融非商主体”权利义务关系不平衡的角度着手,承认了创新型金融工具或产品的购买者相对于作为其设计、开发、销售者的金融机构具有经济地位上的弱势,并将创新型金融工具或产品的购买者作为金融领域的“消费者”,即将消费者主权观念内嵌于金融私法的变革与重塑之中。

值得再次重申的是,消费者主权观念在金融领域的确立,重要的是基于以金融工具或产品为核心的金融创新已经彻底打破了传统的金融交易双方的法律地位平衡状态,并表现为金融领域消费者在专业、技能、经验上的弱势地位,而对金融交易双方权利义务不平等的矫正则需要对具有优势地位的金融机构施加“信义义务”,并在法律上进一步赋予金融领域消费者更多的“权利”。当然,金融领域消费者“权利”的保护或者是金融机构“信义义务”的增加已经完全不同于调整传统商品或服

① 参见肖宇、许可:《私募股权基金管理人信义义务研究》,载《现代法学》2015 年第 6 期。

② 于莹、贾同乐:《金融经营者不当销售行为的法律规制——以信义义务为进路》,载《财经理论与实践》2016 年第 4 期。

务消费关系之"消法"对交易双方权利义务进行矫正的机制。之所以如此,原因在于金融领域消费关系的建立不是单纯因为交易双方地位的不平等,还有一点是因为以创新型金融工具或产品为交易对象的金融交易风险具有等级性、层次性和程度上的差异,即需要实现金融工具或产品的风险等级与金融领域消费者风险偏好或承受能力间的有效匹配,而不是像传统商品或服务消费那样在最低质量等级的基础上不会存在客观上商品或服务与消费者是否匹配的问题。金融工具或产品的风险等级与金融领域消费者风险偏好或承受能力的有效匹配,不仅需要金融机构了解其自身所开发、设计或销售产品的风险结构、风险系数、风险等级等,而且需要了解金融领域消费者的家庭或个人收入、投资经验、专业知识、投资目的等来衡量其风险承受能力或水平,而这些信息的提供除了依据以往积累的该消费者的信息,还需要消费者积极主动地提供,这也就决定了金融领域消费者保护的义务施加不仅仅是针对具有强势性的金融机构,消费者也有真实、准确、完整、及时提供或更新自身信息的义务,以便形成权利义务关系的结构性矫正。事实上,金融工具或产品风险等级与消费者风险承受能力匹配评估仅仅是"信义义务"实施的第一步,这其中还有一个前提就是涉及"金融商品"的开发、设计,以及市场准入之备案、登记或审批等内容。第二步就是要对金融工具或产品风险等级与消费者风险承受能力匹配评估标准、过程与结果对消费者进行真实、准确、完整、及时的说明,而此处的"说明"不是单纯地进行披露,而是要对金融工具或产品自身所内含的具体信息以消费者可理解的方式进行解释并保证消费者最终意义上的理解。第三步即是保证消费者真实了解或明白自己的风险承受能力与适合购买何种类型金融工具或产品之后,由消费者独立作出交易判断,并且当消费者作出不适合自身风险承受能力的交易决策时,金融服务机构还负有及时履行风险警示的义务,至于消费者是否听从提醒则是消费者自己的问题。第四步是在金融工具或产品销售之后金融机构还负有对金融工具或产品、消费者的风险承受能力进行持续跟踪、再匹配、再提醒等义务,以保证消费者合法权益的持续维护。

第二章　银行领域的消费者权益保护

《美国金融服务现代化法》第五章第 509 条把消费者定义为“从金融机构获得主要为个人、家庭或居家之用的金融产品或服务的个人,还指此类个人的合法代理人”,2010 年《多德—弗兰克华尔街改革与消费者保护法》(也被称为《2010 年消费者金融保护法》,以下简称《多德—弗兰克法》)的第十章“消费者金融保护局”,在第 1002 条中,对消费者的定义非常简洁,消费者是指个体或以个体名义行事的代理人、受托人或代表,该法对消费者的外延是通过消费者金融产品或服务的范围确定的。

《英国金融服务与市场法》中关于消费者的定义是通过第 5 条和第 138 条两个关联的法条进行界定的,其中第 138 条第 7 款通过三个维度界定消费者:使用、已经使用或打算使用获得授权从事监管活动的人或作为指定代表人提供的服务;可以通过对他人服务的使用获得权益或原本有益于权益;其拥有的权益可能会被以其名义或与其存在信义关系的人使用任何这种服务而遭受不利影响。

2011 年我国台湾地区发布“金融消费者保护法”,该法规第 4 条把金融消费者界定为接受金融服务业提供金融商品或服务的主体,而定义中所说的金融服务业包括银行业、证券业、期货业、保险业、电子票证业等。

通过上述概念的梳理,可见对金融消费者的界定存在明显不同。第一,在英、美的法律文件中实际上没有直接使用“金融消费者”(financial consumer)的表述,而是把传统的消费者概念引入金融服务领域。① 保护消费者在金融领域活动的立法与保护消费者在其他领域活动的立法共同构成了完整的消费者权益保护立法,两者是平行并列的关系,是处于相同位阶的法律规范。而我国台湾地区的定义方式则不同,我国台湾地区通过单独立法对金融消费者进行界定,从逻辑关系上来看,金融消费者是消费者的一个特殊类型,"金融消费者保护法"是消费者保护法的特别法,两者之间是下位法与上位法、特别法与普通法之间的关系。第二,金融消费者外延存在很大差异。通过上述三个定义的比较,可见英国与我国台湾地区的金融消费涵盖了银行、证券、保险等金融领域,金融消费者的外延比较宽泛,但是美国金融消费者的外延则小得多,根据《多德—弗兰克法》第1002条第15款的规定,②金融产品或服务基本上属于银行业务,因此可以说,在美国"金融消费者"与"银行业消费者"基本上是同义词。③

由于银行、证券、保险与信托等金融领域的金融活动性质、功能等方面存在具体差异,对于具体金融领域中的消费者进行保护就不能忽视金融行业特征,因此在金融消费者外延较广的国家和地区,把金融消费者进一步划分为银行业消费者、保险业消费者等细分类型,成为理论研究和立法保护的一个发展趋势。

第一节　从银行客户到银行业消费者的转变

一、我国银行业消费者的界定

(一)银行业消费者概念的提出

银行业消费者概念的出现,实质上是我国目前金融分业经营、分业监管格局下金融消费者概念细分的必然结果。我们可以从原中国银行业监督管理委员会(以下简称原银监会,2018年银监会与保监会合并为银保监会)制定的一些部门规章或规范性文件中梳理出银行业消费者的概念演变过程。

2006年6月13日银监会办公厅发布《关于商业银行开展个人理财业务风险提

---

① 参见廖凡:《金融消费者的概念和范围:一个比较法的视角》,载《环球法律评论》2012年第4期。

② 根据《多德—弗兰克法》第1002条第15款的规定,金融产品或服务主要包括以下类型:提供信贷或提供贷款;对动产或不动产租约提供延期或中介服务;提供不动产结算服务;销售、提供或发行储值或支付票据(instrument);提供支票兑现、支票担保服务;以任何技术手段向消费者提供清偿或其他金融数据加工产品或服务;提供金融咨询服务(不包括由证券交易委员会或州证券委员会监管的主体所提供的服务);收集、分析保存或提供消费者报告信息或其他账户信息;收集与任何消费者金融产品或服务有关的债务;由消费者金融保护局根据条例需要确定的其他金融产品与服务。另外该款特别把保险行业、电子通道服务排除在金融产品与服务之外。

③ 参见廖凡:《金融消费者的概念和范围:一个比较法的视角》,载《环球法律评论》2012年第4期。

示的通知》(银监办发〔2006〕157号),在风险提示的第二项指出,"理财产品(计划)的设计应尊重和保护金融消费者的权益",这是原银监会在规范性文件中首次使用了"金融消费者"这一概念。从整个文件的语境分析,"金融消费者"这一概念实际上与上下文中的"客户"是同义语,使用"金融消费者"这一概念来指称客户,可能表明了监管者对于客户交易中的弱势地位,需要对其进行倾斜保护的监管认识。在之后的多个规范性文件中,时有使用"金融消费者"这一术语的情形。

2012年银监会发布《关于完善银行业金融机构客户投诉处理机制切实做好金融消费者保护工作的通知》(银监发〔2012〕13号),该文件要求银行业金融机构要把公平对待金融消费者的观念融入公司治理及企业文化建设之中。通过该文件可以看出监管当局把消费者权益保护融入"公司治理和企业文化建设"的意图和努力,把规范银行业金融机构的经营活动作为保障消费者权益的基点。

2013年8月银监会发布《银行业消费者权益保护工作指引》(银监发〔2013〕38号),在这一规范性文件中,银监会不再使用沿用了几年的"金融消费者"概念,转而使用"银行业消费者"的概念,并在该文件的第3条对银行业消费者进行了界定,"银行业消费者是指购买或使用银行业产品和接受银行业服务的自然人"。从定义模式来看,这一概念直接套用了一般消费者的界定方式,银行业消费者实际上是一般消费者在银行业中的具体化。

(二)银行业消费者权益受"消法"的保护

在第十二届全国人大常委会修改"消法"之前,"消法"是否适用于包括银行业消费者在内的金融消费者实际上还仅限于理论层面的探讨。将"消法"适用于金融消费者权益保护有两种路径:第一种路径是把金融消费者纳入"消法"的框架中进行保护,凸显了金融消费者与普通消费者的共性。如有不少学者借助"消法"第2条的规定来界定金融消费者;①还有一些研究用"消法"规定的普通消费者权利来概括金融消费者的权利边界;②有学者概括的金融消费者保护原则上也与普通消费者保护

---

① "金融消费者,实际上是指为生活需要购买、使用金融商品或接受金融服务的个体社会成员。"参见王伟玲:《金融消费者权益及其保护初探》,载《重庆社会科学》2002年第5期;何颖:《金融消费者刍议》,载北京大学金融法研究中心编:《金融法苑》(2008年总第75辑),中国金融出版社2008年版;吴弘、徐振:《金融消费者保护的法理探析》,载《东方法学》2009年第5期。

② 如有学者认为,金融消费者享有金融消费安全权、金融消费真情知悉权、金融消费自主选择权、金融消费公平交易权、金融消费损害求偿权、金融消费者受教育权、金融消费者受尊重权与金融消费者监督权等权力。参见方平:《我国金融消费者权益保护立法相关问题研究》,载《上海金融》2010年第7期。

大致相同。[①] 这样的研究范式实质上是把金融消费者作为普通消费者的一个具体类型来看待，背后的逻辑也就是"消法"可以顺理成章地适用于金融消费者的保护。第二种路径是以金融消费者不同于普通消费者的特殊性为起点，构建对金融消费者的特殊保护制度。[②]

"消法"修改之后，金融消费者纳入"消法"调整范围已是不争的事实。自 1993 年"消法"实施以来，我国民众在消费方式、消费结构、消费理念等方面都发生了很大变化，银行、证券、保险等金融行业成为民众经常接触的领域，"生活消费需要也包括为了个人或者家庭财产保值增值的需要"，[③]因而"消法"适用包括银行业消费者在内的金融消费者权益保护不再存在疑问。在修改后的"消法"中，增加了两个与金融消费者保护直接相关的条款："消法"第 18 条第 2 款[④]规定包括银行在内的经营者负有在经营场所内对消费者人身安全的保护义务；"消法"第 28 条规定从事银行、证券、保险业务的经营者对消费者所负有的说明义务，[⑤]适用于其他经营者的条款对银行、证券、保险行业的经营者也是当然适用的。

基于"消法"在银行业领域的适用，银行业消费者是指购买或使用银行产品及接受银行服务的自然人。

二、银行业消费者的客户身份

（一）银行客户的界定

银行客户是我国立法上没有明确界定的一个概念。一般认为，开立了银行账户的人就是银行的客户，而其持有的账户类型则在所不同。[⑥] 就目前的银行业务实践

---

① 有学者提出，金融消费者的保护原则包括国家保护原则、社会保护原则、依据金融规律保护原则与信息公开原则。参见吴弘、徐振：《金融消费者保护的法理探析》，载《东方法学》2009 年第 5 期。

② 参见李健男：《金融消费者法律界定新论——以中国金融消费者特别保护机制的构建为视角》，载《浙江社会科学》2011 年第 6 期。

③ 参见"全国人大常委会办公厅 10 月 25 日新闻发布会"，载中国人大网：http://www.npc.gov.cn/npc/zhibo/zzzb31/node_4249.htm，最后访问日期：2018 年 3 月 3 日。

④ 《消费者权益保护法》第 18 条第 2 款规定："宾馆、商场、餐馆、银行、机场、车站、港口、影剧院等经营场所的经营者，应当对消费者尽到安全保障义务。"

⑤ 《消费者权益保护法》第 28 条规定："采用网络、电视、电话、邮购等方式提供商品或者服务的经营者，以及提供证券、保险、银行等金融服务的经营者，应当向消费者提供经营地址、联系方式、商品或者服务的数量和质量、价款或者费用、履行期限和方式、安全注意事项和风险警示、售后服务、民事责任等信息。"

⑥ 参见盛学军：《银行与客户的法律关系》，载《现代法学》1999 年第 6 期；吴志攀：《金融法概论》，北京大学出版社 2011 年版，第 124 页。

而言,绝大部分的银行业务,如存款、贷款、票据、银行卡等传统银行业务,以及新型的网上银行与手机银行等业务,都需要客户持有银行的账户。账户成为客户与银行之间的业务纽带,也是双方之间形成法律关系的基础。可以说,账户是银行客户的一个外在标志。

从法理上说,银行与客户之间的关系本质是契约关系。[①] 进一步分析,银行与客户之间基于账户建立的存款合同是两者之间最基本的法律关系,因为存款关系成立账户关系才能确定,账户关系的存在依赖于双方之间的存款关系。[②] 客户与银行之间以账户为基础建立的契约关系,成为联结客户与银行法律关系的纽带,也成为银行业消费者保护的基础和重要参照。作为契约法律关系的一方主体是银行客户所具有的本质特征之一。

基于上述分析,银行客户是指主要通过账户购买使用银行产品,以及接受银行服务并在此基础上与银行形成契约关系的主体。基于消费者的自然人身份,以下所论及的银行客户都限于自然人客户,不包含单位客户。

(二)银行客户与银行业消费者

如果具有银行自然人客户的身份,那么自然人客户就必然会成为银行业消费者,银行客户与银行业消费者两重身份之间可以通过以下几个方面审视。

首先,银行自然人客户与银行业消费者两者之间存在身份重合关系。银行客户通过账户与银行之间形成合同关系,以账户为平台购买、使用银行产品或接受银行的服务,因而自然人银行客户必然会成为银行业消费者,银行客户是银行业消费者的主要组成部分。同时也应当明确,银行业消费者的范围要大于客户的范围,有些不具有客户身份的自然人也会成为银行业消费者。

其次,客户与银行之间的合同关系是确定消费关系的基础。第一层面,客户与银行之间形成各种合同关系,双方的权利义务通过合同机制得以确立,双方的合同关系因此受到《合同法》的调整;第二层面,基于消费者保护视角,双方之间又形成消费关系,并且在消费关系中银行业消费者权利的确定与双方之间形成的合同关系密切相关。可以说,合同关系是消费关系的前提条件,消费者诸如安全权、知情权、公平交易权等权利则是合同权利在消费领域的延伸,消费关系与合同关系存在密切的关联。

最后,银行业消费者是对银行客户身份的超越。客户与银行之间形成合同关

---

① 参见吴志攀:《金融法概论》,北京大学出版社 2011 年版,第 131 页。

② 参见盛学军:《银行与客户的法律关系》,载《现代法学》1999 年第 6 期。

系,在《合同法》的视角下双方当事人是平等的法律主体,尽管合同当事人存在事实上诸多的差异,传统私法还是基于合同自由与私法自治等理念对当事人进行平等的保护。自消费者概念进入立法的视野,就体现着立法者对消费者与经营者之间强势与弱势对立的认识,因此立法对处于弱势的消费者进行了倾斜性的保护。银行业消费者是对银行客户的超越,表现在立法上就是注重对银行与客户之间平等合同关系调整的同时,也开始对银行与客户之间实质上的不平等、强势与弱势对立进行立法矫正。

第二节 《合同法》视野下的银行业消费者权益保护

消费关系产生于消费者与经营者之间的商品买卖或服务过程之中,可以说,消费关系是基于合同关系产生或转化而来的。《合同法》是调整合同关系的基本法,所以《合同法》在消费者保护方面的作用也是基础性的,研究消费者保护不能忽视《合同法》的基础地位。有学者指出,保护消费者立法的出现,是传统契约自由原则衰落的原因之一,保护消费者立法对传统的契约订立过程进行干预,以消除消费者与商品经营者之间关系上的种种不平衡。[①] 因此,"消法"实质上是对传统契约自由、私法自治观念的某种程度的修正,以符合社会发展与实质正义的需求,"消法"与《合同法》的关系密切,从对合同关系的影响分析,"消法"就是《合同法》的一种特别法,它对合同关系起到矫正性和补充性的调整作用,但是"消法"的这种作用并不是否定《合同法》对合同关系的基础性调整作用。同时,也应当明确指出,传统的合同法制在目前的消费领域,特别是在引入消费者保护理念的银行、保险、信托等金融领域,还是存在不少立法上的不足,加强"消法"视角下的保护就显得尤为迫切。基于此,下文主要分析《合同法》对银行与消费者之间几种重要合同关系的调整,并试图发掘出《合同法》的调整所存在的不足。

一、存款合同视野下对存款人保护的不足

(一)储蓄存款所有权属规定的冲突

存款是存款人存入银行一定期限(固定期限或非固定期限)并有权要求银行按约定还本付息的货币资金。存款人与银行之间形成存款法律关系的基础在于存款。因此,对存款法律属性的准确定位,是分配存款人与银行在存款关系中权利、义务的

---

① 参见李永军:《合同法》,法律出版社 2005 年版,第 63 ~ 65 页。

一个重要前提。存款从外在形态上说就是存款人交付给银行的一定数量的货币，而货币的法律属性对存款关系中存款人与银行的权利义务分配有决定性的影响。

作为特殊的物或动产，货币适用特殊的规则。在所有权的确定方面，货币适用"占有即所有原则"，也就是占有货币的人就是货币的所有人，而不论占有人以什么手段占有了货币。货币适用"占有即所有原则"的原因主要是为了维护货币作为交易媒介与支付手段功能的发挥。

通过梳理我国相关的法律规定会发现货币这种特殊的物或动产所应当适用的特殊规则并没有得到体现。根据1982年《宪法》第13条第1款的规定，公民依法享有对储蓄的所有权；①根据《民法通则》分析，也可以推出公民享有储蓄的所有权，《民法通则》第71条规定了财产所有权的概念，②第75条列举了包括储蓄在内的财产范围，③根据三段论的推演，可以得出公民是储蓄的所有人的结论；《储蓄管理条例》第5条第1款也明确规定国家保护个人对储蓄存款的所有权。④ 但是，立法上对存款所有权的规定并没有在1995年通过的《商业银行法》得到延续。根据该法第71条的规定，⑤可以看出储户并不享有储蓄存款的所有权。如果储户享有对储蓄存款的所有权，储户则完全可以在商业银行破产宣告之前行使取回权，而不必像第71条第2款规定的那样，作为债权人参加破产银行的清算。从该条的规定中，可以得出银行享有储户交付其存款的所有权的结论。因此，在法律层面，就存款所有权的归属出现了相互冲突的规定，存款所有权是存款人所有还是银行所有？

确认存款所有权问题不仅是个理论上的问题，也是关系到存款人与银行的切身利益的问题。在存款所有权归属于银行的情形下，如果存款货币发生被盗，银行应当向盗取货币存款、侵犯其货币存款所有权的人追偿，如果不能追偿，银行作为货币存款所有权人自当承担货币存款被盗的损失。当然，如果银行能证明存款被盗与存

---

① 1982年《宪法》第13条第1款规定："国家保护公民的合法的收入、储蓄、房屋和其他合法财产的所有权。"该款的规定在随后的修宪活动中，被修改为"公民的合法的私有财产不受侵犯"。

② 《民法通则》第71条规定："财产所有权是指所有人依法对自己的财产享有占有、使用、收益和处分的权利。"

③ 《民法通则》第75条第1款规定："公民的个人财产，包括公民的合法收入、房屋、储蓄、生活用品、文物、图书资料、林木、牲畜和法律允许公民所有的生产资料以及其他合法财产。"

④ 《储蓄管理条例》第5条第1款规定："国家保护个人合法储蓄存款的所有权及其他合法权益，鼓励个人参加储蓄。"

⑤ 《商业银行法》第71条第1款规定："商业银行不能支付到期债务，经国务院银行业监督管理机构同意，由人民法院依法宣告其破产。商业银行被宣告破产的，由人民法院组织国务院银行业监督管理机构等有关部门和有关人员成立清算组，进行清算。"第2款规定："商业银行破产清算时，在支付清算费用、所欠职工工资和劳动保险费用后，应当优先支付个人储蓄存款的本金和利息。"

款人的过错有关,则可要求存款人承担相应的责任。如果银行不能证明存款人在存款丢失上存在过错,银行应当对自己所有的货币承担被盗的不利后果。在发生存款货币被盗的情形下,银行并没有对存款人进行支付,其对存款人所负有的还本付息的义务还应当履行。在发生的诸多账户内存款被盗的案件中,确定存款所有权关系着哪方主体应当承担存款被盗的损失。存款的款项一经存入银行,就不再是存款人的钱,而是属于银行所有。① 这种观点在某些案件争议中得到体现。在“丁某诉银行要求返还加工费案”中,法院在审理中指出,客户在银行开立账户,在客户与银行之间形成合同关系,如果没有特别约定,款项一旦进入客户在银行开立的该账户,款项的所有权即归属于银行,“本案争执的1.7万元在进入存款账户之前无论是谁所有、如何流转的,都不影响其进入存款账户后银行取得所有权的事实”。②

确认存款所有权是法院在案件中作出判决的基础。在“俞某诉G行上海鞍山路支行与G行上海杨浦支行案”中,③法院在判决中指出,在存款合同关系中,储户的存款存入银行后存款所有权即归属于银行,储户依据储蓄存款合同的规定享有要求银行偿还本息的债权。犯罪分子从储户账户骗取的资金被追回后的赃款所有权应当归属银行,俞某不领取追回赃款并不影响其依据储蓄存款合同债权的行使。最终法院判令银行返还俞某相应的本金与利息。在“潘某诉G行南宁市桃源支行银行卡案”中,法院在分析银行对银行卡的识别义务时指出,G行向潘某发行的理财金账户

---

① 参见吴志攀:《金融法概论》,北京大学出版社2011年版,第131页。

② 李君:《谁是银行账户内款项的所有权人》,载《人民法院报》2003年3月9日。案情简介:丁某与青岛某外贸公司有加工承揽关系。丁某委托A公司为其收转加工费。青岛某外贸公司将加工费结算后,汇入A公司在某银行开立的存款账户上,丁某再从A公司支取。A公司与该银行有借款合同关系,合同约定清偿期届满后,银行可以从A公司在本银行开立的账户上扣款还贷。借款合同清偿期已届满,A公司未清偿。2002年1月,丁某的一笔加工费1.7万元,汇至A公司的银行账户上,银行遂将该款划走,用于结算借款利息。A公司发现后告知丁某,丁某向银行说明该款是自己的加工费并要求返还,银行拒绝,丁某即以银行为被告向法院起诉。

③ 俞某与G行上海市鞍山路支行、G行上海市杨浦支行储蓄存款合同纠纷案基本案情:2008年5月上旬,案外人徐某和被告G行上海市鞍山路支行的客户经理陈某虚构该行销售年息高达16%的一年期定期储蓄产品,诱骗原告俞某前往该行存款。在办理开户手续时,陈某偷偷代原告开通了“网上银行”并领取了U盾,却仅将一张银行卡及一本加盖被告G行上海市鞍山路支行印章的理财金账户活期对账簿交由原告。次日,俞某在自动存款机和银行柜面分别向系争账户存入200元及500元。同月14日,原告与陈某、徐某签订一份《委托书》,约定由原告存入被告G行上海市杨浦支行2500万元,期限一年,不提前支取,不转移,不挂失。陈某以被告委托代理人的名义在该合同上签字,并利用职务之便,在合同上偷盖了G行上海市杨浦支行的业务章。当日,原告将2091万元存入上述账户,徐某则将承诺的所谓“高额息差”409万元转入该账户。当日下午,徐某即利用冒领的U盾登录网上银行,将2500万元转账支取后供个人挥霍。事发后,徐某、陈某等人因诈骗罪被法院判刑。原告以存单到期被告未兑付为由起诉至上海市杨浦区人民法院,请求法院判令两被告兑付其存款本金2500万元及相应利息。

储蓄卡就是G行给潘某出具的债权凭证。基于银行卡债权凭证的定位,也可以推出存款所有权归属于银行的结论。在"王某诉N行叶县支行银行卡案"中,法院就作出了迥异的判决结果。法院认为,王某银行卡内金额被盗而公安机关未将其作为刑事案件立案并得出结论,王某未能提供足够的证据证明N行叶县支行的违约造成其卡内资金减少,因此不支持王某要求N行叶县支行恢复卡内余额的诉讼请求。法院在其判决书中并没有明确认定存款所有权的归属,但是从法院判决的逻辑来分析,可以看出法院认为王某享有存款的所有权,在王某不能证明其卡内金额减少是银行的过错造成的情况下,王某要承担金额被盗的最终责任。如果确定了存款为银行所有,王某是不用承担这种证明责任的,王某只要行使要求银行还本付息的债权就可以,证明责任要由银行来承担,证明其已向王某进行了支付,如果不能证明其向王某进行了支付,或者不能证明其所进行的错误支付是王某的过错造成的,银行要最终承担卡内金额被盗的损失。

存款所有权归属上存在的冲突性规定,使在相关案件的审理中,存款所有权归属,以及由此引起的证明责任等问题产生不确定性,这非常不利于客户利益即银行业消费者利益的保护。

(二)存款合同的法律属性与储户权益保护

存款合同是指存款人将货币资金在一定期限内存入银行、由银行按约定支付存款本金和利息的协议。对于存款人与银行之间所形成的存款法律关系,主要由两者在存款上所形成的存款合同所确定。对于存款合同法律属性的梳理,也有利于从合同的视角来检视对银行业消费者保护存在的不足。

第一,存款合同不是我国《合同法》分则所规范的一种有名合同,属于无名合同的范畴。按合同法的一般原理来分析,有名合同是生活中常见常用的合同,而无名合同是生活中不常见不常用的合同。然而,根据这一点来分析,把存款合同作为无名合同来对待与现实生活是不相符的。在学界中存在把存款合同作为保管合同、混合合同及消费信贷合同的不同定位。以保管合同为视角,可以发现存款合同与一般的保管合同相比存在非常明显的不同:首先,在保管合同中,保管人对保管物只负有保管的义务,不享有使用、处分及收益的权利,但是在存款合同中,银行是可以对存款人的存款行使占有、使用、处分及收益的权利;其次,在保管合同中,寄存人一般应当向保管人支付保管费用,而在存款合同中,存款人不但不用向银行支付保管费用,还会从银行取得存款的利息收入;最后,在保管合同中,保管人对保管的灭失与毁损以过错责任原则为归责原则,而银行对于存款承担责任的归责原则是无过错责任原则。理论研究证明,不管以哪种合同来解释存款合同,都与存款合同的实践存在不符的地方,因而以目前存款合同无名合同的性质与地位,即使从《合同法》视角对存款人进行平等保护尚不能满足调整需求,更不必谈对银行业消费者进行倾斜性保护了。

第二,存款合同属于格式合同。格式合同是由交易中的一方在交易前事先制定供交易反复适用的一种合同文本。存款合同的格式合同特征非常明显,如存款的期限、存款的利率等存款合同的基本内容都是商业银行按照中国人民银行的规定来确定的。存款合同作为格式合同还有其特殊性,主要表现为存款合同的要约、承诺和合同的内容都有特定的表现形式。① 从一定意义来说,银行拟订的存款合同条款也不单纯是银行完全根据自己的意愿制定的合同条款,其中很多条款体现了监管部门监管规定。同时,应当注意到存款合同作为格式合同对银行消费者保护所带来的负面的影响。如在大多数银行卡章程中,都有关于密码的约定:凡使用密码进行的交易,均视为本人所为,由此产生的后果由持卡人(存款人)承担。类似这种条款非常明显地表明了银行利用其优势地位减轻自己的责任、限制对方权利的意图。因此,大量不合理格式条款的应用,形成了对银行业消费者权益的侵害。

第三,存款合同属于实践性合同。实践性合同是指只有在合同标的物实际交付后合同关系才成立的合同。存款合同只有在存款人把存款交付给银行清点签收后才成立生效。存款合同的这一性质也成为一些案件中人确定存款人与银行风险的重要理论依据。在"巴莫罗诉新西兰银行案"中,原告的员工把现金与支票准备存入被告银行,当原告的员工把现金放在柜台上由银行的柜员清点时,歹徒闯进银行抢走了未经清点的现金。原告起诉银行要求赔偿,新西兰高等法院认为,存款人意图存入银行的款项在未经银行清点签收之前并未存入银行,银行并未成为存款人的债务人,由此判决原告败诉。② 前述案例所描述之情形在我国也出现过,这一合同属性使得存款人的权益在交付存款前或取得存款后被抢不能通过存款合同本身获得银行的补偿。虽然合同法不断发展,通过附随义务逐渐把存款人类似情形下的权益纳入《合同法》的保护范围,但是这种保护还是没有突破合同相对性的限制,对于还没有与银行形成合同关系的当事人在银行遭到抢劫,则不能提供来自《合同法》的保护。

第四,存款合同是要式合同。要式合同是指合同在订立与履行过程中要遵守特

---

① 参见刘丹冰:《存款合同的法律特征的探讨》,载《西北大学学报》(哲学社会科学版)2002 年第 3 期。

② 参见吴志攀:《金融法概论》,北京大学出版社 2011 年版,第 134 页。

定的形式要求。在存款合同订立过程中,存款人要填单、签字、设定密码,而银行要出具书面的存单。但是书面形式的存单也并不能全面地调整存款人与银行之间的权利义务关系,因为存款合同并没有把调整存款人与银行之间权利义务关系书面化,在发生存款争议时并没有书面的合同条款可以引用,而银行则会以政策或行业惯例等为借口推脱自己的责任。因此,要式的存款合同并没有为存款人利益保护提供有利的书面依据。

(三)存款合同的权义结构与储户权益保护

1. 银行向存款人施加不合理的合同义务

第一,银行在实践中常常要求存款人承担不合理的注意义务。由于存款合同是实践合同,存款人应当按合同约定交付存款货币,只有在存款人交付了存款货币后或者资金转入存款账户后存款合同才能成立,交付存款货币不仅是存款人的首要义务,也是存款合同成立的前提条件。在储户把存款货币交给银行时,应当尽到合理的注意义务,即应当对包括银行工作人员、存款单等事项尽到合理的注意义务。但注意义务不应当超过合理限度。在 2002 年通化新华城市信用社新西昌储蓄所发生的 16 张“假存单”事件中,信用社以储户所持存单存在造假为由拒不承担支付本息义务。经辽宁省公安厅刑事科学技术处鉴定表明:储户持有的 16 张存单与真样本有明显差异;16 张存单上加盖的公章与业务员名章存在伪造情形。在此案中,储户对持有的存单不应当承担责任,因为存款业务在储蓄所的营业场所内进行,虽然犯罪嫌疑人向储户出具了虚假的存单,但是一般储户并不具备识别存单真假的能力,所以在这一案件中储户已经尽到了合理的注意义务,不应当对虚假的存单承担责任。

第二,银行无限扩展存款人应当妥善保管存款介质和密码的责任。存款人存款介质包括存单、存折和银行卡等多种形式,不管形式如何,都是存款合同的证明,也是存款人行使权利的工具。实践中存款人会设定密码作为取款的一种标识和保护存款的一种手段。因此,在存折、存单或银行卡的相关文件中,银行都会提示存款人妥善保管存折及预留的印鉴、密码及身份证件,防止存款被冒领,银行卡不得转借给他人使用或泄露密码。但是,存款人的这一义务通常被银行扩张规定为“凭密码进行的交易均视为存款人本人所为”,这种扩张的规定认为存款人在尽到保密义务后依然对非本人凭密码进行的交易承担责任,而银行则不承担任何责任。这明显违背了公平责任原则。近年来,媒体多次报道不法分子在西安、东莞等地的 ATM 上安装针孔摄像机获取持卡人相关交易信息然后盗取卡内金额的案件。在这种案件中,

ATM被安装针孔摄像机是银行没有尽到管理义务导致持卡人信息被盗,而不是持卡人没有尽到保密义务。在这种情形下,凭密码进行的交易导致存款人的损失就不应当由存款人承担,而应当由银行来承担。

2. 银行不当缩减自己的义务

第一,银行压缩告知义务范围。《商业银行法》第31条和《储蓄管理条例》第23条都规定了商业银行应当公告存款利率的义务。实践中银行都会将活期与各档期的定期存款利率进行公告,这一点基本上不存在多大的问题。但是,在存款合同中仅公告档期利率是远远不够的,对于其他可能会影响到存款人利益的有关事项,银行大都选择"询问式告知",即储户询问时才履行告知义务,否则不予以主动说明和告知,如定期存款到期办理自动转存时只适用基准利率而不适用优惠浮动利率,储户可以在一家银行办理一张不收取年费、小额账户管理费等费用的银行卡等事项。

第二,无正当理由拖延还本付息的义务。还本付息是银行最主要的、最基本的义务。我国个人存款账户实名制的时间是2000年4月1日,在此时间之前办理的存款业务并没有实名制要求,在此时间之前办理的存款业务在账户实名制之后到期的,银行则不能以不符合实名制要求拒绝付款。1999年马某化名"廖永华"在邮政储蓄办理20万元定期存款,到期提取时银行以不提供"廖永华"的身份证明材料为由拒绝支付,起诉后,法院综合马某输入的密码与预留密码一致及存单真实等事实因素,确认存款合同成立,银行应当承担付款责任。① 但是像前述马某化名存款案之类的案件,或者银行内部人员参与非法集资活动骗取存款人存款时,银行都会拒绝履行还本付息的义务,使存款人不得不选择诉讼来解决纠纷。这无疑增加了储户实现正当权益的成本,浪费了社会司法资源。

3. 存款合同的附随义务与合同相对性

合同的附随义务是指根据诚实信用原则所派生的,并根据合同的性质、目的和交易习惯应当履行的义务,是附属于、服务于主债务的从属义务。② 附随义务实质上是合同当事人在道德层面上所负有的协助、通知、保密、保护等义务的法律化,旨在平衡保护当事人之间的利益关系。我国《合同法》第60条③即是合同附随义务的体

---

① 参见张嘉林:《5年前存款20万,因化名就取不出来?》,载检察日报网:http://www.jcrb.com/n1/jcrb840/ca397126.htm,最后访问日期:2018年6月3日。

② 参见孔祥俊:《合同法教程》,中国人民公安大学出版社1999年版,第288页。

③ 《合同法》第60条规定:"当事人应当按照约定全面履行自己的义务。当事人应当遵循诚实信用原则,根据合同的性质、目的和交易习惯履行通知、协助、保密等义务。"

现。附随义务有两大功能:一是辅助功能,也就是促进实现主给付义务,尽最大可能满足债权人的给付利益;二是保护功能,即维护他方当事人的人身或财产上的利益。[①] 在存款合同中,附随义务主要表现为5个方面的义务,即告知义务、协助义务、注意义务、保密义务和保护义务。[②]

(1)告知义务。存款合同的当事人应当履行必要的告知义务,以保护存款的安全,从而使合同当事人的利益得到保护。在开立存款账户时,银行应当提示存款人不要设置过于简单的密码,不要设置与生日或电话号码相同的密码,银行还应当提醒存款人妥善保护存款介质,防止损坏与丢失;在发生存单、存折、银行卡丢失或密码泄露的情形下,存款人应当及时告知银行采取止付措施,存款人的这一告知义务不仅是保护自身债权安全的需要,也是保护银行财产安全的需要。

(2)协助义务。按照诚实信用原则,合同当事人有协助对方当事人履行合同义务、协助对方保护自身利益的义务。在发生存单、银行卡丢失、被盗等情形下,存款人可以采取挂失止付的方式来保护自己的债权不受侵害。有观点指出,挂失是存款人享有的终止存单的证明效力的权利和终止存单、银行卡支付功能的权利。[③] 从存款人保护自身债权来说,挂失是存款人的一项权利,银行根据存款人的要求进行挂失止付,协助存款人保护其自身的债权安全,是银行的一项协助义务。但是前述分析指出,存款存入银行后,银行享有了对存款资金的所有权,存款人的挂失止付,实际上也是在帮助银行保护其资金安全。因此,银行的挂失止付也是其保护自身资金安全的重要手段。可以说,银行的挂失止付义务存在双重性特征,既是对存款人债权的保护,也是对自己货币所有权的保护。但是,实践中银行仅把挂失止付视为保护存款人的一种手段。在"黄某诉交通银行南宁青秀山支行存款合同案"中,黄某发现账户交易异常后通过电话进行挂失止付,但银行没有按约定提供止付,导致损失扩大,法院判决银行承担一定的赔偿责任。对于银行没有及时提供止付而扩大的损失,基于其止付义务的双重特征,在不能证明储户存在过错的情况下,应当由银行承担全部责任,而不应当由储户承担责任。

(3)注意义务。注意义务是指存款合同当事人应当尽到适当的谨慎注意义务以保护对方当事人的权益不受侵害。银行在办理存款支取业务时,应当对存单的真实

---

① 参见王泽鉴:《债法原理——基本原理债之发生》(第1册),中国政法大学出版社2001年版,第41页。

② 参见宋建立:《储蓄存款合同中的附随义务及责任》,载《人民司法》2009年第3期。

③ 同上。

性、银行卡的真实性进行实质审查，大额取款时应当对取款人的身份信息进行实质审查。如果银行在办理存款支取业务过程中，没有尽到相关的注意义务，就应当承担相应的赔偿责任。在"谢某诉某银行仓山支行案"中，案外人冒充原告谢某，持伪造的银行卡和谢某一代身份证在某银行仓山支行办理重写磁业务后，用伪卡在某银行柜台和 ATM 上取款达 51 万余元。法院认为，被告代理行的某银行仓山支行未能准确识别出伪造的银行卡，对取款人的身份信息也未进行审慎核查，应依据储蓄合同的约定向原告承担违约责任。①

(4)保密义务。保密义务主要是指在存款合同中银行不管存款合同是否成立，对其所获得的存款人信息与资料负有保密的义务。对于银行来说，如果与存款人的存款合同未能订立，银行应当销毁存款人填写的包括姓名、身份证号、联系方式等信息在内的资料，合同成立后，银行应当安全保管存款人的信息，不得泄露，更不得倒卖。但是，在实践中银行违背保密义务的案件时有发生。根据媒体的报道，银行内部人员泄露持卡人信息的事件经常见诸报端。

对于存款人来说，有观点指出，存款人维护密码安全是一种附随义务。② 这种观点有失偏颇。首先，附随义务是一方当事人对另一方当事人负有的一种义务，保护密码安全不仅有保护银行资金安全的目的，也是保护存款人债权安全的重要手段；其次，附随义务原则属于非对待给付，不发生同时履行抗辩，③而在实践中，如果能证明是存款人的过错泄露了密码导致存款丢失或被冒领，银行对存款人则不再承担支付责任，可以看出，银行拒绝承担支付义务是以存款人泄露密码为由进行抗辩的；最后，在存款合同的实践中，银行会在开立存款合同的文件中规定存款人保护密码的义务，并明确其泄露密码的责任，明确约定的存款合同义务不宜再作为附随义务。

(5)保护义务。在存款合同中，银行应当采取必要的安全防范措施，保护存款人的财产安全与人身安全。现在媒体经常报道不法分子在银行的 ATM 上安装读卡器、针孔摄像机等设备复制银行卡信息、获取银行卡密码的案件，在此类案件中，如果实际发生银行卡内金额被盗的事实，银行应当承担全部的赔偿责任。ATM 是属于银行所有的自助设施，从功能角度看它是银行的代理人，因此银行有义务保障设

---

① 参见陈坤平：《存款被盗取，储户向银行主张权利不适用"先刑后民"》，载中国法院网：http://www.chinacourt.org/article/detail/2012/05/id/520258.shtml，最后访问日期：2018 年 6 月 3 日。

② 参见宋建立：《储蓄存款合同中的附随义务及责任》，载《人民司法》2009 年第 3 期。

③ 参见王泽鉴：《债法原理——基本原理债之发生》(第 1 册)，中国政法大学出版社 2001 年版，第 40 页。

施的安全。在银行的营业场所内,银行对存款人负有保障其人身安全与财产安全的义务。在“吴某礼等5人诉官渡J行、五华保安公司人身损害赔偿纠纷案”中,[①]法院认为官渡J行作为金融企业法人,负有防范、制止危险发生,保障进入银行营业场所客户的人身、财产权利安全的义务,官渡J行在吴某红死亡事件中存在一定过错,应当承担相应的民事责任。

附随义务的确定扩大了对合同当事人利益保护的范围,使《合同法》的调整与规范功能日益细致与精细。但是,附随义务还是存在局限性,只有在与银行存在既定合同关系的情形下,附随义务才会得以应用,这种局限性不能满足银行业消费者保护的需求。

二、贷款合同视野下《合同法》保护的不足

贷款合同是一种借贷合同或借款合同。通常说来,贷款合同是指金融机构作为贷款人把一定额度的资金在一定期限内出借给借款人并由借款人到期还本付息的协议。在司法实践中,以金融机构为出借人的借贷合同称为借款合同,以自然人为出借人的则称为借贷合同,而《合同法》则把二者统一规定为借款合同。[②] 如果从金融消费者保护的角度出发,重点关注的是金融机构作为贷款人与自然人作为借款人的贷款合同,自然人作为贷款人的借贷合同则不在研究范围之内。

(一)贷款合同规则体现了银行中心主义

贷款合同与存款合同有共同的合同法律属性,两者都是格式合同、双务合同、有偿合同。但是与存款合同不同,贷款合同是合同法上的有名合同。在银行与客户签订的贷款合同中,明显体现出了银行中心主义,没有公平对待借款人,主要表现在以下几个方面。

首先,从银行与借款人的权利义务分析,双方权利义务存在明显的不对等。银

---

① 法院查明的案情:2003年2月26日上午9时47分左右,昆明市官渡区艳红精米厂个体经营业主吴某红等3人携款到被告官渡J行办理存款和汇款手续。从官渡J行提供的录像资料看,吴某红在营业厅的写字台上填写存单时,有一人在其身后窥视。吴某红填单完毕,即到三号柜台前办理存汇款手续。官渡J行营业厅柜台前设置了“一米线”,但窥视吴某红的人违反他人必须在“一米线”以外等候的规定,进入“一米线”站在吴某红身侧,这没有引起值班保安人员徐某的注意和制止。就在吴某红将部分现金交给柜台内的营业员时,此人从吴某红左侧伸手抢夺钱袋。吴某红紧抓钱袋反抗,抢钱的人对吴某红胸部连开两枪后逃离现场,徐某随后追赶未果。吴某红中弹倒地,其所携钱袋及现金未被抢走。9时51分,官渡J行向公安机关报警。公安人员出警后未能抓获抢钱人。10时1分,官渡J行向云南省急救中心拨打“120”急救电话。急救车到达现场后,经医生检查,吴某红已死亡。

② 参见强力:《金融法》,法律出版社2004年版,第175页。

行的权利中包括监督检查权与变更合同权等权利内容,这使银行可以在各种危及贷款安全的情形下行使各种权利,采取有效措施充分保护其贷款安全。但是,对于借款人而言,其合理交易权不仅没在立法中得到显性化的规定,在实践中更没有相关措施能保障贷款人此项权利实现。因此,借款人在贷款合同中的弱势地位非常明显。

其次,贷款中大量格式条款的应用强化了银行的中心地位。以借款人提前还款为例,在我国绝大部分的贷款合同中都规定如果借款人提前还款都应当承担违约责任,需要偿还自贷款实际偿还日到约定还款日之间的利息,这实际上相当于提前还款处罚。贷款人不想让贷款提前得到清偿,因为那将迫使贷款人把全部贷款金额以更低的回报率进行再投资。在美国传统的房屋贷款市场,市场竞争使提前还款处罚事实上已不存在了,只有1% ~2%的优级贷款中含有提前还款处罚。形成鲜明对比的是,在最近几年里,接近80%的次贷中含有提前还款处罚,处罚的金额通常达到贷款余额的5%。① 但是我国的贷款业务中却不分差别地全部规定了提前还款的处罚。

最后,理念陈旧,法治建设滞后。在银行利益优先保护的陈旧理念影响下,法制建设也是止步不前。如果不把银行利益与借款人的利益放在平等保护的框架内,银行法治建设就不会适应现代银行业快速发展的需要,就不会使我国银行业具备国际竞争力,当然也不能满足银行业消费者利益保护的要求。以说明义务为例,《美国诚实信贷法》(The Truth in Lending Act,TILA)规定的贷款人的披露、说明义务全面、详细、明确,根据该法住房抵押贷款的贷款人向借款人披露一些被认为是理解贷款真实成本并进行"货比三家"达成最佳融资交易的必要信息。在贷款完成以前,贷款人必须向借款人披露年利率(annual percentage rate,APR)(信贷成本的标准化评价)、融资费用、融资总额(包括积分与费用)[total amount financed(including points and fees)]、偿还期数,以及偿还的安排。在违反披露规定的民事诉讼中,《美国诚实信贷法》规定了有效的处罚,包括两倍于融资总额的法定赔偿(statutory damages of twice the amount financed)、实际损失与律师费用。1974年《美国不动产结算程序法》(The Real Estate Settlement Procedures Act,RESPA)也要求贷款人披露在统一的结算单中结算贷款中详细的成本明细并防止某些费用及给予第三方的回扣。

(二)信用卡贷款合同中的格式条款

信用卡的持卡人与发卡行之间形成的信用卡关系是一种综合的复杂的法律关

---

① See Baher Azmy, "Squaring the Predatory Lending Circle",57 *Fla. L. Rev.* 295 2005,338 –339.

系,但是在各种关系中最主要的就是贷款关系,双方之间的贷款关系通常是通过信用卡章程等格式化的文件确定的。信用卡章程实质上就是一种格式贷款合同,是作为贷款人的银行事先制定的,在其与借款人订立贷款合同时可以反复适用的格式合同文本。从贷款合同是格式合同这个意义上来看,贷款合同中的大部分条款基本上都属于格式条款。对于信用卡贷款合同中的格式条款,基于研究的需要,主要关注贷款人利用其优势地位扩张其权利、免除其义务,以及限制借款人权利、加重借款人义务的不公平格式条款。

1. 掠夺性的格式条款

掠夺性贷款(predatory lending)是对住房抵押贷款的经纪人、贷款人或证券化者有利,但对借款人造成严重损害的各种贷款表现形式。[①] 掠夺性贷款是借款人的需求与能力之间的一种错配。实质上它并不适合借款人,或者是因为借款人的基础需求没有满足,或者是贷款的条件对特定的借款人来说非常不利,以至于借款人几乎没有能力清偿贷款。[②] 掠夺性贷款的常见做法大致有以下几种方式:第一,费用与利率远高于正常贷款;第二,贷款人放贷时没有借款人能还贷的合理预期;第三,贷新还旧(flipping);第四,打包;第五,过度的提前还款处罚;第六,气球还款(balloon payments)。[③]

掠夺性贷款主要出现在美国的次贷市场当中,是美国金融发展过程中独特的一种现象。虽然我国没有产生掠夺性贷款的金融环境,但是这并不意味着在我国的信用卡贷款中不存在掠夺性贷款类似的做法,信用卡章程中以下条款就具有掠夺性条款的性质。

(1)掠夺性计息条款。目前我国商业银行在信用卡透支计息方面采用了全额罚息、余额计息和容差计息三种方式。

全额罚息是指如果持卡人未能在还款日前偿还全部透支款项,应当按规定利率承担自记账日起到还款日止的透支额利息。按《银行卡业务管理办法》的规定,信用

---

① See Kathleen C. Engel & Patricia A. McCoy, "A Tale of Three Markets: The Law and Economics of Predatory Lending", 80 *Tex. L. Rev.* 1255 2002, p. 1259.

② See Daniel S. Ehrenberg, "If the Loan Don't Fit, Don't Take It: Applying the Suitability Doctrine to the Mortgage Industry to Eliminate Predatory Lending", 10 *J. Affordable Hous. & Cmty. Dev. L.* 117, 119 – 20 (2001).

③ See Kurt Eggert, "Held up in Due Course: Predatory Lending, Ecuritization, and the Holder in Due Course Octrine", 35 *Creighton L. Rev.* 503, 2001 – 2002, pp. 514 – 518.

卡透支利率为日利率0.05%，按月计收复利。① 日利率转换成年利率后超过20%，大大超出短期贷款利率水平，体现了惩罚的性质，所以称其为“全额罚息”。②

余额计息是指如果持卡人未能在还款日之前清偿全额透支款项，那么银行则以约定利率计算从记账日到还款日未偿还透支款的利息。中国工商银行在2009年通过新修订的《中国工商银行牡丹信用卡章程》率先在全国取消了信用卡全额罚息的做法，转而采用了余额计息的规则。以余额计息方式计算出的利息比以全额罚息方式计算出的利息要低，在一定程度上减少了持卡人的负担，以未偿还透支金额计息更具有合理性。③ 因此，有观点指出，以未偿还金额计息，已不具有惩罚性。④

容差计息是指如果在还款日前持卡人没有清偿的透支款项额度在发卡银行容许的范围内，银行则不对透支总额计收从记账日开始的利息。目前国内多家银行实行容差计息方式，一般容差额度为10元，也就是如果没有清偿的透支款项在10元以内的，银行不再对透支全额计收罚息，只是将未偿还余额计入下期账单中。容差计息实质上还是全额罚息，只是对全额罚息规则的细微妥协。⑤

在上述三种方式中，全额罚息与变异后的容差计息都是明显的掠夺性条款。按照两种计息办法的规定，只要持卡人没有按期全额还款，即使还了欠款中绝大部分，也应当按全部欠款计算利息。信用卡透支实际上是银行向持卡人进行的短期信用贷款，利息是持卡人占用银行资金所要支付的资金使用对价，当持卡人偿还了一部分金额，已偿还部分金额的利息也就随之消灭。因此，全额罚息的规定完全是银行基于其交易中的强势地位强加给持卡人的不合理交易条件，是银行利用其强势地位要求持卡人多付其已经偿还部分金额的使用价格。

余额计算方式相较于全额罚息与容差计息来说，具有更大的合理性，更容易为市场所认可，但从利率角度分析，它与其他二者一样也是一种掠夺性利息定价。目

---

① 假设某信用卡持卡人的信用卡账单日为每月5日，还款日为每月25日，日利率为0.05%，持卡人于1月1日消费5000元，当月账单上的透支余额为5000元。持卡人在1月20日还款3000元，还有2000元透支额没有偿还，持卡人2月5日账单显示应付利息为5000×36×0.05%＝90元，1月账单的利息要计入2月账单周期重复计息，持卡人在2月5日账单上的透支余额为2090元。

② 参见周彦君：《关于我国商业银行信用卡透支计息方式的研究》，载《西部金融》2012年第6期。

③ 假设某信用卡持卡人的信用卡账单日为每月5日，还款日为每月25日，日利率为0.05%，持卡人于1月1日消费5000元，当月账单上的透支余额为5000元。持卡人在1月20日还款3000元，还有2000元透支额没有偿还，持卡人2月5日账单显示应付利息为2000×36×0.05%＝36元，1月账单的利息要计入2月账单周期重复计息，持卡人在2月5日账单上的透支余额为2036元。

④ 参见柯航锋：《透析银行信用卡全额罚息规则：寻求利益的均衡保护》，载北京大学金融法研究中心编：《金融法苑》（总第79辑），中国金融出版社2009年版，第13页。

⑤ 参见周彦君：《关于我国商业银行信用卡透支计息方式的研究》，载《西部金融》2012年第6期。

前，信用卡的透支利率为日利率万分之五，按月计收复利，以一年期计算的话，年利率超过20%，中国人民银行自1991年至2015年6月28日38次存贷利率调整记录中，一年期贷款利率有5次低于5.35%，特别是2015年6月28日调整存贷款利率后，一年期贷款利率更是达到了前所未有的低位，只有4.85%。① 按最高人民法院于1991年8月13日发布的《关于人民法院审理借贷案件的若干意见》(已废止)的规定，民间借贷的利率不得超过银行同期贷款利率的4倍，超过4倍的部分不予保护，如果把信用卡透支利息换算成年利率的话，在某些时间段可能超过了一年期贷款利率的4倍，即使不超过4倍，银行作为重要的金融机构从事正规金融活动，应受到较为严格的监管，但是在信用卡的透支计息上，却实施了相当于民间借贷甚至超过民间借贷利率，这不由让人质疑其做法的合理性和法理依据。

(2)在信用卡贷款合同中的复利计息条款。现在银行的信用卡章程中大都规定对透支的金额按月计收复利。复利就是把上期利息并入本金一并计算下一期利息的一种方法，民间对其有“利滚利”“驴打滚”的叫法。在确定的借贷期内，按复利计算的次数越多，放贷人的利息收入越多，筹资人的利息成本越大。② 因此，银行规定按月计收复利，利息计息期越长，银行获得的利息收入就越高。

目前的司法实践中，对于民间借贷中超过同期银行贷款利率4倍的复利计息，法院不予保护，但是对于信用卡纠纷中银行的复利计息请求基本上都得到了法院的支持，如果信用卡复利计息超过了中国人民银行2015年6月28日降息后年利率的4倍，法院是否应当对银行要求复利计息的请求予以支持呢？另外，退一步分析，即使信用卡的复利计息没有超过银行同期贷款的4倍，这种诉求是否应当得到支持呢？众所周知，民间借贷属于非正规金融活动，基于民事活动调整的意思自治与合同自由等宗旨，以及民间金融活动风险相对分散等原因，法律对民间借贷的规制要比正规金融活动宽松得多，用规范民间借贷的标准来规范银行的正规金融活动实质上等于把正规金融活动视为非正规金融活动，这明显违背了对正规金融活动从严规制的一般原则。

相对于一般的借贷利率，信用卡贷款中万分之五的日利率折合成年利率已近20%，远超过一般的借款利率。同时，信用卡贷款还适用按月计收复利的方式计算利息。因此，复利计息条款对于持卡人来说，承担了比一般借贷中重得多的还款义

① 参见中国人民银行官方网站：http://www.pbc.gov.cn/publish/zhengcehuobisi/631/2015/20150706093731182169554/20150706093731182169554_.html，最后访问日期：2018年6月8日。

② 参见黄达编著：《金融学》(第2版)，中国人民大学出版社2009年版，第126页。

务。目前对复利的计息期没有作出限制性的规定,在某些情形下必将会出现极端的案例。根据媒体报道,西安居民王某通过银行卡透支本金 11.5 万元,4 年后要偿还银行 44 万元。①

中国人民银行在 2016 年 4 月发布中国人民银行《关于信用卡业务有关事项的通知》(银发〔2016〕111 号),通知规定对透支利率实行上、下限管理,上限为日利率万分之五,下限为日利率万分之三点五,即日利率万分之五的 0.7 倍,但是计息方式则由各家发卡银行自行确定。这一规定相比以前统一实行复利计息的规定有了较大的改进,相信各商业银行在市场竞争与市场选择的语境中,复利计息的条款会逐渐淡出信用卡市场。

(3)滞纳金。在各银行的信用卡合同中银行都会要求持卡人应当对最低还款额未偿还部分或超过信用额度部分按日万分之五收取滞纳金和超限费。在实践中,银行计算滞纳金也是采用了按月计收复利的计算方式,即当月产生的滞纳金会计入本金作为计算下月滞纳金的本金。

对于滞纳金的性质,学界有不同认识,主要有损害赔偿说、行政处罚说等不同的观点。② 虽然学界对于滞纳金的性质有不同的认识,但都是在行政法的语境中讨论滞纳金的性质。因此,滞纳金只存在于公法之债当中,行政管理法律关系才是滞纳金产生的基础。由于平等民事法律关系不具备行政管理性质,缺乏滞纳金适用的制度基础,信用卡合同中的滞纳金实质上是以滞纳金为名行违约金之实。③ 还有学者指出,滞纳金是一种督促公法之债履行的手段,只能存在于行使国家公权力、法律地位不平等的双方当事人之间,而根据《银行卡业务管理办法》及《商业银行信用卡业务监督管理办法》规定,在信用卡合同中规定的滞纳金,实质上是我国计划经济体制下全能国家思维的产物,是混合了行政法上的滞纳金和民法上的违约金的"过渡性杂种"(hybrid)。④

可见,存在于信用卡合同中的滞纳金在法理上并没有得到支撑。在谈到滞纳金时,银行有时会以国际惯例为借口进行搪塞。但是通过实证比较,在美国勉强对应我国"滞纳金"的是"late fee"或"late charge",然而仔细对比,"late fee"与我们的"滞

① 参见《透支 11 万元 4 年后要还 44 万元》,载《周口晚报》2012 年 10 月 30 日,第 A08 版。

② 参见张婉苏:《论滞纳金的法律性质》,载《学海》2013 年第 4 期。

③ 张婉苏:《论滞纳金的法律性质》,载《学海》2013 年第 4 期。

④ 参见陈承堂:《论信用卡滞纳金的性质及其治理》,载《法律科学》(西北政法大学学报)2009 年第 4 期。

纳金”存在相当大的区别,为示区别,在此把“late charge”翻译成“迟延履行费”。在联邦法层面,有部分法律对迟延履行费做了相关的规定。根据《美国法典》第十二部分第二章第四子章第85条规定,受货币监理署监管的国民银行可以根据其所在州法规定收取迟延履行费或违约利息,如果银行所在地的法律没有规定,它可以收取的费用不得超过7%。①

在很多银行的信用卡章程中,全额罚息(或容差计息)、复利计息与滞纳金是持卡人不能如期还款时要同时承担责任。复息、滞纳金与超限费等均属于违约金性质,但是这几种形式的违约金的计算却存在重复计算、按月累计等问题。② 前述已指出,复利计息本身已经对持卡人施予较重的还款责任,如果在全额罚息、复利计息的情况下,再缴纳滞纳金、超限费,这无疑是要求持卡人承担多重违约责任;另外,与一般合同中以填补损害为主的违约金不同,信用卡合同中的违约金则具有惩罚的性质。③ 按目前银行通常采用的万分之五的日利率复利计算本息与滞纳金的话,利息与滞纳金能达到本金的四成多,也就是换算成年利率超过40%,④从利率的角度比较它不输给任何高利贷。

根据最高人民法院《关于适用〈中华人民共和国合同法〉若干问题的解释(二)》第29条的规定,对于《合同法》第114条规定的“违约金过分高于造成的损失”的认定,是以损失的30%作为标准进行判断的,也就是法院不支持超过实际损失30%的约定违约金。但是这一司法解释在实践中的很多案例中没有得到有效的贯彻执行。在“G行厦门分行诉吴某某案”中,吴某某经G行厦门分行审查同意后于2004年12月24日办理了贷记卡,被授予4万元的消费额度。此后,吴某某在2004年12月29日至2005年1月22日使用该贷记卡共计透支28232.11元。吴某某没有按期归还透支款项,某银行厦门分行要求其偿还从2005年1月25日起至2005年7月25日止累计3252.74元的滞纳金,从2005年2月1日起至2005年8月1日止累计3182.81元的贷款利息,从2005年6月25日起至2005年7月25日止累计311.17元的超限费。法院认为,双方之间的合同合法有效,双方之间的债权债务关系清楚,支持了G行厦门分行的诉讼请求。该案中G行厦门分行要求的利息与滞纳金实际上是6个月的期间产生的,换算成年利率达到了45.6%。在透支6毛钱而被要求偿还

---

① See 12 U.S.C. § 85.

② 参见侯春雷:《银行卡民事纠纷法律适用》,人民法院出版社2013年版,第195页。

③ 参见王利明:《合同法分则研究》(下卷),中国人民大学出版社2013年版,第252页。

④ 参见福建省厦门市中级人民法院民事判决书(2005)厦民初字第394号。

近万元的案例中，违约金超出了本金的数万倍，居然也会得到法院支持，让人觉得匪夷所思。

在信用卡纠纷中，银行要求持卡人缴纳全额罚息、复利计息、滞纳金、超限费等各种费用，无疑是以合同自由的名义实现自己债权的利益最大化。而有的法院作为居中裁判的一方，不顾法理与常识，以部门规章或行业惯例支持银行的诉求，无疑是以支持合同自由的名义放任银行以合同的名义进行明抢暗夺。

中国人民银行《关于信用卡业务有关事项的通知》（银发〔2016〕111 号）规定，如果持卡人违约逾期未还款，银行不再收取信用卡滞纳金，而是由发卡银行与持卡人通过协议约定是否收取违约金，以及相关收取方式和标准。滞纳金的取消算是监管部门对学者们与社会舆论声讨笔伐的一个适当回应，是信用卡服务逐步回归理性、公平的一个标志。

2.“强逼式”的格式条款

持卡人申领信用卡时签署的信用卡章程等文件属于格式合同，格式合同的主要目的在于提高交易效率，节约交易成本，格式合同作为一种合同范本也应当体现双方当事人的合意，符合合同法的原则。但是，实践中制定格式合同的一方经常会利用其交易中的强势地位，在格式合同中强行加入一些扩张自己权利、限缩自己责任、限制对方权利和扩张对方责任的不公平条款。

很多银行的信用卡章程中存在“强逼式”的格式条款，逼迫申领信用卡的消费者接受。比较常见的是单方变更合同条款。在很多格式合同中的格式条款规定，银行有权随时删减、增加、替换或修改合同的任何条款和客户应当遵守的要求，银行作出变更后三个工作日内通知客户。通知的方式灵活多样，包括但不限于书面通知、月结单附件、电子邮件，以及银行认为恰当的方式，如报刊广告、银行营业场所内、ATM 屏幕、网站等方式。

应当说这是格式合同中最霸道的条款。合同，顾名思义，应当是双方达成一致的合意的法律行为，合同的订立、变更与终止都需要双方一致的意思表示。然而银行通过格式条款把修改、变更合同条款的权利作了单方保留，取消了客户在合同中应有的权利。同时，银行通过格式条款对通知期限与通知方式的规定把银行的责任限缩到了最少。

三、银行理财合同中客户利益保护问题

理财合同，亦称为委托理财，是委托人与受托人就委托人的财产进行投资、管理

并对财产的收益与损失等事项进行约定的协议。在理财合同中，委托人可以是自然人、法人或其他组织，而受托人一般应当是具有特定资质的证券公司、基金公司或信托公司等金融机构，当然这并不排除非金融机构的受托人接受委托人的委托从事理财活动的合理性。根据中国人民银行统计调查司的问卷调查结果，居民偏爱的前三位投资方式依次为“基金及理财产品”“债券”“实业投资”。①

根据统计，2014 年全年商业银行向个人发行理财产品共达 6.5 万款，截至 2014 年年末理财的资金余额可能会突破 20 万亿元。② 根据银率网发布的《2014 年度 360°银行评测报告》，在 2014 年有 50.2% 的受访者购买过银行理财产品。③

在原银监会 2005 年发布的《商业银行个人理财业务管理暂行办法》中，个人理财业务按照管理运作方式可以分成理财顾问服务和综合理财服务两大类，前者是指银行为自然人客户提供的财务分析、规划、投资顾问服务，后者是指银行接受客户的委托和授权，按照合同约定的投资计划和方式进行投资、管理的业务活动。在综合理财服务中，商业银行可以向客户销售理财计划产品，理财计划有保证收益理财计划和非保证收益理财计划两种类型，非保证收益理财计划又分成保本浮动型和非保本浮动收益型两个种类。

（一）银行理财合同的法律属性

银行理财合同中存在委托人与受托人两方当事人，委托人与受托人双方之间存在授权关系，基于授权形成的法律关系存在不同的观点。在代表了最高人民法院民二庭多数法官意见署名为“高民尚”的《审理证券、期货、国债市场中委托理财案件的若干法律问题》文章中，④认为绝大多数委托理财行为符合《民法通则》与合同法上的委托代理法律关系特征，且因为委托人对受托人的投资活动授权，从而构成全权委托代理，同时因为受托人的资质与信托登记等方面的原因，委托理财关系不构

① 参见中国人民银行统计调查司：《2014 年第四季度城镇储户问卷调查报告》，载中国人民银行网：http://www.pbc.gov.cn/image_public/UserFiles/goutongjiaoliu/upload/File/2014 年第四季度城镇储户问卷调查报告.pdf，最后访问日期：2018 年 6 月 3 日。

② 参见王菲：《2015 银行理财转型步伐加快》，载《上海金融报》2015 年 2 月 3 日，第 B05 版。

③ 吕东：《银行相关调查报告显示：银行服务态度差投诉率最高》，载和讯银行网：http://bank.hexun.com/2015-01-21/172577361.html，最后访问日期：2019 年 1 月 25 日。

④ 所谓的“高民尚”并非真实人名，而是最高人民法院民二庭在“最高人民法院民商审判”中取“高民商”三字并作谐音处理，“高民尚”文的观点其实代表了最高人民法院民二庭多数法官的意见。参见徐子良：《委托理财案件法律适用难点辨析——以保底条款负外部性分析及其无效后果处理为重点》，载《法律适用》2011 年第 1 期。

成信托关系。[①] 还有观点认为,在委托理财关系中,委托人与受托人之间只存在委托关系,而不存在代理关系,因为受托人既不以委托人的名义也不按委托人的指示进行投资,双方之间成立委托合同关系。[②] 刘少军教授强调,尽管当前银行、证券公司、保险公司推出的理财业务名称各异,在实际操作中也融入了受托人保障本金收回、参与利益与风险分配等非典型信托的做法,但其实质就是假借委托理财之名行信托之实的行为,委托理财的实质就是信托。[③] 另有一种观点认为,受托人如果以委托人的名义从事投资管理的则为委托型委托理财,如委托人先行开户并存入资金或购买相应金融资产后交由受托人控制管理,受托人承诺期满给予固定回报,如果受托人以自己的名义按合同约定从事投资管理活动则为信托型委托理财。[④] 还有研究放弃了把委托理财嵌入既有制度的努力,指出虽然委托理财与委托、信托、行纪等制度之间存在一定的类似性,但是存在本质不同,委托理财是一种独立的法律关系和新型财产管理制度。[⑤]

从以上几种观点可以看出,委托理财既有与原有制度相同的地方,又存在原有制度所不具备的新特点,在既有的制度模式中分析委托理财可能会产生削足适履的不足。另外,委托理财的形式多样,做法并不统一。因此,通过分析具体的委托理财合同可能更有助于分析委托理财合同的法律属性。

(二)银行理财合同中的法律问题

1. 理财合同中的高风险不能得到全面揭示

目前我国银行理财领域中的纠纷大多集中在非保本浮动收益型理财合同中。在该类理财合同中,委托人的利益遭受巨亏的例子不在少数。

在"周某诉某银行上海分行委托理财合同纠纷案"中,双方签订委托协议后,周某依约向某银行支付了人民币 218009.68 元(折合 29000 美元),截至 2009 年 2 月,周某收到某银行寄送的《投资理财账户月结单》,显示账户内资产市值仅剩开户金额的 18.18%,即 5272.20 美元。后周某提起诉讼,要求某银行返还本金并支付相应的利息。法院审理认为,双方之间的委托理财合同合法有效,周某要求某银行返还本

---

① 参见高民尚:《审理证券、期货、国债市场中委托理财案件的若干法律问题》,载《人民司法》2006 年第 6 期。

② 参见韩光明:《个人委托理财的法律性质与效力》,载《人民司法》2009 年第 1 期。

③ 参见刘少军:《信托业经营的法律定位与公平竞争》,载《河南省政法管理干部学院学报》2011 年第 1 期。

④ 参见杨虹:《委托理财法律性质探析》,载《福州大学学报》(哲学社会科学版)2008 年第 6 期。

⑤ 参见李永祥:《委托理财纠纷案件审判要旨》,人民法院出版社 2005 年版,第 45 页。

金并支付相应的利息并无法律与事实依据，驳回了周某的诉讼请求。①

韩国籍的李先生在M银行办理业务时接受银行人员的推荐，购买了价值百万元的理财产品，一年后李先生去M银行办理业务查询时发现理财卡里仅剩余额6万余元。李先生与M银行多次沟通无果，因此将M银行北京望京支行告上法院，要求银行赔偿其本息的损失。②

新华网报道，2008年宋某某在Z银行经客户经理推荐，用6400万元投资于Z银行的两款结构性理财产品，后欲提前赎回被Z银行拒绝。随后宋某某巨亏达到5000多万元。后来，宋某某将Z银行起诉到法院。经过法院一审、二审，法院最终判决Z银行赔偿宋某某5300余万元。

仅从上述三个案例可以看出，非保本浮动收益型理财产品本身蕴含着非常高的风险，用“血本无归”来形容它的高风险抑不为过。因此，对于这类理财产品的客户就应当要求其有一定的风险承受能力。

在理财产品的销售过程中，监管主体自始一直要求银行在销售理财产品时要对投资人的风险承受能力和投资经验进行评估，以确定适格的投资人。2009年，银监会在《关于进一步规范商业银行个人理财业务投资管理有关问题的通知》（银监发〔2009〕65号）中要求商业银行实行客户分类制度，把客户分为有投资经验和无投资经验两类客户，以10万元（或等值外币）为限划分两类客户。同年，银监会《关于进一步规范银信合作有关事项的通知》（银监发〔2009〕111号）中规定，如果银信合作的理财产品投资于权益类金融产品，那么理财产品的投资者应当符合《信托公司集合资金信托计划管理办法》（银监会令〔2009〕1号）规定的合格投资者标准。2011年，银监会发布《商业银行理财产品销售管理办法》（银监会令〔2011〕5号），其中规定了商业银行应当采取五级客户风险承受能力评级制度、客户风险承受能力持续评估制度，并提出了私人银行客户和高资产净值客户的认定标准。2014年，银监会发布《关于完善银行理财业务组织管理体系有关事项的通知》（银监发〔2014〕35号），其中对理财产品的销售明确规定银行对一般个人客户只能销售风险低、收益稳健的理财产品，对资产净值高的客户和私人银行客户销售的理财产品类型没有限制。

上述几个规范性文件对投资者风险承受能力、认购相应理财产品的资格做了较

① 参见上海市浦东新区人民法院民事判决书(2009)浦民二(商)初字第3359号。

② 参见王蒙蒙、刘奇琦：《投资100万元理财，结果仅剩6万余元——民生银行被储户诉至法庭索赔》，载《中国消费者报》2013年8月19日，第B2版。

为详细的规定，而这种适格投资者制度最大的作用在于防止不具备相应风险承受能力的投资人购买风险较高的理财产品，防范较高的投资风险向低风险承受能力的人群扩散，实质上起到了对低风险承受人群的保护作用。但是，这种适格投资者制度对于购买了风险较高的理财产品特别是与各种指数挂钩的复杂的结构性理财产品的投资者来说，其所具备的保护作用是非常有限的。从投资20余万元的周某到投资100万元的李先生，再到投资6400万元的宋某某，虽然三个人都有较高的风险承受能力，但是在面对着各自购买的理财产品所遭受的巨大损失，还是远远超出他们的预期。虽然《商业银行理财产品销售管理办法》（银监发〔2011〕5号）确定了理财产品销售的风险匹配原则，即银行只能向客户销售与其风险承受能力相应的理财产品，但是，这个原则绝不意味着购买了高风险的投资者就理所当然地承受与产品相伴的高风险。

应当肯定，投资者的风险承受能力固然重要，但是仅仅从风险承受能力角度来建构理财产品的适格投资者制度是远远不够的。第一，投资者的风险承受能力不等同于投资者的风险认知能力。一个人拥有很多的财产，并不必然意味着他拥有比一般人更多的投资认知能力。只要投资者对复杂的结构性理财产品不具备专业知识，那么在投资者与销售者之间就会存在严重的信息不对称，投资者对理财产品的认知基本上就靠销售人员的介绍，如果销售人员避重就轻地只讲收益而有意掩饰可能造成的风险，就会造成对投资者的严重误导。银行理财产品市场存在的种种不规范营销行为，极易造成投资者对相关产品投资的误判。假如前述三个案例中的投资人能认知他们的理财产品的性质并能预判他们购买的理财产品会出现他们以后要遭受到的损失，他们是不会购买那些理财产品的。因此，可以推测，银行理财产品的销售人员在销售理财产品过程中没有向三个投资者提示他们所投资的理财产品会有如此高的损失。第二，银行委托理财合同都是格式合同，在此类合同中存在大量限制投资人权利、加重投资人义务的条款，使投资人购买理财产品就如同在赌场中押赌注一样，只能把理财收益寄希望于运气。如在很多的委托理财产品中有封闭期禁止赎回的规定，使投资人只能眼见投资一亏再亏而不能采取任何措施止损；还有银行作为受托人不告知投资人产品的亏损情况，使投资人丧失了及时采取措施止损的机会。在这些情形中，投资人即便有较高的投资能力或判断能力也无济于事。因此，要达成保护非保本浮动收益型理财产品投资人的利益保护目标，还应当建立投资人投资能力评价制度和较全面的理财产品规范制度。

2. 合同法律关系错乱，客户利益难以保障

在银行委托理财合同中法律关系最复杂的一种莫过于银信合作理财。按银监会发布的《银行与信托公司业务合作指引》（银监发〔2008〕83 号）的界定，银信理财是指银行将客户缴纳并汇集到理财计划项下的资金交付于信托公司，信托公司作为受托人按照信托文件的约定对信托资金进行管理、运用和处分。

在银信合作理财产品中，实际上包含了两个合同关系：第一个合同关系是作为委托人的投资人与作为受托人的银行之间的理财合同关系；第二个合同关系是作为委托人的银行与作为受托人的信托公司之间的信托合同关系。在这两个合同关系中，第二个合同关系是明确的信托合同关系，这一点在《银行与信托公司业务合作指引》中已得到确认。难点在于第一个合同关系，即投资人与银行之间的理财合同关系，根据前述对银行理财合同的三种类型的分析，如果投资者与银行之间的理财合同是固定收益型的理财合同，应当认定为借贷合同，除此之外应当认定为信托关系。有观点指出，《商业银行个人理财业务管理暂行办法》（银监会令〔2005〕2 号）明确地将投资人与银行之间的理财关系界定为委托代理关系，[①]仔细分析，这种观点实际上不成立。通读《商业银行个人理财业务管理暂行办法》（银监会令〔2005〕2 号），虽然在多个条文中出现"授权""代理"等字样，但是这也并不能想当然地认为投资人与银行之间就形成了委托代理关系。其原因之一在于，根据《信托公司管理办法》（银监会令〔2007〕2 号）的规定，我国实行信托业务专营制度，任何单位和个人从事信托业务都应当取得原银监会批准，虽然信托公司与银行都属于银监会监管，但是基于目前金融分业经营、分业监管的需要，银行即便实质上从事的是信托业务，但在名义上还是不能捅破那层几乎透明的窗户纸。因此在我国也就出现了银行、证券、保险等各类金融机构都不以"信托"的名义经营信托业务的局面。[②] 简单地说，《商业银行个人理财业务管理暂行办法》（银监会令〔2005〕2 号）不使用信托的真正原因是遵守分业经营、分业监管格局的变通做法。原因之二在于，如果认定投资人与银行之间的委托理财关系是委托代理关系，投资人就不能享有信托制度所特有保护。根据《信托法》的规定，信托财产具有独立性和破产隔离的功能。信托财产的独立性是信托财产独立于委托人没有设立信托的财产，也独立于受托人的固有财产；信托财产

① 参见倪受彬、江翔宇：《从安信信托案看银信合作理财中信托合同效力问题》，载《法学》2010 年第 4 期。

② 参见刘少军：《信托业经营的法律定位与公平竞争》，载《河南省政法管理干部学院学报》2011 年第 1 期。

的破产隔离功能是指当受托人破产时,信托财产不作为受托人的财产计入破产财产。假设理财合同中银行出现破产的情形,如果认为投资人与银行之间的理财合同不是信托合同,那么在受托人名下的财产就可能成为破产财产,投资人只能以一般债权人的身份主张债权。原因之三在于,如果认为投资人与银行之间的委托理财合同关系是委托代理关系,那么这类合同就属于《合同法》委托合同这类有名合同。比较信托法上受托人的义务与委托合同中的受托人义务,可以看出信托受托人负有的勤勉谨慎等各项信义义务要比委托合同中受托人负有的义务全面严格得多。因此,定性为信托合同更有利于保护投资人的利益。

如果以信托关系来定位投资人与银行之间的关系,那么整个银信合作理财就会形成双重信托的结构,第一层信托关系是在投资人与银行之间,第二层信托关系是在银行与信托公司之间,然而这种双层的信托结构就有违《信托法》的基本理念。首先,在投资人与银行之间签订理财合同时,信托关系成立,银行作为受托人享有了理财资金的所有权与处分权,但是受托人行使权利的前提是维护投资人的利益最大化。如果银行作为第二层信托的委托人把理财项下的财产信托给信托公司,那么银行同时也是第二层信托的受益人,投资人与信托公司之间没有形成直接的法律关系,作为第一层信托的受托人同时又是第二层信托的受益人,这样的角色对于以营利为目的的商事主体来说,无疑会产生利益冲突。按《银行与信托公司业务合作指引》第 14 条的规定,信托公司并不直接向投资人分配信托收益,而是把信托及其收益全部转移给银行,银行按合同约定收取费用后再把剩余的信托财产向投资人分配。这样规定实际上为银行创造了一个可以将超出理财合同约定收益率部分的收益据为己有的机会。其次,受托人接受委托后应当亲自履行信托财产的管理与处分义务,在确有必要时也可以把部分或全部义务转给第三方来履行,但是该第三方只是帮助或替代受托人履行职责,与受托人之间并不会形成信托关系。因此,除非在理财合同中明确获得了投资人的授权,银行是不能把信托财产进行再信托的。最后,由于银行对理财资金的再信托,使投资人与信托公司之间的法律关系被隔断,投资人作为委托人与受益人对受托人所享有的监督权、撤销权等权利就无从行使,这对受益人权利的维护无疑造成一种制度上的障碍。

因为银行不能从事信托业务的限制,《银行与信托公司业务合作指引》把原本可以设计为单层信托结构的理财合同设计成双层信托结构;但是双层信托结构徒增信托合同的履约成本和客户利益得不到充分保障。

四、银行卡合同中持卡人保护的困境

银行卡自20世纪50年代在美国出现以来,逐步在全球范围内的银行业务中得到了广泛的应用。以我国为例,中国人民银行发布的《2014年第四季度支付体系运行总体情况》表明,银行卡已深度介入我们的经济生活。截至2014年第四季度末,全国累计发行银行卡达到49.36亿张,累计发行信用卡4.55亿张,人均持有银行卡达到3.64张,其中包括人均信用卡0.34张。在第四季度,全国共发生银行卡交易170.46亿笔,金额达到117.15万亿元。在银行卡的应用环境方面,联网POS机达到1593.5万台,ATM达到61.49万台,每8027张银行卡对应到一台ATM,每310张银行卡对应一台POS机。从银行卡所承担的支付功能来看,全国人均银行卡消费金额达8848.98元;每张银行卡的平均消费金额为2429.59元,银行卡每笔平均消费金额为1954.93元。截至2014年第四季度末,全国开立的个人银行结算账户达到64.73亿户。①

在银行卡得到广泛应用的同时,因银行卡的使用而发生的纠纷也越来越多。截至2015年4月11日,通过检索"北大法宝"案例数据库,可检索到银行卡纠纷的案例文书82,804件,占全部6,520,892件民事经济案件文书的1.26%,前述银行卡纠纷安全文书集中于2014年到2015年4月,如果把民事经济案件的查询范围相应缩小,那么民事经济案件文书共计3,408,359件,银行卡纠纷案件文书占比达到2.42%。可见银行卡与我们生活的关联度已很高。

(一)银行卡法律关系的分析

根据中国人民银行1999年发布的《银行卡业务管理办法》的规定,银行卡是商业银行向社会发行的信用支付工具,它具有消费信用、转账结算、存取现金等全部或部分功能。按《银行卡业务管理办法》的划分,银行卡的种类主要有借记卡与信用卡两类,根据其性质与功能又有不同类型划分。

借记卡的持卡人与银行基于借记卡所形成的法律关系主要是储蓄存款法律关系和支付清算法律关系。存款法律关系在前述的存款合同中已有详述,在此不再赘述。对于支付清算关系,主要表现为银行按照持卡人的指令或者已经签订的结算协议,代理持卡人进行相应的支付和清算。在这种业务中,双方形成的是委托代理关系。持卡人与银行基于贷记卡(信用卡)所形成的法律关系主要是借贷关系与支付清算关系。

---

① 参见中国人民银行:《2014年第四季度支付体系运行总体情况》,载中国人民银行网:http://www.pbc.gov.cn/goutongjiaoliu/113456/113469/2810652/index.html,最后访问日期:2019年1月25日。

与借记卡持卡人支付只能限定在自己卡内的余额不同,信用卡持卡人进行的支付通常是由发卡银行垫付的。基于这一特征,学者对信用卡合同的性质存在不同的认识。第一种观点认为,信用卡合同是委托合同,即持卡人委托发卡人为其支付对特约商户的债务。第二种观点提出,信用卡合同是消费借贷合同,即持卡人委托发卡人先行代其向特约商户进行支付,而后发卡人要求持卡人进行返还。第三种观点认为,信用卡合同是一种联立合同,即信用卡合同是持卡人与发卡人之间基于信用卡不同的功能形成不同的合同关系,是一个合同的体系。王利明教授认为,信用卡合同是适用新型消费方式产生的一种合同形式,是一种新型的特别法上的有名合同,它既包含了储蓄合同、借款合同、委托合同等传统有名合同的内容,但是又与这些合同存在明显的区别。①

在复杂的银行卡法律关系中,发卡人与持卡人以银行卡本身为客体所形成的权利义务是整个银行法律关系的基础,基于银行卡的其他功能所形成的法律关系必须以这一法律关系为基础。

(二)银行卡合同的法律性质

从传统合同法原理分析,银行卡合同属于双务合同、有偿合同和格式合同。银行卡作为双务合同,是指持卡人与发卡人各自应当承担合同中约定的义务,持卡人应当妥善保管银行卡与密码,按合同约定还本付息,发卡人应当执行持卡人发出的转账、支付等指令;作为有偿合同,持卡人应当按合同约定对银行提供的有偿服务支付相应的费用,如转账手续费、银行卡年费等,银行也应当对持卡人卡内金额支付相应的利息;作为格式合同,这是指银行卡合同的合同文本、合同条款大都是银行事先制定供银行与持卡人订立银行卡反复适用的合同。

(三)银行卡遭盗刷纠纷中的法律问题

由于银行卡合同并不是合同法上的典型合同,它是持卡人与银行基于银行卡所形成的多种法律关系的综合,同时又由于银行卡合同是典型的格式合同,对于双方权利义务的约定多有不合理之处,因此如何公正处理银行卡纠纷,特别是目前多发的银行卡遭遇盗刷案例,成为理论与实践中关注的热点。

下文主要采集了10省市18地经过基层人民法院与中级人民法院审理的一审结案与二审结案的21起案件(见表2-1),并对其进行梳理与分析,借此管窥在此类案件处理中存在的法律问题。

① 参见王利明:《合同法分则研究》(下卷),中国人民大学出版社2013年版,第245页。

表 2－1　银行卡盗刷典型案例纠纷统计

省份	法院	案号、案名、案由	判决结果/责任承担（银行：持卡人）
河南省	洛阳市中级人民法院	(2014)洛民终字第1371号、王某某与N行银行卡纠纷案、合同纠纷	9∶1
	沁阳市人民法院	(2013)沁民商初字第00135号、贾某某与J行银行卡纠纷案、合同纠纷	0∶10
	洛阳市西工区人民法院	(2014)西民二初字第452号、胡某某与G行银行卡纠纷案、合同纠纷	10∶0
	平顶山市中级人民法院	(2014)平民三终字第507号、王某某与N行银行卡纠纷案、合同纠纷	0∶10
云南省	昆明市西山区人民法院	(2014)西法民初字第2205号、刘某某诉G行银行卡纠纷案、合同纠纷	0∶10
广东省	广州市中级人民法院	(2014)穗中法金民终字第399号、李某与N行银行卡纠纷案、合同纠纷	7∶3
	深圳市中级人民法院	(2014)深中法民终字第2051号、金某某与H行储蓄存款合同纠纷案、合同纠纷	6∶4(4∶6一审)
	珠海市中级人民法院	(2013)珠中法民二终字第222号、唐某某与J行银行卡纠纷案、合同纠纷	8∶2
	广州市海珠区人民法院	(2013)穗海法民二初字第3447号、黄某某与N行银行卡纠纷案、合同纠纷	7∶3
	深圳市福田区人民法院	(2013)深福法民一初字第4329号、洪某与J行银行卡纠纷案、合同纠纷	4∶6
	肇庆市端州区人民法院	(2013)肇端法民四初字第408号、梁某某与J行银行卡纠纷案、合同纠纷	7∶3
	东莞市第一人民法院	(2013)东一法民二初字第5397号、李某与N行银行卡纠纷案、合同纠纷	7∶3

续表

省份	法院	案号、案名、案由	判决结果/责任承担（银行：持卡人）
湖北省	武汉市中级人民法院	(2014)鄂武汉中民商终字第00542号、廖某某与N行银行卡纠纷案、合同纠纷	0：10
广西	南宁市中级人民法院	(2014)南市民二终字第118号、潘某某与G行银行卡纠纷案、合同纠纷	7：3
	柳州市城中区人民法院	(2014)城中民二初字第394号、赵某某与L行银行卡纠纷案、合同纠纷	5：5
	桂林市七星区人民法院	(2013)星民初字第600号、徐某某与G农村合作银行银行卡纠纷案、合同纠纷	10：0
宁夏	银川市中级人民法院	(2014)银民终字第120号、李某某与N行银行卡纠纷案、合同纠纷	6：4
天津市	天津市第二中级人民法院	(2014)二中速民终字第1848号、贾某某与J行储蓄存款合同纠纷案、合同纠纷	5：5
辽宁省	大连市中级人民法院	(2014)大民三终字第745号、朱某某与G行储蓄存款合同纠纷案、合同纠纷	8：2
安徽省	合肥市中级人民法院	(2014)合民一终字第02590号、何某某与H行储蓄存款合同纠纷案、合同纠纷	5：5
浙江省	东阳市人民法院	(2014)东商初字第2901号、张某某与N行银行卡纠纷案、合同纠纷	6：4

上述21起案件中的持卡人都曾发生了卡内资金被盗的情况，但是案件最终的判决结果却大相径庭，从要求银行承担全部赔偿责任到要求持卡人承担全部责任的各种结果都存在。虽然案件的具体情形有所差异，但是在类似的状况下却得出如此悬殊的判决结果，让人感到匪夷所思。

上述21起案件都是以合同纠纷为案由立案审理的，以储蓄合同来确定当事人在纠纷中应承担的损失及举证责任，所适用的基本上是《合同法》及《民法通则》的相关规定。虽然前述各地法院基本上适用《合同法》来解决银行与持卡人之间的银行卡遭盗刷纠纷，但是储蓄存款合同根本就不是《合同法》分则中的有名合同，各地法院基本上以《合同法》总则中的第44条、第60条、第107条、第120条的规定作为判决的依据。

合同关系主体的独立性与平等性是合同交易关系最基本的特征，[①]合同主体平等特征成为合同自由、合同平等等原则的基石。因此，使用《合同法》解决持卡人与银行之间的纠纷，就应当把持卡人与银行看成平等的合同主体。因此，在权利义务配置、举证责任分配方面也应遵循公平原则。但在具体的储蓄合同中，银行与储户（持卡人）之间的强势与弱势非常明显，不同地区的法院对银行与持卡人之间的合同义务理解并不一致，导致了对持卡人利益保障的差别很大。综合分析上述案例，对于审判结果的差异，归根结底在于法院对举证责任的分配与格式条款效力存在不同的认识。

1. 举证责任的分配

在上述21个案例中，对举证责任的分配有三种不同的做法。

第一种，银行承担举证责任，有2个案例法院判决银行在举证不能时承担全部责任。在“胡某某与G行银行卡纠纷案”中，法院的判决指出，在没有证据证明是原告实施了取款行为并报假案的情形下，应认定胡某某银行卡账户内的存款被他人盗取。由于原告的举证能力有限，被告应当承担举证责任，但是被告未能尽到该举证义务，应当承担违约责任，对原告的损失承担赔偿责任。[②] 在“徐某某与G农村合作银行银行卡纠纷案”中，法院判决指出，原告的证据证明了存款被盗时其存折与银行卡并未丢失、其本人并不在存款被盗地的事实，已完成了他的举证责任。而被告未能对原告未保存好密码导致存款丢失的主张提供证据，应当承担举证不能的不利后果。[③]

第二种，由持卡人承担举证责任，在持卡人举证不能时承担全部责任。在判决持卡人承担卡内被盗金额全部责任的4个案例中，都是基于持卡人不能提供相应证据支持自己主张的判断。在“贾某某与J行银行卡纠纷案”中，法院在判决书中指出，原告要求被告承担银行卡被盗刷金额的赔偿责任，应当承担三方面的举证责任：

---

① 参见王利明、崔建远：《合同法新论·总则》，中国政法大学出版社2000年版，第49页。

② 参见河南省洛阳市西工区人民法院民事判决书（2014）西民二初字第452号。

③ 广西桂林市七星区人民法院民事判决书（2013）星民初字第600号。

第一,原告应举证证明自己银行卡被盗刷的事实。第二,原告应举证证明被告存在监管过失。第三,被告的监管过失是造成原告的银行卡金额被盗刷的原因。因原告不能证明银行在监管方面的过失,最终判决不予支持贾某某要求银行承担赔偿责任的诉讼请求。① 在"王某某与 N 行银行卡纠纷案"中,法院在判决书中指出,王某某应当对其主张 N 行在银行卡监管方面违约并造成其损失提供证据,但是王某某提供的证据尚不足以证明其主张,因此不予支持王某某请求 N 行恢复其借记卡内余额的诉讼请求。②

第三种,根据案件事实在银行与持卡人之间分配举证责任,并根据举证情况确定双方之间的责任分配。以"李某与 N 行番禺雅居乐支行银行卡纠纷案"为例,法院认为,银行应当对用于交易的银行卡真伪负举证责任,但是持卡人应当承担银行泄露密码的举证责任,由于双方都没有完成举证责任,结合双方在卡内金额被盗中的过错,判定李某与银行按 3∶7 的比例承担责任。③

2. 法院分配举证责任存在的问题

在上述案件中,在举证责任方面的突出问题表现为法院没有在银行与持卡人之间合理地分配举证责任。举证责任分配实质上决定着诉讼当事人诉讼风险的承担,也事关银行卡纠纷中责任主体的认定问题。④ 根据最高人民法院《关于民事诉讼证据的若干规定》第 5 条的规定,⑤在持卡人与银行所形成的存款合同法律关系中,由于银行卡法律关系形成的要式特点,双方都可以相对容易地证明银行卡法律关系的成立、有效,以及变更、撤销、终止等的事实。但是对于该条第 2 款的规定,在银行卡金额被盗的案件中却没有得到合理的适用。持卡人要求银行返还卡内被盗金额,实际上是要求银行履行付款义务。因此,根据该条第 2 款的规定,应当由银行来承担其已履行的义务的举证责任,银行可以很容易地通过银行卡的交易流水证明其已向持卡人履行了付款义务。如果银行不能举证其已经向持卡人进行了支付,则应当承担举证不能的不利后果。如果银行以银行卡交易记录表明其已经向持卡人进行了

① 参见河南省沁阳市人民法院民事判决书(2013)沁民商初字第 00135 号。

② 参见河南省平顶山市中级人民法院民事判决书(2014)平民三终字第 507 号。

③ 参见广东省广州市中级人民法院民事判决书(2014)穗中法金民终字第 399 号。

④ 参见张雪楳:《银行卡纠纷疑难问题研究》,载《法律适用》2015 年第 3 期。

⑤ 最高人民法院《关于民事诉讼证据的若干规定》第 5 条第 1 款规定:"在合同纠纷案件中,主张合同关系成立并生效的一方当事人对合同订立和生效的事实承担举证责任;主张合同关系变更、解除、终止、撤销的一方当事人对引起合同关系变动的事实承担举证责任。"第 2 款规定:"对合同是否履行发生争议的,由负有履行义务的当事人承担举证责任。"

支付，还可以用相关的录像资料证明持卡人已获得支付。持卡人则可以反证银行存在履行错误，没有向正确的履行对象履行合同义务，这一点持卡人可以通过其银行卡未丢失、本人未到过卡内金额支取地，以及持卡人获得的公安部门的立案材料证明银行并没有向持卡人履行的事实。

法院不能合理地分配举证责任主要表现在以下几个方面。

第一，通过实证分析发现，法院在举证责任分配上不符合举证就近原则。举证就近原则要求应当由最易获得证据的一方承担举证责任，否则应由其承担举证不能的不利后果。在前述"贾某某与J行银行卡纠纷案"中，法院认为原告应当承担三方面的举证责任。基于"谁主张，谁举证"的原则，法院要求原告承担这些举证责任似乎没有什么不妥，但仔细分析，这种举证责任分配与持卡人所处的弱势地位极不相称，不符合举证就近原则。首先，如果持卡人卡内金额被他人通过ATM非法取走，即使有录像证实并非由持卡人从ATM上取走款项，根据相关规定，持卡人既不能观看录像资料，也不能提供录像资料，如果持卡人的卡内金额以转账方式被盗刷，持卡人则几无可能证明转账的主体是谁。因此，让持卡人证明银行卡遭盗刷的事实的确是勉为其难的事。其次，要让持卡人证明银行的监管过失，持卡人必须要熟悉银行的业务流程、风险控制机制及其相应的管理制度，否则，持卡人是不可能证明银行的监管过失所在。最后，如果证明不了银行的监管过失，也就不可能证明银行过失与卡内金额被盗刷之间的因果关系。在"王某某与N行银行卡纠纷案"中，一审法院认为王某某未能证明银行存在监管过错，对其诉讼请求不予支持；二审法院指出，王某某的证据未能证明N行的违约行为造成卡内资金减少的事实，以公安机关未进行刑事立案并得出相关结论为由，对其诉讼请求不予支持。可见，在银行卡内金额被盗的案件中，从储蓄合同角度出发，如果要让持卡人证明银行存在违约责任，持卡人必须对银行的业务流程、风险控制机制了然于胸才能恰当地发现银行的监管过失，然而，对于大多数持卡人而言，这已远远超出一般人的能力范围。因此，持卡人就很难完成举证责任进而保护自身的利益。相反，基于银行对ATM的掌控，由其来承担已经进行了适当履行的举证责任则更符合举证就近原则的要求。

第二，举证责任分配不符合"谁主张，谁举证"的基本原则。在很多的银行卡金额被盗案件中，银行往往以其不存留银行卡密码、持卡人泄露密码为由进行抗辩。首先，银行不可能不存留银行卡的密码。根据银行卡的发行实践，持卡人是银行卡密码唯一的设定人，银行也不知晓持卡人设置的密码。但是银行卡金额从ATM被盗需要银行卡、卡号与密码三者相符才行，而在银行不掌握银行卡的密码的情形下，谁应当承担密码泄露的责任？这是确定持卡人是否应当承担责任的关键所在。其实，仔细分析可知银行的说法是不成立的，持卡人在银行办理银行卡后，银行不可能不存留银行卡的密码。否则，在持卡人凭密码支取或转账的交易中，持卡人在银行柜台或作为银行柜员代理人的ATM，以及其他自助设备处所进行的交易如何验证密码的正确性呢？其次，有不少法院错误地把密码泄露的证明责任判定由持卡人承担，在持卡人举证不能的情况下判定持卡人承担不利后果。如在“赵某某与L行银行卡纠纷案”中，法院认为银行提供的证据证实了银行内部不可能泄露银行卡密码，同时，原告又无证据证实银行对密码的泄露负有责任，原告作为负有谨慎保管义务的密码设定人，对没有妥善保管密码应承担被盗取存款50%的损失。在“李某与N行广州番禺雅居乐支行银行卡纠纷案”中，法院指出，李某作为持卡人负有妥善保管银行卡密码的义务。在没有证据证明银行卡密码是由雅居乐支行泄露的情况下，持卡人应承担举证不能的不利后果。实践中，密码由持卡人设定与持有，银行虽然存留银行卡密码但是不会知晓银行卡的密码，因此持卡人不用证明银行泄露了密码。另外，从实践角度看，这种举证责任的分配非常不现实，要让持卡人承担银行泄露密码的责任，除非持卡人能进入银行的数据操作系统或数据存储系统，否则如何能证明银行没泄露了密码呢？

对于银行卡密码的泄露来说，谁应当承担举证责任呢？因为只有持卡人掌握着密码，持卡人有泄露的可能，根据“谁主张，谁举证”的举证原则，银行主张持卡人泄露密码，应当由银行承担持卡人泄露密码的证明责任。“举证责任的分配要依当事人在诉讼中为主张权利的一方还是否认权利的一方而定。”①银行主张持卡人泄露密码，其实质是在维护其自身的权利，它应当就持卡人泄露密码的事实承担举证责任。如果银行能够证明持卡人故意泄露密码导致了资金丢失，则由持卡人承担全部责任；如果银行能够证明持卡人过失泄露密码，则持卡人对资金被盗承担主要责任；如果银行不能证明持卡人对密码泄露存在过失，则银行对密码被盗引起的后果承担主要责任，另外可推定客户未尽到妥善保管义务，也应承担相应责任。② 前述观点基本上公正地分配了密码泄露的举证责任与责任承担，但是在银行不能证明是持卡人过失泄露密码时再推定持卡人未尽妥善保管义务，就不是本着公平、公正原则分配

① 李浩：《民事证据的若干问题——兼评最高人民法院〈关于民事诉讼证据的司法解释〉》，载《法学研究》2002年第3期。

② 参见王姝等：《规范金融正常秩序　促进银行业健康发展——重庆市第五中级人民法院关于银行卡纠纷的调研报告》，载《新重庆》2014年第4期。

举证责任。现在也有部分法院对于银行卡密码泄露的举证责任合理地分配给了银行。在上海浦东新区法院审理的一起借记卡内金额被盗纠纷案件中，法院认为银行发行给持卡人的借记卡及银行交易系统存在技术缺陷，未对系争借记卡的交易安全尽到充分的保障义务，从而给原告造成了经济损失。另外，银行作为被告并未提供证据证明借记卡密码是由原告过错造成泄露，因此判决被告承担原告借记卡内被盗金额的赔偿责任。①

第三，举证责任的不公平分配还表现为法院不合理、不恰当的责任推定。责任推定对于银行卡持卡人来说，有时构成了不公平的审理结果。在"潘某某与G行银行卡纠纷案"中，二审法院指出，根据银行卡密码设定程序，无法查明银行卡密码泄露事实，因此无法确定双方谁负较重的举证责任。但是，仅由潘某某掌管的密码被他人知晓，不能排除持卡人潘某某的过失导致密码泄露的可能性，因此确认潘某某对存款被盗也有过错。从这个案例可以看出，法院基于持卡人是唯一的密码知晓者的身份，推定密码泄露是持卡人没有尽到合理的妥善管理义务造成的。

在很多案件审理中，法院通过推定的方式认定持卡人未尽妥善保管义务而泄露了密码。这一不公平的举证责任不仅造成了在持卡人与银行之间举证责任分配不公的问题，而且与现实的银行卡使用的现状不相符合。首先，银行卡的密码存在破解的可能性。现在银行卡的密码多是0～9的任意六位数组合，虽然这种组合非常庞大，但是由于持卡人设置密码时基于易记的需要，同时又由于密码设置又无强制性的规定，因此，持卡人的密码设置可能较容易破解。如媒体报道，有人捡拾或盗取钱包后，借助失主的身份证信息通过猜的方式破译了银行卡密码，从而支取了银行卡内的金额。② 随着技术发展，现在破解银行卡密码的软件也已经出现。媒体报道，在生活中已经出现了音频破解密码的软件，犯罪分子通过持卡人的按键声音就可以破解持卡人的密码，③利用搜索引擎可以很轻易地搜索到大量叫卖破解银行卡密码的软件。这些事实的存在，怎么就能推定是持卡人泄露了密码呢？还有媒体报道，由广东省挂牌督办的公安部"海燕三号"专案中，有黑客利用网络泄密的用户资料数

---

① 参见黄丹：《借记卡被盗刷近32万元，是户主泄露密码还是银行安全有漏洞——法院判决银行承担全部赔偿责任》，载上海金融新闻网：http://www.shfinancialnews.com/xww/2009jrb/node5019/node5036/fz/userobject1ai139901.html，最后访问日期：2018年4月3日。

② 参见陶建华等：《他这样破解盗来的银行卡密码》，载《洛阳商报》2011年7月14日，第4版。

③ 《听电话按键音可窃银行卡密码　窃贼3分钟盗20万》，载人民网：http:js.people.com.cn/html/2012/03/27/94286.html，最后访问日期：2019年1月25日。

据库,轻易破解了19万客户的密码,可提金额多达15亿元。[①] 其次,根据媒体的报道,银行内部人员泄露持卡人信息的事件经常见诸报端。在2012年中央电视台3·15晚会上曝光了包括招商银行、工商银行在内的多家银行的工作人员泄露网银用户信息的事件;2012年记者调查发现,广州地区在银行与保险公司、担保公司、小额贷款公司等金融机构之间存在个人信息和信用记录交易的渠道,一些银行经理通过出售客户个人信用报告以赚取收益。[②] 目前在网上通过QQ交流群交易个人信息早已不是秘密,在个人金融信息领域,银行的银行卡部和财富管理中心则成为信息泄露的重灾区,而且银行对"内鬼"也并无对策,只能靠道德约束;[③]媒体多年来的报道早已揭露了银行内部泄露持卡人银行卡相关信息的事实。再次,由于现在银行卡大部分属于磁条卡,而磁条卡信息容量只有三条磁道最多记录216个字符,因此磁条卡读写容易,使用方便,但是,这些特征也是磁条卡易被复制的主要原因。[④] 相对于芯片卡,银行钟情于磁条卡的主要原因还是磁条卡的低制作成本,一张卡片大约只需要4毛钱,由于其易复制性,互联网上也有不少以几千元价格叫卖包括采集器、复制器和微型摄像头等银行卡复制设备不法经营商贩。[⑤] 最后,在为数不少的"克隆卡"诈骗案件中,警方发现犯罪分子越来越多地利用POS机盗取密码,如果POS机具有复制磁条的功能,就可以一次性拿到储户的磁条信息和密码。[⑥] 根据中国人民银行《银行卡收单业务管理办法》的规定,作为收单机构的银行应当提供符合国家标准的受理终端,并采取措施防止特约商户存储银行卡的敏感信息。[⑦] 可见,基于上述多种事实,都会产生不法人员盗取、破解持卡人银行卡密码的结果。因此,法院通过推定持卡人密码泄露、免除银行举证责任既违背举证责任的分配原则,也不符合

---

① 参见《少年黑客破译19万个银行账户 可提现金额近15亿》,载胶东在线新闻中心:http://www.jiaodong.net/news/system/2015/04/23/012677090.shtml,最后访问日期:2018年4月3日。

② 参见王亮:《一个月出卖千份大客户资料》,载《广州日报》2012年8月18日,第A16版。

③ 参见郭永芳:《银行卡个人信息被随意倒卖,银行称对内鬼没辙》,载《新京报》2015年1月13日,第B01版。

④ 参见侯春雷:《银行卡民事纠纷法律适用》,人民法院出版社2013年版,第3页。

⑤ 参见龚化、虢灿:《成本仅4毛,磁条卡能有多安全》,载《三湘都市报》2012年8月2日,第A04版。

⑥ 同上。

⑦ 《银行卡收单业务管理办法》第24条规定:"收单机构为特约商户提供的受理终端(网络支付接口)应当符合国家、金融行业技术标准和相关信息安全管理要求。"第28条规定:"收单机构不得以任何形式存储银行卡磁道信息或芯片信息、卡片验证码、卡片有效期、个人标识码等敏感信息,并应采取有效措施防止特约商户和外包服务机构存储银行卡敏感信息。因特殊业务需要,收单机构确需存储银行卡敏感信息的,应当经持卡人本人同意、确保存储的信息仅用于持卡人指定用途,并承担相应信息安全管理责任。"

银行卡使用的实践现状，从而造成了没有公正保护持卡人利益的后果。

当然，推定的做法在一些案件审理中的应用也起到了保护持卡人利益的作用，在很多案件中法院通常是根据持卡人向公安机关报案后取得报案机关的立案材料作为卡内金额被他人非法转移取走的证明，从而推定银行没有鉴别出真卡与假卡义务，没有尽到保护账户内金额安全的义务。如在“朱某某与G行储蓄存款合同纠纷案”中，法院在判决书中指出，银行作为发卡银行，因其自身系统与技术存在漏洞，不能识别出伪卡是一种过错，对卡内金额损失应当承担主要责任。在“张某某与N行银行卡纠纷案”中，法院也指出，银行的借记卡使用磁条介质，在技术和识别上存在安全隐患，对银行卡卡内金额被盗刷所造成的损失存在过错，应承担主要责任。

在审理银行卡纠纷中，有些地方法院出台了一些指导性的意见，对纠纷的解决起到了很好的指导作用。例如，广东省高级人民法院发布的《关于审理伪卡交易民事案件工作座谈会纪要》和《广东省高级人民法院民二庭负责人就克隆银行卡纠纷答记者问》等案件审理的相关指导意见指出，在银行卡账户金额被盗刷事件中，如果银行未能识别出克隆卡，则应当对被盗金额承担不少于50%责任，如果持卡人对设置了密码的银行卡的密码泄露没有过错的，那么持卡人对银行卡账户内资金损失则不承担责任。因此，在相关审理指导意见的指导下，在收集的广东省5个地区7个法院审结的案件中，法院的判决结果有较高的一致性，有效防止了同案不同判的情形，最大限度地维护了司法公正。

（四）银行卡合同中格式条款的效力认定的差异

以凭密码交易视为本人交易为例，法院在审理银行卡纠纷案件过程中，对银行卡合同中格式条款的效力态度有所不同。第一种是否定该格式条款的效力。在“王某某与N行银行卡纠纷案”中，法院在判决书中指出，双方所签的金穗卡合同第4条①是N行伊川支行免除自身主要责任、加重对方义务、排除对方主要权利的格式条款，因此认定该条款无效。② 第二种是承认格式条款的效力。在“廖某某与N行银行卡纠纷案”中，二审法院指出，廖某某在借记卡及密码的管理方面存在过错，因办理银行卡时廖某某同意遵守《中国农业银行金穗借记卡章程》的规定，所以依据

---

① 该合同第4条规定：“持卡人应妥善保管金穗借记卡及密码，并及时更换金穗借记卡密码，防止泄露。凡密码相符的金穗借记卡交易均视为持卡人本人或授权的合法交易，发卡人依据密码为持卡人办理交易所产生的电子信息记录为该项交易的有效凭证。因密码泄露造成的经济损失，持卡人自行负责。”

② 参见河南省洛阳市中级人民法院民事判决书（2014）洛民终字第1371号。

“凡密码相符的金穗借记卡交易均视为持卡人本人的合法交易”的约定，涉案借记卡中余额被支取应视为廖某某本人的交易。[①] 在“王某某与N行银行卡纠纷案”中法院否决了格式条款的效力，据此驳回了银行的辩护意见，判决银行承担赔偿责任；在“廖某某与N行银行卡纠纷案”中，法院在确认格式条款的效力的同时，据此确定了廖某某应当对卡内金额的丢失承担责任。据此可以看出法院对同样格式条款的效力认定存在迥然不同的态度，当然这种判断也就直接影响到判决结果。

虽然最高人民法院早在2009年就出台了相关的司法解释，对格式合同条款效力认定作出了明确的规定，但是从法院作出的判决来看，在认定格式条款效力时还是存在诸多的任意性。

五、《合同法》在银行业务合同适用中存在的问题

(一)《合同法》的格式条款规范得不到一致适用

除借款合同以外，其他的银行业务合同都是合同法上的无名合同，由于银行业务合同所具有的专业性与行业性等特点，在银行业务合同的履行过程中如果出现纠纷，《合同法》则无法满足各类银行业务合同的调整需求，而《合同法》总则中的规定也得不到统一的适用。

在案件审理中认定格式条款效力标准不统一。格式条款是商业主体与消费者之间创制的一种权力关系，这种权力关系具有三个方面的特征：第一，格式合同不是共同自我规制的产物，它是一方独占地单边规制的结果。第二，格式条款广泛使用免责和排除条款将风险另行分配给消费者。第三，通过排除条款和对法律救济可能途径的限制，授予商业主体在违约以后强大的计价还价能力。[②] 因此，如何在司法活动中规范格式条款的使用是关系到合同双方权利义务公平配置的重要命题。前述已讨论过银行业务合同要式合同、格式合同的特征，我国《合同法》第39~41条对格式条款的确定原则、效力认定与解释作出了明确的解释。但是在具体的案件审理中，对同样的格式条款的效力却有着不同的认定。

以银行卡合同中凭密码交易视为本人交易或本人授权的交易为例，在“王某某与N行银行卡纠纷案”中，法院在判决书中指出，这是N行免除自身主要责任、加重持卡人义务，排除持卡人主要权利的格式条款，是无效条款。在“贾某某与J行银行

① 参见湖北省武汉市中级人民法院民事判决书(2014)鄂武汉中民商终字第00542号。

② 参见[英]休·柯林斯：《规制合同》，郭小莉译，中国人民大学出版社2014年版，第251页。

卡纠纷案”中，法院在判决书中指出，根据双方的银行卡合同中凭密码交易均视为本人所为的约定，贾某某卡内金额凭密码支取却请求J行负赔偿责任，没有合同依据，不予支持。可见，同样的条款在法院的判决中却出现了不同的效力认定，而对格式条款效力认定上的差异也是导致判决结果迥异的主要原因之一。

再以信用卡合同中有关全额罚息、复利计息、滞纳金、超限费等条款为例，尽管前述对该条款的性质与不合理性有全面的分析，但是在大多数信用卡纠纷案中，法院会支持银行要求持卡人支付全额罚息、复利计息、滞纳金、超限费等诉讼请求。当然，也有法院在一些案件中并没有全部支持银行要求持卡人支付全额罚息、复利计息、滞纳金、超限费的诉讼请求。

（二）合同自由原则在银行业务合同中的适用困境

合同自由是近现代私法的重要原则之一，英国著名的合同法专家阿蒂亚（P. S. Atiyah）提出，合同自由表现为当事人的相互同意和合同是自由选择的结果两方面的含义。[①] 但是合同自由原则在当下的银行业务合同的适用中却出现几方面的困境。

其一，合同自由原则在银行业务合同中应用语境丧失。平等性与互换性是近代民法的两个基础。[②] 作为民法中抽象概念的“人”，是使用了类似数学上提取公因式的方法，把个体的性别、职业、年龄、财富等各种存在很大差异的因素都舍弃了，这种法律主体身份的确定对应了梅因提出的“从身份到契约”论断。然而，及至现代，各国工业化完成，古典契约理论所依赖的平等、自由竞争的社会经济环境发生巨大改变，如同科宾（A. L. Corbin）所指出的，“这种‘从身份到契约的演进’，这种日益增长的‘自由’，并非是统一的和恒久不变的。它的前进是靠猛力推动。好像井底之蛙试图跳出的故事一样，每向上跳三尺就得后滑二尺”。[③] 现代社会中的契约更多地显示出了身份的重要性，身份对于合同的影响与日俱增。在银行业务合同中，银行与客户之间的身份差异不言而喻，在这种语境中的合同自由已然不是古典契约理论中的合同自由了；古典契约自由理论在现代社会中的无限制应用就会导致强势与弱势双方订立的合同出现权利义务不平等配置的后果。

其二，合同自由的司法适用界限不清晰。《合同法》中合同平等原则、合同自由

① 参见［英］阿蒂亚：《合同法概论》，程正康等译，法律出版社1982年版，第14页。

② 参见梁慧星主编：《从近代民法到现代民法》，中国法制出版社、金桥文化出版社2000年版，第169页。

③ ［美］A. L. 科宾：《科宾论合同》（上册），王卫国等译，中国大百科全书出版社1997年版，第728页。

原则等原则在银行业务合同中当然也应当适用。但是,银行业务合同与一般民商事合同存在很大的区别,因此合同自由原则在银行业务合同中的适用应当存在一定的界限,问题的关键在于这种界限却不容易确定。如在某些存款合同纠纷中,法院认为当事人对利率及存款期限的约定比《储蓄管理条例》优先适用。其实这种观点体现的约定优先的合同自由观念在此是一种不适当的应用。"约定优先"的应用应当以双方的约定不会对他人利益或社会公共利益造成损害为前提。而众所周知,银行业在世界各个国家都是受到严格监管的一个行业。在我国,存款合同的存款期限及利率都是由中国人民银行确定的,即使在目前利率基本实现市场化的进程中,银行等储蓄机构也是在中国人民银行确定的利率基础上浮动确定存款利率。中国人民银行对存款的期限与利率管制是基于维护金融市场的稳定和有序竞争的目的,事关国家金融秩序的稳定,所以在未实现利率市场化的阶段,银行等储蓄机构是没有权利自由确定存款的期限与利率的。基于此,在存款合同中双方的约定优先应当以遵守中国人民银行关于存款的期限与利率的规定为前提,约定不能突破中国人民银行的规定。因此法院在存款合同纠纷中"约定优先"实质上是对合同自由原则的不适当扩张适用。对于信用卡合同中全额罚息、复利计息、滞纳金、超限费等条款,在学术研究与司法实践中呈现出"两边倒"的局面,学者对此类信用卡条款多有诟病,而大部分法院在案件审理中则会支持银行的诉求。如前述分析,银行在信用卡合同中实质上利用了其优势地位向持卡人施加了不合理的交易条件,面对等同于本金甚至是超过本金的滞纳金、全额罚息、复利计息叠加适用已经远超高利贷,法院还以双方约定不违反法律,确定这种条款合法有效。在这种判决中,法院以维护合同自由、私法自治原则的名义放弃了维护实质正义的使命。

对于同样的条款,法院对其效力却有不同的认定,这体现出法院在案件审理中没有相同的裁判标准和价值衡量尺度。这主要应当归因于银行业务合同法制不健全,从而导致了法官在具体的案件审理中坐拥过大的自由裁量权,进而导致了裁判结果的巨大差异。

(三)《合同法》的实施不能实现平等保护

《合同法》的实施也就是通过法院的审判活动适用《合同法》规范解决合同纠纷。这无疑是国家司法机关正式的司法活动,是法的实施的正规与重要的方式。但《合同法》的实施不限于国家权力机关的正式司法活动,合同当事人通过订立合同、履行合同等活动也在实施《合同法》。如前所述,法院在审理银行业务合同中尚会出现法律适用、裁判标准不统一等诸多问题。那么,私法主体基于意思自治原则所进行的合同活动更不可避免地出现各种各样的问题。“法律是一种人类制度,其管理机构是人的机构。这意味着不完美和不确定性以及差异性和矛盾性的存在。”“法律的实施还不能对富人的允诺和穷人的允诺,对雇主的允诺和雇员的允诺,做到一视同仁。”①这种情形同样适用于《合同法》,也适用于《合同法》所调整的银行业务合同。

在金融业务合同中,银行显而易见是处于优势地位的一方当事人,银行通常借助其优势地位通过格式合同向相对方施加不合理的合同义务。《合同法》之所以不能向双方当事人提供平等的法律保护,存在三个方面的原因:第一,《合同法》不能提供具体的银行业务合同规范,除了借款合同,其他的银行业务合同都是合同法上的无名合同,虽然可以适用《合同法》总则中相关的规定,但是针对金融业务合同的专业性和复杂性,《合同法》的规范明显不能满足银行业务活动调整的需求。第二,银行制定格式合同时多会依照中国人民银行或中国银行保险监督管理委员会等监管部门制定的部门规章或规范性文件,而这些规范性文件当中,就存在很多监管者偏袒银行业的不公正规定,如《银行卡业务管理办法》中规定银行可以对信用卡计收复利、收取滞纳金、超限费等费用,这些不合理的规定成为银行制定银行业务合同的重要依据,也成为银行与客户之间不平等合同关系的重要原因。第三,银行在一些格式合同中按照监管部门的规定需要在合同订立时尽到提醒、说明、解释等先合同义务,但是由于利益驱动银行通常不会按规定履行相应的先合同义务,使银行业消费者的权益得不到应有的保护。

第三节 “消法”视角下的银行业消费者权益保护

一、“消法”是《合同法》调整功能的延伸与补充

对于“消法”的性质,在法学领域主要有三种观点。第一种观点是大部分经济法学者认为“消法”具有经济法的属性,主要调整国家与经营者、国家与消费者、消费者与经营者之间的三种社会关系;第二种观点是部分民法学者认为“消法”应当属于民法特别法;第三种观点是部分学者认为“消法”应当属于社会法。虽然学者对于“消法”的性质有不同的解读,但是三种观点都认同“消法”调整消费者与经营者之间的消费关系这一基本事实。

---

① [美]A. L. 科宾:《科宾论合同》(上册),王卫国等译,中国大百科全书出版社1997年版,第6页。

《合同法》是调整合同关系的基本法律规范，但是一如前述，由于大量格式条款的应用，产品、服务的专业性和技术性的提高，消费者与经营者之间的平等越来越徒具形式意义，而"消法"通过规定消费者权利与经营者义务的方式，为合同的订立与履行提供一个有益的注解，为大量事实上处于失衡状态的合同关系提供了矫正的利器。

"消法"对《合同法》调整功能的补充与延伸主要表现在以下几个方面。

第一，"消法"调整的目的在于实现真正的平等与自由。由于事实上经营者与消费者之间存在悬殊差异，合同订立与履行多被处于强势地位的经营者控制，订约自由对于消费者来说成为一句空话。"消法"赋予消费者在订约、履约中安全权、知情权、公平交易权等权利内容则加强了消费者的订约与履约能力，有助于在当事人之间实现真正的平等与自由。

第二，"消法"的调整突破了合同相对性的限制和局限。《合同法》的适用要遵守合同相对性的要求，即只有合同的当事人才能主张合同权利或承担合同义务。虽然《合同法》随着实践发展，在理论上通过制度创新，如先合同义务、附随义务拓展了适用范围，但是合同关系的相对性依然是《合同法》的核心。"消法"对于消费关系的调整，不再局限于合同关系的当事人，而拓展到与合同无关的第三人，因此确定了经营者对于合同关系之外的第三人的义务和责任。

第三，"消法"的调整方法有利于实现实质公平与公正。"消法"规定的经营者惩罚性赔偿制度是合同法制度中没有规定的一种新型制度，它规定了商业交易中经营者欺诈的法律责任，对受到欺诈的消费者进行惩罚性赔偿，不仅有利于对消费者利益的保护，实现实质的公平，同时也解决了《合同法》不能有力防范合同欺诈的问题。

虽然"消法"的出台拓展了消费者利益保护范围，但是消费者的范围又成为"消法"适用的另一个边界。传统观念认为，消费者主要集中于传统的商品与服务领域，金融领域中传统意义上的客户，如银行客户、保险客户是否应当受到"消法"保护成为理论界与实务界争议较大的问题。

二、"消法"适用范围的扩展：金融领域的消费者

我国学术界使用"金融消费者"的概念可以追溯到 21 世纪初，而原银监会的规范性文件则从 2006 年开始使用"金融消费者"的概念，从 2013 年开始使用"银行业消费者"的概念。从"消费者"到"金融消费者"再到"银行业消费者"，消费者的类型日益精细化，概念的变迁也就表明相应的消费者保护制度日趋行业化和专业化。

（一）"消法"修改扩大了消费者保护范围

我国的"消法"制定于1993年，其适用范围主要是传统商品与服务领域，尽管该法像有些观点指出的那样，并没有明确把金融服务领域排除在外，[①]但是从"消法"适用领域的发展过程来看，不论是从观念上还是从司法实践上看，"消法"并不能当然地适用于金融服务领域。2013年"消法"修改，才明确地把金融服务领域纳入了"消法"的调整范围。

（二）金融业消费者被纳入"消法"保护范围的积极意义

首先，金融业消费者被纳入"消法"保护范围体现了"消法"保护范围的扩展。"消法"的第2条中"生活消费"一直是学界与司法界界定消费者的一个重要标准。在修改过程中，学者普遍认为以"生活消费"界定消费者使消费者的概念范围较窄，不利于消费者的保护，专家论证稿提出了以"因家庭或者个人需要"为标准界定消费者，以扩大"消法"的适用范围，[②]但是立法最终没有采纳学者们的建议。然而，"生活消费"的含义与标准也会随着社会发展与经济水平的提高而有所变化。在1993年通过"消法"的时候，像商品房、家用汽车等大额商品还不常见，在银行领域，民众也多是在存款这一业务上与银行发生往来。时至今日，商品房、汽车成为大多数家庭司空见惯的商品，民众与银行的业务往来也从单一的存款向贷款、借记卡、信用卡、网上银行、手机银行甚至是理财产品等多种形态发展。因此，为了与时俱进，应当扩大"生活消费"的外延，此次"消法"修改把金融消费纳入调整范围，实质上是对与消费者联系紧密的金融活动作为生活消费的认可，是对社会经济发展所带来的新的法律调整需求的回应。

其次，把金融消费纳入"消法"的调整范围也就是认可了金融消费者的弱势地位，可以对金融消费者进行倾斜性的法律保护。在"消法"修改前很多金融机构与金融消费者之间的金融纠纷中，法院多是通过适用《合同法》来加以解决的。众所周知，《合同法》属于典型的私法，法院根据合同自由原则对当事人进行平等的法律保护。但是在金融纠纷中，金融消费者在金融常识、金融产品认知、风险的防范方面相对于金融机构来说，明显处于弱势地位。另外，在金融纠纷中，金融消费者在"谁主张，谁举证"传统举证原则下，其所处的弱势地位也会因此而更加突出。把金融消费纳入"消法"调整后，处于弱势一方的救济就不必从《合同法》及其原理中寻找依据，

---

① 参见廖凡：《金融消费者的概念和范围：一个比较法的视角》，载《环球法律评论》2012年第4期。

② 参见杨立新：《修改消费者权益保护法要注意十个问题》，载《检察日报》2013年3月22日，第3版。

可以根据“消法”规定的经营者义务与消费者权利更直接、便捷地找到倾斜性的法律救济。

最后，把金融消费纳入“消法”调整范围完善了我国的法制体系。新“消法”的第18条第2款规定了包括银行在内的经营场所的经营者对消费者所负有的安全保障义务，这一规定使“消法”与《侵权责任法》第37条的规定得到了衔接。①

三、“消法”框架下的银行业消费者权益保护现状

(一)消费者协会对银行业消费者权益的保护

根据中国消费者协会发布的《二〇一四年全国消协组织受理投诉情况分析》，2014年全国消协组织共受理银行业投诉1344件，占比达到0.22%，相较于2013年1672件0.24%的占比，比重下降了0.02%，2014年全国消费者协会组织受理投诉的情况见表2-2。②

表2-2 2014年全国消费者协会组织受理投诉情况 单位:件

类别	总计	质量	安全	价格	计量	假冒	合同	虚假宣传	人格尊严	售后服务	其他
金融服务	1344	349	89	105	5	3	201	116	32	190	245
储蓄服务	320	86	33	7	—	—	22	78	22	15	57
银行卡服务	417	105	39	47	4	—	49	18	6	74	75
其中:信用卡	174	20	9	8	—	—	30	2	1	47	57
银行缴费服务	125	32	3	13	—	—	6	2	—	39	30
其他	482	126	23	38	1	3	124	18	4	62	83

注:根据《二〇一四年全国消协组织受理投诉情况分析》整理。

根据山东省消费者协会统计，2012年全省各级消费者协会组织受理的银行业服务投诉达到261件，在投诉总量中的占比也从2011年的0.3%上升到0.8%。③ 根

① 《侵权责任法》第37条规定:“宾馆、商场、银行、车站、娱乐场所等公共场所的管理人或者群众性活动的组织者，未尽到安全保障义务，造成他人损害的，应当承担侵权责任。因第三人的行为造成他人损害的，由第三人承担侵权责任;管理人或者组织者未尽到安全保障义务的，承担相应的补充责任。”

② 参见中国消费者协会:《二〇一四年全国消协组织受理投诉情况分析》，载中国消费者协会网:http://www.cca.org.cn/zxsd/detail/24840.html，最后访问日期:2018年3月23日。

③ 参见山东省消费者协会:《二〇一二年山东省消协组织受理投诉情况分析》，山东省消费者协会网:http://www.cca.org.cn/tsdh/detail/10269.html，最后访问日期:2018年3月31日。

据广东消费者委员会的通报，广东各级消费者委员会在2014年受理的金融消费投诉达214件，同比增长69.84%，其中的投诉热点集中于信用卡，如信用卡不合理收费、刷卡重复扣费、被盗刷、销卡难等问题。①

（二）工商行政管理部门对银行业消费者的保护

作为市场监督管理机关，为了方便、快捷受理消费者的投诉，国家工商行政管理总局于1999年3月15日在全国统一开通了“12315”消费者投诉举报电话。从1999年到2009年的10年间，全国消费者通过“12315”热线进行的申诉达734.9万件，举报达115.5万件。②

从媒体的公开报道可以看出各地的“12315”热线受理消费者投诉的范围存在区别。如山东济南的“12315”热线在2015年1月9日并入当地“12345”市民服务热线，明确不受理消费者对金融服务领域的咨询、投诉与举报。通过公开报道也可以看到一些地区的“12315”热线则受理金融服务领域的咨询、投诉与举报。根据大河网的报道，自2014年元旦到同年8月15日，河南全省各级“12315”热线受理了与银行服务有关的咨询、投诉与举报达到268件，投诉主要集中于存款变保险、理财产品保障的收益落空、格式霸王条款、捆绑销售，以及难以通过客服电话维权等问题。③另外，在部分地区的“12315”热线也通过整合其他的社会资源来保护金融消费者的权益。如中国人民银行温江支行与温江区消费者协会联合设立“温江区金融消费投诉站”，当地的消费者除通过公布的金融机构和中国人民银行温江支行的电话投诉之外，还可以通过“12315”热线电话进行投诉、咨询等。④ 根据湖北媒体的相关报道，自2010年至2011年8月，“12315”热线受理的金融消费者的咨询、申诉与投诉达1448件，2011年8月武汉市工商行政管理局与中国人民银行武汉分行以“12315”热线为平台联手打造了金融消费者维权直通车，⑤2011年武汉市“12315”热线受理的消费者金融消费咨询、申诉与投诉已到987件，2012年1~9月金融服务的各种投

① 参见陈启任：《广东去年受理消费者投诉占全国两成》，载人民网：http://finance.people.com.cn/n/2015/0301/c1004-26616374.html，最后访问日期：2018年3月31日。

② 参见国家工商行政管理总局消费者权益保护局：《维护市场秩序，保护消费者和经营者合法权益；服务经济发展，促进社会和谐》，载国家工商行政管理总局网：http://www.saic.gov.cn/ywdt/ztbd/12315zt/yy/201003/t20100308_80704.html，最后访问日期：2018年3月31日。

③ 参见赵檬、韩雪鸿：《全省12315中心金融服务类受理情况通报　客服电话维权难》，载大河网：http://news.dahe.cn/2014/09-09/103456017.html，最后访问日期：2018年3月31日。

④ 参见陈瑾、李娟：《金融领域的维权也可拨打“12315”》，载《成都日报》2013年8月7日，第6版。

⑤ 参见解鸿震等：《与银行起纠纷，市民可直接拨打12315投诉》，载新浪湖北网：http://hb.sina.com.cn，最后访问日期：2018年3月31日。

诉已达912件。[①] 根据湖南郴州市工商局发布的2014年“12315”平台消费者申诉、投诉分析报告,2014年全年平台共受理金融服务类咨询达1097件,主要集中在银行理财产品、网络支付、信用卡积分等领域。[②]

四、“消法”框架下的银行业消费者权利与银行义务

如果把金融消费者作为消费者的下位概念,那么一般消费者的权利也就是金融消费者所应当享有的权利。有学者就沿用“消法”的规定概括了金融消费者的9项权利;[③]还有学者基于金融消费者与普通消费者存在的区别,认为除了消费者的一般权利,金融消费者还应当享有知情权、隐私权与求偿权;[④]还有研究根据“消法”与金融业务的实际需要,概括了金融消费者金融消费安全权、金融消费选择权、金融获知权、金融消费公平交易权与金融消费求偿权等6项权利;[⑤]另有研究从更为宽泛的公权与私权关系的角度概括了金融消费者在私权视野下的权利,共包括财产权、人身权、履约权、保密权、服务选择权、公平交易权和救济权。[⑥]

简单分析上述几种有关金融消费者权利的观点,可以发现学界对此有一定的共识,但也存在分歧。共识的部分在于金融消费者也享有一般消费者的权利,分歧在于金融消费者享有哪些特殊的权利。

我们认为,银行业消费者作为一般消费者与金融消费者的下位概念,当然享有“消法”规定的权利。鉴于银行业自身的行业特征,下文将主要结合“消法”及银保监会相关的监管规章或规范性文件的规定,重点探讨银行业消费者的三项权利和银行对应的三项义务。

---

① 参见余瑾毅等:《金融纠纷不再投诉无门 我省成立首个金融维权中心》,载《湖北日报》2012年10月12日,第9版。

② 参见黄痒建、陈艳玲:《2014年消费者投诉分析报告“出炉”》,载娄底新闻网:http://news.ldnews.cn/zhnews/hunan/201501/388516.shtml,最后访问日期:2018年3月31日。

③ 参见王伟玲:《金融消费者权益及其保护初探》,载《重庆社会科学》2002年第5期。

④ 参见郭丹:《金融消费者权利法律保护研究》,吉林大学法学院2009年博士学位论文,第54页。

⑤ 参见林丽敏:《刍议金融监管的重要目标——金融消费者权利保护》,载《重庆工商大学学报》(社会科学版)2009年第6期。

⑥ 参见孔令学:《论公私权视角下的金融消费者权利保护与限制——从〈反洗钱法〉颁行说起》,载《济南金融》2007年第4期。

(一)银行业消费者的安全权与银行的安全保障义务

1. 银行业消费者的权利

权利与义务是一对相对立的范畴，银行业消费者的权利对应着银行的义务，银行业消费者权利的实现要靠银行履行其法定与约定的义务。综合分析银行业务合同关系，银行业消费者的安全权具体表现为消费者的人身安全、财产安全与信息安全。根据“消法”的规定，消费者在接受服务的过程中享有人身、财产不受损害的权利。[①] 银行业消费者的安全权在存款关系中最具典型意义，下文将主要以存款合同为例探讨银行业消费者的安全权，但这并不表明银行业消费者的安全权仅存在于存款合同。

在存款合同中，确定银行对存款人安全保障义务的有三个方面的法律依据：一是《商业银行法》在总则中确定了银行对存款人的合法权益的保障义务。[②] 二是2003年12月最高人民法院发布的《关于审理人身损害赔偿案件适用法律若干问题的解释》第6条规定，经营者未尽合理限度内安全保障义务应当承担赔偿责任。[③] 三是《侵权责任法》规定了包括银行在内的公共场所管理人在未尽安全管理义务时要承担侵权责任，如果侵权行为由第三人造成，公共场所的管理人如未尽到安全保障义务时要承担补充赔偿责任。[④]《侵权责任法》的规定很明显与最高人民法院的司法解释一脉相承。

首先，银行业消费者在办理存款业务时，享有人身安全与财产安全不受侵害的权利。通过互联网查询，很多媒体报道存款人在银行营业厅、自动柜员机办理存取款业务时被抢劫的案件时有发生。存款人在办理存取款业务时，不管是在营业厅还是自动柜员机，都是在接受银行提供的服务，银行应当采取必要的保障措施，保障存

---

① 《消费者权益保护法》第7条规定：“消费者在购买、使用商品和接受服务时享有人身、财产安全不受损害的权利。消费者有权要求经营者提供的商品和服务，符合保障人身、财产安全的要求。”

② 《商业银行法》第6条规定：“商业银行应当保障存款人的合法权益不受任何单位和个人的侵犯。”

③ 最高人民法院《关于审理人身损害赔偿案件适用法律若干问题的解释》第6条规定：“从事住宿、餐饮、娱乐等经营活动或者其他社会活动的自然人、法人、其他组织，未尽合理限度范围内的安全保障义务致使他人遭受人身损害，赔偿权利人请求其承担相应赔偿责任的，人民法院应予支持。因第三人侵权导致损害结果发生的，由实施侵权行为的第三人承担赔偿责任。安全保障义务人有过错的，应当在其能够防止或者制止损害的范围内承担相应的补充赔偿责任。安全保障义务人承担责任后，可以向第三人追偿。赔偿权利人起诉安全保障义务人的，应当将第三人作为共同被告，但第三人不能确定的除外。”

④ 《侵权责任法》第37条规定：“宾馆、商场、银行、车站、娱乐场所等公共场所的管理人或者群众性活动的组织者，未尽到安全保障义务，造成他人损害的，应当承担侵权责任。因第三人的行为造成他人损害的，由第三人承担侵权责任；管理人或者组织者未尽到安全保障义务的，承担相应的补充责任。”

款人的人身安全与财产安全不受侵害。早在1992年公安部发布的《银行营业场所风险等级和防护意见的规定》(GA38—1992)对银行的营业场所的风险等级进行了划分并确定了其相应的风险防护措施,但这一规定的目的在于加强银行自身利益的保护,它并没有对客户安全保护提出针对性的防范措施,如对是否配备安保人员并没有作出规定。根据收益与风险相一致原理、危险控制理论、节省社会总成本、公司社会责任原理、实质平等理念与国际消费者保护立法的趋势,银行对客户的安全保障义务有充分的法理依据和事实依据。①

其次,银行对客户财产安全的保障义务不仅表现为对存款人在银行经营场所中未存入存款账户的货币资金或已经从存款账户中取出货币资金的安全保障义务,还包括对存款人已经存入存款账户的货币资金的安全保障义务。按一般民法原理,货币所有权实行的"占有即所有"的原则,当存款人把货币存入账户中时,货币的所有权已经发生转移,归属银行所有,存款人按照存款合同依法享有请求银行还本付息的债权。但是存款人请求银行还本付息债权的行使,如本金的金额、利率的确定与计息的期限等内容,主要依赖于银行管理下的账户所记录的信息。因此,银行有妥善、尽职保护客户账户安全的义务,以保障存款人债权的安全实现。媒体上报道过多起存款人账户内金额被非法支取或转移的案例。如2005年胡某将1500万元存入某银行衡阳白沙洲支行,不久被包括该支行行长弟弟在内的三名嫌疑人通过伪造存款人在银行留存的公司印鉴,取走上千万存款;2008年张某将900万元存入某银行江苏扬中支行,但取款时发现账户内存款已被支行营业部主任何某非法转走偿还个人债务;2014年浙江杭州某城市商业银行42位储户总计9505万元存款被银行工作人员勾结资金掮客非法转走,2014年1月上市公司泸州老窖在其公告中报告其在某银行南阳中州支行等处的3.5亿元存款出现异常;②2015年5月几十名储户发现他们存在某银行石家庄分行建南分行的几千万元存款莫名失踪,经初步侦查,是储户在办理存款开通网银时U盾被工作人员调包。③ 从法理角度分析,银行工作人员勾结外部人员非法支取或非法转移客户账户内的资金侵害了两种受法律保护的权益:第一,侵害了银行的货币所有权,根据货币"占有即所有"原则,存款人在把存款交付给银行之后,该存款就属于银行所有,这一点非常明显,无须多言;第二,侵害了存款

---

① 参见张新宝、唐青林:《经营者对服务场所的安全保障义务》,载《法学研究》2003年第3期。

② 参见《银行内鬼参与盗取9500万存款　银行往往说是临时工干的》,载《北京晨报》2015年1月16日,第A17版。

③ 参见肖光明等:《存银行千万莫名"失踪"》,载《北京晚报》2015年5月19日,第14版。

人的债权，非法支取或非法转移使客户账户记载出现变动，妨碍了存款人债权的行使。因此，从法理角度来说，银行对存款人的账户安全也承担着重要的保护义务，严格银行的业务流程，加强内部监督管理是银行履行客户账户安全保障义务的根本措施。

最后，银行业消费者享有信息安全权。不同的学科对信息有不同的界定，从总体上来看，信息具有客观实在、非物质性、可复制、可加工和价值性等自然属性，使其具有信息财产的特征。① 同时，个人信息蕴含着人格要素，体现着人格利益，是人格的数字化，因此个人信息也承载着人格利益。② 信息的这些特征都使信息成为权利的保护对象。银监会2013年发布的《银行业消费者权益保护工作指引》首次提出了消费者的金融信息安全权概念，指引规定银行业金融机构不得违法使用消费者的金融信息，未经授权或获得同意的情况下不得向第三方提供消费者个人金融信息。根据《商业银行法》第29条的规定，银行对储户负保密义务，该义务针对的是储户的个人信息，也就是银行不能向储户以外的主体披露储户存款信息。银行的保密义务有利于储户的信息保护，但是这一义务并不能全面保护储户的金融信息。2013年修改的"消法"增加的第29条规定了经营者对其收集的信息负有保密义务，③《刑法修正案（七）》第7条规定了出售或非法提供他人信息的刑事责任。④ 前述法律都规定了储户依法享有信息安全权、银行及其工作人员的保密义务，储户相应的存款信息受到法律保护。《商业银行信用卡业务监督管理办法》第3条也规定经营信用卡业务的商业银行，应当依法保护客户的相关信息安全。但是部分银行及其工作人员泄露甚至倒卖客户信息却成为时有发生的事件。因此银行在经营过程中应当堵塞经营制度漏洞，使客户的信息安全权得到保障。

通过对上述相关规定的整理，也可以发现在个人信息保护领域中存在的诸多不足，主要表现在以下几个方面：第一，法律层面的个人信息保护法律责任制度不健

---

① 参见陆小华：《信息财产权——民法视角中的新财富保护模式》，法律出版社2009年版，第63页。

② 参见白云：《个人信用信息法律保护研究》，法律出版社2013年版，第21页。

③ 《消费者权益保护法》第29条规定："经营者收集、使用消费者个人信息，应当遵循合法、正当、必要的原则，明示收集、使用信息的目的、方式和范围，并经消费者同意。经营者收集、使用消费者个人信息，应当公开其收集、使用规则，不得违反法律、法规的规定和双方的约定收集、使用信息。经营者及其工作人员对收集的消费者个人信息必须严格保密，不得泄露、出售或者非法向他人提供。经营者应当采取技术措施和其他必要措施，确保信息安全，防止消费者个人信息泄露、丢失。在发生或者可能发生信息泄露、丢失的情况时，应当立即采取补救措施"。

④ 《刑法修正案（七）》第7条规定："在刑法第二百五十三条后增加一条，作为第二百五十三条之一：'国家机关或者金融、电信、交通、教育、医疗等单位的工作人员，违反国家规定，将本单位在履行职责或者提供服务过程中获得的公民个人信息，出售或者非法提供给他人，情节严重的，处三年以下有期徒刑或者拘役，并处或者单处罚金……'"

全。"消法"第 29 条虽然规定了经营者在个人信息的收集与使用方面的合法、正当、必要的一般原则,但是该法的不足在于没有规定违反该原则收集与使用个人信息应当承担法律的民事责任、行政责任,而《刑法修正案(七)》第 7 条的规定只是针对出售或非法提供他人信息行为的刑事责任,这成为个人信息保护中一个法律漏洞。第二,规章层面的保护偏重于个人信用信息。《个人信用信息基础数据库管理暂行办法》《征信业管理条例》《商业银行信用卡业务监督管理办法》几个文件对于个人金融信息的保护主要集中于个人信用信息的保护,对于个人信用信息之外的金融信息保护几无涉及,而原银监会发布的《银行业消费者权益保护工作指引》中对于违法使用消费者的金融信息的行为又未规定任何的法律责任。因此,可以说,监管层面对于个人信用信息之外的金融信息没有建立相应的保护制度。

2. 银行的安全保障义务

银行业消费者的安全权利对应着银行对消费者的安全保障义务。对于安全保障义务的性质,在学界有不同观点,从法定义务、约定义务、基础义务到附随义务不一而同。但根据目前我国现有的立法与司法的实践,应当确定银行对客户的安全保障义务是法定义务。当银行不积极履行对客户的安全保障义务,对客户遭受的人身伤害及财产损失有过错时应当承担相应的赔偿责任。

银行的保障义务首要表现为,银行应当采取必要的安保措施保障银行业消费者的人身安全与财产安全。在银行提供服务的营业网点,包括自动柜员机,银行负有采取安保措施确保银行业消费者人身安全与财产安全的义务,如配备适当的安保人员、加装视频监控、安装门禁安全系统等。

对于信息安全的保障,银行应当采取相应的技术手段、制定相应的规章制度保障银行消费者的信息安全。在银行卡领域,银行应当提高银行卡的技术含量,保障消费者的金融信息安全和财产安全。目前媒体经常报道持卡人卡内金额被盗的消息,从维护信息安全角度分析,银行没有尽到相应的信息安全保障义务。因为磁条卡所含信息较少、制作成本较低、使用方便等特征,所以银行卡大量采用了磁条卡的形式。但是,同样是银行卡这种特征,使银行卡很容易被复制和盗取,现实生活中侦破的大量银行卡金额被盗案件已说明了这一点。银行卡是持卡人与银行之间业务合同关系的证明与载体,它应当具有唯一性,否则持卡人的权利很难得到保障。因此,银行应当采取必要措施保证银行卡的信息安全,防止卡内信息被复制或泄露,以保障持卡人的权利不被侵害。另外,银行也应当制定并落实相关制度措施,确保客户信息不被银行内部工作人员用于正当营业目的之外的任何用途。

(二)银行业消费者的知情权与银行的提醒与告知义务

在我国相关的法律法规或规范性文件中对银行的告知、披露等义务作出了明确的规定。

第一,在存款业务中,《商业银行法》第31条规定了商业银行公告确定的存款利率的义务,《储蓄管理条例》第23条规定商业银行必须挂牌公告存款利率的义务,《商业银行法》第49条规定了商业银行的营业时间公告义务。银行在实践中都能按照规定履行相关的告知义务,但是法定的公示义务并不足以保障存款人的利益。在存款自动转存业务中,各个银行的做法不尽一致。有的银行是按照前一期存款到期日的利息来计算下一期的存款利息,这一利率通常是中国人民银行发布的基准利率,在利率市场化的背景下,银行可以在基准利率的基础上进行上浮,自动转存是不享受银行确定的在基准利率基础上上浮的优惠利率的,①如果到期后人工办理转存,则会适用浮动后的利率来计算下一期存款的利息。还有的银行在自动转存日按照基准利率加上该行的利率浮动比例后确定的利率来计息,此种计息方法与人工办理转存没有差异。可见两种自动转存的做法中存款利息计算是有差异的。在此情形下,在办理自动转存业务时,对于不适用上浮利率计息的银行应当对客户作出说明义务,但是实践中很多银行对此不作提醒与说明。

第二,银行的服务价格公示。根据《商业银行服务价格管理办法》第19条的规定,商业银行应当在其营业场所、网站的醒目位置公示服务价格相关信息,履行服务价格的信息披露义务;根据《商业银行服务价格管理办法》第23条的规定,如果商业银行提高市场调节价的服务价格,应当提前至少三个月进行公示,必要时采取电话、短信等各种方式通知相关客户。

第三,银行理财产品的说明与提醒义务。根据《商业银行理财产品销售管理办法》的规定,商业银行在该种业务活动中的告知义务首先表现为信息披露义务。根据《商业银行理财产品销售管理办法》第8条的规定,销售理财产品的商业银行,应当进行充分的信息披露。银行理财产品宣传销售材料应当遵循全面、客观原则揭示理财产品的重要特性和重要事实,表述应当遵循真实、准确和清晰原则,不得进行虚假、误导性或者重大遗漏的表述,不得违规承诺收益或者承担损失,不得进行夸大或者片面宣传,对理财产品的风险与收益作不匹配的表述,不得夸大过往业绩。根据

---

① 蔡薇:《安徽一些银行推存款利率优惠活动 自动转存者无份》,载安徽网:http://www.ahwang.cn/hefei/20140214/1349816.shtml,最后访问日期:2019年1月25日。

《商业银行理财产品销售管理办法》第10条的规定,商业银行销售理财产品有对客户进行风险提示的义务。商业银行应当把"理财非存款、产品有风险、投资须谨慎"这一提示置于宣传材料的醒目位置以提示客户。中国银监会在2014年发布《关于完善银行理财业务组织管理体系有关事项的通知》,指出在销售行为中应当制作专页的风险提示书和专页的客户权益须知,应当以示例方式表明最不利投资情形和结果。在运营行为规范中提出,建立理财产品全流程信息披露制度,强化事前、事中和事后的持续性披露。

第四,信用卡发卡机构的信息披露义务。2016年4月发布的《关于信用卡业务有关事项的通知》对发卡机构的信息披露义务作出了明确的规定,主要表现在两个方面:一是对于信用卡概括信息的披露义务,包括信用卡的申请条件、信用卡功能、收费项目与标准等内容;二是对持卡人有重大利害关系的条款应当以显著方式进行披露,这些条款包括信用卡利率、计结息方式、免息还款期限、违约金等内容,而且要求信用卡利率应当同时以日利率和年利率两个利率进行标示。

但是,监管部门的监管规范并没有得到银行的遵守。根据银率网发布的《2014年度360°银行评测报告》,七成多受访者反映理财产品销售人员没有向其揭示最差收益,五成以上的受访者表示理财产品销售人员没有向其告知产品的风险,超过45%的理财产品销售人员有意掩饰或弱化风险,40%的理财产品销售人员向投资者暗示高收益,接近30%的理财产品销售人员违规替客户填写风险测试。① 据此报告,可以看出实践中很多银行在理财产品销售中没有尽到其应负的说明、告知和提示义务,并且有的银行在销售过程中还存在误导现象,使消费者的知情权得不到保障,因此产生判断上的失误,导致投资损失。2013年7月中央国债登记结算有限责任公司在银监会指导下设计开发了全国银行业理财信息登记系统,目的是加强银行理财产品上的信息披露水平。然而根据2015年第二季度的《普益标准·银行理财能力排名报告》可以看出银行理财产品信息披露的规范性方面表现出非常不均衡的特点,报告显示,在2015年第二季度监测的297家银行中,有200余家银行的理财产品运行产品信息披露得零分,有100余家银行的到期理财产品信息披露得零分,总体上看,银行理财产品的信息披露数量不足,流于形式。②

---

① 参见《2014年度360°银行评测报告》,载银率网:http://www.yinhang.com/a_2015_0115_315752.html,最后访问日期:2018年3月3日。

② 参见吉雪娇:《银行理财产品信披不足 "刚性兑付"魔咒难解?》,载《金融投资报》2015年8月5日,第2版。

虽然监管者一直试图通过规范性文件改善、提高银行在理财产品上的信息披露水平，但是很多银行的信息披露依然处于较低的水平，这对消费者的知情权保护无疑是巨大的障碍，也可以说，监管部门的监管努力根本没有发挥应有的作用。其原因主要在于监管部门并没有对银行的理财产品信息披露建立健全法律责任制度，在《商业银行理财产品销售管理办法》及原银监会发布的几个规范性文件中，虽然都对信息披露提出了要求，但是从作用与功能看基本上是倡导性或指引性的，银行如果不遵守也不会有什么法律责任。因此，如果要发挥银行理财产品信息披露制度的作用，必须对银行的信息披露义务作刚性约束，如达不到规定的披露水平应当承担相应的法律责任。只有这样，银行的信息披露才能发挥其应有的作用，消费者的知情权才能得到保障。

在银行向消费者提供的格式合同文本中，不光内容繁杂，事无巨细，而且印刷字体过小，很多合同文本采用六号字体，有的合同文本甚至采用小六号字体，如此小的字体，不要说老年人，就是年轻人阅读起来都困难重重。因此，对于银行来说，应当采用便于阅读的合同文本来保障消费者知情权的实现。另外，还有披露内容表述故意淡化消费者的敏感与注意，如各家银行的信用卡利率通常采用国际通用的日利率万分之五的表述，而不采用18%的年利率表述方式。①

（三）银行业消费者的公平交易权及银行的公平交易义务

我国“消法”不仅规定了消费者享有公平交易权，还在修改后的“消法”第16条增加第3款规定了经营者的公平交易义务，使消费者的公平交易权与经营者的公平交易义务相互对应统一。

在实践中银行损害消费者公平交易权的方式主要是通过格式条款把不公平的交易条件强加给消费者，而银行以格式条款强加给消费者的交易条件也分成两种：一种是根据规范性文件制定，另一种是银行利用优势地位强加给消费者。在前一种不公平交易条件中，如银行根据《银行卡业务管理办法》的规定，在信用卡章程中规定了信用卡透支利息、滞纳金、超限费、按月复利计算等不合理的交易条件。前文对此有详细分析，在此不再赘述。后一种不公平交易条件也多见于各种银行业务合同，在很多银行的信用卡申请表中有类似表述：《信用卡章程》《信用卡收费标准》内容如有修改，一经银行公布无须通知持卡人并征得其同意即行生效。但是对持卡人的信息变更如不及时通知银行则要承担因此而产生的不利后果，在某银行的结算通

---

① 参见刘丹丹：《新消保法视野下信用卡业务存在的问题与对策研究——以东部某直辖市信用卡业务为调查对象》，载《华北金融》2014年第1期。

借卡领用协议中有一款规定，银行按年度预收账户管理费，持卡人销户时已经收取的账户管理费不予退还。类似的不公平交易条款还有很多，不再一一列举。

五、监管部门主导制定的银行业消费者权益保护制度

（一）银监会构建的银行业消费者保护制度

由于我国目前金融分业经营、分业监管的格局，对银行业消费者保护工作负有职责的主要是银保监会。原银监会在对银行业进行监督管理的过程中先后也制定了一些保护银行业消费者的部门规章或规范性文件。

2006年6月银监会办公厅发布的《关于商业银行开展个人理财业务风险提示的通知》中首次使用了“金融消费者”这一概念，表明了监管者对客户在交易中处于弱势地位的判断，进而需要对处于弱势地位的金融消费者进行倾斜性保护的监管认识。

2012年银监会发布《关于完善银行业金融机构客户投诉处理机制切实做好金融消费者保护工作的通知》，通过该文件可以看出监管当局把消费者权益保护融入“公司治理和企业文化建设”的意图和努力，把规范银行业金融机构的经营活动作为保障消费者权益的基点。

2013年8月银监会发布《银行业消费者权益保护工作指引》（以下简称《指引》），在这一规范性文件中开始使用“银行业消费者”的概念，并在该文件的第3条对银行业消费者进行了界定，“银行业消费者是指购买或使用银行业产品和接受银行业服务的自然人”。按第2条与第3条的规定，《指引》适用于在我国境内设立的银行业金融机构，它应当包括各类银行、金融资产管理公司、金融租赁公司、信托公司、企业集团财务公司等金融企业。相对地，消费者是指购买或使用银行业产品和接受银行业服务的自然人。根据“行为准则”部分的规定，银行业金融机构在产品营销和提供服务过程中：第一，应当尊重消费者的知情权；第二，尊重消费者的自主选择权；第三，尊重消费者的公平交易权；第四，尊重消费者的金融信息安全权；第五，向消费者提供必要的便利。

《指引》在银行业消费者保护方面进行了一些制度创新。第一，在银行业消费者保护的监督管理方面，提出了“预防为先、教育为主、依法维权、协调处置”的思路，有观点认为这是我国在银行业消费者保护方面原创性的基本原则，体现了银行业消费

者保护工作思路从被动解决纠纷向积极预防、化解矛盾的转化。[①] 第二,《指引》强调了银行业金融机构的自律建设。《指引》整个第三部分“制度保障”都是银行业金融机构加强自身消费者权益保护工作体制机制方面的内容,这成为整个《指引》最突出的亮点,有观点认为,即使从国际视野来看,这在金融消费者保护的立法与监管中也具有领先地位。[②] 第三,在金融危机后各国纷纷建立独立的金融消费者保护机构背景下,我国原银监会在其对银行业监管的框架内建立银行业消费者的保护机制,从某种意义上来说也算得上是一种制度的创新。这种创新的意义在于,如果监管者要求被监管者保护消费者的利益,这样会提高银行业消费者保护的效率,节约消费者保护的社会成本,同时也会丰富监管者的监管内容,实现监管的效益与作用最大化。

2014 年 8 月银监会发布了《银行业金融机构消费者权益保护工作考核评价办法(试行)》(以下简称《评价办法》)。《评价办法》是《指引》姊妹篇,它是为了有效落实《指引》而制定的评价体系。《评价办法》确定了 5 项消费者权益保护工作考核评价要素,具体包括消费者保护制度体系的完备性、制度执行的可靠性、工作开展的有效性、内部考核与管理的恰当性和重点问题的发生情况。《评价办法》的制定与发布,使银监会监管框架下的银行业消费者权益保护体系日趋完备。

(二)中国人民银行构建的金融消费者保护制度

中国人民银行根据中央编办 2012 年 3 月的批复,在同年 7 月成立中国人民银行金融消费权益保护局,负责对金融消费者保护工作进行协调及职责范围内的金融消费者保护工作。截至 2013 年 3 月,中国人民银行各分行、省会城市中心支行已成立了金融消费权益保护处负责金融消费权益保护工作。[③]

2013 年 5 月中国人民银行办公厅发布《中国人民银行金融消费权益保护工作管理办法(试行)》(以下简称《管理办法》)。《管理办法》所称的金融消费者是指在我国境内购买、使用金融机构销售的金融产品或接受金融机构提供的金融服务的自然人,金融机构包括银行业、证券期货业、保险业等经营者,中国人民银行金融消费权益保护局负责金融消费权益保护工作。《管理办法》的重点在于规定了金融消费者投诉的受理与处理机制,它具体规定了消费者投诉的范围、程序、方式,以及投诉的

---

① 参见王召:《领航消费者保护新事业——解读〈银行业消费者权益保护工作指引〉》,载《中国农村金融》2013 年第 20 期。

② 参见李泽:《构筑银行业消费者权益保护工作体系——〈银行业消费者权益保护工作指引〉述评》,载《银行家》2013 年第 10 期。

③ 参见《中国人民银行金融消费权益保护局焦瑾璞局长的讲话》,载中国银行业协会网:http://www.china-cba.net/bencandy.php?fid=43&id=11054,最后访问日期:2018 年 3 月 9 日。

受理与处理等内容,《管理办法》规定的监督管理主要集中在对金融机构金融消费者保护的评估方面,《管理办法》还规定了统计监测与金融消费者教育等问题。

根据见诸媒体的报道,也可以看出中国人民银行的分行、支行等机构已经开始了实际的金融消费者权益保护工作。如中国人民银行济南分行在2013年印发了《金融消费者投诉管理办法》,把银行、证券、保险及支付机构等金融机构的金融消费者权益保护工作纳入监督管理,山东省全年人民银行系统受理的投诉有512件,办结501件;[①]湖南省人民银行系统在2013年全年中也处理了银保产品销售、银行卡、银行服务态度和征信领域中495件投诉;[②]广西人民银行系统2013年全年共受理金融消费者投诉175件,属于中国人民银行法定职责范围内的投诉83件,跨市场、跨行业类的金融产品和服务的投诉15件,其他类投诉77件。[③]

在中国人民银行所建立的金融消费者权益保护机制中,“12363”热线电话开通与使用对其履行保护金融消费者职责发挥了重要作用。“12363”电话是由工业和信息化部批准中国人民银行在全国范围内使用的金融消费者咨询、投诉的专用号码。自2013年3月中国人民银行西安分行率先在陕西开通“12363”热线,到2014年下半年该热线在全国范围内开通。该热线受理中国人民银行法定监管职责范围内的投诉和咨询,以及跨市场、跨行业的交叉性金融产品和服务的投诉。目前,“12363”电话根据中国人民银行的法定监管职责可以接受6个方面的投诉:第一,与人民币业务相关的投诉(具体包括人民币收付、人民币鉴定、残缺、污损币兑换等领域中的投诉)与咨询;第二,人民币的支付结算业务中的投诉,具体包括资金的汇兑与划转、银行卡的使用、账户的管理与查询等业务领域中的投诉;第三,存贷款管理业务的相关投诉,具体包括存款与贷款利息、贷款罚息等业务的投诉;第四,征信业务中的相关投诉,具体包括金融消费者个人信息的采集与使用,以及信用报告查询等业务中的投诉;第五,国债业务中的相关投诉;第六,中国人民银行在其他业务领域中可以受理的相关投诉。对于跨市场、跨行业的交叉性金融产品和服务,多数地区的“12363”电话多是采用转办的方式,因此,中国人民银行主导下的“12363”电话主要是一个银行业消费者的保护机制。

---

① 参见《山东省金融稳定报告》分析小组:《山东省金融稳定报告(2014)摘要》,载《金融发展研究》2014年第4期。

② 参见中国人民银行长沙中心支行课题组:《湖南省金融稳定报告(2014)摘要》,载《金融经济》2014年第10期。

③ 参见中国人民银行南宁中心支行金融稳定分析小组:《2013年广西壮族自治区金融稳定报告》,载《区域金融研究》2014年第6期。

六、银行业消费者权益保护制度存在的问题

(一)"消法"并不具有优先适用的效力

在消费者保护的实践中,执法部门像工商管理部门在通常的消费者保护工作中,也会涉及银行业消费者的保护,如2014年全国各地的工商管理部门针对包括银行在内的重点服务行业侵害消费者权益的格式条款、霸王条款进行了整治,2015年国家工商行政管理总局牵头针对银行、电信等消费者反映集中的领域依法强化监管,[①]但是总体来说,工商部门对流通领域的消费者权益保护主要集中在传统的商品与服务领域。

虽然2013年修改后的"消法"也把部分金融服务纳入了调整范围,但是"消法"《产品质量法》等法律的侧重点还是适用一般消费者,对于专业性较强的金融消费者保护就难以胜任。[②] 可以说,"消法"并不能为银行业消费者的全面保护提供制度支持。一方面,现在"消法"对消费者的权利、经营者的义务规定并不能为银行业消费者权益保护提供足够的法律依据;另一方面,其他相同位阶的法律,如《合同法》《商业银行法》《中国人民银行法》等法律也为银行业的经营活动提供了法律依据,在工商行政管理部门、消费者协会等维护银行业消费者权益的部门解决银行业消费者与银行的纠纷过程中,"消法"并不具有优先适用的效力。以银行业消费者提前还贷要偿还原定贷款期限全部利息为例,如果消费者认为这是银行的格式条款、霸王条款,显失公平,银行会以《合同法》第208条[③]的规定为其行为的合理性辩护,因为按该条的规定,银行与消费者在贷款合同中对利息偿还另有约定的做法是得到《合同法》的认可与保护的。

(二)银监会主导下的银行业消费者权益保护制度存在的问题

虽然2013年银监会制定的《指引》存在不少的亮点,如提出了"消费者金融信息安全权"这一全新的概念,把消费者安全权的范围从人身安全和财产安全拓展到了信息安全,是银行业消费者权利保护的制度创新。从总体上分析,《指引》通过规范银行业的经营活动,对银行业消费者权益保护起到了积极的推动作用。但与传统的"消法"相比,银监会制定的《指引》还是存在以下几个方面的不足。

---

① 参见田珍祥:《全国工商系统这么拼,必须点赞》,载《中国消费者报》2015年2月6日,第A01版。

② 参见焦瑾璞:《中国金融消费权益保护现状与思考》,载《清华金融评论》2014年第10期。

③ 《合同法》第208条规定:"借款人提前偿还借款的,除当事人另有约定的以外,应当按照实际借款的期间计算利息。"

第一,《指引》主要是银监会从规范银行业金融机构经营活动的角度制定的,《指引》制定的中心是银行业金融机构,而不是银行业消费者。虽然规范银行业金融机构的经营活动在客观上也会起到保护金融消费者的作用,但是与以银行业消费者为中心进行规范制定还是存在价值判断、规范选择、法律责任设计方面的差异。与传统"消法"以消费者为中心进行倾斜性保护的理念相比,《指引》表达的只是一种银行业金融机构应当在规范经营的基础上公平对待消费者的理念。"消法"规定了消费者的9项权利,而《指引》也只是选择性地列举了银行业消费者的4项权利;从《指引》的结构上分析,它没有像"消法"一样采用二元结构分别规定银行业消费者的权利与银行业金融机构的义务,仅宣示性地规定了银行业消费者的权益后,对相对一方的银行业金融机构的义务却只字未提。

第二,从《指引》总体上的作用与功能分析,与银监会发布的其他的管理办法相比,《指引》的倡导性有余而刚性约束不足,这一点在其监督管理部分表现得至为明显。在监督管理部分甚至没有规定银行业金融机构在侵害银行业消费者权益时的法律责任。

第三,从《指引》内容上来分析,有避重就轻之嫌疑。虽然《指引》对银行业金融机构的经营活动制定规则,但是对目前银行业金融机构与消费者之间多发的银行卡遭盗刷、理财产品"飞单"等纠纷只字不提,对银行业金融机构在该类纠纷中的义务也避而不谈。基于监管者对被监管者"父爱式监管"情结,银监会作为银行业金融机构的监管者也担负着保护银行业利益的重任。因此,银监会对银行业消费者利益保护的同时也会考虑对银行业利益的保护,银监会就很难在独立、超脱的立场上制定银行业消费者保护政策,其制定的银行业消费者权益保护机制存在的局限性也就不言自明了。

(三)中国人民银行主导建立的金融消费者保护制度存在的问题

就中国人民银行发布的《管理办法》本身来分析,它对银行业消费者权益保护存在的问题大体表现为以下几个方面。

第一,虽然《管理办法》调整金融消费者与银行、证券、期货、保险等金融机构之间的金融争议,但是根据《管理办法》第11条的规定,①中国人民银行对于法定职责

---

① 《中国人民银行金融消费权益保护工作管理办法(试行)》第11条规定:"中国人民银行各级分支机构应当受理、处理涉及下列金融消费争议的投诉:(一)中国人民银行法定职责范围内的金融消费者投诉;(二)涉及跨市场、跨行业类交叉性金融产品和服务的金融消费者投诉。前款规定以外的金融消费者投诉,中国人民银行各级分支机构可以建立工作协调机制,通过转送相关金融监管部门、金融机构等方式处理,并告知金融消费者转送理由。"

范围之外与跨界交叉性的金融产品与服务的投诉,只能通过转送的方式处理。这种处理方式实际上是中国人民银行在这方面把自身限定在一种协调人的身份上,它对争议的处理与解决实际上不具有实质上的影响。

第二,在《管理办法》第三章规定的投诉的处理与受理程序中,存在不合理的地方。根据第12条的规定,①消费者在发生争议时应当先向金融机构投诉,只有在金融机构不受理、不处理或者消费者对处理结果不满意时才能向中国人民银行投诉。实践表明这种规定只会徒耗消费者的精力与时间,有研究表明,银行业消费者的全部投诉中超过六成是向银行进行的投诉,但是只有不到三成得到了有效解决。② 根据第18条的规定,③人民银行受理投诉后转给被投诉的金融机构在15个工作日内处理投诉,不能如期处理完毕,人民银行可以要求其说明情况,④如果转交被投诉的金融机构后消费者与其不能达成和解,中国人民银行才组织调解。这种纠纷的处理程序实际上把金融消费争议处理环节复杂化,无形中空耗了消费者的时间与精力。在金融消费者与金融机构产生争议时,在二者之间已经存在对争议事项不同的看法,达不成一致,而《管理办法》要求消费者投诉前先行向金融机构投诉,两方争议已存在,再向争议一方投诉,不知意义何在,很显然这是多此一举。中国人民银行对双方争议的调解只能在双方达不成和解的情形才能启动。中国人民银行在争议处理中,迟迟不肯露面,迟迟不肯走到调解程序的前台,是不是可以理解为中国人民银行对双方的争议能不介入就不介入、能晚介入就不早介入的躲闪态度。如此,《管理办法》所确定的争议投诉处理与受理解决程序的效益价值、调解程序的便捷、快速优势便会大大降低,《管理办法》所建立的金融消费者保护机制,以及中国人民银行在这种机制中的主导作用都会受到这种程序的负面影响。

第三,《管理办法》第四章规定的监督管理刚性约束不足,使《管理办法》对金融

---

① 《中国人民银行金融消费权益保护工作管理办法(试行)》第12条规定:"金融消费者与金融机构产生金融消费争议时,原则上先向金融机构进行投诉。金融机构对投诉不予受理或在一定期限内不予处理,或金融消费者对金融机构处理结果不满意的,金融消费者可以向当地中国人民银行分支机构进行投诉。"

② 参见粟勤等:《基于媒体报道的中国银行业消费者权益受损事件研究》,载《国际金融研究》2014年第2期。

③ 《中国人民银行金融消费权益保护工作管理办法(试行)》第18条规定:"中国人民银行各级分支机构应当要求被投诉金融机构自收到投诉申请书副本等投诉材料之日起15个工作日内答复处理结果。"

④ 《中国人民银行金融消费权益保护工作管理办法(试行)》第19条规定:"被投诉金融机构自收到投诉申请书副本等投诉材料之日起15个工作日内尚未处理完毕的,中国人民银行各级分支机构应当要求被投诉金融机构说明处理进展情况、处理原则、与投诉人协商结果等,并在投诉处理完毕后及时进行反馈。"

消费者的保护作用受到比较大的局限。根据第 33 条的规定,中国人民银行可以根据金融机构的自我评估结果与中国人民银行的监督管理情况,借助现场与非现场的形式对金融机构进行评估与监督。① 对于侵害消费者权益的金融机构,中国人民银行可以采取约谈高管、通报与披露,以及其他可以采取的措施三种手段。② 对于评估结果等级较低或被消费者投诉较多的金融机构,中国人民银行会将其作为业务活动的重点关注对象和评估的重点监督对象。③ 从上述规定可以看出,因为中国人民银行的职责限制,中国人民银行对于侵害消费者权益的金融机构实际上没有行政处罚的权力,它对金融消费者的保护也只能定位于一个金融机构的监督者身份,这种身份实质上影响到了它在金融争议处理中的作用发挥。

(四)银行业消费者保护制度之间的衔接问题

对于银行业消费者的保护,出现了三种机制,④也就是修改后的"消法"提供的保护机制、中国人民银行主导建立的金融消费者保护机制与银保监会主导建立的银

---

① 《中国人民银行金融消费权益保护工作管理办法(试行)》第 33 条规定:"中国人民银行及其分支机构的金融消费权益保护部门应当组织辖区内金融机构对其金融消费权益保护工作进行自我评估并按照要求报送自我评估报告。根据金融机构自我评估结果和中国人民银行及其分支机构日常监督管理的情况,中国人民银行及其分支机构的金融消费权益保护部门组织对金融机构进行金融消费权益保护工作方面的评估和监督检查。评估和监督检查可以通过现场和非现场的形式实施。"

② 《中国人民银行金融消费权益保护工作管理办法(试行)》第 34 条规定:"根据评估和监督检查的结果,对侵害金融消费权益行为的金融机构,中国人民银行及其分支机构的金融消费权益保护部门根据具体情形,可以依法采取下列处理措施:(一)约谈该金融机构高级管理人员,要求其说明情况;(二)对该金融机构损害金融消费者权益的行为进行通报、披露;(三)依法可以采取的其他措施。"

③ 《中国人民银行金融消费权益保护工作管理办法(试行)》第 36 条规定:"中国人民银行及其分支机构的金融消费权益保护部门对金融机构的金融消费权益保护工作情况的评估采取等级制。对于评估等级低或被投诉情况较严重的金融机构,中国人民银行及其分支机构可以对其相关金融业务活动予以重点关注,并将其列入下一分析评估期重点监督对象,加大对其管理与指导力度。"

④ 在银行业消费者保护机制中,还有中国银行业协会于 2011 年 7 月成立的中国银行业协会消费者保护委员会。该委员会是在民政部门登记注册的金融消费者保护组织,它由中国银行业协会领导并接受银监会指导监督,其宗旨是通过推动银行业改善服务,提高产品与服务透明度,引导银行业开展消费者保护工作,以维护金融消费者权益。委员会作为行业间、金融消费者与银行业金融机构间的沟通交流平台,消费者保护委员会现有成员单位 128 家。消费者保护委员会有 7 项职责:第一,组织制定并实施银行业消费者保护方面的行规行约;第二,推进银行业开展金融消费者教育工作,加强银行业公众教育服务;第三,研究探索各会员单位公众教育工作常态化机制建设;第四,关注涉及银行业的消费者诉求,维护消费者的合法权益;第五,鼓励和倡导会员单位充分履行和兑现其对消费者的服务契约和书面承诺;第六,对损害消费者的责任单位进行自律惩戒;第七,推动会员单位开展金融消费者服务满意度调查。由于该委员会主要是由会员银行组成的行业自律组织,其关注的重点在于银行业的经营活动,与消费者权益保护机制、中国人民银行主导建立的金融消费者保护机制、银监会主导建立的银行业消费者保护机制相比,它并不能直接保障消费者权益的实现,其功能与作用有待继续考察,因此,暂不将其作为一种银行业消费者权益的保护机制进行分析。

行业消费者保护机制。从不同的视角分析,这三种机制会产生不同的关系。从消费者的身份角度分析,三种机制形成从大到小的包含关系;从目的角度分析,三种机制在保护银行业消费者利益上形成交叉关系;从保护机制运行角度分析;三种机制形成各自独立的关系。上述保护银行业消费者的三种机制各具特点。消费者协会与工商行政管理部门根据"消法"对银行业消费者进行保护,在实际的保护实践工作中并无一致的做法。如某些地区的"12315"热线并不受理金融领域的投诉与咨询,还有的地区的"12315"热线并入当地的"12345"市民服务热线,这种合并在某种程度上可能弱化"12315"热线所独具的消费者保护功能。中国人民银行主导下的金融消费者保护机制,从前述的分析来看,其调解功能的发挥主要集中于其可以行使监管职责的银行业纠纷中,其保护作用的发挥主要靠其对银行业消费者与银行业金融机构之间纠纷的调解,从救济的角度来看,属于事后救济的范畴。银保监会对于银行业消费者的保护主要是建立了一种事先预防的保护制度,该制度把对银行业消费者的保护引入企业治理与企业文化建设的过程中,通过建立考核评价的办法来督促、引导银行业金融机构加强对银行业消费者的保护。

上述三种机制中,根据"消法"建立的银行业消费者保护机制不能全面覆盖银行业消费者与金融机构的所有纠纷,并且银行业务所具有的专业性也可能使一般的消费者保护机制的功能发挥受到一定的局限,而银保监会所建立的银行业消费者保护机制基于利益平衡的原因过于强调事先预防与适度保护,中国人民银行因为其主要作为金融宏观调控者的身份不具有对银行业金融机构的直接监管权,其建立的金融消费者保护机制作用发挥也受到不少的局限。从总体来说,三种机制相互间能起到互补的作用。然而,因为机制间无有效的沟通与衔接,可能会出现部分纠纷三种机制都能处理,也可能会出现部分纠纷三种机制都不处理的情形。

三种机制的沟通衔接成为银行业消费者保护机制建设的重要内容。而某些地方的做法为三种机制的沟通衔接做了有效的探索。广东茂名市探索消费纠纷联合治理机制的构建,市消费者委员会联合质监、银监、保监等 20 个职能部门,根据消费者投诉情况,联合开展整治活动。①

① 参见黄劼:《广东茂名市从源头解决消费纠纷》,载《中国消费者报》2015 年 2 月 2 日,第 A03 版。

第四节 银行业消费者权益保护制度的完善

一、境外银行业消费者权益保护制度的经验借鉴

(一)金融危机后美国的银行业消费者保护制度变革

1.《多德—弗兰克法》

根据2010年美国通过的《多德—弗兰克法》的规定,美国的"金融消费者"与"银行业消费者"基本上是同义语,而银行业领域的"金融消费者"与证券领域的"投资者"是两个并列平行的概念。① 因此,美国金融消费者保护法实质就是银行业消费者保护法。下文主要结合金融危机以来的金融消费者保护法变革探讨银行业消费者保护制度的改进。

在《多德—弗兰克法》通过以前,美国和制定统一消费者保护法典的国家不同,缺少一部独立的全面的消费者保护法典,美国的消费者保护法就是联邦法与州法的大杂烩。从执法角度看,在《多德—弗兰克法》创立消费者金融保护局之前,在联邦层面的消费者保护运行效果并不明显,部分原因是制度的安排方式。这种分散立法的方式随着《多德—弗兰克法》的通过发生了改变,《多德—弗兰克法》不仅把分散的金融消费者保护法整合到一部立法的框架内,它还创造了一个拥有在大部分联邦金融消费者保护法律之上的权力实施机构。②《多德—弗兰克法》创设了消费者金融保护局(Bureau of Consumer Financial Protection,BCFP)来调整消费者金融保护中这些结构性问题。这一措施会改变未来几年消费者保护的面貌。新机构是通过整合了既有银行监管机构的消费者保护部门而形成的,如联邦储备委员会、货币监理署办公室(Operating Control Center, OCC)、美国储蓄管理局(Office of Thrift Supervision, OTS)、国民信贷协会管理局(National Credt Union Administration, NCUA)等,把这些机构置于一个专司消费者金融保护职能的伞形架构中。因此,在这种结构中,对监管者与被监管的主体来说,都没有进行货比三家选择监管的激励了,因为对于消费者金融服务的所有监管权力都是在同一屋顶(roof)下的。③

---

① 参见廖凡:《金融消费者的概念和范围:一个比较法的视角》,载《环球法律评论》2012年第4期。

② See David Cho, et al., "Lawmakers Guide Dodd-Frank Bill for Wall Street Reform into Homestretch", *The Wash. Post*, June 26, 2010, at AO1.

③ See Dee Pridgen, Sea Changes in Consumer Financial Protection: Stronger Agency and Stronger Laws, Wyoming Law Review Volume 13, 2013, pp. 405, 409.

2. 消费者金融保护局的权力①

根据法案授权，消费者金融保护局有两方面的权力，包括管辖权与监管权。

(1)消费者金融保护局的管辖权。消费者金融保护局对消费者金融产品服务的条款享有管辖权。消费者金融产品服务是指那些为个人、家庭或家居需要的产品与服务，包括贷款、储值工具、消费者报告服务、金融咨询服务、支票兑现服务、传统银行与存款活动、不动产结算业务，以及消费者金融保护局认为可能对消费者会有实质性影响的其他产品与服务。消费者金融保护局会对现有规定的消费者保护法行使管辖权。②

(2)消费者金融保护局的监管权。对于其他的联邦消费者金融法，消费者金融保护局享有广泛的规则制定权、监督权和实施的权力。另外，消费者金融保护局享有很大的权力禁止金融产品与服务中"不平等、欺诈性或滥用性"的条款。银行也在消费者金融保护局的管辖下，因为金融保护局可以对大银行采取基本监督、检查和实施权力的行为。消费者金融保护局对非存款主体，如作为中间商洽谈、发起或提供抵押贷款服务的主体，以及其他任何在消费者金融产品与服务领域中的大型参与者行使权力。另外，除了一般的监管权，消费者金融保护局被明确授权可以对金融产品与服务条款实施可能产生重大影响的特定行为。这些行为包括：第一，要求对消费者进行附加的披露；第二，在消费者信用合同中限制强制性的争议前仲裁；第三，针对电子基金转移法中有关信用卡或借记卡的交易制定最终规则；第四，在实施的一年内，对消费者抵押贷款交易制定示范披露格式。

在履行其消费者金融法项下的实施权时，消费者金融保护局享有广泛的调查、审理与起诉的权力。消费者金融保护局可以要求提供文件，实物证据，对问题的书面答复及口头证言。消费者金融保护局还可以举行听证与审理程序，包括停止与终

---

① See Edward M. Crane, Nicholas J. Eichenseer and Emma S. Glazer, U. S. Consumer Protection Law: A Federalist Patchwork, 78 *Def. Counsel J.* 305, 2011, pp. 316 - 317.

② 《1982 年替代抵押贷款交易平行法》(Alternative Mortgage Transaction Parity Act of 1982)、《1976 年消费者租赁法》(Consumer Leasing Act of 1976)、《电子基金交易法》(Electronic Fund Transfer Act)、《平等信用机会法》(Equal Credit Opportunity Act)、《公平信用账单法》(Fair Credit Billing Act)、《公平信用报告法》(Fair Credit Reporting Act)、《1998 年房屋所有人保护法》(Home Owners Protection Act of 1998)、《公平债务收集法》(Fair Debt Collection Practices Act)、《1975 年住房抵押贷款披露法》(Home Mortgage Disclosure Act of 1975)、《1994 年房屋所有权与衡平保护法》(Home Ownership and Equity Protection Act of 1994)、《1974 年不动产清算程序法》(Real Estate Settlement Procedures Act of 1974)、《2008 年抵押贷款许可法》(S. A. F. E. Mortgage Licensing Act of 2008)、《诚实信贷法》(Truth in Lending Act)、《诚实存储法》(Truth in Savings Act)、《州际土地销售全面披露法》(Interstate Land Sales Full Disclosure Act)与 2010 年《多德—弗兰克法》。

止程序。消费者金融保护局进行停止与终止程序的命令可以上诉到联邦上诉法院。消费者金融保护局还被授权在联邦与州法院启动民事执行程序。不管是在诉讼中还是在行政审理中,消费者金融保护局都可以寻求民事处罚、禁令性救济、废除或重订合同、退款、恢复原状、追缴与归还不动产。

3. 美国《2009 年信用卡问责、义务与信息披露法》

《2009 年信用卡问责、义务与信息披露法》,也叫《2009 年信用卡法》,是由美国国会通过并由奥巴马总统于 2009 年 5 月签署的联邦成文法案。该法包含了目标在于限制信用卡公司向消费者收费的几个条款,但是不包括价格控制、利率上限与费用确定的条款。主要的条款包括:第一,给消费者足够的时间清偿账单。第二,如果信用卡公司要求上调利率或其他重要改变发生前,应当至少提前 45 天通知消费者,在一年内不能改变合同的任何条款。第三,超限费的相关规定,只有持卡人明确表达其同意发卡机构授权账户超限的交易时,债权人才可向无定额信贷方案中的信用卡账户强制征收透支费用,但是债权人必须在持卡人作出选择前,告知持卡人关于超限费的收费形式和计算方法。如果消费者无定额信贷的信用卡账户透支超过了信贷限额,债权人在一个账单周期内只许向持卡人收取一次超限费,在随后两个连续账单周期内只能向持卡人收取透支款的一次超限费。第四,禁止"费用猎获卡"(fee harvester cards),消费者无定额信贷信用卡账户开户第一年内除迟延履行费、超限费之外需要支付的费用超过总授权贷款金额 25% 时,消费者不必支付这些费用,第五,禁止向年轻人过度营销。

可以看出,美国的信用卡规范在不断规范信用卡发卡人的行为,给予了持卡人更加合理的权益保护。

(二)法国的消费金融保护制度①

《法国消费法典》共分立法与条例两部分,条例部分相当于立法部分的实施细则,与立法部分基本上对应。《法国消费法典》最具特色的是其第 3 卷负债,法典通过该卷对信贷相关活动进行了全面的规制。

下文主要结合消费信贷一章的结构与内容说明《法国消费法典》立法在保护消费者信贷利益方面的特点。

第一,消费者保护通过调整合同关系的手段进行。通过对《法国消费法典》第 3 卷的分析,可以看出第一篇信贷是该卷的重点,而第一篇对信贷调整的基点是把信

① 本部分内容的撰写主要参见孙平编译:《法国消费法典》,中国政法大学出版社 2012 年版。

贷作为一种合同来对待的，以第一章消费信贷为例，先后对信贷合同的适用范围、广告、借入人的先合同知情权、给予借入人解释及其清偿能力的评估、借贷合同的成立、合同提及的信息、信贷合同的履行、无偿信贷、划拨信贷、账户透支交易、处罚与程序 12 方面的问题作出了详细规定，调整的方式与手段就是把信贷作为一个借入人与出借人之间的合同，通过对双方借贷合同中权利义务的明确规定达到对信贷活动中消费者保护的目的。经营者与消费者之间的消费关系都是建立在以某种形式的合同关系为基础之上的，可以说消费关系就是合同关系在“消法”中的别名。

第二，对借贷合同关系的调整体现了倾斜性保护的理念。“消法”的特征之一就是对处于弱势的消费者进行倾斜性的保护，借贷中的出借人与借入人处于事实上的不平等状态。因此，在“消法”中对信贷合同进行调整，对作为经营者的出借人行为进行规制，就成为保护作为消费者的借入人的重要观念。这一观念实施主要体现在两个方面：一方面，该卷的规定除了构建一个公正、透明的交易环境，如信贷广告应当提示的信息、应当禁止的信息，还保障借入人的先合同知情权，就相关信息向借入人作出解释，对借入人的偿还能力进行评估等制度，这些制度主要通过规范出借人的经营行为，保障借入人在信贷活动中受到公平对待。另一方面，该卷不少规定体现了对消费者的优待。如借贷合同订立后的 7 天内，出借人与借入人双方都不得向对方进行任何支付；在借贷合同订立的 14 天内，借入人可以反悔并且无须说明理由；在出借人行使撤销权的情况下，出借人无权要求借入人支付任何赔偿金，借入人可以自行提前全部或部分偿还已给予的信贷且不需要支付信贷合同剩余期限对应的相关利息等规定。

第三，刑事处罚是保护消费者的重要手段。在《法国消费法典》第 3 卷中，除了广泛应用民事责任调整出借人与借入人之间的借贷关系，还采用刑事手段保障《法国消费法典》规定得到遵守。在《法国消费法典》中采用最广泛的是罚金，对于出借人不遵守《法国消费法典》各种规定的行为，如出借人不遵守信贷广告规定、违反借入人先合同知情权保护规定等行为将会面临 1500 欧元的罚金。在订立借贷合同的 7 天内，如果出借人向借入人作出任何支付，将面临 30000 欧元的罚金。除此之外，《法国消费法典》对某些行为还规定了较重的有期徒刑和附加刑。如果出借人违反《法国货币与金融法典》的规定，上门推销终身抵押贷款，将会面临 5 年有期徒刑和 375000 欧元的罚金，同时还将处以附加刑，包括禁止公民权、民事权和家庭权，禁止从事公共职务等活动。《法国消费法典》把刑罚作为调整消费关系的手段，可以在很大程度上保证《法国消费法典》的规定能更好地得到遵守，使消费者的利益得到切实的保障。

第四,《法国消费法典》对金融活动中消费者权益保护有一定的局限性。虽然借贷是传统银行业务中极为重要的部分,但是在金融创新不断发展的背景下,银行业务类型与范围也会日益扩展,如何保障在新兴银行业务中的消费者权益,则是《法国消费法典》面临的一个重要挑战。

二、我国银行业消费者权益保护制度的优化完善

根据中国人民银行发布的数据,我国公民对银行业务参与度和依赖度已经达到较高的水平。在这样的背景下,就本书主旨来说,为了保护好银行业消费者的权益,应当从立法、监管等几个方面采取必要的对策。

(一)完善司法,保护银行业消费者权益

我国“消法”在2013年进行了修改,把金融消费者也纳入保护范围,这无疑是“消法”与时俱进的一种理念与制度的进步。但是具体到银行业消费者权益保护而言,司法实践却没有与这一理念相衔接。其一,“消费纠纷”不是人民法院确定的受理案件案由。按2011年2月最高人民法院《关于修改〈民事案件案由规定〉的决定》(法〔2011〕41号)的规定,民事案件的案由分成43大类,424小类,但“消费纠纷”不是一类独立的案由,涉及银行业务纠纷,案由分为借款合同纠纷、储蓄存款合同纠纷、银行卡纠纷、委托理财合同纠纷,以及服务合同纠纷中的银行结算合同纠纷等类型。其二,“消法”通常不适用于各种合同纠纷的解决之中。在银行业务合同纠纷案件审理过程中,法院基本上适用《合同法》《民法通则》及其相关规定来作为判决依据,少有引用“消法”条文的情况。只有作为消费者的一方在合同纠纷中提出了唯有“消法”才能支持的诉讼请求时,如惩罚性赔偿,消费者和法院才会引用“消法”相关条文作为诉讼和判决的依据。在最高人民法院2013年发布的第17号指导案例“张某诉某汽车服务有限公司买卖合同纠纷案”中,被告某汽车服务有限公司把一辆维修过的汽车作为新车销售给了原告张某,后来张某在将车辆送该公司保养时,发现该车在销售给她之前的维修记录,于是向法院提起诉讼,提出退车并进行一倍赔偿的诉讼请求,经过审理法院支持了张某的诉讼请求。虽然张某按照“消法”的惩罚性规定提起诉讼,但法院立案时是作为买卖合同纠纷立案的,而不是作为消费纠纷立案的。

可见,“消法”在我国的功能仅是一种补充型适用,只有在合同纠纷中可以支持当事人诉讼请求时才能适用。作为保护处于弱势地位的消费者的立法并没有在这

个问题上发挥其应有的长处。相对于《合同法》,"消法"应当提供更加具体的指向作用——通过列举或指明消费合同的具体行为模式,从而发挥对弱势的消费者的保护作用;但是总体上说,我国的"消法"起不到这样的倾斜性保护作用。譬如,在我国《合同法》借款合同一节中规定,提前还款应当按实际用款期间计算利息,但是另有约定的除外。因此,如果在借款合同中约定了提前还款依然要支付全部利息或者罚息,依然会得到法院的支持。借款人因为借款合同的约定则不能引用"消法"的相关规定主张不予支付利息,因为"消法"并没有优先适用的效力。相比之下,《法国消费法典》则明确规定,借入人可以自行提前全部或部分偿还已给予的信贷且不需要支付信贷合同剩余期限对应的利息。可以看出,《法国消费法典》对于提前还款不需支付利息的强制性规定会对合同双方的约定产生约束作用,并且具有优先适用的效力,《法国消费法典》的调整模式才能真正起到对弱势消费群体的保护作用。

如何通过完善"消法"立法的方式来实现银行业消费者的权益保护呢?能否参照《法国消费法典》的立法方式来修改我国的"消法"呢?我国"消法"于2013年修改,虽然扩大了消费者保护的范围,但是因为其规定过于概括而导致其适用性不强,对于合同中不违反强制性规定的"另有约定","消法"也没有优先适用和强制适用的效力。因此,"消法"还是不能从根本上改变不能充分保护消费者的现状。

(二)制定单行的金融消费者权益保护法

要发挥"消法"在保护银行业消费者权益方面的功能,不细化其规范不足以达成目标。要实现这一目标,应当从以下三个方面着手。

第一,制定单行的金融消费者权益保护法,并采用消费者金融分业保护的模式。如果制定单行金融消费者保护立法,应当不选择适用我国台湾地区"金融消费者保护法"的模式。我国台湾地区"金融消费者保护法"把银行业、证券业、保险业、期货业等金融行业的消费者纳入保护范围,把不同金融行业中的消费者纳入同一部"法律"中进行保护,就不得不采取"提取公因式"的方式,努力概括各金融行业中消费者的共同特征,制定能适用各金融行业中消费者保护的共同规则。但是这种求同的努力,就不得不放弃各金融行业中消费者之间存在的具体差异,其权益保护也有不同的侧重点和手段等重要事实的全盘考量。因此,如果制定金融消费者权益保护法,除制定各金融行业中消费者保护所需要的共同规则以外,应当按银行业、保险业、证券业、基金业等不同领域制定各自的调整规范,各个金融行业中的每种合同都有其独有的特征,银行业务合同、保险合同、基金合同在订立、履行过程中都有不同的规范调整,当事人的权利与义务也有不同配置,所以应当针对实践中问题、矛盾集中的领域制定相应的调整规范。

第二,可以借鉴《法国消费法典》的做法,通过规范经营者与消费者之间的合同行为达到保护消费者权益的目的。对于银行业消费者的保护,应当按存款合同、贷款合同、银行卡合同、理财合同、支付结算合同等常见合同类型制定调整规范,从广告、合同订立、合同履行、违约责任等方面确定银行业经营者的行为准则,以达到保护银行业消费者的利益。以此种方式保护银行业消费者权益,不仅可以弥补我国"消法"规定过于概括、适用性不强、宣教作用大于实质作用的不足,而且可以弥补银行业务合同不是《合同法》的有名合同、不能对具体的银行业务合同纠纷提供法律依据的"短板"。

第三,应当对作为经营者的银行违反任何强制性法律规范的法律责任作出明确规定。有学者指出,有证据证明,经济中最生机勃勃的大片领域,像金融和银行部门,完全在它们自己的规制系统里运行,而让法律变得几乎无足轻重。[①] 因此,加强对银行部门的法律规制是保护消费者的迫切需要。我国目前的"消法"虽然对经营者的行为有不少的规范,但是对经营者违反某些强制性规定却没有规定相应的法律责任,使"消法"成为"叫好不叫座""中看不中用"的摆设法。如经营者利用格式条款、店堂告示等方式限制排除消费者权利、免除经营者责任的行为,"消法"规定经营者采用格式条款、店堂告示无效。这一强制性条款的作用多是在发生纠纷中法院据以认定格式条款效力的一种依据。除此之外,经营者违反"消法"该款规定不会承担任何的违法成本,"消法"的规定起不到任何矫正经营者不良行为甚至是违法行为的作用,消费者的权益也没有因此强制性规定的存在而得到任何实质性的保护。因此,应当像《法国消费法典》一样,对每一种违反强制性规定的行为,除规定经营者应当承担相应的民事责任以外,还应当规定其对应的行政责任乃至刑事责任,只要经营者违反"消法"强制性的规定就会面临着民事、行政甚至是刑事的法律责任,只有在这种规制模式下,消费环境才会有所改善,不良经营者才不会有恃无恐。

(三)完善银行业的法律监管制度

银监会自2003年成立以来,承担了对银行业的监管重任,在规范银行经营、保障金融安全方面作出了有目共睹的努力。但是,从银行业消费者保护的角度看,银监会起的作用有限,或者说,银监会没有诚心实意地去做好银行业消费者权益的工作,原因在于以下两个方面。

---

① 参见[英]休·柯林斯:《规制合同》,郭小莉译,中国人民大学出版社2014年版,第6页。

第一，银监会没有采取必要措施确保银行做好银行业消费者保护工作。以银监会发布的两个保护银行业消费者权益的规范性文件为例分析，两个文件主要是倡导性、指引性文件，在两个文件中只规定了监督管理的内容，根本没有“法律责任”这一部分内容。由于银监会在银行业消费者保护方面只做花样文章而不采取实质性措施的做法无形中向银行传递出“银行业消费者保护就是做做样子”这种信号，因此近年来银行业消费者保护没有任何好转的迹象，存款被盗、客户信息被银行工作人员倒卖、银行乱收费现象频频发生。

第二，由于利益关系的束缚，银监会很难公正地维护银行业消费者的利益。由于监管者对被监管者存在“父爱监管”情结，对于被监管者与第三方之间所发生的纠纷，监管者在处理上有偏袒被监管者的自然冲动。

因此，在现行监管体制内要真正做好银行业消费者权益工作，不能单靠银保监会，应当更好地利用现有的监管资源。美国在《多德—弗兰克法》创设的消费者金融保护局给我们提供有益的启发，它对我们的启发不在于它集中了原先分散于多家银行监管部门的监管职能，而在于其与银行业之间相对独立的关系。美国的消费者金融保护局的经费来源于美国联邦储备系统的收益，它与银行业之间不存在直接的经费供养关系，因而执法时就会相对地处于超然的地位。在我国目前的监管体制中，工商行政管理部门是“消法”规定的执法部门，它有权对违反“消法”规定的经营者进行处罚。在实践中，也有这种执法实践的报道，如 2014 年宝鸡市三家银行通过合同转嫁应当由银行承担费用，被宝鸡市工商行政管理局认定为欺诈消费者，因而被罚 107 万元。[①] 但通过梳理分析，现在各工商行政管理部门对银行进行处罚的案例多集中于银行转嫁费用、利用格式条款限制消费者权益的领域。因此，要使工商行政管理部门在保护银行业消费者权益方面发挥更大作用，则需要从机制到体制各个层面进行创新，实现这一功能的最佳途径就是在单行的金融消费者保护立法中规定工商行政管理部门作为监管部门之一。

---

① 参见《利用不平等房贷合同欺诈消费者宝鸡 3 银行被罚 107 万》，载搜狐网：http://www.news.focus.cn/weinan/2014-07-03/5220399.html，最后访问日期：2019 年 1 月 25 日。

第三章　证券领域的消费者权益保护

保护金融领域的消费者已经成为"后危机时代"各国金融监管体制改进、金融监管法律变革的指导思想，但在证券领域，"消费者"一词的接受程度要远远低于在银行、保险、信托等其他金融子领域，"证券投资者"这一概念更加具有广泛的接受范围和普遍的接受程度。"证券投资者"已经成为约定俗成的共同认知、普遍认同的话语体系，建构在这一词汇之上的监管体系和制度框架也相对完整，因而在证券领域，"消费者"这一表达是否适宜，以及是否有必要引入资本市场这一前提问题仍存在争议，至少监管层的态度目前仍旧是模糊的。[①] 在此语境之下来探讨证券领域消费者权益的保护问题无疑困难重重，但金融创新中投资者弱势地位的进一步凸显则表明将消费者权益保护的理念、方法引入证券领域具有客观必要性与可能性。

第一节　金融创新中投资者权利保护观念的更新

一、传统证券投资者权利保护规则的失效

从证券投资的本质来看，投资者是为了实现资本财产的

---

① 相比较于中国人民银行设立的金融消费权益保护局、原银监会设立的银行业消费者权益保护局，以及原保监会设立的保险消费者权益保护局，证监会于2012年成立的拥有类似职责的机构是投资者保护局。

保值增值和风险的有效管理才进行投资的，内含其中的，即是财产上的利益。从投资的开始到投资的结束，一切证券投资行为都围绕财产上的利益进行，当其得到法律肯定之后，便迅速转换为证券投资者的财产权。一般而言，证券投资会涉及“发行人—中介机构—投资者”三方主体，并且三方无往不处于利益的引诱之下，而正是利益的争夺才导致彼此间的尔虞我诈。尔虞我诈得以进行的工具即是信息的偏在与不对称，正如塞缪尔·约翰逊(Samuel Johnson)所言，“秘密或神秘开始的地方，堕落或者欺诈已经离我们不远了”。相对于发行人和中介机构而言，投资者存在信息获取和理解上的弱势，正因如此，投资者的合法财产权益便极易遭受侵害。鉴于“市场行为可以简略为作出交易决策与执行交易决策的过程。获取信息，则是决策的前提，尤其是获取信息的数量与质量如何，成为制约决策妥当与否的关键”，①因此，必须强制把与“发行证券有关的资料向投资者公开，使投资人在决定是否购买证券以前有机会充分了解发行公司状况，据以判断证券是否具有相当的投资价值”，②以此来确立投资者的信息获取权或者称为投资者的知情权。强制信息披露制度确立的真实意图即是“尽可能地将股票持有者与公司经营者摆平，将买方与卖方放在同一条船上，证券法无意阻止投资者做出坏的决定，它仅想通过披露相关信息来帮助投资者评估证券质量，以及防止公司迷惑投资者”。③ 显而易见，强制信息披露制度的设计，除保障了证券投资者的知情权以外，还保证了证券投资者在知悉证券所载真实信息后自主选择交易对象、证券品种的权利。无论是对投资者知情权还是对投资者自主选择权的维护，这都保证了证券交易本身的公平性，即保障了投资者公平交易的权利。另外，在最后阶段，如果投资者的财产权利遭受侵害则需要通过反欺诈条款来寻求民事损害赔偿，即从法律上确认投资者的损害赔偿请求权。

在证券投资过程中，投资者利益的保护必须以财产权的行使表现出来并且贯穿始终，财产权的维护则又必须借助知情权、自主选择权、公平交易权及损害赔偿请求权的实现来达到。易言之，投资者的投资权利，即金融服务获取权，是投资者目的性权利实现的通道，投资者的财产安全权是投资者的目的性权利，而知情权、自主选择权及公平交易权等其他权利则为获取金融服务和目的性权利实现提供了工具和手段。投资者财产权的安全性保障，必须途经金融服务获取权，并借助金融消费者的知情权、自主选择权及公平交易权等工具性权利才能达到。然而，现代金融产品与

① 盛学军：《信息不完全——对证券公开规制的一种经济分析》，载《现代法学》2002年第6期。

② 齐斌：《证券市场信息披露法律监管》，法律出版社2000年版，第11页。

③ 高如星、王敏祥：《美国证券法》，法律出版社2000年版，第5页。

服务结构的抽象化、复杂化决定了“仅将公开作为证券法的基础是不够的,由于存在投资者能力有限、非理性投机或证券欺诈等因素,因此必须对资本市场的准入设有某种控制”,①并且“信息不对称等问题通过证券法反欺诈条款事后救济,被事实证明往往成本巨大且收效甚微”。②

深入地讲,金融工具或产品的创新“运用了精深的科学公式和复杂的科学模型,甚至那些数学出身的经济学家也一时难以了解透彻,大部分华尔街公司也不太明白自己交易的这些复杂的金融产品玄机何在”,③更不用说那些缺乏金融知识的投资者了。在销售传统证券产品时,金融产品销售服务机构只要真实、准确、完整地披露其产品所承载的信息,投资者便会结合自身的客观情况与需求而合理购买适当的金融产品,前提是投资者知道自己适合买什么风险程度或级别的金融产品,并且能够合理有效地理解金融产品的设计结构、交易方式及风险等级等内容。对于涵括具有投资属性的创新性的存款、保险和证券产品而言,由于产品本身的复杂化、抽象性,即使金融产品销售机构根据法律规定进行了信息披露,投资者依然无法知晓其提供金融产品的属性。然而,此时投资者若要投资该类金融产品便需要获得更准确的信息,此时的信息不仅仅是金融产品的信息,还是要求金融产品能否与其自身能力相匹配的信息。如何才能使金融产品与投资者合理匹配,关键是金融产品信息、投资者信息的充分披露。因此,风险等级不一的金融产品与参差不齐的投资者如何进行有效匹配即是金融机构和投资者共同面对的问题。易言之,此时关键还是如何解决投资者与金融服务机构信息不对称问题,在此基础上便是投资者结合金融产品与自身能力来决定购买何种风险等级的金融产品。

在高风险金融产品或服务创新不断的当下,传统的事前信息披露和事后反欺诈条款规则对投资者权利的保护功能逐渐失效,而具有事中权利维护功能的投资者适当性原则或许可成为供我们选择的良好选项之一。之所以如此,根本原因在于投资者适当性原则是对证券市场中介或服务机构从事金融产品和服务推荐或销售行为的事中控制举措,使其从原先的发行人与投资者法律关系的关联“局外人”转变为金融产品和服务推荐或销售权利义务分担的“局中人”。同时,将“了解你的产品”“了解你的客户”“产品与客户的匹配”“数量适当规则”等投资者适当性原则的核心内容纳入投资者权利体系进行考量,发现投资者适当性原则的内容恰好体现并维护了

---

① 李文莉:《证券发行注册制改革:法理基础与实现路径》,载《法商研究》2014年第5期。

② 张付标、李玫:《论证券投资者适当性的法律性质》,载《法学》2013年第10期。

③ 辛乔利:《影子银行——揭秘一个鲜为人知的金融黑洞》,中国经济出版社2010年版,第24页。

投资者的知情权、自主选择权及公平交易权等工具性权利。

二、投资者适当性原则之权利保护补足功能

投资者适当性原则肇始于美国，主要涵括合理根据适当、特定投资者适当和数量适当规则①三个层面的内容，并且其设计初衷即是“为了平衡保护投资者利益，要求证券市场中介机构（主要指证券经纪商 Broker-dealer）履行审慎选择投资者的义务，将适当的产品销售给适当的客户”。② 所谓“适当性”是指“金融中介机构所提供的金融产品或服务与客户的财务状况、投资目标、风险承受水平、财务需求、知识和经验之间的契合程度”。③ 细分来看，合理根据适当规则又称“了解产品”规则，金融服务机构“有对其所销售的产品进行研究、了解、信用评级的义务，并强调其对该产品未来风险收益进行预测，实质上是‘金融服务机构’所推荐或销售证券产品本身结构组合、产品的收益能力或风险系数的大小等信息是否符合产品质量要求或产品质量（风险）等级情况”。④ 在特定投资者适当下，“经纪自营商必须根据客户的财务状况、投资需求以及其他有价证券等已知的信息，进行适当的推荐。经纪自营商由此负有调查之责任，必须获得与客户财务状况相关的资料并适时更新”。⑤ “满足适量标准的适当性义务，即控制投资者账户的经纪商必须有合理的理由确信其在获知投资者的组合后能确保在特定的期间对投资者的投资推荐数量上并非过度，即投资者未在接受推荐后进行不必要的‘频繁交易’。”⑥既然投资者适当原则是一种填补事前信息披露和事后反欺诈漏洞的事中保护措施，那么它又是如何体现并保障前两者未能予以充分保护的证券投资者知情权、自主选择权、公平交易权及具有终极性的财产权呢？

（一）“双向”信息不对称下金融机构和投资者的知情权

在传统的基础性证券市场，信息披露义务人仅须及时、真实、准确、完整披露产

---

① 曾洋、张付标、武俊桥、赵晓均、朱小川等的论文均有对投资者适当的主要内容进行解读与剖析。

② 武俊桥：《证券市场投资者适当性原则初探》，载徐育军、徐明主编：《证券法苑》（第3卷），法律出版社2010年版，第131页。

③ 曾洋：《投资者适当性制度：解读、比较与评析》，载《南京大学学报》（哲学·人文科学·社会科学版）2012年第2期。

④ 刘志伟：《金融创新中证券投资者知情权的法律保护》，载《西南金融》2014年第3期。

⑤ 颜延：《金融衍生工具卖方义务研究》，法律出版社2014年版，第183页。

⑥ 赵晓钧：《〈证券法〉中投资者适当性规则的构建——兼论资本市场“投资者适当性”的发展》，载徐明主编：《证券法苑》（第5卷），法律出版社2011年版，第1074页。

品或服务信息即可,无须对投资者的财产信息、风险偏好、投资经验进行测试并作出评估,单纯依靠强制性信息披露规则便可充分进行信息披露和风险揭示。然而,场外金融衍生品等高风险金融产品或服务的创新则“运用了精深的科学公式和复杂的科学模型,甚至那些数学出身的经济学家也一时难以了解透彻,大部分华尔街公司也不太明白自己交易的这些复杂的金融产品玄机何在”,[①]更不用说那些参差不齐的投资者群体了。从传统基础性证券信息披露到高风险金融产品或服务信息的深入研究、了解并对其进行披露,原因在于金融产品或服务结构已由简单转向复杂。同时,复杂的金融产品或服务则需要不同风险偏好的投资者,而如果金融服务机构不去“了解你的客户”,你便不知道投资者究竟适合购买何种风险等级的金融产品或服务。风险等级不一的金融产品与参差不齐的投资者如何进行有效匹配即是金融机构和投资者共同面对的问题。此时此刻,金融机构和投资者面临的是“双向”的信息不对称,即金融机构不知道投资者的信息。同时,投资者亦不知晓金融产品或服务的信息情况。

实质上,“双向”的信息不对称隐含了投资者和金融机构的知情权都可能受到侵害,如果金融机构虚假陈述,侵害的则是投资者的知情权;反之,如果投资者隐瞒信息,侵害的则是金融机构的知情权。投资者如果向金融机构真实地告知其财产、专业技能、投资风险等,金融机构可轻而易举地判断投资者的风险承受度,并对其进行有效分层。然而,既有的强制性信息披露规则已然难以应对瞬息万变的现代金融服务市场,并满足投资者对其提供金融产品或服务信息的了解与把握。即使金融机构对其提供的金融产品和服务进行信息披露,而不作出解释,投资者已然难以准确理解金融产品或服务的风险等级,以及是否适合自己购买。因此,在节约交易成本的考量下,现代高风险金融服务或产品的提供、推荐及其销售者负有义务去研究、把握其所提供的金融产品或服务的基本工作原理,并对其定价标准进行精确计算,而后对其风险收益进行预测和分类评级。另外,高风险金融产品或服务的提供者亦负有结合投资者的专业知识、投资经验、风险偏好等因素对投资者进行分类的义务。此一权利义务安排,即体现了投资者适当性原则的前两项内容“合理根据适当”和“特定投资者适当”。投资者适当性原则的前两项内容保证并隐含了对金融机构知情权和投资者知情权的双重维护。“合理根据适当”更多体现的是对投资者知情权的法律保护,而“特定投资者适当”虽然名义上是附加给金融机构的义务,但其中暗含了

① 辛乔利:《影子银行——揭秘一个鲜为人知的金融黑洞》,中国经济出版社2010年版,第24页。

投资者负有向金融机构提供真实、准确、完整的自身信息的义务。唯有如此，金融机构才能保证投资者另一层面的知情权，即明晰自己适合购买何种风险等级的金融产品，不适合购买何种风险等级的金融产品。知悉自己适合购买何种类型的金融产品或服务，拓宽了投资者知情权的边界，即金融机构除负有向投资者披露金融产品或服务的信息外，还负有对投资者进行风险提示和购买警示的义务。总之，投资者适当性原则体现了对金融机构和投资者双方知情权的法律维护，但金融机构知情权的确立最终是为投资者知情权提供法律保护。

（二）“双向”信息披露下投资者的自主选择权

投资者适当性原则保障了金融机构和投资者双方知情权，但最终还是为了维护投资者的知情权。对于投资者的知情权而言，不仅涵括知道金融产品服务和信息的权利，还有知道究竟自身适合购买何种风险等级金融产品和服务的知情权。投资者知情权的法律保护不仅可让投资者知道其自身风险承受能力，亦可让其清晰明白金融机构所提供金融产品或服务的风险级别。不同类型的投资者对应不同风险的金融产品或服务，在金融产品或服务和投资者自身风险承受度被告知的情形下，投资者可自主选择所欲购买金融产品或服务的类型，这为投资者购买不同风险等级的金融产品或服务提供了自主选择的空间。当然，在投资者知情权得到彻底保证的情形下，如若投资者不顾金融机构的风险提示依然选择购买不适合其风险承受能力的金融产品或服务，投资者应当承担“买者自负”的风险。投资者适当性原则要求金融机构“充分揭示创新的证券品种特征和交易风险，鼓励具有一定资产和投资经历的投资者参与该项交易，但不禁止或限制投资者参与，对特定的投资者参与高风险金融创新产品，比如前文提到的个人投资者或高龄退休投资者，引导而不是强制其不参与高风险投资，如果其一定要参与，则风险自担”。①

投资者适当性原则所内含的精神是风险提示下的自主选择，鼓励投资者购买适合其自身的金融产品或服务，但不限制投资者购买不适合其风险承受能力的金融产品或服务，根本上即是为了保证投资者的投资自主选择权。投资者自主选择权的内容，除包括投资者自主选择是否购买金融产品或服务、购买何种类型或服务方式的金融产品或服务，以及对所购金融产品或服务进行比较、借鉴或挑选外，还应涵盖投资具有自主选择提供金融产品或服务的金融机构这一内容。当然，还有两点需要注

① 曾洋：《投资者适当性制度：解读、比较与评析》，载《南京大学学报》（哲学·人文科学·社会科学版）2012年第2期。

意:一是自主选择权并不排除金融机构向投资者进行金融产品或服务的介绍和推荐,但对于具有私募性质的金融产品或服务,金融机构不得以公开方式向不特定对象公开宣传或发放广告,只能以非公开的方式向特定对象介绍和推荐。二是所谓的自主选择权绝不是完全自主选择权,是法律限度范围内的自主选择权,自主选择权的行使不得违反法律规定。比如,依据美国法律规定,“雷曼迷你债券”被禁止向自然人投资者推介或销售,同时,金融机构负有配合执行法律的义务。

(三)贯穿于投资者适当性原则的公平交易权

公平交易权贯穿于投资者适当性原则的全部内容之中,从合理根据适当到特定投资者适当再到数量适当规则,三项内容无不体现投资者的公平交易权。其中,合理根据适当是公平交易的前提,特定投资者适当体现的是实质性公平交易,而数量适当性规则更多是从交易成本上体现交易的公平性维护。

首先,证券投资者适当性原则之合理根据适当规则要求金融机构要合理地对其推荐、销售的金融产品或服务进行风险评级,并保证其收益能力或风险系数的大小与所表明的产品质量要求或产品质量(风险)等级相一致,以此来确保证券投资交易条件的公平性。合理根据适当规则实际上是为证券投资交易提供一种公平性前提,让证券投资者在未来的证券买卖交易中获得公平,避免出现所买卖的金融产品或服务存在名不副实的问题。

其次,投资者适当性原则之特定投资者适当性原则要求金融机构调查特定投资者的个人状况和投资目的,据此将其分为不同类型的投资者,如成熟投资者、合格投资者和非合格投资者,并对不同类型的投资者提供不同程度的法律保护。从某种意义上说,投资者适当性原则是限制、禁止某些或某一类型的投资者购买高风险级别的金融产品或服务。从表面上看,投资者适当性原则是对投资者公平参与金融产品交易的限制,侵害了投资者的公平交易权。“不可否认,投资者皆具有平等的交易权,但不同投资者因其风险偏好、风险承受能力等不同,其在市场中享有的具体权利义务也应有所差异。”①然而,实质上此一限制或禁止是为了防范投资者购买与其风险承受能力不相匹配的金融产品或服务,以及避免由此带来的财产权损害,是实质公平在证券投资交易中的一种体现,而非传统的形式公平。因此,特定投资者适当规则体现的是投资者的实质公平交易权。

最后,投资者适当性原则对公平交易权的另一表现即体现在数量适当规则上,

---

① 张付标、李玫:《论证券投资者适当性的法律性质》,载《法学》2013 年第 10 期。

数量适当规则要求实际控制客户账户的经纪交易商交易推荐应具有合理依据，不得频繁交易、对倒交易，以及为获取佣金而进行过量的交易。实质上，金融机构在其实际控制客户账户之间，以及自营账户与实际控制客户之间进行过度交易增加了金融机构所服务客户的交易成本，侵犯了投资者的公平交易权。同时，过度或频繁交易又会对整个市场的公平交易环境造成扭曲，继而影响到单个投资者的公平交易权。投资者适当性原则之所以能够维护投资者的公平交易权，其根本原因在于数量适当规则要求金融机构所推荐的系列交易，“不仅从单个来看是适当的，而且从客户投资情况来看整体上也是不过度的、适当的”。[①]

三、投资者适当性原则映射消费者主权观念

投资者适当性原则旨在“让适当的投资者参与适当的金融交易”[②]和购买适当的金融工具或产品，而“适当性”认定的标准即是投资者购买金融工具或产品、参与的金融交易能否满足其自身的主观需求、是否符合其自身的客观情况，并且金融交易之适当性评估义务则由金融服务机构负责履行。适当性评估义务之所以由金融服务机构承担，究其根本在于在信息、能力等层面处于弱势地位的投资者不得不对具有专业知识、技能等优势的金融服务机构赋予信任与信赖，而金融服务机构被信任的理论基础即是英美法系信义理论或大陆法系诚信原则中所蕴含或支撑的默示担保义务。从法律主体间的权利义务关系来讲，投资者适当性原则的义务主体是金融服务机构，而作为金融服务接受者的投资者享有的则是与金融服务机构所负义务相对应的购买适当金融工具或产品、参与适当金融交易的权利。显然，在投资者适当性原则体系之下，金融服务机构所承担义务与金融服务的接受者所享有的权利之“权义结构”存在明显的不对等的特征，即金融服务机构被附加了更多的义务，而金融服务接受者则被赋予了更多的权利，而这又是对实践中金融服务提供者与金融服务接受者之“权义结构”不对等事实的矫正。值得注意的是，“权义结构”不对等的事实主要源于金融创新过程中，“各种类型的金融产品大量出现，金融机构的职责逐渐摆脱了简单的委托指令执行进而跨入营销与财务规划的范畴，投资者对于金融商品的信息获取难度日益加深并使自己逐渐呈现消费者属性”，[③]而这就要求金融法

---

① 颜延：《金融衍生工具卖方义务研究》，法律出版社 2014 年版，第 185 页。

② 曾洋：《投资者适当性制度：解读、比较与评析》，载《南京大学学报》（哲学·人文科学·社会科学版）2012 年第 2 期。

③ 陈洁：《证券公司违反投资者适当性原则的民事责任》，载《证券市场导报》2012 年第 2 期。

将消费者主权观念融入金融服务领域金融机构与投资者之不对等“权义结构”关系的矫正中。

(一)实质内容维度:均符合消费者主客观需求识别与满足的标准

如上所述,投资者适当性原则主要涵括了“了解产品”“了解客户”及产品与客户的良好匹配三个层面的内容,并且最终的落脚点是“适当性”标准的确立与实施,即结合投资者的专业知识、财务水平、投资经验、风险承受能力等客观要素及其投资目标、风险偏好等主观要素来评估投资者究竟需要或者适合哪一类型的金融产品。因而,满足投资者主观需要、适合投资者的客观情况并且能够实现金融产品与投资者的有效匹配乃是投资者适当性原则所确立的“适当性”的终极旨趣。在传统的标准化金融产品时代,无论是银行客户,还是投保人,抑或是此处所言的投资者,上述主体都知道其购买的金融产品对自己意味着什么——能够获得多少收益、承担多大的风险。然而,现代化、结构化的金融产品突破了其购买者的知识、能力空间,尤其是投资者不知道投资此种金融产品将会带来什么。具言之,结构化金融产品的专业性、技术性、复杂性使金融产品的购买者不知道其是否适合购买此种类型的产品,其能否承担得起此种金融产品所蕴含的风险。事实上,投资者适当性原则正好解决了此项问题,其要求金融产品或服务的提供者要了解金融产品购买者的客观情况、主观诉求,并将与购买者之风险承受能力相适应的金融产品或服务推荐销售给购买者,当然其也可以结合投资者的实际情况专门设计适合于此类或个体投资者的金融产品或服务。

值得注意的是,投资者适当性原则所蕴含的“适当性”与一般消费者保护中的“可使用性”存在一定的共性。在一般消费者的保护之中,对经营者所提供的商品或服务有一项基本要求——可使用性,即用以满足产品或服务之所以能够成为交易商品,并为消费者所接收或需要的基本功能。事实上,“可使用性”标准的提出有其特定语境,即产品或服务的购买者基于自身的特定需求而购买,但是其自己没有必要的知识、能力去直接判定经营者提供的产品或服务能否满足其对产品或服务的基本诉求,因而产品或服务的购买者便需要承担起其提供产品或服务能够满足购买者对产品或服务诉求的义务,并且此项义务即使未被规定于契约之中。投资者适当性原则所蕴含的“适当性”莫不是如此,其主要是让合适的投资者获得合适的金融产品或服务。金融产品或服务与其购买者的合理匹配实质上是保证投资者获得适合其自身的金融产品或服务,防止投资者承担本不应由其承担的超额风险,尽管这与普通产品或服务消费者所需要的使用价值或可使用性不相一致,但是都是对购买者主观需求的满足。因而,无论是“适当性”,还是“可使用性”,其都蕴含产品或服务的提供者对购买者承担默示的担保义务,都对产品或服务购买者能力的不足问题予以解决,并最终保证其所出售的产品或服务能够符合消费者的主客观需求。

(二)形式方法维度:均是对不对等“权义结构”关系的介入

从传统的标准化金融产品到现代结构化金融产品的发展,金融产品的信息性、风险性与复杂性特征更加明显,而金融服务提供者与金融服务接受者之“权义结构”关系呈现出高度不对等的格局。[①] 金融服务提供者与金融服务接受者之“权义结构”关系不对等现实的出现,除金融产品或服务创新这一市场问题之外,另一重要原因是与金融交易相关之法律规范的不完备。金融交易作为商事交易在金融领域的延伸,金融法对金融交易的规范基本上都交由传统的民商事私法规范予以调整,始终遵循的是私法自治的理念,具体到金融交易之中即体现为“契约自由”“买者自负”等原则适用,而这本质上源于对金融交易双方法律地位平等、水平能力相当的假定。然而,随着金融创新的发展,金融产品或金融交易结构越来越复杂,传统的信息披露已经无助于不具有信息识别、信息处理能力的投资者自主作出合理的投资决策,最终即形成了金融服务提供者与金融服务接受者之“权义结构”关系的不对等。在此语境之下,为了更好地保护投资者的合法权益,诚实信用原则开始替代意思自治原则之“帝王条款”“买者自负”向“卖者审慎”转换,落实到具体制度或者权利义务层面,即体现为投资者的“增权”与金融机构义务的“加重”,同时在归责原则、举证责任、因果关系认定等层面也进行了修正——从过错责任到过错推定、无过错责任的发展,举证责任倒置规则的确立及因果关系推定原则的适用等。

综上所述,投资者适当性原则显然是围绕着投资者与金融机构“权义结构”关系而展开,其中,证券领域投资者的“增权”与金融机构义务的“加重”使投资者具有了消费者的属性,而金融机构便具有了经营者的属性。然而,如果仅仅停留在“权利—义务”的倾斜性配置层面,这依然是在私法的领域范围之内来解决投资者的弱势问题。正如“消法”一样,其不仅只是对消费者的权利、经营者的义务进行规定,而且有专门的消费者保护机构来对经营者义务的履行进行监督管理,违反义务者不仅要对受侵害消费者之损失进行赔偿,同时还要接受消费者保护机构行政层面的惩罚。值得注意的是,传统的金融法主要是从金融监管机构与金融机构之间监管与被监管的二元结构关系出发,而投资者适当性原则的引入则将金融监管机构与金融机构之间

① 参见王锐:《金融机构的适当性义务研究》,法律出版社2017年版,第33页。

监管与被监管的二元结构关系导向了涵括金融监管机构(金融消费者保护机构)、金融机构、投资者在内的三元结构关系,即金融监管机构单纯地对金融机构进行监管向介入金融机构与投资者之间的交易关系转变。显然,"当适当性义务成为券商承担的强制管理性义务时,该义务相对人不仅是交易方,还有管理机关。监管机关可以对金融机构不当销售行为进行处罚"。① 另外,从二元机构关系向三元结构关系的转变,意味着金融监管理念的转换——从单纯为了维护金融安全、秩序稳定而监管向兼容维护投资者转变,体现在金融监管层面即是从单纯地审慎监管向兼容审慎监管与行为监管转变。其中,行为监管理念确立的核心目标之一即是更好地维护金融领域处于弱势地位的金融产品或服务的购买者,具体落实到制度或者权利义务关系层面则主要体现为投资者适当性原则的确立。质言之,投资者适当性原则的确立在根本上即是通过将金融监管机构引入金融机构与投资者的交易关系中来,以改变金融市场实践中金融机构与投资者之"权义结构"关系不对等的问题,以更好地保护金融领域处于弱势地位的投资者,更准确地说是消费者的合法权益。

四、证券领域消费者权利保护观念的确立

机构投资者、个人投资者及中小投资者等概念是对证券领域投资主体的典型或通用表达方式,也是依据投资者是否是组织体、投资者彼此之间的强弱等标准进行划分的结果,并且不同的划型标准也将承载着相异的目的和意义。证券领域"消费者"概念的提出,已经超越了传统的在投资者群体内部进行划分的标准,是以一种全新的视角来看待证券领域中的投资主体,即从其与交易相对人地位的强弱标准来进行划分。当然,证券领域"消费者"概念的提出必然有其特定的目的及其实现方法,并且不可避免地要回应其与既有划型分类标准之间的异同,因而在证券领域引入"消费者"概念首先需要解决的问题即是传统意义上的投资者与现代意义上的消费者之间的关系,厘清彼此之间的价值旨趣及实现路径等。从既有研究成果来看,证券领域中投资者与消费者之间究竟存在何种关系,可谓智仁相间、分歧纵深,其中较具代表性的观点概括如下。②

第一种是并列关系。并列关系观点之支持者认为投资关系与消费关系具有截

① 翟艳:《我国投资者适当性义务法制化研究》,载《政治与法律》2015年第9期。

② 本书以承认"金融消费者"概念为前提,目前学界也有观点否定"金融消费者"一词的合理性。参见刘少军:《客户不是消费者 两者的"保护"有着本质区别》,载《法治周末》2010年6月3日,第18版。

然不同的特性，投资行为具有以营利为目的的特性，而消费行为则具有非营利性，因而投资者与消费者的关系应当泾渭分明。是否具有营利性成为区分投资者与消费者的一项重要标准，而此项标准的设定基础是行为目的的差异。当然，观点相反者认为以消费者与投资者是否需要承担风险、是否以获利为目的作为判断标准，投资者不应当作为消费者而得到保护。[①] 另外，从行为方式或者资金流向的角度则可将资信授予标准作为区分二者的依据，"如果自然人在金融契约关系中作为资信授予方，即交付资金并按合同获取收益，则该自然人个体应认定为投资者。如果自然人在金融契约关系中接受资金并支付资本使用的价格，则将其认定为金融消费者"。[②] 将投资者和消费者进行并列的观点在立法上能够获得实践支持，如美国《多德—弗兰克法》不仅单章对"消费者金融保护署"进行规定，也单章规定了"投资者保护与证券监管改进"，显然在美国金融立法与监管当局的视野中，消费者与投资者应属于并列的概念。转换视角到国内，从监管部门的改革实践来看，中国人民银行、原银监会与原保监会均在其规范性文件中承认了"金融消费者""银行消费者""保险消费者"等概念，但证券行业及其监管部门则依然习惯性地沿用"投资者"这一概念。

第二种是包含关系。持包含关系观点者认为只要是接受了金融服务的主体，不管是自然人还是法人均属于消费者，而不需要区分金融服务的类别，只是有部分消费者具有特殊性，即"有些消费者由于其自身具有金融专业知识和相当的经济风险承受能力，购买或接受某些高风险性的金融商品或服务，可被归为金融投资者（金融消费者中的专业投资者），因而金融消费者与金融投资者是包含与被包含的关系"。[③] 质言之，金融领域"需要构建统一的金融消费者概念，即专业投资者和一般投资者都嬗变为金融消费者，与存款人、投保人、受益人等传统金融消费者共同组成统一的金融法主体"。[④] 与持并列关系观点相似，消费者与投资者的包含关系也已经获得了立法或监管的实践支撑。如作为英国金融监管基本法的《2000 年金融服务与市场法》（Financial Service and Marketo Act 2000），其首次采用了"金融消费者"这一概念，并且 2012 年该法被重新修改之后，"金融消费者"的外延有所突破，不仅横贯整个金融行业，而且也将各种类型的企业纳入其中——"《2012 年金融服务法》

---

① 参见赵锋：《金融消费者概念探析》，载《金融理论与实践》2012 年第 1 期。

② 王振栋：《论金融消费者与投资者的识别标准》，载《上海金融》2011 年第 6 期。

③ 杜晶：《金融消费者的界定及其与金融投资者的关系》，载《中国青年政治学院学报》2013 年第 4 期。

④ 杨东：《论金融消费者概念界定》，载《法学家》2014 年第 5 期。

所规定的金融消费者的范围相当广泛，不限于自然人，不限于非专业人员，甚至也不限于中小企业。正如英国财政部在其辅助立法草案中所指出的：金融服务在经济中扮演的角色使得消费者从个人零售客户和小企业到专业投资者和大公司不一而足。因此，‘消费者’的定义相对宽泛，既包括非企业消费者也包括企业消费者”。[①] 据此可得知，在金融领域中，“消费者”可以成为一个横贯金融行业的大一统概念，“投资者”只是这一宏观概念的下位范畴。

如上所述，金融领域中消费者与投资者之间的关系可谓众说纷纭，并且均有自己的理论与实践依据，因而真正要厘清两者之间的关系，需要回到问题的原点，即从“为什么要引入‘消费者’这一概念谈起”。从金融监管的法制实践角度来看，不同国家或地区引入这一概念的初衷可谓差异甚远，但大致有以下三个方面。

一是寻求统合规制的切入点。所谓统合规制，是指一种跨越金融行业界分的立法与监管理念，“消费者”一词提供了这样一种可能性和话语平台，可以统一金融行业各类法律关系的主体，从而推动金融行业的统合规制进程。采用统一监管模式的英国即通过2000年《英国金融服务与市场法》对“消费者”一词进行了明确界定。同时，我国台湾地区的金融监管立法实践也具有代表性，早在2007年我国台湾地区“金管会”就曾推出“金融服务法草案”，计划制定各行业共同遵守的规范，但由于修改力度过大，草案一直未获通过，而后借助金融危机的推动作用，2010年颁行了“金融消费者保护法”，并将金融领域中的消费者定义为“接受金融服务业提供金融商品或服务者”。除此之外，该“法”还规定金融服务业涵盖各类金融行业，“包括银行业、证券业、期货业、保险业、电子票证业及其他经主管机关公告之金融服务业”。就这一意义而言，“金融消费者保护法”是我国台湾地区金融监管法治朝向统合规制迈进的一次尝试。

二是探寻金融立法的新思路。“消费者”一词更多是对作为金融机构交易相对方的称谓，因而该概念的引入为立法者提供了一种完善金融立法的新视角，即从纵向监管立法向横向交易立法转变。传统金融立法以纵向金融监管为核心，强调对金融监管当局与金融机构之间关系的规范调整，而忽略了横向的金融交易关系，消费者保护理念的引入则恰好提供了一种横向规制视角。在金融领域的横向规制层面，日本的金融监管法制实践比较具有典型性——早在此次金融危机之前，日本就曾在

---

① 廖凡：《理论突破与机制创新：英国金融消费者保护的晚近发展及其启示》，载《社会科学》2013年第8期。

20世纪90年代遭受银行业危机，而作为危机后对金融立法体系的反思，日本于2001年颁行《日本金融商品销售法》，2006年又出台《日本金融商品交易法》，这两部法案均具横向规制的特性，并且以金融商品交易领域中的消费者保护为重心。值得注意的是，“金融立法的横向化改造，要求彻底改变传统的纵向金融法律体系，建立一个以金融商品为调整对象，促进金融创新、保护金融消费者的横跨式金融法律体系”，①而横断式金融立法恰好是从单一金融监管机构视角向消费者保护视角的思路转换。

三是提供完善监管架构的方向。澳大利亚的“双峰”监管体制既重视宏观审慎监管，也重视对金融机构具体行为的监管及对消费者的保护，在“后金融危机时代”该体制为各国监管者所青睐，金融领域中保护消费者的专门机构纷纷成立，如美国的消费者金融保护署（Consumer Financial Protection Bureall，CFPB）和英国的金融行为监管局（FCA）等，保护消费者成为此次应对危机的经验总结，也为各国金融监管架构的改善提供了理论上与实践中的指引。

显而易见，金融领域“消费者”概念的提出或“消费者”保护理念的确立不纯粹是理论推演的产物，因而我国引入该概念的关键点在于我国金融监管法制实践中需要什么样的“消费者”概念。从国内立法与监管实践来看，“消费者”保护理念的引入的确在改进金融监管框架方面发挥了重要作用，金融危机以后中国人民银行金融消费权益保护局、原中国银监会银行业消费者权益保护局、原中国保监会保险消费者权益保护局、中国证监会投资者保护局等专门机构相继设立，这在一定程度上提高了我国金融监管的整体水平，但在跨行业统合规制和横向金融立法方面，“消费者”保护理念的具体时间却无太多建树，与之相关的主要是中国人民银行联合银保监会、证监会、外汇局等部门共同发布的《关于规范金融机构资产管理业务的指导意见》。（银发〔2018〕106号）值得注意的是，跨机构、跨产品、跨行业的统合规制与横向金融立法本身就具有相通性，所谓统合规制，其本身就包括了跨机构、跨产品、跨行业金融监管体制的构建及金融行业相关立法的整合，随着金融业混业经营的发展，横向金融立法必然超出某一金融行业的范畴。总而言之，金融领域中的“消费者”概念目前尚未形成一个被普遍接纳的权威定义，究其实质而言，并不仅仅是缘于此概念本身的理论纠结，更在于金融服务的统合规制理念尚未被普遍接受。如上所述，主张金融服务统合规制的学者大多赞同“大一统”的消费者概念，即将金融市场

---

① 何颖：《浅析日本的金融消费者保护制度改革》，载《日本学刊》2011年第1期。

中所有与金融机构相对应的主体一并纳入其中,“投资者”则作为“消费者”的下位概念,而主张维持分业监管现状的学者则大多认为消费者与投资者是不同类型的群体,二者之间呈并列关系。

进一步讲,在维持现有分业监管体制现状的基础上,暂不考虑金融行业统合规制的情况下,消费者保护观念被引入证券领域是否具有意义？如不考虑逻辑与语言上的严密性,消费者保护与投资者保护存在诸多共同之处。正如,二者都强调分级、分类保护,其中,消费者保护理论认为“基于金融学资产—资本定价理论,统一的金融消费者需要进一步分为一般的金融消费者和专业的金融消费者”。① 同时投资者保护理论也认为需要加强对类似中小投资者、个体投资者、非专业投资者或者“零售投资者”等的差异化保护。从具体的作用机理来看,消费者保护理论与投资者保护理论均主张在证券领域消除或弱化信息不对称,对处于弱势地位的投资者进行倾斜性保护。因而,“无论如何界定金融消费者,也无论如何处理金融消费者与投资者之间的关系,基本出发点都是为金融市场上一定范围内的弱势交易主体提供倾斜性的保护。在这个意义上,金融消费者保护和投资者保护的基本精神和原则是相通的”。② 在此背景下,证券领域中所谓的消费者还有存在意义吗？在笔者看来,即便是在维持既有分业经营、分业监管体制现状的基础上,金融领域中的消费者亦因其以消费者身份看待资本市场中弱势群体的独特视角,以及以消费者权利来保护弱势群体的特有方法而具备了存在的必要性与实践可能性。以司法实践为例,2016 年 9 月,广东省深圳市中级人民法院出具的民事判决书[(2016)粤 03 民终 4548 号]明确指出,当事人与证券公司之间存在双重法律关系:一是证券交易代理合同关系。该类合同是证券投资者与证券公司之间依据《证券法》规定,因证券经纪业务而签订的约定双方权利义务关系的协议。从投资者角度是为了证券投资需要,基于营利目的,此类合同具有平等主体之间的商事合同的表征。二是证券服务提供商与非职业证券投资者之间的金融消费法律关系。尽管当事人作为证券投资者与为了生活消费需要购买、使用商品或者接受服务的普通消费者并不完全相同,但是,随着时代的发展,个人和家庭财富的增长,消费者的生活需要不仅仅局限于吃饭穿衣等基本物质需求,为了保障物质和服务消费需求而实现个人和家庭财富保值增值的金融投资需求也成为普遍需求,日益成为个人生活的重要组成部分。由此可知,证券领域消

① 杨东:《论金融消费者概念界定》,载《法学家》2014 年第 5 期。

② 同上。

费者保护理念的影响力正在逐渐扩大,并且表现为实践中消费者保护理论正在逐渐成为司法机关判案的依据。是故,承认包括业余证券投资者在内的参与金融活动的个人的消费者身份,将消费者保护理论扩展到金融领域,是国内外金融法和消费者权益保护法领域的普遍理论共识和立法趋势。总体来讲,在证券领域,不必过于纠缠投资与消费、营利性与非营利性,是否属于生活消费、是否包括企业等技术细节,消费者与投资者完全可以并行不悖,与其纠结于二者之间的关系,不如认可两套体系存在的合理性,证券领域的消费者就是以消费者保护方法或路径维护其权益的弱势群体的代名词,二者的区别也仅仅在于如何界定弱势群体、以何种标准来界定弱势群体,以及以何种方法来保护弱势群体。

第二节　证券领域消费者权利保护规范的发展

一、证券领域消费者保护规范的境内实践

由于既有金融立法、监管部门对投资者概念的使用习惯,以及分业经营、分业监管体制的影响,消费者保护理念在资本市场的影响力要远远小于投资者保护理念,突出表现之一就是金融危机之后对证券领域各类弱势群体的保护仍冠以投资者保护之名,如 2013 年国务院办公厅发布的《关于进一步加强资本市场中小投资者合法权益保护工作的意见》(国办发〔2013〕110 号),2014 年国务院《关于进一步促进资本市场健康发展的若干意见》(国发〔2014〕17 号)中也提到要“坚决保护投资者特别是中小投资者合法权益”。与此同时,金融其他子领域中的弱势群体却可以获得消费者的身份和地位,并获得相应的救济途径,如同一时期中国人民银行出台的《金融消费权益保护工作管理办法(试行)》(银办发〔2013〕107 号),银监会出台的《银行业消费者权益保护工作指引》(银监发〔2013〕38 号),保监会出台的《关于加强保险消费者权益保护工作的意见》(保监发〔2014〕89 号)等。

值得关注的是,近年来消费者保护理念在金融领域中对顶层制度设计者的影响力正在逐渐加强,其中具有阶段性意义的规定是 2015 年 11 月国务院办公厅《关于加强金融消费者权益保护工作的指导意见》(国办发〔2015〕81 号),这一规范性文件之所以重要,原因体现在三个方面:其一,文件中将“一行三会”(2018 年银监会和保监会并为银保监会,现已调整为“一行两会”)统称为金融管理部门,金融消费者保护工作是所有金融管理部门,包括证券监管部门的职责;其二,将银行业、证券业、保险业及其他从事金融或与金融相关业务的机构统称为金融机构,保护金融消费者是

所有金融机构,包括证券业机构的义务;其三,第一次将金融领域中消费者应当享有的权利以权利清单的形式在较高级别的规范性文件中予以展现,具体包括财产安全权、知情权、自主选择权、公平交易权、依法求偿权、受教育权、受尊重权、信息安全权等基本权利。

从总的发展趋势来看,证券领域中消费者权益保护的规定将会越来越多。但就司法角度而言,目前能够作为裁判依据的只有"消法",而该法存在两方面的不足:其一,核心范畴不明。"消法"仅规定"消费者为生活消费需要购买、使用商品或者接受服务,其权益受本法保护",但学理上非营利性是解释"生活需要"的核心要素,而金融领域中消费者购买金融商品或服务不可避免地带有保值增值的目的。因此,就严格解释的角度而言,很难将适用于其他消费者的规定统一适用于证券领域中的消费者。其二,条文较为单一。"消法"第 28 条是目前明确适用于证券类金融机构的条文,但从其规定来看,该条对证券类金融机构的要求是"应当向消费者提供经营地址、联系方式、商品或者服务的数量和质量、价款或者费用、履行期限和方式、安全注意事项和风险警示、售后服务、民事责任等信息",也就是说仅限于信息披露义务,经营者需要承担的法定义务较为单一。由于前述两方面缺陷,实践中,金融领域大量希望获得"消法"保护的弱势群体其诉求难以得到满足。从目前收集到的资料来看,司法判例中认为中小投资者不应当视同为消费者,不受"消法"保护的观点较为普遍,广东省深圳市中级人民法院出具的民事判决书[(2016)粤 03 民终 4548 号]认为应当适用"消法"的规定实属罕见。很有意思的是,几乎同一时期,被告也是国信证券股份有限公司,也是有关佣金方面的纠纷,辽宁省大连市中级人民法院出具的民事判决书[(2016)辽 02 民终 344 号][①]却认为股票交易属于投资行为,其是以营利为目的的证券投资活动,并非消费,不适用"消法"对消费者进行保护的规定。

二、证券领域消费者保护的不同立法模式

由于境外各国或地区立法进程不一,对"消费者"这一核心概念的理解也存在诸多差异,因此本书对证券领域消费者保护制度境外发展的介绍也采取了相对宽松的态度,不拘泥于形式上的严谨性,而仅仅对各主要国家或地区证券领域当中与消费

---

① 参见《梁玉和诉国信证券股份有限公司大连和平广场证券营业部等侵权责任纠纷二审民事判决书》,载裁判文书网:http://wenshu. court. gov. cn/content/content? DocID = e3ed468c-ea20-42e9-8576-1c72b7b7f43d&KeyWord = 金融消费者|投资者#,最后访问日期:2018 年 11 月 23 日。

者(投资者)保护相关的立法动向和监管制度等从立法模式上作一分类介绍。

(一)单独立法模式

在单独立法模式中,证券领域中的消费者(投资者)保护制度拥有独立的保护理念、保护机构、保护对象和保护方法,与其他金融领域中的保护制度截然分开。纵观世界各国金融立法,最具代表性的单独立法模式应该是美国的金融法律制度,即便是在金融危机之后,加强金融消费者保护已经成为普遍共识的情况下,这种单独立法的格局依然没有改变。2009 年 6 月,时任美国总统奥巴马向国会提交了名为《金融监管改革:重建金融监管新基础》(Financial Regulatory Reform:A New Foundation:Rebuiding Financial Supervision and Regulation)的报告,在第三部分“保护消费者和投资者免受金融滥用行为的侵害”(Protect Consumers and Investors from Financial Abuse)中建议创设一个新的联邦机构消费者金融保护署(Consumer Financial Protection Bureau,CFPB),该机构主要职能是保护金融产品和服务市场中的消费者,但前述金融产品和服务不包括已被美国证监会和美国商品期货委员会所监管的投资产品和服务。

2010 年 7 月 15 日,《多德—弗兰克法》最终通过。该法延续了前述报告的基本精神,将投资者保护和消费者保护分列在第九章“投资者保护和加强证券监管”(Investor Protections and Improvements to the Regulation of Securities)及第十章“消费者金融保护署”(Bureau of Consumer Financial Protection)。

从前述规定可以看出在金融危机以后,加强消费者权益保护已经成为美国立法者的共识,但由于分业监管的传统习惯,美国在证券领域中对弱势群体的保护依然是以投资者保护为主线,尽管都需要加强保护力度,但金融领域中消费者和投资者依然是泾渭分明的两类主体,并由不同的机构负责保护。

(二)统一立法模式

在统一立法模式中,证券领域中的消费者(投资者)保护制度与其他金融领域中的保护制度在不同程度上有融合的趋势,甚至完全保持一致。这其中融合最为彻底的是英国的金融法律制度。1986 年,英国议会通过了《英国金融服务法》(British Financial Services Act),启动了被称为“大爆炸”的金融体制改革。1997 年,英国政府进一步提出全面改革金融服务法制的建议,并于当年成立金融服务监管局(Financial Service Agency,FSA),监管包括证券行业在内的英国所有金融服务业。英国《2000 年金融服务与市场法》适用于所有金融领域,其中对监管者确定的四大监管目标之一即是保护消费者,而且在该法中首次出现了“金融消费者”这一概念。

受2008年金融危机的影响，英国政府在2012年颁布新的《金融服务法案》(British Financial Services Act)，撤销了金融服务监管局，新设金融行为监管局(Frnancial Services Authority，FCA)和审慎监管局(Prudential Regulation Authority，PRA)，但这一分工并未影响对“金融消费者”这一概念的统一适用，相反该法案将保护金融消费者的职责明确赋予了金融行为监管局，该局三项操作目标(operational objective)之首要目标即是保护消费者。此外，该法案中关于“消费者”(consumer)、“受监管金融服务”(regulated financial services)、“金融工具”(financial instrument)等的定义均带有跨行业立法的色彩，即不以行业划分金融机构或者金融服务，进而针对各个行业区别立法，而是将所有金融领域，包括证券机构、证券业务等统一纳入调整范围，因此英国2012年颁布的《金融服务法案》及其他相关金融法案均统一适用于证券领域，相关投资主体均可获得消费者的身份和相应的救济途径。

除融合最为彻底的英国金融法律制度以外，日本和我国台湾地区的金融法律制度也在统一立法模式中具有一定代表性。20世纪80年代，日本泡沫经济破灭，银行业遭受重创，客观上推动了1996年日本版“金融大爆炸”改革。放松管制及打破分业经营体制是此次改革的重心，但鼓励金融创新和混业经营在推动金融业发展的同时，也出现了诸多问题。一是当时日本金融法制仍然采用行业立法模式，不同行业适用不同规则，因此出现了同种性质的金融商品和服务需要适用不同行业立法的现象；二是侵犯消费者权益的事件日渐增多，消费者维权难、民事赔偿责任缺失等问题日益突出。“相关的纠纷无论在数量还是内容类别上都呈现出急速增长趋势。证券市场上有外汇保证金纠纷、证券投资基金纠纷，保险市场上有‘无认可共济’‘变额保险’损失纠纷，信贷市场上有‘工薪高利贷’‘过剩贷款’纠纷等。”[①]鉴于此，2001年日本颁行《金融商品销售法》，开始迈出金融行业统合立法的第一步。

日本2001年颁行的《金融商品销售法》全文仅9个条文及3项附则，在系统性方面存在一定缺失，但其积极意义是不容忽视的。该法明确规定了金融商品销售者的说明义务和适当性义务，以及相关的民事赔偿责任，并第一次打破金融行业的壁垒，要求所有金融商品的销售者及金融服务的提供者遵循该法，可以说这是日本金融行业统合立法的一次尝试。

为了进一步推动金融法制改革，在日本《金融商品销售法》的基础上，2006年6月，日本国会审议通过《金融商品交易法》，该法废除了《金融期货交易法》《外国证

---

① 何颖：《金融消费者权益保护制度论》，北京大学出版社2011年版，第59页。

券业者法》《有价证券投资顾问业规范法》《抵押证券业规范法》4 部法律，同时为了配合该法的运行，对《银行法》《保险业法》《信托业法》等 89 部与金融相关的法律进行了调整。该法的初衷是希望借鉴英国《2000 年金融服务和市场法》的立法模式，实现金融领域的跨行业立法，因此在这一部法律当中虽然沿用了“有价证券”这一概念，但相比较于原《证券交易法》，其在外延上却有了较大突破，“有价证券”的类型多达 21 种，几乎可以等同于投资类的金融商品。此外，为了确保同种类型的金融商品适用同一规则，“该法针对广告规制、合同缔结前的书面交付义务、书面解除、禁止行为（提供虚假信息、提供断定的判断、未经邀请劝诱）、禁止填补损失、适合性规则等各方面确定了行为规范，其他行业法（如银行法、保险业法、信托法等）均准用这些行为规范，接受同样的行为规制，以保证行为规制的统一性”。①

需要指出的是，日本《金融商品交易法》虽然带有统合立法的特点，但该法主要用于规范投资类金融商品的交易行为，是在调整日本《证券交易法》等资本市场立法的基础上产生而来，因此在这一部法律中并未采纳“消费者”这一概念，日本《金融商品交易法》的英文版仍然采用的是“投资者保护”（protection of investors）这一表述。当然，也有学者指出，日本《金融商品交易法》仅仅是日本金融法制改革的阶段性成果，未来改革的目标是要创立一部日本版的“金融服务法”，要“彻底调整传统的纵向金融法律体系，建立一个以金融商品为调整对象、促进金融创新、保护金融消费者的横跨式金融法律体系”，②在那时消费者或者类似概念应该能够成为“金融服务法”的核心范畴之一。

除英国和日本金融法律制度以外，统一立法模式中我国台湾地区的金融“法律”制度也具有很强的代表性。2004 年 7 月，我国台湾地区行政管理机构“金融监督管理委员会”成立，负责对包括资本市场在内的所有金融领域和金融机构进行监管，但仍沿用行业立法模式，在资本市场中有“证券交易法”“期货交易法”“证券投资信托及顾问法”。此外，还有专门的“证券投资人及期货交易人保护法”。

2008 年，岛内爆发了“雷曼公司连动债事件”，造成了恶劣的社会影响，也暴露

---

① ［日］神田秀树：《金融商品取引法的构造》，载《商事法务》2007 年第 1799 号。转引自杨东：《论金融法制的横向规制趋势》，载《法学家》2009 年第 2 期。

② 何颖：《浅析日本的金融消费者保护制度改革》，载《日本学刊》2011 年第 1 期。

出投资者保护机制存在的不足。① 在此背景下,2011 年 6 月,我国台湾地区出台了“金融消费者保护法”。其积极意义体现在三个方面:一是旗帜鲜明地以保护消费者作为基本名称,这在亚太地区,乃至世界范围内来看均属首创。二是对金融领域中的消费者进行了统一认定,其第 4 条明确将金融领域中的消费者定义为“接受金融服务业提供金融商品或服务者”,同时排除了专业投资机构和符合一定财力或专业能力之自然人或法人。三是在第 7 ~ 12 条当中系统阐述了消费者应当享有的各种权利,以及金融服务业者应当承担的各类义务。从前述规定可以看出我国台湾地区的金融法制也在不断朝着统合规制的方向发展,证券领域中的消费者与其他金融领域的消费者同样能够获得专门立法的保护,对其身份的认定及权利的救济并未受到行业立法模式的影响。

(三)境外证券领域消费者保护制度的简要评述

从前文介绍可以发现,以美国为代表的单独立法模式以金融领域分业立法为背景,尽管形式上美国出台了内容丰富的《多德—弗兰克法》,但究其实质仍然是遵循了原有的分业立法格局,“消费者”与“投资者”仍然是泾渭分明的两类主体,由不同的监管机构负责保护,并分别适用不同的规则及监管标准,证券领域中仍是沿用原有的证券投资者保护模式。

以英国、日本、我国台湾地区为代表的统一立法模式不管是在证券领域还是在其他金融领域均适用基本一致的投资者(消费者)保护规则,但尽管如此,因为各国或地区金融领域整体立法模式的不同又呈现出不同特色。

英国在金融立法方面以跨行业统合立法为特点,不仅消费者(投资者)保护制度进行融合,其他金融立法也采用统一立法模式,不再受制于行业界分。日本的金融立法目前正在整合过程中,而发端正是证券领域的立法,从《证券交易法》再到《金融商品销售法》和《金融商品交易法》。在这一统合过程中,证券领域的消费者(投资者)保护制度逐渐保持一致,其效力范围正在逐渐延伸到其他金融领域。我国台湾地区与二者又有所不同,我国台湾地区的金融法制改革并未轻易改变现有的分业模式,而是另辟蹊径,将各金融行业立法中有关弱势群体保护的条款进行了整合,并在借鉴金融危机之后各国最新立法动向及理论研究成果的基础上,专门出台了“金

---

① 在这场金融危机中,我国台湾地区的台湾银行采用特定金钱信托方式,以受托人身份在境外购入雷曼公司连动债,并存放在银行在海外存托机构的保管账户中。由于银行仅提供顾问服务,由投资者自行决定是否投资,因此不适用台湾地区“证券交易法”有关发行和募集的规定,证券投资者也很难获得“证券投资人及期货交易人保护法”的救济。

融消费者保护法”，明确了消费者的定义，又以清单形式罗列了消费者应当享有的权利。可以说，在最小化改革阻力的前提下，顺利实现了投资者（消费者）保护制度的统一适用。

三、证券领域消费者保护规范的优化完善

我国目前证券领域消费者保护制度，其特点可以归纳为两个方面：第一，理念不清晰。消费者保护理念及制度是否有必要引入证券领域，这一前提性问题在理论界和实务界仍存有争议，如何回应金融危机后对弱势群体保护的客观需求？如何进行顶层制度设计以推动我国金融法制的革新？凡此种种均缺乏一个清晰的指导思想。第二，体系不完善。2015 年 11 月国务院办公厅《关于加强金融消费者权益保护工作的指导意见》是一份纲领性的文件，对证券领域消费者权益保护体系的建设有很重要的指引作用，但需要看到的是这份文件仍未上升到法律层面，不能作为司法裁决的依据，而能够作为司法裁决依据的，最严谨意义上的保护证券领域消费者的条款仅有《消费者权益保护法》第 28 条①的规定，可以说远远达不到制度体系的程度，即便是可以作为参照或者援引的投资者保护方面的法律法规也远远落后于实践需要，我国《证券法》当中直接涉及投资者保护的条款可以说屈指可数。在此背景下，我们认为有必要从以下几方面完善现行金融法律规范。

（一）将消费者保护理念引入投资法制变革中

从前文分析可以看出，消费者保护理念及制度应当引入证券市场，其理由可以是多方面的。

第一，从宏观角度来看，金融危机以后，各国金融监管机构均在反思和检视既有的金融监管架构和规则体系，我国金融领域中的分业经营、分业监管体制，以及以“一行三会”（现已调整为“一行两会”）等为基础的机构监管模式能否应对新形势的变化值得探讨。近年来，我国金融业发展明显加快，形成了多样化的金融机构体系、复杂的产品结构体系、信息化的交易体系，以及更加开放的金融市场，特别是综合经营日趋明显，这给现行的分业监管体制带来重大挑战。鉴于此，2016 年发布的《国民经济和社会发展第十三个五年规划纲要》中明确规定要“强化综合监管和功能监

---

① 《消费者权益保护法》第 28 条规定：“采用网络、电视、电话、邮购等方式提供商品或者服务的经营者，以及提供证券、保险、银行等金融服务的经营者，应当向消费者提供经营地址、联系方式、商品或者服务的数量和质量、价款或者费用、履行期限和方式、安全注意事项和风险警示、售后服务、民事责任等信息。”

管”,“建立针对各类投融资行为的功能监管和切实保护金融消费者合法权益的行为监管框架,实现金融风险监管全覆盖”,在此情形下,将消费者概念引入证券领域能够在金融市场形成统一的基础概念和话语体系,有助于打破既有的分业监管模式,也有助于综合监管和功能监管模式的构建。

第二,从微观层面来看,由于消费者概念无法引入证券领域,以至于消费者保护体系在证券市场中迟迟不能建立,相对较为成熟的消费者权益保护制度和保护方法等无法适用于证券领域中的弱势群体,这在很大程度上是在漠视弱势群体的合理诉求,同时也是对既有制度供给的巨大浪费。

综上所述,在目前我国证券投资者保护制度体系尚不健全的背景下,与其另起炉灶探讨投资者保护体系的建构,在不同行业形成不同的保护理念和保护体制,不如引入既有的消费者保护理念及制度,这种做法不仅有助于完善金融监管体制、有利于保护资本市场中的弱势群体,同时也可以在最大限度上节约立法资源。

(二)证券领域消费者保护的立法路径选择

2008年金融危机之后,金融领域中的消费者概念逐渐引起重视,这一概念是在金融业务不断创新,综合经营日趋明显,以及金融风险日渐加剧的背景下产生的,其提出本身既是应对金融危机的经验总结,同时也代表着“后危机时代”各国对金融监管体制改革方向的判断。将消费者保护理念引入我国证券领域必然引起金融法制的变革,这是一个牵一发而动全身的问题,如何设计制度演进的路径需要慎重考虑。从前文关于境外证券领域消费者保护制度的介绍中可以发现,境外各国或地区有关金融法制改革的路径各有特色,并没有一个整齐划一的模式,而主要是依据各国或地区的本土实践。

在长期坚持分业经营、分业监管体制的背景下,我国金融法制也呈现出分业立法的特色。1993年12月,国务院颁布《关于金融体制改革的决定》,明确对银行业、证券业、信托业、保险业等实行分业经营体制。之后,1995年5月《商业银行法》颁布,1995年6月《保险法》颁布,1998年《证券法》颁布,2001年《信托法》颁布,初步形成了分业立法的格局,与此同时,证监会、保监会、银监会等行业监管部门形成,也在各自行业出台了众多的监管规则,从而形成了相对较为完善的行业立法体系。通过长期的立法发展,各行业均已形成了相对自洽的制度体系,虽然在应对金融创新性业务及综合类业务方面有一定欠缺,但基本的制度框架是完整的。在此背景下引入消费者保护理念、完全打破既有的分业立法格局,必然引发金融体制的动荡,有违循序渐进的改革宗旨。因此,在保护消费者及尽量避免破坏既有金融法制之间寻求一个折中的方案是设计立法路径的关键。

前述美国、英国、日本、我国台湾地区4种立法模式，各有不足之处。第一，美国模式仍然坚持分业立法体系，该模式并未在证券市场中全面接受消费者理念，而是在既有投资者保护体系中进行修饰和完善，但应该看到的是这种选择是建构在长达百余年的证券立法经验，以及发达而灵活的司法体制的基础之上，如果以此作为我国金融法制改革的方向难度相对较高。第二，英国模式采取的是金融行业大一统的立法格局，也是基于本土实践所作出的选择，其基础是金融行业统合规制20多年的运行。如果在我国采取该模式，作为远期目标具有参考价值，作为当务之急则变动过大，需要较多配套措施，包括金融监管体制的改革、金融法规建设的重新规划等，短期内可操作性不强。第三，日本模式对资本市场中的各类投资者保护法规进行了整合，同时引入了横向立法的概念，即更为强调从平等民事主体相互关系的角度来保护投资者，与传统意义上强调监管，强调自上而下的投资者保护模式有很大不同，在这一意义上，该模式为未来金融领域消费者概念的引入打下了基础，但需要看到的是该模式是从整合资本市场现行立法的角度出发，将所有投资类金融商品进行统一规制，就我国当前立法环境而言仍存在较大难度，新《证券法》迟迟未能出台显然遇到各种阻力，更何况是在此基础上建立金融商品交易法等更具难度的法规体系。第四，我国台湾地区的模式简单明了，直接以“金融消费者保护法”作为名称，堪称一步到位，但采取该模式不可避免地要出现法律位阶的问题，以及与现有“消法”的关系问题。就立法技术的角度而言，是否有必要单独立法也需要探讨。因此，综合上述分析，我们的基本设想是修改现行“消法”及其配套法规体系，在其中明确金融领域中消费者的内涵及外延，列举其所享有的权利，并明确其可获得的救济渠道等，使资本市场中的弱势群体得以运用消费者保护体系来维护自身权益，该设想的有利之处可以概括如下。

第一，在“消法”当中明确金融领域中消费者的地位，可以明确金融领域中消费者与投资者之间的关系，可以借助消费者相对完善的权利谱系和制度体系实现保护金融领域中弱势群体的目的。

第二，通过拓宽消费者内涵的方式实现对资本市场中弱势群体的保护不会触及目前分业经营、分业监管的金融体制，立法阻力相对较小，且可以以此为突破口，为金融监管体制的改革积累经验。

第三，将金融领域中的消费者这一概念纳入“消法”的制度框架之内与目前的立法动态不谋而合。2016年8月，国家工商行政管理总局代国务院起草了《消费者权益保护法实施条例(征求意见稿)》,并公开向社会征求意见,其中多处提及“金融消费者”概念,同时以列举方式详细阐释了金融消费者应当享有的权利类型,可以说第一次在法规层面实现了对金融消费者保护体系的构建,如能正式生效将会对司法实践产生积极意义。

(三)明确证券领域消费者的权利内容

证券领域消费者保护制度的构建一定是权利体系的构建。将消费者概念拓宽至证券市场也就意味着权利体系的统一化适用,需要用消费者保护的理念来重新诠释目前证券投资者所享有的权利,在求同存异的基础上构建证券领域消费者的权利谱系和制度架构。

根据“消法”的规定,普通消费者所享有的权利包括安全权、知情权、自主选择权、公平交易权、获得赔偿权、依法结社权、受教育权、监督批评权等。通过对比可以发现,消费者享有的绝大多数权利类型与目前证券投资者所享有的权利类型或者相关制度的设置目的之间具有异曲同工之处。比如,消费者所享有的自主选择权、获得赔偿权、依法结社权、受教育权、监督批评权等同样为证券投资者所享有;消费者拥有的知情权可以对应证券法律制度中的信息披露制度,以及虚假陈述侵权制度;消费者拥有的公平交易权可以对应证券法律制度中的内幕交易赔偿制度及操纵市场赔偿制度等。总体来看,证券领域消费者保护体系完全可以采取拿来主义,在既有投资者权利保护体系的基础上进行制度构建,从立法技术的角度来看并不存在不可逾越的障碍。

综上所述,我们认为消费者保护理念同样适用于证券领域,这不仅有助于保护证券领域处于弱势地位的投资者,也有助于在宏观层面推动金融监管体制的改革及金融法制的革新。从立法路径的选择来看,我们建议从修改“消法”及其配套法规体系入手,在证券领域逐渐引入消费者的保护体系。就具体制度构建而言,完全可以以消费者所享有的权利谱系为基础,对资本市场中现有的制度框架及权利类型等进行重新诠释,将投资者所享有的权利体系与消费者的保护体系合二为一,从而实现消费者保护理念对包括证券市场在内的各类金融市场、金融产品及金融机构的统一适用。

第三节　证券领域投资者适当性规则的优化完善

证券领域投资者保护制度和消费者保护制度在功能上具有相似性,但投资者适当性规则的产生意味着“买方自负”原则的彻底颠覆，某种意义上已经超出了投资者保护理念的解释范围。因此，虽然投资者适当性规则最初产生于证券领域，甚至早于“金融消费者”这一概念产生之前，①但在我们看来，构建在投资者适当性规则基础之上的规范体系是证券领域中最能体现消费者保护理念的法律规范。

一、证券领域投资者适当性规则的境内实践

在我国证券领域，体现投资者适当性规则的规定最早出现在2003年发布的《证券公司客户资产管理业务试行办法》之中，②其对证券公司所负了解客户、推荐销售等义务，以及投资者的投资权利能力予以规定。2008年由国务院发布的《证券公司监督管理条例》也明确规定，“证券公司从事证券资产管理业务、融资融券业务，销售证券类金融产品，应当按照规定程序，了解客户的身份、财产与收入状况、证券投资经验和风险偏好，并以书面和电子方式予以记载、保存。证券公司应当根据所了解的客户情况推荐适当的产品或者服务”。金融危机以后，投资者适当性规则受到监管层的高度重视，2013年国务院办公厅发布的《关于进一步加强资本市场中小投资者合法权益保护工作的意见》(国办发〔2013〕110号)，明确规定要健全投资者适当性规则，“严格落实投资者适当性制度并强化监管，违反适当性管理规定给中小投资者造成损失的，要依法追究责任”。目前，适当性规则在创业板市场、股指期货、融资融券、债券市场、全国中小企业股份转让系统等领域均已建立。

(一)创业板市场中的适当性规则

2009年，深圳证券交易所开通创业板市场以后，鉴于该市场的高风险性，为保护投资者合法权益，引导投资者理性参与投资，证监会于6月30日出台《创业板市场投资者适当性管理暂行规定》，7月1日，深圳证券交易所发布了《深圳证券交易所创业板市场投资者适当性管理实施办法》。2010年，深圳证券交易所发布《会员持

① “在美国，从事金融服务的专业人士应当向其客户推荐适当的投资对象这一观念自20世纪30年代美国证券法通过之时就已经存在。作为一种经纪—交易商的专业责任(professional responsibility)，即在适当性层面上考虑金融机构的责任问题，最早是在1939年的《国家证券交易商协会公平行为规则》(NASD Rules of Fair Practice)中。”参见韩祥波：《金融产品销售的适当性法律问题研究》，法律出版社2013年版，第57～58页。

② 《证券公司客户资产管理业务试行办法》第45条规定：“在签订资产管理合同之前，证券公司应当了解客户的资产与收入状况、风险承受能力以及投资偏好等基本情况，客户应当如实提供相关信息。证券公司设立集合资产管理计划，应当对客户的条件和集合资产管理计划的推广范围进行明确界定，参与集合资产管理计划的客户应当具备相应的金融投资经验和风险承受能力。”

续开展创业板市场投资者适当性管理业务指引》,对创业板市场投资者适当性管理规则及流程等做了进一步细化。至此,创业板市场投资者适当性规则基本形成。从规定内容来看,创业板市场的适当性规则大致包括4个方面:一是了解客户。证券公司应当了解客户的身份、财产与收入状况、证券投资经验、风险偏好及其他相关信息,投资者应当如实提供所需信息。二是市场准入。原则上具有2年以上(含2年)股票交易经验的自然人投资者才可以申请开通交易。① 三是风险告知。在投资者申请开通创业板市场交易时,投资者应如实提供所需信息,证券公司根据投资者的不同情况,向投资者充分揭示市场风险,并与投资者签订风险揭示书。四是后续管理。证券公司应当持续关注客户信息,对客户风险承受能力进行评估,对不同类别的客户制定相应的服务方案和管理流程,在创业板证券投资咨询、资产管理、投资者教育等方面提供有针对性的服务。

(二)股指期货市场中的适当性规则

2010年,证监会正式批准中国金融期货交易所推出沪深300股指期货合约及其业务规则,这标志着我国股指期货市场的初步形成。股指期货是一种金融衍生品,连接证券市场与期货市场,相对于普通投资者而言其较为复杂和专业,也具有较高的风险性。因此,在这一市场始建初期,监管层就非常重视投资者的适当性规则建设。2010年2月,证监会发布《关于建立金融期货投资者适当性制度的规定》,之后2013年8月又对这一规定进行了重新调整。该规定较具特色之处在于对适当性制度进行了定义,即"本规定所称金融期货投资者适当性制度(以下简称投资者适当性制度),是指根据金融期货的产品特征和风险特性,区别投资者的产品认知水平和风险承受能力,选择适当的投资者审慎参与金融期货交易,并建立与之相适应的监管制度安排"。在该规定生效的同时,中国金融期货交易所也出台了《股指期货投资者适当性制度实施办法(试行)》和《股指期货投资者适当性制度操作指引(试行)》,其具体包括以下5个方面的内容:一是强调投资者义务。投资者除如实提供资料以外,还应当根据投资者适当性规则的要求,全面评估自身的经济实力、产品认知能力、风险控制与承受能力,审慎决定是否参与股指期货交易。此外,特别强调投资者应当遵守"买卖自负"的原则,承担金融期货交易的履约责任,不得以不符合投资者适当性标准为由拒绝承担金融期货交易履约责任。二是了解客户。期货公司应当

① 深圳证券交易所2012年发布《关于进一步深化落实创业板市场投资者适当性管理工作的通知》,其中规定对于交易经验不足2年的新申请投资者,原则上不得为其开通创业板交易。对于交易经验满2年但风险测评结果显示风险承受能力低的新申请投资者,原则上不得为其开通创业板交易。

测试投资者的金融期货基础知识，认真审核投资者开户申请材料，对投资者的基本情况、相关投资经历、财务状况和诚信状况等进行综合评估。三是市场准入。对投资者进行分类管理，分为自然人投资者、一般法人投资者和特殊法人投资者三类。三类主体分别适用不同的开户标准，如自然人投资者申请开户时保证金账户可用资金余额不低于人民币50万元，一般法人投资者开户时还需要满足净资产不低于人民币100万元的要求。四是风险告知。根据规定，期货公司应当深化客户服务，向投资者充分揭示金融期货风险，全面客观介绍金融期货法律法规、业务规则和产品特征。五是后续管理。交易所和期货公司应当加强对投资者交易行为的合法合规性管理，督促投资者遵守金融期货交易相关法律、行政法规、规章及中国金融期货交易所业务规则，持续开展投资者风险教育。

(三)融资融券业务中的适当性规则

根据2008年4月国务院颁布的《证券公司监督管理条例》，融资融券业务是指在证券交易所或者国务院批准的其他证券交易场所进行的证券交易中，证券公司向客户出借资金供其买入证券或者出借证券供其卖出，并由客户交存相应担保物的经营活动。同年10月证监会启动融资融券试点工作，2010年3月，融资融券交易正式在上海和深圳证券交易所启动。2011年，证监会发布《证券公司融资融券业务管理办法》，2015年证监会对该办法进行了全面调整，与2011年规定相比，新办法明确在证券公司申请融资融券业务资格的条件中，增加"已建立符合监管规定和自律要求的客户适当性规则，实现客户与产品的适当性匹配管理"，显示出监管层对适当性制度建设的关注，但相比较于其他业务领域而言，融资融券业务中的适当性规则较为简单，主要包括两个方面：一是了解客户。证券公司在向客户融资、融券前，应当办理客户征信，了解客户的身份、财产与收入状况、证券投资经验和风险偏好、诚信合规记录等情况，做好客户适当性管理工作，并以书面或者电子方式予以记载、保存。二是市场准入。对未按照要求提供有关情况、从事证券交易时间不足半年、缺乏风险承担能力、最近20个交易日日均证券类资产低于50万元或者有重大违约记录的客户，以及本公司的股东、关联人，证券公司不得为其开立信用账户。

(四)适当性规则的新进展

作为应对金融危机的主要经验之一，适当性规则受到监管层的高度重视。新三板推出以后，全国中小企业股份转让系统有限责任公司于2013年发布《全国中小企业股份转让系统投资者适当性管理细则(试行)》。2015年《公司债券发行与交易管理办法》出台后，上海证券交易所随即发布《上海证券交易所债券市场投资者适当性管理办法》(因2017年修订《债券市场投资者适当性管理办法》而废止)。随着我国多层次资本市场的不断完善以及新业务类型的不断出现,适当性规则的适用领域也在不断拓展。此外,适当性规则的新进展不仅表现为效力范围的扩大,也表现为监管层对适当性规则的理解不断深入。在众多适当性规定当中,2016年证监会发布的《证券期货投资者适当性管理办法》尤其值得关注,该规定的特色体现在以下几个方面。

第一,横向视角。该规定将适当性作为证券期货经营机构在商事交易过程中应当承担的义务来看待,并明确向投资者销售公开或者非公开发行的证券、公开或者非公开募集的证券投资基金和股权投资基金(包括创业投资基金,以下简称基金)、公开或者非公开转让的期货及其他衍生产品,或者为投资者提供相关业务服务的,均适用该办法。

第二,分类保护。该办法根据投资者的组织形式、资产状况、投资经验等将投资者区分为普通投资者和专业投资者,并在信息告知、风险警示及适当性匹配等方面享有特别保护。

第三,统一适用。该办法出台以前,创业板市场、股指期货市场、融资融券市场、债券市场等已经陆续建立有适当性规则;但从具体规定来看,仍有较大差异,如有些适当性规则并未涉及对客户风险承受等级进行动态调整的要求。此外,虽然大部分适当性规则在了解客户的流程及方法,以及市场准入的具体条件等方面有所规定,但客户分类标准仍存在较大差异。从规则制定的主体来看,既包括作为行政监管机构的国务院和证监会,也包括作为自律监管机构的证券业协会和各类交易所,整体上呈现出散乱发展的态势,缺乏统一规划。在此背景之下,该办法的出台将会极大地推动证券市场适当性规则的统一适用。

第四,内容全面。该办法包括了适当性规则的三要素,即了解客户、了解金融产品或服务,以及适当性管理。其中"了解客户"要求经营机构除了解客户基本信息以外,还要了解客户的财务状况、投资知识、投资经验、投资目标、风险偏好、诚信记录,以及其他必要信息。证券公司应当根据客户所提供的信息,对其风险承受能力进行综合评估,并将客户分为一般投资者与专业投资者。"了解金融产品或服务"要求经营机构全面了解金融产品或服务的性质和特点,并根据流动性、到期时限、杠杆情况等划分风险等级。"适当性管理"要求经营机构应当根据产品或者服务的不同风险等级,对其适合销售产品或者提供服务的投资者类型作出判断;根据投资者的不同分类,对其适合购买的产品或者接受的服务作出判断。

二、证券领域投资者适当性规则的境外发展

（一）美国适当性规则的产生与发展

一般认为，适当性规则最早起源于美国。1938 年，根据 Maloney 法案的规定，美国证券经纪商成立了全美证券交易商协会（National Association of Securities Dealers, NASD）作为证券业的自律监管机构。协会成立以后出台了一系列自律规则，其中就包括适当性规则"Rule 2310 Recommendations to Customers（Suitability）"。① 该规则要求券商在向客户推荐证券时，基于客户提供的有关其证券持有情况、财务状况及投资需求等信息，应有合理根据确信这一推荐适合该客户。由于该规定将适当性义务建立在客户提供信息的基础之上，而未将了解客户信息作为一项义务，实践中引发了较多争议。1991 年，NASD 将原有规则改为 Rule 2310（a），并增加了 Rule 2310（b）规则，②规定在向非机构客户（共同基金客户除外）推荐交易之前，券商应当尽可能获得客户的财务状况、纳税情况、投资目标及其他必要信息。Rule 2310（b）规则不适用于机构投资者，Rule 2310（a）规则虽然要求券商在向机构投资者推荐证券时需承担适当性义务，但所谓适当还需要根据客户的性质及具体的交易综合进行判断。券商是否完成了这种针对具体客户的适当性判断义务（customer-specific suitability obligations）需要进一步明确标准。为此，NASD 发布了解释规则"IM - 2310 - 3 Suitability Obligations to Institutional Customers"，明确了两项判断要素：一是客户独立评估投资风险的能力；二是客户独立判断券商建议的能力。如果券商有合理的理由认为机构投资者能够判断投资风险并独立作出投资决定，则券商的适当性义务完成。相反，如果客户不能评估投资风险或者缺少对特定金融产品的判断能力，则不

---

① See NASD rule 2310（a）：In recommending to a customer the purchase, sale or exchange of any security, a member shall have reasonable grounds for believing that the recommendation is suitable for such customer upon the basis of the facts, if any, disclosed by such customer as to his other security holdings and as to his financial situation and needs. http://finra. complinet. com/en/display/display_viewall. html? rbid = 2403&element_id = 3638&record_id = 4315.

② See NASD rule 2310（b）：Prior to the execution of a transaction recommended to a non-institutional customer, other than transactions with customers where investments are limited to money market mutual funds, a member shall make reasonable efforts to obtain information concerning：（1）the customer's financial status；（2）the customer's tax status；（3）the customer's investment objectives；and（4）such other information used or considered to be reasonable by such member or registered representative in making recommendations to the customer. http://finra. complinet. com/en/display/display_viewall. html? rbid = 2403&element_id = 3638&record_id = 4315.

能因为客户是机构投资者就解除券商的适当性义务。

2007年NASD和纽约证券交易所监管局(NYSE Regulation,Inc.)合并成立美国金融业监管局(FINRA)以后,Rule 2310系列规则随即成为新的监管规则,但内容并未发生变化。直到2012年,为适应新的监管需求,FINRA将Rule 2310系列规则更改为“Rule 2111. Suitability”。内容主要包括以下两个方面。

第一,适当性义务的基本要求。券商应有合理依据确信所推荐交易或投资策略对客户是适合的。券商应尽量获得投资者的相关信息以查明客户的投资风格(investment profile),包括但不限于客户年龄、其他投资、财务状况及需求、纳税情况、投资目标、投资经验、投资时间范围、流动性需求、风险承受能力,以及其他客户可能提供的信息。

第二,对机构投资者承担适当性义务的范围。如果券商有合理依据确信机构投资者能够独立评估投资风险,既包括整体上也包括针对特定的交易和投资策略,同时机构投资者肯定地表明其正在独立判断券商的建议,则视为券商已经为机构投资者承担了适当性义务。

综合前述分析可以发现,Rule 2111. Suitability规则与以往规则相比并没有本质上的变化:一是再次重申了券商适当性义务的内涵,尤其是再次明确了券商了解客户信息的义务;二是再次明确了券商对机构投资者是否完成了适当性义务的标准。

(二)欧盟适当性规则的产生与发展

欧盟的适当性规则集中体现在《欧盟金融工具市场指令》(Markets in Financial Instruments Directive of the European Union,MiFID)中。MiFID是目前欧洲金融领域最为重要,影响最为广泛的规范性文件,主要由MiFID1《欧洲议会与欧盟理事会关于金融工具市场的第2004/39/EC号指令》、MiFID2《欧盟委员会第2006/73/EC号指令》和MiFID3《欧盟委员会第1287/2006号规章》等部分组成。其中2006/73/EC号指令,即MiFID2是用来落实2004/39/EC号指令中有关投资公司组织要求和运作条件的条款,以及对有关术语进行界定。

MiFID1第19条“向客户提供投资服务时的商业行为义务(conduct of business obligations when providing investment services to clients)”是适当性规则的核心条文之一。其中第4款规定,在提供投资建议或资产管理服务时,投资公司有必要了解客户或潜在客户在与具体金融产品或服务有关的证券领域所拥有的知识和经验、财务状况及投资目标,从而使投资公司能够向客户提供适当(suitable)的投资服务和金融工具。[①] 第5款规定，成员国应当确保投资公司，在提供第4款规定以外的投资服务时，要求客户或者潜在客户提供信息，表明其在与具体金融产品或服务有关的证券领域所拥有的知识和经验，从而使投资公司能够评估投资服务和金融工具对客户是否适合(appropriate)。[②]

根据前述规定，欧盟投资者适当性规则事实上形成了两个评价标准，其一是适当性规则(suitable)，其二是适合性规则(appropriate)。[③] 这两个标准在作为2004/39/EC号指令执行文件的MiFID2当中，即2006/73/EC号指令中有更为具体的规定，分别是第35条的适当性评估(assessment of suitability)和第36条的适合性评估(assessment of appropriateness)。

1.适当性评估

适当性评估主要用于判断投资公司在向客户提供投资建议及管理资产时是否完成了适当性义务，具体内容可罗列如下。

第一，判断投资公司是否完成适当性义务的标准有三个：一是符合客户的投资目标；二是客户能够在财务上承担与投资目标相关的任何投资风险；三是客户有足够的经验和知识理解与该项交易或资产管理相关的风险。

第二，投资公司向专业投资者(professional client)提供投资服务时，有权推定该客户有足够的经验和知识理解相关风险。投资公司向2004/39/EC号指令附录2第1条规定的专业投资者提供投资服务时，还有权推定该客户能够在财务上承担与投资目标相关的任何投资风险。

第三，有关财务状况的信息包括客户日常收入的来源与数量，其资产包括流动资产、投资和不动产，以及日常财务规划。有关投资目标的信息包括客户希望持有资产的时间长短，风险偏好、风险类型及投资目的等。

---

① Directive 2004/39/Ec of the European Parliament and of the Council Article 19(4)：When providing investment advice or portfolio management the investment firm shall obtain the necessary information regarding the client's or potential client's knowledge and experience in the investment field relevant to the specific type of product or service, his financial situation and his investment objectives so as to enable the firm to recommend to the client or potential client the investment services and financial instruments that are suitable for him.

② Directive 2004/39/Ec Article 19(5)：Member States shall ensure that investment firms, when providing investment services other than those referred to in paragraph 4, ask the client or potential client to provide information regarding his knowledge and experience in the investment field relevant to the specific type of product or service offered or demanded so as to enable the investment firm to assess whether the investment service or product envisaged is appropriate for the client.

③ 国内也有学者将其区分为"适宜性测试"(suitability tests)与"适当性测试"(appropriateness tests)。参见蔺捷：《论欧盟投资者适当性制度》，载《法学评论》2013年第1期。

第四,如果投资公司在提供投资建议或者资产管理服务时,没有获得指令所要求的信息,投资公司不得向客户推荐投资服务或金融工具。

2. 适合性评估

适合性评估主要用于评价投资公司在向客户提供非投资建议及非资产管理业务时是否完成了适当性义务,该条文相对较为简单,①投资公司有权推定专业投资者在其专业范围内对特定投资服务或交易,或者某种类型的交易或产品有足够的经验和知识理解相关的风险。

适当性评估与适合性评估的区别体现在三个方面:一是适用场合不同。前者适用于投资公司向客户提供投资建议及进行资产管理时,后者则适用于投资公司向客户提供其他投资服务。二是获取信息不同。前者要求投资公司了解客户的投资知识和经验、财务状况及投资目标等三类信息,后者仅要求投资公司了解客户的投资知识和经验。三是交易限制不同。前者根据 2006/73/EC 号指令第 35 条的规定在根据现有信息无法判断客户适当性的情况下,不得向客户提供相关投资服务,后者根据 2004/39/EC 号指令第 19 条第 5 款第 2 项和第 3 项的规定②,在投资公司根据现有信息认为客户不适合,或者客户拒绝提供必要信息导致无法判断适合性的,投资公司应向该客户发出警告,但并未禁止投资公司向其提供投资服务。"易言之,投资公司绝对不能为客户提供不适当的产品,但投资公司在提供风险揭示书的情况下,可以为客户提供不适合的产品。"③

(三)日本适当性规则的产生与发展

一般认为较早正式规定适当性规则的立法是日本 1992 年修订的《证券交易

---

① Directive 2006/73/EC Article 36:For those purposes, an investment firm shall be entitled to assume that a professional client has the necessary experience and knowledge in order to understand the risks involved in relation to those particular investment services or transactions, or types of transaction or product, for which the client is classified as a professional client.

② Directive 2004/39/Ec Article 19(5)2:In case the investment firm considers, on the basis of the information received under the previous subparagraph, that the product or service is not appropriate to the client or potential client, the investment firm shall warn the client or potential client. This warning may be provided in a standardised format. Directive 2004/39/Ec Article 19(5)3:In cases where the client or potential client elects not to provide the information referred to under the first subparagraph, or where he provides insufficient information regarding his knowledge and experience, the investment firm shall warn the client or potential client that such a decision will not allow the firm to determine whether the service or product envisaged is appropriate for him. This warning may be provided in a standardised format.

③ 武俊桥:《证券市场投资者适当性原则初探》,载张育年、徐明主编:《证券法苑》(第 3 卷),法律出版社 2010 年版,第 149 页。

法》,该法在修订时增加了有关适当性规则的规定,即金融机构不得劝诱投资者购买与其知识、经验、财产状况并不适当的证券,以对投资者提供应有的保护。[①] 1996年,日本效仿英国开始实施金融大爆炸改革,核心在于放松金融管制,鼓励自由竞争,提高日本金融业的竞争力和经济活力。随着分业经营限制的逐步取消,新型金融产品不断出现,原来构建在分业经营基础之上的法律体系逐渐出现适用上的漏洞,突出表现是各类金融消费者伤害事件的不断发生。"相关的纠纷无论在数量上还是内容类别上都呈现出急速增长趋势:证券市场上有外汇保证金纠纷、证券投资基金纠纷,保险市场上有'无认可共济''变额保险'损失纠纷,信贷市场上有'工薪高利贷''过剩贷款'纠纷等。"[②]

金融分业立法的弊端不断显现,客观上促使日本监管当局加快金融行业的统一立法进程,而同一时期,英国出台的《2000年金融服务与市场法》也提供了很好的蓝本。在这种背景下,日本于2001年4月出台《金融商品销售法》,迈出了金融行业统合规制的第一步。日本《金融商品销售法》打破了金融行业分业立法的习惯,以金融商品销售和金融消费者保护为视角,在这部法律中对金融机构劝诱行为的适当性进行了规范。相关规则集中在第7条"确保劝诱的适当性"(勧誘の適正の確保)和第8条"劝诱方针的制定"(勧誘方針の策定)。前者要求金融服务机构在推销其金融商品或服务时,应尽力保证其销售行为的适当性;后者要求金融服务机构在推销其金融商品前,应制定有销售规则,该规则应考虑客户的知识、经验及财务状况等来制定,且应注意推销的方法和时间,不得采取胁迫利诱或疲劳轰炸的方式,不得妨碍客户的正常休息,同时金融服务机构应将该规则予以公告。

日本《金融商品销售法》具有里程碑意义,但其内容相对较为简单,只有10条。随着日本金融制度改革的不断深入,2006年日本国会对原《证券交易法》进行了重大调整,将有价证券的定义进行扩充,使之覆盖所有投资类金融商品,该法也更名为《金融商品交易法》,与此同时立法者对其他89部立法进行了修改,废除了《金融期货交易法》《外国证券业者法》《有价证券投资顾问业规范法》《抵押证券业规范法》4部法律。日本《金融商品交易法》随即成为日本金融领域的基础性立法之一,该法的特点除调整范围覆盖所有金融行业以外,还包括加强和统一了金融消费者保护的相关规则,其中就包括适当性规则。《金融商品交易法》第40条是适当性规则的集中

① 参见[日]河本一郎、大武泰南:《证券交易法概论》,侯水平译,法律出版社2001年版,第123页。
② 何颖:《金融消费者权益保护制度论》,北京大学出版社2011年版,第59页。

体现。其中,“第1款规定,金融服务机构不能向投资者提供与其知识、经验、财产状况、投资目的不匹配的产品和服务,从而导致投资者利益受损。第2款规定,金融服务机构在业务开展过程中,必须采取适当措施了解尽可能全面的投资者信息,并根据客户信息开展适当性销售行为,尽量避免因客户信息处理不当而出现损害公众利益和投资者利益的情形”。①

(四)我国台湾地区适当性规则的产生与发展

金融危机以后,为加强金融消费者保护,加快金融统合规制进程,我国台湾地区于2011年6月率先出台直接以“金融消费者保护”命名的“金融消费者保护法”,将各类保护规则集中统一在一部“法律”当中,这在亚太地区,乃至世界范围来看都具有先导意义。在这部“法律”中,适当性规则集中体现在第9条,即“金融服务业与金融消费者订立提供金融商品或服务之契约前,应充分了解金融消费者之相关资料,以确保该商品或服务对金融消费者之适合度”。该条是我国台湾地区适当性规则的基本规范,根据该条授权,“应充分了解之金融消费者相关资料、适合度应考虑之事项及其他应遵行事项之办法,由主管机关定之”。据此,我国台湾地区“金融管理委员会”于2011年12月发布了“金融服务业确保金融商品或服务适合金融消费者办法”(以下简称“适合办法”)。该办法要点如下。

第一,金融服务机构承担适合性义务的时点。根据“适合办法”的规定,金融服务业与金融消费者订立提供金融商品或服务之契约前,应充分了解金融消费者之相关资料及依不同金融商品或服务之特性,建立差异化事前审查机制,以确保该商品或服务对金融消费者之适合度。据此,“金融机构履行适合度义务的时间为缔约前,亦即金融机构在缔约后对客户不负有持续性适合度义务”。

第二,金融服务机构了解金融消费者相关资料的范围。根据“金融消费者保护法”的规定,金融服务行业覆盖银行业、证券业、期货业、保险业等各类金融服务业。“适合办法”将金融服务机构划分为银行业及证券期货业和保险业两大类,并加以不同的要求。其中作为资本市场中的证券期货服务机构应了解金融消费者的“身份、财务背景、所得与资金来源、风险偏好、过往投资经验及签订契约目的与需求”,同时还需要考量“金融消费者资金操作状况及专业能力;金融消费者之投资属性、对风险之了解及风险承受度;金融消费者服务之合适性,合适之投资建议范围”等综合评估

① 王伟:《日本资本市场的投资者适当性制度》,载中国证券业协会编:《创新与发展:中国证券业2012年论文集》,中国财政经济出版社2013年版,第995页。

金融消费者的投资能力。

第三,金融服务机构了解金融商品或服务的范围。根据“适合办法”的规定,证券期货业服务机构承担适当性义务的前提是向金融消费者提供“投资型金融商品或服务”,而所谓“投资型金融商品或服务”有明确界定,包括“受托买卖非集中市场交易且具衍生性商品性质之外国有价证券业务;证券商营业处所经营衍生性金融商品及杠杆交易商经营杠杆保证金契约交易业务;证券投资信托基金及境外基金;期货信托基金”等13项。①

第四,金融服务机构评估适合性的方法。“适合办法”规定证券期货业服务机构提供投资型金融商品或服务前,应依各类金融商品或服务的特性评估其对金融消费者的适合度。也即应依据具体金融商品或服务的业务规则和自律规范等评估适合性,但“适合办法”仍强调评估方法中至少应包括金融消费者风险承受等级及金融商品或服务风险等级分类,以确认金融消费者足以承担相关风险。

从前文规定可以看出,虽然我国台湾地区的适当性规则存在一些具体技术细节上的差异,但整体上仍然符合了解客户(know your customer)、了解产品(know your products)、适合度判断三个核心要素。作为金融消费者保护的顶层制度设计,我国台湾地区的“金融消费者保护法”尤其值得一提的是,明确规定了金融服务机构违反适当性义务导致金融消费者受到损害的,应负损害赔偿责任。② 这一规定虽然原则性较强,但明确了适当性义务的民事义务性质,以及违反该义务需要承担的民事责任,使适当性规则不再局限于监管者的视野。

(五)境外适当性规则的整体印象

适当性规则已经为成熟资本市场国家或地区所普遍接受。从相关规定来看,各国或地区对金融机构适当性规则的理解是基本一致的:其一,从适用范围来看,适当性规则主要适用于金融商品销售环节,在强调“买者自负”原则的同时,增加卖方义务。因此,适当性规则不仅是一项监管制度,也是一项金融商品交易关系中平衡双方权利义务及责任的规则体系。其二,从具体内容来看,适当性规则基本包括了解客户、了解产品、适当性评估三个核心环节。金融机构在提供金融产品或服务前有义务收集客户的信息,包括投资知识和经验、财务状况及投资目标等,只有在“了解

---

① 参见我国台湾地区“金融服务业确保金融商品或服务适合金融消费者办法”第5条。

② 我国台湾地区“金融消费者保护法”第11条规定:“金融服务业违反前二条规定,致金融消费者受有损害者,应负损害赔偿责任。但金融服务业能证明损害之发生非因其未充分了解金融消费者之商品或服务适合度或非因其未说明、说明不实、错误或未充分揭露风险之事项所致者,不在此限。”

客户”的前提下才能开展销售行为。

与此同时,各国或地区的适当性规则也各具特色:其一,美国适当性规则发展历史较为悠久,逐渐形成了以自律规范为主体的规则体系,同时在内容上强调对不同类型的客户,如机构投资者和一般投资者,应承担不同程度的适当性义务。其二,欧盟适当性规则细分为适当性评估与适合性评估两类标准,分别适用于不同类型的金融商品或服务,金融机构承担的适当性义务在内容上也有显著区别。其三,日本适当性规则伴随着金融服务统合规制的立法进程逐渐覆盖所有金融行业。从具体规定来看,金融机构在承担适当性义务时,除需要考虑客户的投资知识、经验及财务状况以外,还需要注意推销的时间和方法。显然日本适当性规则的内涵要广于一般对投资者适当性义务的理解。其四,我国台湾地区的适当性规则明确定性为金融消费者保护的基本制度之一,其基本内涵与美国、日本等相关制度保持一致,但由于其立法时间相对较晚,对适当性义务及违反适当性义务应承担的民事责任有更为准确的理解和明确的规定,对比相对早期的日本《金融商品销售法》显然是一大进步。①

三、证券领域投资者适当性规则的优化完善

从境外适当性规则的发展情况来看,各国或地区的适当性规则均有其特色。通过比较分析,笔者认为有两点值得借鉴:一是境外适当性规则的系统性很强,均采取较为集中的立法模式;二是适当性规则不仅是监管规则,更多还是平衡金融机构与投资者之间交易关系的权利义务规则。从我国投资者适当性规则的发展现状来看,在监管层大力推动下,投资者适当性规则在风险较为突出的金融市场及新兴业务领域已经相继建立,对证券公司本身适当性义务的要求也在日臻完善,随着2016年证监会《证券期货投资者适当性管理办法》的出台,原来分散立法的格局得到根本性的改变。② 但对适当性规则的定性及其适用仍然存在一些问题需要反思,鉴于此,笔者提出以下一些观点和建议。

第一,理念更新。投资者适当性规则的产生意味着金融机构义务的增加,但客

① “适合性原则是为金融业者内部自行约束行销金融商品之行为,如有违反仅为违反内部作业行为规则,顶多只有罚款,而无民事损害赔偿问题。”参见杜怡静:《论对金融业者于行销行为之法律规范——以日本金融商品贩卖法中关于“说明义务”及“适合性原则”为参考素材》,载《台北大学法学论丛》2005年第57期。

② 有学者统计,自2007年10月中国证监会发布《证券投资基金销售适用性指导意见》至2014年年底有关适当性义务的规范和自律规则等多达49项。参见翟艳:《我国投资者适当性义务法制化研究》,载《政治与法律》2015年第9期。

观来看这种义务既是公法义务，也是私法义务。一方面，金融机构需要满足适当性规则的要求，制定有关适当性的内部管理制度，明确投资者分类、产品分类、适当性匹配的具体依据、方法等，同时需要接受监管部门的审查，如果违反适当性规则还会承担警告、罚款等行政处罚；另一方面，适当性规则又主要用于调整金融机构与投资者之间的平等法律关系，是对契约自由原则的一定限制，其责任又可以表现为民事赔偿责任。因此，金融机构的义务是双重义务。

然而，在金融监管的实践中，由于监管机构的主导作用，大量投资者适当性规则的创设在产生之初就忽略了这一特性，而主要作为监管规则在适用。突出表现就是投资者适当性规则中的"管理"思维盛行，适当性规则与市场准入规则或与合格投资者在概念上发生重合。适当性规则同样涉及客户的分类问题，但其目的在于为不同类型的客户匹配不同风险的金融产品，而不在于如监管机构一般设置不同市场的准入门槛，如客户豁免证券公司承担适当性义务，相当于放弃投资者财产安全权的保护，则其有权选择高风险的金融产品。有很多学者认为投资者适当性规则虽然名为投资者保护，但实际上剥夺了部分投资者的投资机会，"投资者适当性制度的一个主要内容是'识别和确认投资者'，识别和确认的标准以'资本门槛和投资经验'为核心，而这个标准正是造成'小投资者歧视'的根源所在"。[①] 之所以有这种认识，大体上也是因为现有规定虽然名为投资者适当性规则，但从其内容来看已经超出适当性规则的范畴，而应定性为监管制度中的市场准入制度或合格投资者管理制度。此外，在一些投资者适当性规则中，甚至要求投资者自行评估投资能力，强调投资者应当遵守"买卖自负"的原则，且不得以不符合投资者适当性标准为由拒绝履行义务，[②]诸如此类规定显然未厘清投资者适当性规则的核心所在。

第二，责任明确。投资者适当性规则的具体内容严格意义上应是有关金融机构在销售金融产品时应承担何种义务，以及在违反义务时应承担何种责任的制度，但在管理思维盛行的背景下，适当性规则已经蜕变为一项监管制度，更多体现为监管层对证券公司的一种监管要求，以及违反该要求应当承担的行政责任，而少有涉及民事义务与责任的分配问题。"当证券公司违反投资者适当性义务，并侵害到客户

---

① 曾洋：《投资者适当性制度：解读、比较与评析》，载《南京大学学报》（哲学·人文科学·社会科学版）2012 年第 2 期。

② 《股指期货投资者适当性制度实施办法（试行）》第 3 条规定："投资者应当根据投资者适当性制度的要求，全面评估自身的经济实力、产品认知能力、风险控制与承受能力，审慎决定是否参与股指期货交易。"第 17 条规定："投资者应当遵守'买卖自负'的原则，承担股指期货交易的履约责任，不得以不符合投资者适当性标准为由拒绝承担股指期货交易履约责任。"

利益时，最多会招致自律监管机构的自律监管措施和行政监管机构的责令改正等监管措施，而要令其对投资者承担相应的民事法律责任则很困难。”①造成这一现象的根本原因是理念的错位以至于缺乏具体制度设计。2016 年证监会发布的《证券期货投资者适当性管理办法》已经开始关注这一问题，在要求监管自律机构通过检查督促，采取监督管理措施、行政处罚和市场禁入措施等方法确保经营机构自觉履行适当性义务的同时，也明确规定“经营机构履行适当性义务存在过错并造成投资者损失的，应当依法承担相应法律责任”。值得注意的是，尽管该条规定为投资者提起民事救济提供了合法性和正当性的依据，但从实践角度来看，该条的宣示意义更大于实际作用，尚需进一步细化和明确，比如适当性规则所确定的义务是何种性质，应当承担何种法律责任等均缺乏明确规定。

从目前理论观点来看，适当性义务及其相关法律责任有多种理解。有学术观点认为其应属于先合同义务，责任性质应为缔约过失责任；②也有观点认为违反适当性义务可能是缔约过失责任，也可能是侵权责任；③还有更为宽泛的观点认为违反适当性义务的行为不仅构成侵权责任，还可能同时构成违约责任或缔约过失责任，责任方式也不限于传统的损害赔偿责任方式，亦可包括撤销或解除合同、停止侵害等方式。④ 综合来看，笔者赞同最后一种观点，即出现了请求权竞合的现象。根据具体情况，适当性义务可以表现为先合同义务，即合同协商缔约阶段，根据诚实信用原则及公平原则衍生出的义务，可以表现为合同未明确加入适当性规则情况下的附随义务，也可以表现为合同加入适当性规则情况下的合同义务，最后也可以表现为侵权法意义上的法定义务。在金融机构违反适当性义务的情形下，投资者可以享有多种请求权，并根据实际情况择一进行主张。从目前理论研究情况来看，先合同义务、附随义务及合同义务均有较为充分的法理依据，但违反适当性规则的行为能否理解为法定义务，能否导致侵权责任，以及侵犯了投资者哪种类型的权利仍需要进一步明确。

笔者认为，对这一问题的探讨可以结合前文关于证券领域中投资者与消费者之间的关系来综合分析。在我们看来，在证券领域中强调消费者保护观念就是要用消费者的保护方法或路径来维护证券领域中的弱势群体，而适当性规则的出现在很大

---

① 张付标：《证券投资者适当性制度研究》，对外经济贸易大学 2014 年博士学位论文，第 40 页。
② 参见王锐：《个人理财案件中的商业银行适当性义务研究》，载《人民司法》2013 年第 11 期。
③ 参见陈洁：《证券公司违反投资者适当性原则的民事责任》，载《证券市场导报》2012 年第 2 期。
④ 参见张敏捷：《投资者适当性原则研究》，载《理论与改革》2013 年第 5 期。

程度上契合了这一理念，是最能体现消费者保护理念的法律规范之一，违反适当性规则的行为无疑侵犯了证券领域中弱势群体应该享有的消费者权利，至于具体的权利类型，可以有多种选择，比如消费者的知情权、选择权、公平交易权等，但最重要的应该是——安全权。

所谓消费者安全权，是指消费者在购买、使用商品和接受服务时享有人身、财产安全不受损害的权利。证券领域中的弱势群体是否享有安全权呢？毕竟投资类产品与普通产品有很大不同，正如有些学者所指出的，普通产品包含的风险是产品不能使用，无法实现消费者购买目的，以及产品存在缺陷造成消费者人身或者其他财产损害，这是法律所否定的，而证券等投资类产品的风险则是市场的正常涨落、商业经营的正常风险等因素造成产品无法达到投资者逾期目标，甚至是亏损，这种风险是法律所肯定的。[①] 照此逻辑，投资类产品所包含的“合理风险”要远远大于普通产品，所以投资类产品的购买者也需要承担更多这种风险，这是“投资”的本意，也就是说投资类产品的购买者不应当享有安全权，或者至少不应当享有与消费者相同的安全权。对此，笔者持不同观点。普通产品与投资类产品并无本质上的不同，均是为了满足某种需求，同样存在各种使用上的风险，很难认为普通产品的消费者拥有安全权，而投资类产品的购买者不享有安全权。就经营者的角度而言，金融机构也需要确保投资类产品符合《产品质量法》第 26 条的规定，即投资类产品“不存在危及人身、财产安全的不合理的危险”，为了完成这一要求，金融机构需要履行适当性义务，确保所开发的投资类产品对特定的主体而言是安全的，这是基于安全权的必然要求。如果将适当性义务与投资者所享有的安全权相对应，则违反适当性义务的行为当然可以理解为是对法定义务的违反，以及对安全权的侵犯，则在此意义上投资者请求侵权责任同样具有充分的法理依据。

---

① 赵万一主编：《证券市场投资者利益保护法律制度研究》，法律出版社 2013 年版，第 144 页。

第四章　保险领域的消费者权益保护

第一节　保险领域消费者权益的释义

一、保险领域消费者的概念界定

（一）保险消费者的内涵

“保险消费者”是普通消费者概念在保险消费领域的延伸和发展，[①]这就决定了保险消费者既应当具有普通消费者的属性，又要呈现保险领域消费者的特性。

1. 普通消费者的属性

消费者的概念，按不同的确认标准，大体分为三种：第一，以经济领域为主要确认标准，认为凡是在消费领域中，为生产或生活目的消耗物质资料的人，无论是自然人还是法人，无论是生活消费还是生产消费，也无论是生活资料消费者还是生产资料消费者，都属于消费者之列。如《泰国消费者保护法》规定：“所谓消费者，是指买主或从事业者那里接受服务的人，包括为了购进商品和享受服务而接受事业者的提议和说明的人。”第二，以消费目的为主要标准，认为消费者仅指因非商业性目的而购买商品、使用商品的人。所谓非商业性目的就是仅限于购买者自己的消费，而不是用于转卖或营业。显然，这种定义并未明确区分消费者是自然人、法人或是其他组织。第三，以自然人为主要标准，认为消费者

① 参见中国保监会保险消费者权益保护局课题组：《保险消费者权益问题的思考》，载《保险研究》2012年第9期。

仅为进行消费行为的自然人(个人),如美国《布莱克法律词典》认为,"消费者是那些购买、使用、持有、处理产品或服务的个人"。1978年国际标准化组织消费者政策委员会在日内瓦召开的第一届年会上,将"消费者"定义为"为个人目的购买或使用商品和服务的个体成员",俄罗斯联邦《消费者权利保护法》将"消费者"定义为"使用、取得、定作或者具有取得或定作商品(工作、劳务)的意图以供个人生活需要的公民"。

对消费者的界定,除关注消费目的和消费者类型之外,应该从法律层面对消费者权益基本属性进行解析。消费者是相对于经营者而言的,两者之间主要借助合同方式建立起法律关系,但由于消费者处于弱势地位,仅通过《合同法》等私法规范对消费类纠纷进行处置,难以实现消费关系中双方地位的实质对等。消费者权益并非仅为私权性的权益,因而需要对消费者进行单独立法实施权益保护。

就保险业而言,购买保险产品或接受保险服务,是为了抵御可能发生的风险及减少可能造成的损失,是现代社会人们生活需求的体现。因此,从经济领域和消费目的上划分,保险消费应该属于生活消费,保险消费者的消费目的亦是"生活所需"。同时,相较于保险业经营者而言,从对保险产品和服务的了解程度和保险的运行模式上分析,保险消费者处于相对弱势地位,符合消费者权益保护的基本属性。

2. 保险消费关系的特性

(1)保险的本质

在现代经济中,保险业被视为金融业三大支柱之一。与金融领域其他行业相比,保险业在商业特性之下,以营利为目的,借助保险机构的市场化经营手段,利用社会成员风险分担机制,将原本应当由个人独自承担的意外及损失分摊到由保险所营造的社会共同体之上,并以此降低个体成员的风险抵御成本和减少个体成员的风险损害。保险的商业性决定了其营利的根本目的,但保险在获利基础上发挥的风险分担功能应该体现为一种社会共同体之间的人文关怀,是全体社会成员责任和关爱的载体。保险就如同社会的稳定器,借助保险方式来化解风险和降低风险造成的损失。

(2)保险合同的特殊性

保险法律关系是以保险合同为基础,保险经营者与保险消费者通过保险合同形成的保险消费关系。保险消费关系建立在保险经营者与保险消费者双方法律关系上,既具有合同的一般特征,同时又具有保险业的特殊性。

第一,保险合同中涉及的主体并不都是合同当事人。依据合同相对性原则,受合同约束的应该是合同的当事人,即合同法律关系的主体应该是合同行为的参与人或是参与签订合同的当事人。① 然而,在保险合同中约定的权利义务主体并非都是订立合同的当事人,即保险关系中包含的主体包括投保人、保险人、被保险人、受益人,有的情况下投保人和被保险人、受益人是同一主体,但也存在投保人、被保险人和受益人并不是相同主体的情形。基于保险合同是投保人与保险人就被保险标的签订的合同,当投保人、被保险人、受益人为同一主体时,当然保险关系中涉及的主体都是保险合同的当事人。然而,当投保人与被保险人、受益人为不同的主体时,则保险合同涉及的主体并不都是合同的当事人。

第二,保险合同的内容并未充分实现协商一致。虽然保险关系是由投保人与保险人之间就保险标的通过签订保险合同建立的,但保险合同的内容并未充分体现合同的意思自治、协商一致的特性。在保险交易实践中,保险合同多是由保险人提供的,合同的内容和条款已经固定,对于保险合同的内容实则难以做到投保人与保险人之间进行自愿平等协商。保险合同往往是保险人提供的、可以反复适用的格式合同或是格式条款,这也成了保险业特殊性的重要表现。保险业的这一特点,也充分说明了保险消费者在保险关系中的弱势地位。保险合同的内容未经当事人的充分协商,也就成为诱发保险业消费关系中矛盾和纠纷的重要原因。

3. 保险消费者的界定

梳理既有文献和世界各国或地区的立法,无论是学界还是实务界,对保险消费者的概念并没有统一的界定。由于金融创新的发展,金融混业经营模式与监管体制等各种原因,几乎没有对保险消费者进行过直接阐述,更多的是通过对金融消费者的诠释来间接界定保险领域的消费者。

在已有对保险消费者或金融消费者的表述中:一种观点认为保险消费者仅限于自然人(个人),这以英国和美国为代表。英国《消费者保险法:前合同披露和陈述》明确,消费者保险限于由个人签订的保险合同;美国的《多德—弗兰克法》也将金融消费者规定为个人或其代理人、受托人或代表,适用的领域包括各类金融产品或服务。另一种观点认为,保险消费者应该包括自然人、法人和其他组织,此类观点以日本和我国台湾地区为代表。日本《金融商品销售法》规定,该法保护的对象为资讯弱势之一方,即在金融商品交易之际,相对于金融机构的专业知识,无论是自然人还是法人,基本上属于资讯弱势一方当事人,因此该法适用对象,不仅限于自然人的消费者,即使是法人和其他组织,只要不具备金融专业知识,均属于该法的保护范围;我

① 《保险法》第10条第1款规定:"保险合同是投保人与保险人约定保险权利义务关系的协议。"

国台湾地区“金融消费者保护法”第4条第1款规定，“金融消费者保护法”所称金融消费者，指接受金融服务业提供金融商品或服务者。但不包括下列对象：(1)专业投资机构；(2)符合一定财力或专业能力之自然人或法人。[①] 另外，瑞典于1980年通过了《瑞典消费者保险法》(Swedish Consumer Insurance Act)，用于专门调整消费者为私人目的而与保险公司订立保险合同的行为。我国“消法”对消费者的界定集中为两个要点：一是为生活所需，二是消费者仅为自然人。同时，《中国人民银行金融消费权益保护工作管理办法(试行)》(银办发〔2013〕107号)第4条规定：“本办法所称金融消费者，是指在中华人民共和国境内购买、使用金融机构销售的金融产品或接受金融机构提供的金融服务的自然人。”

对于“保险消费者”这一概念，我国《保险法》及其他法律法规并没有直接使用，也没有明确对其加以定义，仅在规范性法律文件中对其作了大致的表述。譬如，《保险消费投诉处理管理办法》(保监会令〔2013〕8号)指出，保险消费者是实施保险消费行为，在中华人民共和国境内购买保险产品和接受保险服务的主体，包括投保人、被保险人、受益人。正如前文所述，保险消费关系是保险产品购买者或保险服务的接受者(投保人、被保险人、受益人)与保险经营者(保险人)通过保险合同建立的。从保险合同的角度分析，保险消费者应该包含的是保险合同中约定的保险产品和服务的接受者，即投保人、被保险人和受益人。2013年修订的“消法”增加了金融领域保险消费类型的描述，第28条规定：“……提供证券、保险、银行等金融服务的经营者，应当向消费者提供经营地址、联系方式、商品或者服务的数量和质量、价款或者费用、履行期限和方式、安全注意事项和风险警示、售后服务、民事责任等信息。”

在我国《保险法》的规定中，尚未对保险消费者作出定义，同时从保险关系的层面分析，法律也未将购买保险产品和接受保险服务的主体限定为自然人，反而认可法人、其他组织可以成为保险产品的购买者和保险服务的接受者。如在人身保险中，允许与被保险人存在劳动关系的主体成为投保人，此类投保人即为组织形态的用人单位。因而，当面对现有法律法规，在对“保险消费者”的概念进行界定的时候，需要进行合理的分析和取舍。根据我国已有关于消费者及金融消费者的法定解释，结合保险业的实际，我国的保险消费者应定义为：通过保险合同与保险经营者建立保险关系，购买保险产品、接受保险服务的自然人，包括投保人、被保险人和受益人。

---

① 参见中国保监会保险消费者权益保护局课题组：《保险消费者权益问题的思考》，载《保险研究》2012年第9期。

如此对保险消费者进行定义,体现了下列几个方面的特点和优势:第一,突出了保险对社会个体成员降低风险和减少损害成本的功能,以及保险业以保险合同为中心经营模式的基本特征;第二,表现了保险关系涉及多方利益主体的特点,将保险关系中受到保险合同影响的投保人、被保险人和受益人都包含在内,体现保险消费关系的广泛性;第三,符合我国现有法律规范中对消费者的一般界定,以自然人为消费者的主体类型,保证了我国对"消费者"相关立法的统一性。

需要说明的是,消费者是相对于经营者而言的,消费者不仅是因其购买或接受了经营者的产品或服务,更重要的是消费者在社会资源的占有、信息的获取、专业技能的掌握等方面均处于弱者地位,对包括保险业市场在内的市场交易中消费者的倾斜性保护也是消费者权益保护法律法规的基本立法宗旨。遵照《合同法》的要旨,保险合同中双方就合同内容应该协商一致,但考虑到保险业的实际情况,保险合同中的双方并未能完全实现对保险合同内容的充分协商,即投保标的的保险价格并非是由双方议价。因此,在保险消费者的认定中,对于能够进行保险标的价格议价或商定保险价格的主体应排除在保险消费者的范围之外。

(二)保险消费者的外延

通过对保险消费者的定义,将保险消费者界定为通过保险合同购买保险产品和接受保险服务的自然人,具体包括投保人、被保险人和受益人。

1. 投保人

投保人又称要保人,是保险合同不可或缺的当事人。① 基于投保人在保险消费关系中的地位,要成为保险消费者的投保人,需要符合如下标准。

(1)投保人的民事主体适格性

依据民法上对民事主体资格的规定,在民事权利能力上少有限制,但民事主体的行为能力却会因法定原因而出现差异。由于投保人与保险经营者通过签订保险合同而产生保险法律关系,因而投保人应该具有合格民事主体相应的行为能力,即投保人应具有完全的民事行为能力,且只有具有完全民事行为能力的人方可签订保险合同,成为保险关系中的投保人。

(2)投保人对保险标的具有合法的保险利益

投保人对保险标的具有合法的保险利益是投保人购买保险的前提。由于保险

---

① 《保险法》第10条第2款规定:"投保人是指与保险人订立保险合同,并按照合同约定负有支付保险费义务的人。"

产品中区分财产保险和人身保险，对保险利益有着不同的理解，法律规定也存在差异。在财产保险中，保险标的的毁损灭失直接影响投保人的经济利益，此即视为投保人对该保险标的具有保险利益。人身保险的标的往往与被保险人的人身具有密不可分性，当投保人为他人购买人身保险，强调投保人对被保险人具有合法的保险利益。

2. 被保险人

被保险人是保险合同中最重要的当事人之一，多数情况下，保险关系中的投保人即为被保险人，但有的情况下，投保人是为他人的财产权益或人身权益进行投保，无论何种情况，被保险人都是保险合同中必不可少的主体。被保险人与保险标的之间存在紧密的联系，保险产品或保险服务的标的一般为被保险人所有的财产或被保险人的特定人身利益。

若保险合同的保险标的为被保险人的财产权益，则该财产权益应该是被保险人的合法财产或依法可以获得的财产性收益。由于保险标的的财产权益包括了可期待利益，因此被保险人对保险标的是否具有合法权益应当以保险合同约定的保险事故发生时是否事关其财产权益为判断标准。此外，保险标的的财产性权益属于被保险人的合法权益，因此保险标的涉及的财产性权益可以由被保险人进行合法转让和处置。

若保险标的为人身权益，则要求该保险标的应属于被保险人的特定人身权益。要将人身权益作为标的列为保险合同的保障对象，应当由该人身权益主体自己作出决定，或者是与该人身权益主体有密切联系的人决定（如以未成年人为被保险人的人身保险合同中，未成年人的法定监护人可以作为投保人决定是否对未成年人的人身权益进行投保）。此外，由于人身保险以人身权益作为保险标的，对于以死亡为保险赔付条件的保险合同，必须事先就保险合同的内容征得被保险人的认可，对保险合同上权益的转让和处置也须经被保险人同意。

法理上对合同主体都有主体资格的限制，尤其是要求合同法律关系的主体应当具有相应的行为能力。然而，在保险关系中，被保险人与其他保险关系当事人比较，尤其相对于投保人而言，被保险人成为保险关系主体没有行为能力要求，即无论是完全行为能力人、限制行为能力人还是无行为能力人，都可以成为保险关系中的被保险人。

3. 保险受益人

保险受益人也可以称为保险金收取人，是指保险合同中由投保人或被保险人指定的,在保险合同约定保险事故发生时或保险期限届满时,依据保险合同享有保险金请求权的人。保险受益人,在有的情况下并非保险合同的主体,但可以认为是保险合同的“密切利益相关人”。保险消费者不仅包括直接与保险人签订或参与保险合同、直接接受保险产品或服务的人,还应包括与保险合同建立的保险关系有密切利益联系、拥有相关权利和利益的主体。“拥有相关权利和利益”是指某人的权利和利益来源于或者可以以其他方式归因于其他人对金融服务的使用或者对金融工具的投资,后者可能受到以其代表或受托人身份行事的其他人对金融服务的使用或者对金融工具的投资的不利影响。①

保险从业务上分为财产保险与人身保险。据此,保险受益人应当也包括财产保险受益人与人身保险受益人。然而,从世界各国和地区的保险业的实践和保险法律规定来看,有的规定认为保险受益人既存在于财产保险中,也存在于人身保险中;有的规定则认为保险受益人仅存在于人身保险中。我国在保险合同中由被保险人或投保人指定,在被保险人死亡后有权领取保险金的人,一般见于人身保险合同,即仅限于在人身保险中存在保险受益人。② 另外值得注意的是,我国《保险法》规定,投保人、被保险人对保险标的的财产或人身利益应当具有密切联系,否则会影响到保险合同的效力。就保险受益人而言,法律上没有对其作出类似的规定。作为纯粹获利的保险关系人,保险受益人与投保人、被保险人不同,法律上并不要求受益人对保险标的具有相应的权利,也不要求受益人与保险标的之间具有密切的联系。

二、金融创新中保险消费者的甄别

随着金融创新的深入,保险业经营业务的不断拓展和保险产品的推新,保险关系中所包含的成员不断扩容,保险消费者的范围和主体类型也随之出现新的形态。在金融业和保险业发展过程中,“保险消费者”这一概念也面临新的挑战,在完善保险消费者的内涵与外延的过程中,需要重点解决下列难题。

(一)保险消费者范围的甄别——非自然人形态的主体

在保险业的实际业务经营中,自然人以外的法人、其他组织作为投保人通过签订保险合同购买保险产品的情形在市场经济中也大量存在,此时的法人或其他组织

---

① 参见英国《金融服务与市场法》第1G条。转引自廖凡:《金融消费者的概念和范围:一个比较法的视角》,载《环球法律评论》2012年第4期。

② 《保险法》第18条第3款规定:“受益人是指人身保险合同中由被保险人或者投保人指定的享有保险金请求权的人。投保人、被保险人可以为受益人。”

能否视为保险消费者？

第一类情形，团体保险。团体保险是由保险公司用一份保险合同为团体内的许多成员提供保险保障的一种保险业务，团体保险以人身保险为主。在团体保险中，“团体”为投保人，保险公司签发一张总保单给投保人，团体内的成员为被保险人。团体保险对被保险人的人数有一定要求，以法人或其他组织为投保人购买保险，对被保险人的要求相对宽松，操作也更为简便。现代社会生活中，团体商业险主要有用人单位为高风险工作岗位或特殊工种的职工购买的人身保险、学校为在校生统一购买的人身意外伤害保险、运动领域的俱乐部为运动员购买的特定人身保险等情形。在团体商业险中，投保人就是用人单位、学校、俱乐部等法人或组织，而法人或组织形式的投保人能否纳入保险消费者的范围，能否享有保险消费者的权益保护？对此，类似团体保险这种类型的行为，在消费领域可称为“单位消费”或“集团消费”。由于对单位消费或集团消费行为主要纳入了《合同法》的调整范围，不属于“消法”上的消费行为，进而在单位实施购买商品或接受服务的情形下，单位法人、组织不属于消费者，不享有消费者的各项法定权益。

对于法人、其他组织是否应纳入保险消费者进行保护，应该从“消费”这一行为的特性进行分析。消费行为应该是相对于经营行为而言的。消费目的是满足个人或家庭的生活需要，而不是满足生产经营的需要；消费者购买商品或接受服务的目的不是再次转让而获利，而是满足个人对商品或服务的实际用途和功能。从这个角度分析，保险消费者购买保险产品或接受保险者提供的服务是非营利性的，也不是为其他营利行为服务的。

从目的上分析，保险消费者购买保险产品或接受保险服务是利用保险业的风险分摊机制，降低个人的风险和损失，而不是为了从保险中获利或者通过保险为自己其他的营利性经营活动提供保障。在团体保险中，法人、组织或用人单位等购买团体保险，虽然不是直接为了从保险产品中获利，但其投保的行为是为了能够便于自身经营的正常有序进行，或者说投保是为了更好地进行经营性活动。因此，诸如团体保险中的用人单位等法人、其他组织虽然作为投保人购买保险产品或接受保险服务，但其行为并不是生活型消费行为，与严格意义上的消费者、保险消费者的概念还是有差别的，尚不能纳入保险消费者的范畴之中。

第二类情形，法人、组织为财产投保的保险。随着市场经济的发展，越来越多的法人、其他组织为自己所有的或用于交易的财产投保各种财产险，尤其是在涉及大额交易商品或者需要长途运输的商品贸易中，如海商险、多式联运保险等。这类保险关系中,法人、组织是保险法律关系中的投保人,但对于这种情形下的法人、组织,仍不属于保险消费者的范围。法人、组织购买财产险与前文中提及的团体保险一样,虽然投保的标的有所不同,一者为人身保险,另一者为财产保险,但投保人都是非自然人,而且在投保的目的上,也不是满足生活所需。法人或其他组织为自有或交易的财产投保,只是为了降低经营性风险,降低经营过程中的风险成本,该法人、组织投保行为实质上是一种经营手段和方式。

(二)保险消费者范围的甄别——保险合同当事人以外的主体

保险关系是建立在保险合同的基础上,保险关系中的保险消费者,多数为保险合同的当事人。但随着保险业的发展,在一些保险产品中出现了从保险上获益但并不属于保险合同当事人的情况,这些情形对保险消费者的构成提出了挑战。在保险产品日益创新的背景下,非保险合同当事人是否属于保险消费者?

非保险合同当事人从保险中获益的险种具有一些典型的例子。例如,在车辆购置的保险中,依据我国的法律法规,必须购买车辆的交通强制险、第三者责任险,而保险事故发生后,保险人须依据保险合同对车辆造成损害的第三人进行保险理赔。从客观表象看,第三人并非保险合同的当事人,不是保险关系主体,但是能够从具体的保险关系中获益,且此种获益正是保险合同的标的,属于侵权关系中受害人因侵权人的侵害行为所获得的赔偿或收益,是法定权益。

再如,近来的保险公司对司法诉讼开设的新型保险产品——诉讼保全责任保险也是一个典型例子。在此种保险产品中,民事诉讼中欲申请财产保全的诉讼当事人无力提供法律规定的同等价值财产作为担保时,可以向保险公司投保诉讼财产保全责任险,保险公司承保后向法院出具诉讼财产保全责任保险保单保函,承诺在申请人申请查封的财产限额内承担保证责任,一旦保全错误,由保险公司作为保险人依据保险合同承担赔偿责任。在这种保险关系中,存在的疑问是,作为涉及司法诉讼的险种,各方主体在保险关系中的地位如何,在该种保险中,哪些是保险消费者?仔细分析可以发现各方主体在保险关系中的地位,此种保险仍属于财产保险,申请诉前保全的诉讼当事人为投保人,同时也是被保险人,可以视为保险消费者的范畴。那么,人民法院在此保险关系中的地位如何?人民法院接受了保险公司承保后出具的保险单或保函,可以实现对诉前保全可能出现的风险控制。从宽泛的角度来看,人民法院从该保险中具有获益的效果,但此种获益并非法律意义上的或者保险法律关系中被保险人、受益人的保险获益,不具有保险消费者的属性。

据此我们可以得出结论:第一,在保险合同中的主体属于法律上的保险消费者,无论投保人、被保险人和保险受益人都是保险合同主体，当属购买保险产品或接受保险服务的当事人；第二，即便不以保险合同主体方式体现，但基于保险合同的约定和法律的强制规定，保险事由发生后，应当或能够从保险产品和服务中获益，则可以被认定为属于保险消费者的范围。因此，如果非保险合同主体要纳入保险消费者的范畴，其应当从保险关系中获取相应的收益或实现利益。

（三）保险消费者范围的甄别——投资收益类保险产品中的当事人

近年来随着保险业的发展，新型保险产品和服务层出不穷，其中尤其以投资收益类的保险产品最受关注，该类保险产品包括分红型保险和万能型保险。

分红型保险是保单持有人可以依据保险合同的约定，分享保险公司经营成果的保险种类。当保险公司的实际经营成果达到或超过保险合同定价假设的盈余，则保单持有人可依约对保险公司经营成果进行分配。万能型保险在提供人寿保险的生命健康保障的同时，投保人还可以参与保险机构专项投资账户的投资活动，保单的价值与保险机构投资账户的业绩和收益直接挂钩。万能险中投保人的保费中只有一部分用于保险风险的保障金，而大部分保费都用于投资账户的投资资金。其中，万能险因其在缴费、退保、保费率等诸多方面的便捷而大受欢迎并得到快速发展。

从保险消费者保护的角度来看，此类产品名义上和营销方式上仍属于"保险"，购销双方仍然是保险业的经营者和消费者。然而，消费行为与经营行为的区别就在于消费行为的非营利性。从前文对保险消费者的界定和解析来看，保险消费者进行保险消费的目的是满足自身对风险的防范，其消费不应以获利或营利为目的。但是，在投资收益类的保险中，投保人在订立保险合同、购买保险产品的时候，即已经获知其所购买保险产品的类型和保障功能之外的收益性功能，因而投保人在投保时已经具有了借助投资获利的目的。由此带来的问题是，投资性保险产品的投保人等是否还能认定为保险消费者？

对于此类保险产品，我们认为应当区别来看，既要保证保险消费的权益，又要区分开投资者的权益。以风险保障为目的的购买行为应认定为消费性行为，行为主体可作为消费者加以保护；以投资收益为目的的行为则应更突出其投资性，应归入投资者保护体系之中。第一，投资型保险仍然是保险产品，产品仍然有风险保障性的功能。因此，由于产品中生命健康保障性的内容，应该仍然以保险消费者的保护模式对其提供法律上的权益保护。第二，对于投资型保险中收益性的部分则应按照资本市场投资者保护的模式进行法定权益的保护。投资型保险虽然是以保险产品的形式来进行，但本质上购买者是通过以保险机构经营收益或者投资账户的投资收益为对象,以持单人手中持有的份额来获得利益分配,其运行模式完全符合资本市场投资者的投资行为特点,理应归入资本市场的投资者或消费者权益保护的体系中。

概言之,对于投资型保险产品中投保人、受益人的人身保险保障部分的权益应认定为保险消费者权益进行保护,对于投资收益部分的权益应归入资本市场消费者(或称为投资人)权益的保护体系。

三、保险领域消费者权益的法律保护

(一)保险领域消费者权益保护的制度现状

一般看来,对保险消费者权益的保护多见于普通消费者权益保护的立法,此外,在保险法律乃至合同法律中对保险消费者的法定权益进行了规定,这其中具有代表性的文献有联合国《保护消费者准则》,①以及各国国内的消费者权益保护类的法律法规。2008 年金融危机爆发以后,国际组织和一些国家加强了对金融消费者权益的保护,在此期间出台了诸多的法律法规和规范性文件,对金融消费者权益保护的立法趋势更加明显。国际组织和各国立法中,也是将保险消费者内含于金融消费者之中,对金融消费者权益保护进行立法。此间具有代表性的是:美国 2009 年 6 月 17 日公布的《金融监管改革——新基础:重建金融监管》中,对金融危机中暴露出来的金融消费者保护方面的漏洞提出了具体有效的措施;2010 年美国通过的《多德—弗兰克法》中,进一步明确了对包括保险消费者在内的金融消费者权益加以保护,该法的三大举措中就包括了在美国联邦储备委员会下设立新的消费者金融保护局,予其超越监管机构的权力,全面保护消费者合法权益;2011 年国际保险监督官协会出台新的《保险监管核心原则》,包括中介、业务行为、公开披露和打击保险欺诈 4 个原则,进一步突出了对保险消费者的保护。

在我国,2009 年出台修订后的《保险法》,一定程度上加大了保险消费者权益保护的力度;2011 年,保监会成立了消费者权益保护局;2012 年 1 月 18 日,保监会发布《关于做好保险消费者权益保护工作的通知》,就加大信息披露、畅通投诉渠道、完善调处机制、普及保险知识、建立失信惩戒机制、查处违法违规行为、完善社会监督方面提出了具体要求和措施,这些措施一定程度上完善了我国保险消费者权益保护机

---

① 1985 年 4 月 9 日,联合国大会投票通过了第 39/248 号决议,大会在该项决议中通过了《保护消费者准则》。

制。[1] 其中,2009 年修订后的《保险法》在 6 个方面凸显了对保险消费者权益的保护,是重要的亮点和进步。这 6 个方面包括:第一,关于保险人合同解除权的限制和不可抗辩条款;第二,关于投保单附格式条款;第三,关于格式条款内容限制;第四,关于理赔核定时限;第五,关于保险标的转让的权利承继;第六,关于保费退还。[2]

(二)法律保护的核心内容——保险消费者权益

对于保险消费者权益的内容,笔者立足于国际经验和我国保险业的实际,以我国现有消费者权益保护和保险业立法来梳理总结保险消费者的权益,这其中的重点法律是我国的"消法"和《保险法》。目前,无论是消费者保护一般性立法还是保险业法律法规,都没有明确保险消费者的权益。究其原因,一方面是一般性的消费者权益保护立法是从普通消费者的角度出发,对消费者都应享有的权益进行宽泛性的规定,不宜就某些特定领域的消费者权利进行特殊性的规定;另一方面是在保险立法中,仅提出了对保险消费者保护的要求和原则性规定,但并未明确保险消费者的权益及其具体内容。

概括而言,以一般消费者权利为基础,结合保险行业的特殊性,保险消费者的合法权益主要体现在以下几个方面。

1. 消费知情权

消费知情权是指消费者在购买商品和接受服务的过程中,能够对产品和服务获取真实信息的权利,保证其消费行为不受经营者欺骗。"消法"第 8 条第 1 款规定:"消费者享有知悉其购买、使用的商品或者接受的服务的真实情况的权利。"此项规定的权利简称为消费者的知情权,消费者的知情权对应的就是经营者的信息披露义务。

《保险法》第 13 条规定,保险合同应当采用书面形式载明合同内容,保险人要及时向投保人签发保险单或其他保险凭证;第 18 条规定,保险合同应当包含 10 项具体事项,即法定必要条款;第 17 条规定,保险人向投保人提供的投保单应当附格式条款并要说明合同内容,合同中存在保险人免责条款的,保险人应当作出足以引起投保人注意的提示,对该免责条款内容以书面或口头形式向投保人作出明确说明。上述规定,明确了保险合同的形式要件和实质要件,其目的就是通过对保险关系当事人订立保险合同行为作出法律的强制性规范,让保险合同的主体,尤其是保险消

---

① 参见刘兴丽、赵磊:《我国保险消费者权益保护机制研究》,载《海南金融》2013 年第 3 期。

② 参见郑伟:《保险消费者权益保护:机制框架、国际经验与政策建议》,载《保险研究》2012 年第 3 期。

费者对保险合同内容有充分的知情,以及对保险合同中可能存在的风险有足够的认识。

除我国现行法律外,在一系列的法规和规范性文件中也有对保险经营中消费者知情权的相关规定。《保险公司管理规定》第46条规定:保险机构对保险合同中有关免除保险公司责任、退保、费用扣除、现金价值和犹豫期等事项,应当依法依规向投保人作出提示。《人身保险新型产品信息披露管理办法》第6~8条规定:保险公司销售新型产品,应当向投保人出示保险条款、产品说明书,向个人销售新型产品的,还应当出示投保提示书;向个人销售新型产品的,保险公司提供的投保单应当包含投保人确认栏,并由投保人抄录下列语句后签名:"本人已阅读保险条款、产品说明书和投保提示书,了解本产品的特点和保单利益的不确定性";保险公司在产品说明书和其他宣传材料中演示保单利益时,应当采用高、中、低三档演示新型产品未来的利益给付;保险公司及其代理人进行新型产品的信息披露,不得与其他金融产品进行收益性对比,也不得对投保人、被保险人、受益人及社会公众作引人误解的宣传或者虚假宣传。《人身保险业务基本服务规定》第7条规定:"保险公司应当按照中国保监会的规定建立投保提示制度。保险销售人员在销售过程中应当向投保人提示保险产品的特点和风险,以便客户选择适合自身风险偏好和经济承受能力的保险产品。"由此看来,保险行业的诸多规范性文件中,并没有明确对保险消费者的知情权进行规定,但通过对保险合同中保险人的各项义务的规定,尤其是对保险人信息披露的强制规定,进而保障在保险经营过程中,实现保险消费者对保险产品和服务的知情权。

2. 公平交易权

公平交易权是消费者在购买商品或者接受服务时所享有的与生产经营者进行公平交易的权利,包括获得质量保障和价格合理、计量正确等公平交易条件的权利。《消费者权益保护法》第10条规定:"消费者享有公平交易的权利。消费者在购买商品或者接受服务时,有权获得质量保障、价格合理、计量正确等公平交易条件,有权拒绝经营者的强制交易行为。"

《保险法》第16条规定:投保人故意或者因重大过失而未履行就保险标的或者被保险人的有关情况进行如实告知义务,自保险合同成立之日起超过二年的,保险人不得解除合同;发生保险事故的,保险人应当承担赔偿或者给付保险金的责任。保险人在合同订立时已经知道投保人未如实告知的情况的,保险人不得解除合同,发生保险事故的,保险人应当承担赔偿或者给付保险金的责任。这一法条的规定表明在法定的情形下，保险人不得因投保人的过错行使抗辩权，保护投保人作为保险消费者的权益。《保险法》第 30 条规定："采用保险人提供的格式条款订立的保险合同，保险人与投保人、被保险人或者受益人对合同条款有争议的，应当按照通常理解予以解释。对合同条款有两种以上解释的，人民法院或者仲裁机构应当作出有利于被保险人和受益人的解释。"此条规定突出了在出现保险消费者与保险经营者对保险合同内容理解有争议时，作出有利于保险消费者的解释，突出保护保险消费者的权益，实现保险关系中的实质公平。《保险法》第 114 条第 1 款规定："保险公司应当按照国务院保险监督管理机构的规定，公平、合理拟订保险条款和保险费率，不得损害投保人、被保险人和受益人的合法权益。"这一规定体现了在保险交易中的公平定价原则，防止保险价格上的强制交易，实现对保险消费者权益的保护。《保险法》第 115 条规定："保险公司开展业务，应当遵循公平竞争的原则，不得从事不正当竞争。"一般意义上，公平竞争是法律对经营者之间提出的要求，但在保险业中，保险经营者的公平竞争是保险消费者权益的一种体现，保障保险消费者获得质量保障、价格合理、计量正确等公平交易条件，实现公平交易。《保险法》第 116 条和第 131 条的规定中，列举了保险机构和保险代理人、保险经纪人等保险从业人员，不得在交易中采取欺骗、隐瞒，以及诱使投保人、被保险人和受益人的行为，如此可以保证保险消费者在购买保险产品和接受保险服务时的意愿真实，这是最直接地保障公平交易权的法律规定。

此外，《财产保险公司保险条款和保险费率管理办法》第 26 条有关保险公司的保险条款和保险费率要不失公平，不侵害投保人、被保险人和受益人等保险消费者的合法权益的规定，实为《保险法》保险消费者公平交易权条款在具体保险经营领域的细化。

3. 自主选择权

消费者的自主选择权是指在消费过程中，消费者享有自由选择经营者及产品和服务权利，具体包括消费者可以完全自主选择交易对方的经营者，自愿、真实地与经营者订立与消费产品、服务有关的合同内容和履行方式，并在符合法定条件的情况下，可以自由决定是否继续履行或终止合同。《消费者权益保护法》第 9 条规定，消费者享有自主选择商品或者服务的权利。在法律上，消费者的自主选择权范围包括选择经营者、商品种类或服务方式，自主决定是否购买或接受任何商品或服务，并且可以在选择的过程中进行比较、鉴别和挑选。

《保险法》第 11 条第 2 款规定，除法律、行政法规规定必须保险的外，保险合同自愿订立;第 15 条规定,除《保险法》另有规定或者保险合同另有约定外,保险合同成立后,投保人可以解除合同,保险人不得解除合同;第 131 条规定,保险代理人、保险经纪人及其从业人员在办理保险业务活动中不得利用行政权力、职务或者职业便利,以及其他不正当手段强迫、引诱或者限制投保人订立保险合同。上述内容反映了自主选择权中保险消费者自愿订立、解除保险合同,对保险经营者自由选择。

在保险业规范保险经营机构、保险从业人员业务行为的规范性文件中,亦有对保险机构、保险机构从业人员经营行为的禁止性规定,保障保险消费者的自主选择权。《保险公司管理规定》第 49 条第 2 款规定,保险机构不得利用政府及其所属部门、垄断性企业或者组织,排挤、阻碍其他保险机构开展保险业务;《保险专业代理机构监管规定》第 44 条规定,保险专业代理机构及其从业人员在开展保险代理业务过程中,不得利用行政权力、股东优势地位或者职业便利,以及其他不正当手段,强迫、引诱或者限制投保人订立保险合同或者限制其他保险中介机构正当的经营活动;《保险经纪机构监管规定》第 44 条规定,保险经纪机构及其从业人员在开展经纪业务过程中,不得利用行政权力、股东优势地位或者职业便利,以及其他不正当手段强迫、引诱或者限制投保人订立保险合同或者限制其他保险中介机构正当的经营活动。此外,在具体保险险种的规范性文件中,亦有保护保险消费者自主选择权的相关内容,《机动车交通事故责任强制保险条例》第 13 条第 2 款规定:“签订机动车交通事故责任强制保险合同时,保险公司不得强制投保人订立商业保险合同以及提出附加其他条件的要求。”

4. 依法求偿权

消费者的依法求偿权是损害求偿权在消费领域的具体表现。损害求偿权也称为获得赔偿权,是宪法和法律赋予公民、法人和其他组织的一项重要权利,当公民、法人或其他组织的合法权利受到他人不法侵害而造成人身、财产损失时,依法要求侵权人予以赔偿。《消费者权益保护法》第 11 条规定:“消费者因购买、使用商品或接受服务受到人身、财产损害的,享有依法获得赔偿的权利。”

《保险法》第 22 条规定,保险事故发生后,保险消费者应当提供相关证明和资料,保险人认为有关的证明和资料不完整的,应当及时一次性通知投保人、被保险人或者受益人补充提供,即保险人一次性告知义务,不得影响保险消费者的求偿权的实现。《保险法》第 23 条规定:保险人收到被保险人或者受益人的赔偿或者给付保险金的请求后,应当及时作出核定,情形复杂的,应当在 30 日内作出核定;保险人未及时履行赔付或给付保险金义务的,除支付保险金外,应当赔偿被保险人或者受益人因此受到的损失；任何单位和个人不得非法干预保险人履行赔偿或者给付保险金的义务，也不得限制被保险人或者受益人取得保险金的权利。《保险法》第 24 条规定，对保险人作出事故核定后，作出拒绝赔偿或者拒绝给付保险金时，应当发出通知书并说明理由；即保险人不能无理由、随意地拒绝保险消费者的求偿权。《保险法》第 46 条规定，被保险人因第三者的行为而发生死亡、伤残或者疾病等保险事故的，保险人向被保险人或者受益人给付保险金后，不享有向第三者追偿的权利，但被保险人或者受益人仍有权向第三者请求赔偿；即人身保险消费者中的被保险人或受益人获得保险公司赔偿后仍有向造成损害的第三人求偿的权利。

除《保险法》中规定了有关保险消费者依法求偿权的内容外，在《人身保险业务基本服务规定》中，第 22～24 条和第 26 条中，对保险公司对被保险人、受益人进行保险理赔，即实现保险消费者求偿权的内容进行了规定，并作出了具体的时效限制。

在保险行业中，当保险合同约定的保险事故发生后，因事故而造成损害的保险消费者依法获得相应的保险理赔和损失赔偿，是一项基本性的权利。在现有的保险法律法规中，对保险消费者依法获得赔偿或基于损害依法求偿的权利并没有明显地进行规定，但对此项权利的保护更多的是通过对保险人的理赔或按照保险合同进行赔偿的义务进行具体的规定和约束，进而体现保险消费者的依法求偿权。

5. 消费安全权

消费安全权是指消费者在购买、使用商品和接受服务时，享有要求经营者保障其人身、财产安全不受损害的权利。《消费者权益保护法》第 7 条规定："消费者在购买、使用商品和接受服务时享有人身、财产安全不受损害的权利。消费者有权要求经营者提供的商品和服务，符合保障人身、财产安全的要求。"消费安全权的内容具体包括消费者人身安全权和财产安全权，其中人身安全权包括了生命安全权和健康安全权。

由于保险业的特点，投保人、被保险人与保险人之间建立保险关系，往往带有风险防范及预期收益的目的，因此，对保险消费者消费安全权需要有一个全面的、符合保险业特性的认识。保险消费者的消费安全权，并不仅限于消费过程中消费者人身、财产的安全，也包括保险人在保险合同中约定的风险发生时对保险消费者理赔或赔偿能力的保障。

基于上述对保险消费者消费安全权的理解，《保险法》第 92 条、第 97 条、第 98 条、第 100 条、第 101 条内容都是涉及保险消费者的消费安全权的规定。《保险法》第 92 条规定，经营有人寿保险业务的保险公司被依法撤销或者被依法宣告破产的，其持有的人寿保险合同及责任准备金,必须转让给其他经营有人寿保险业务的保险公司;通过对保险人破产的特殊规定,保障保险消费者尤其是人寿保险消费者能够获得保险理赔。《保险法》第 97 条、第 98 条和第 100 条规定,保险公司应当依法提取保险理赔的保证金、提取各项责任准备金和缴纳保险保障基金。《保险法》第 101 条规定,保险公司应当具有与其业务规模和风险程度相适应的最低偿付能力。

《保险公司非寿险业务准备金管理办法(试行)》《保险保障基金管理办法》《保险公司偿付能力管理规定》等就《保险法》关于保险公司对保险消费者偿付和赔付能力的保障,以及具体的类别作了规定,进一步强化监管保险公司稳健经营、保障保单持有人权益实现、加强保险公司偿付能力。以上各项法律法规和规范性文件中的内容都体现了保险业特殊的消费者消费安全权的要求。

6. 消费者隐私权

消费者隐私权源于民法上的隐私权。隐私权是指自然人享有的私人生活安宁与私人信息秘密依法受到保护,不被他人非法侵扰、知悉、收集、利用和公开的一种人格权,而且权利主体对他人在何种程度上可以介入自己的私生活,对自己的隐私是否向他人公开,以及公开的人群范围和程度等具有决定权。由此可见,出于对"隐私"的理解,隐私权作为一项基本人权,其本意上权利主体限于自然人。在我国的民法上,没有将隐私权确立为一项独立的人格权,仅是借助司法解释或通过对民法上人身权中的名誉权保护,以及公序良俗中公民个人隐私保护等方式,从而采取间接保护方法来对"隐私权"进行保障。由于民法尚未有隐私权的明确概念,在消费者保护领域对于如何认定消费者隐私权也没有确切的概念,法律规范中对消费者隐私权也没有作出具体的规定。然而,法律上没有明确规定并不表示法律对此不加以保护,而是通过其他方式或者对其他权利的规范来加以表现。在我国的"消法"中,对消费者隐私权有关的规定体现在第 14 条中,"消费者在购买、使用商品和接受服务时,享有人格尊严、民族风俗习惯得到尊重的权利,享有个人信息依法得到保护的权利"。在这一条规定中,消费者的"个人信息依法得到保护的权利"即是有关消费者隐私保护的具体内容,是消费者隐私权在"消法"上的体现。

无论是国家立法、行业法规还是部门规范性文件,都不断强调对包括保险消费者个人信息、商业秘密的保护,这是保险消费者隐私权的集中体现。

《保险法》第 116 条规定,保险公司及其工作人员在保险业务活动中不得泄露在业务活动中知悉的投保人、被保险人的商业秘密;第 131 条规定,保险代理人、保险经纪人及其从业人员在办理保险业务活动中不得泄露在业务活动中知悉的保险人、投保人、被保险人的商业秘密；第156条规定，保险监督管理机构工作人员应当忠于职守，依法办事，公正廉洁，不得利用职务便利牟取不正当利益，不得泄露所知悉的有关单位和个人的商业秘密；第178、179条规定，保险监督管理机构从事监督管理工作的人员泄露其知悉的有关单位和个人的商业秘密的依法给予处分，构成犯罪的，依法追究刑事责任。《保险法》上保险机构及其工作人员、保险中介组织及其从业人员、保险监管部门及其工作人员在日常保险业务中对保险消费者有关商业秘密和个人隐私的信息保护，体现了对保险消费者隐私权的立法保护。

除《保险法》对保险消费者隐私权保护方面的内容外，在保险行业的其他规范性文件中对保险消费者隐私权的保护也可见一斑，虽然散见于各个规范中，但也可归纳总结其共同之处。《保险专业代理机构监管规定》第44条、《保险经纪机构监管规定》第44条、《保险公估机构监管规定》第42条、《保险营销员管理规定》第36条、《人身保险业务基本服务规定》第28条中都表明了保险行业中介、服务性机构和从业人员在经营过程中不得泄露保险消费者包括商业秘密和个人隐私在内的信息，并在各自行业及从业特点基础上做了《保险法》之外具体的补充性规定。

在保险领域中，对隐私权、保险消费者的隐私权等也没有具体的概念性的界定，也是通过对有关保险消费者的个人信息进行保护，实现保险消费者的隐私权。但在此需要说明的是，保险法律法规中，保险消费者的信息包括了投保人、被保险人的商业秘密。一般而言，商业秘密持有者应当是市场经营者主体，这与消费者这一主体似乎是矛盾的。但是，在保险行业中，投保人、被保险人等保险消费者的商业秘密往往在保险合同或保险关系建立中会有所涉及，即便是自然人形态的保险消费者，也会在保险合同中将其不想为外界所知悉的信息包含其中，尤其是有商业价值的信息，而且商业秘密从大的范围上来看也可以纳入不愿为公众知悉的“隐私”范畴，对此类信息的保护应当归入保险行业中对保险消费者隐私权保护。在保险业监管部门的文件中，对消费者“隐私”的内容，也确定为保险消费者的“个人信息”。

在2015年5月，中国保监会保险消费者权益保护局特别下发了《关于加强保险消费者个人信息保护工作的紧急通知》（消保局〔2015〕146号），要求各级保险监管机关及所属保险消费者权益保护部门，加强保险消费者个人信息保护，防止消费者个人信息不当外流情况发生。在该文件中，明确要求：

第一，高度重视消费者个人信息保护工作。国家机关对工作中获得的公民个人信息负有保护义务；保险监管机构在保险消费者权益保护工作中，特别是在保险消费投诉处理工作中获得并存有大量消费者个人信息；各保监局保险消费者权益保护处要高度重视对消费者个人信息的保护工作,要牢固树立对消费者个人信息的保护意识,并在工作中切实贯彻落实。

第二,采取有效措施保护消费者个人信息。一是除"12378"系统的必要操作外,所有包含消费者个人信息的文件均不得在互联网上处理;二是在与原保监会消费者权益保护局、各保险机构及有关单位传递交换保险消费投诉件时要做好信息安全保护,防止消费者信息不当外流情况发生;三是尽快协调信息技术部门对"12378"系统、保险消费投诉处理系统等连接互联网且存有消费者个人信息的 IT 系统进行全面安全检查,特别是网站系统渗透性检测,查找并弥补安全漏洞,及时提高信息安全防范水平;四是会同信息技术部门完善信息安全防范措施,并在今后工作中定期对连接互联网且存有消费者个人信息的 IT 系统进行安全检查。

(三)保险消费者权益内容的补遗

实际上,在上述保险消费者法定权利之外,"消法"规定的一般消费者所享有的法定权利中,包括消费者受教育权、依法结社权、监督批评权等,保险消费者也应享有。尽管《保险法》没有明确的条款规定上述权利的内容,但并不意味着保险消费者在法律上就不享有这些权利和权益。在保险业的行业规范中,《加强保险消费者教育工作方案》对保险消费者的受教育权、《中国保险监督管理委员会信访工作办法》和《保险消费投诉处理管理办法》等对保险消费者监督批评权都分别以部门规章或规范性文件的方式作出了具体的规定。

如果说保险消费者权益有何不同,则是基于保险业的特殊性,保险消费者权益的特性明显。相对于一般消费者权益而言,保险消费者合法权益或法定权利应当更加突出保险这个行业的特点。当然,随着保险产品向投资型发展的金融创新活动加剧,保险消费者在保障基础上对于收益的追求也成为合理诉求的一部分。① 上述内容中,对保险消费者权益的内容做了梳理,概括了保险消费者权利的几项突出内容,但并不意味着保险消费者法定权利就仅限于上述几点。

第二节 保险领域消费者权益维护实践中的突出问题

一、保险领域消费者权益维护纠纷的实况

保险行业中出现的侵害消费者权益的情形虽然常见诸舆论,但要作出精准量化

---

① 参见郭丹:《保险消费纠纷多元化解决机制的构建》,载《学术交流》2015 年第 5 期。

的评价却殊非易事。笔者尽可能以能够获得的可靠数据为基础,通过全国法院系统涉保纠纷诉讼案件、保险监管机构受理保险消费者投诉情况等来展现我国保险消费者权益的纷争情况。

(一)全国法院涉保纠纷诉讼案件情况

近年来,随着保险业不断深入普通公众生活,涉及保险行业的司法诉讼也呈现出大幅上升的态势。最高人民法院资料显示,2005 年至 2010 年,保险纠纷诉讼案件数量增加 3 倍多,从 2005 年的 14465 件、2006 年的 18268 件、2007 年的 21635 件、到 2009 年的 41752 件、2010 年的 59747 件。[①] 在以往全国各类保险纠纷案件中,主要涉及机动车保险、财产险、意外伤害险和保证保险等类型的保险。在争议的焦点中,与保险消费者权益有关的主要表现在保险人免责条款适用、保险人对保险合同的说明义务等方面。值得注意的是,涉及保险纠纷的诉讼案件逐年增加:一方面说明保险消费者维权意识提高,积极通过司法诉讼方式主张其合法权益;另一方面又说明保险消费者权益受侵害后实现维权的途径有限,或者其他维权途径对保险消费者权益保护不力,保险消费者为了实现自身合法权益,只能更多地寻求司法诉讼方式。

(二)保险监管机构受理投诉情况

保监会及其下设地方各级监管局是保险业的行业监管机构,也是受理保险业各类纠纷投诉、信访的主要部门。通过保险监管机构受理保险消费者投诉情况,可以对当前我国保险消费者权益保护的现状有更为直接的了解和认识。近年来,随着保险业发展,新型保险产品的层出不穷,保险消费者投诉维权诉求案件的数量和类型也在不断增长。根据保监会公布的 2014 ~ 2016 年连续三个年度保险消费者投诉情况的通报显示:[②]

2014 年中国保监会机关及各保监局共接收各类涉及保险消费者权益的有效投诉为 27902 件,涉及财产险公司的投诉 12707 件,占有效投诉总量的 45.54%,涉及人身险公司的投诉 15111 件,占有效投诉总量的 54.16%;其中涉及保险公司合同纠纷类投诉 24058 个,占投诉事项总量的 80.37%;涉嫌保险公司违法违规类投诉 5686

---

① 相关数据源自最高院资料。转引自郑伟:《保险消费者权益保护:机制框架、国际经验与政策建议》,载《保险研究》2012 年第 3 期。

② 相关数据和材料引自中国保险监督管理委员会网站:http://www.circ.gov.cn/web/site0/tab5168/info3949625.htm, http://www.circ.gov.cn/web/site0/tab5168/info4014786.htm, http://www.circ.gov.cn/tabid/106/InfoID/4058417/Default.aspx,最后访问日期:2018 年 12 月 17 日。

个，占比 19.00%；涉及中介机构合同纠纷类投诉 50 个，占比 0.17%；涉嫌中介机构违法违规类投诉 140 个，占比 0.47%。

2015 年中国保监会机关及各保监局共接收各类涉及保险消费者权益的有效投诉为 30204 件，涉及财产险公司的投诉 14748 件，占有效投诉总量的 48.83%，涉及人身险公司的投诉 15385 件，占有效投诉总量的 50.94%；其中涉及保险公司合同纠纷类投诉 26931 个，占投诉事项总量的 86.94%；涉嫌保险公司违法违规类投诉 3946 个，占比 12.74%；涉及中介机构合同纠纷类投诉 51 个，占比 0.16%；涉嫌中介机构违法违规类投诉 50 个，占比 0.16%。

2016 年中国保监会机关及各保监局共接收各类涉及保险消费者权益的有效投诉为 31831 件，涉及财产险公司的投诉 16552 件，占有效投诉总量的 52%，涉及人身险公司的投诉 15185 件，占有效投诉总量的 48%；其中涉及保险公司合同纠纷类投诉 29651 个，占投诉事项总量的 91.40%；涉嫌保险公司违法违规类投诉 2696 个，占比 8.31%；涉及中介机构合同纠纷类投诉 75 个，占比 0.23%；涉嫌中介机构违法违规类投诉 20 个，占比 0.06%。

在保险监管机构受理的保险消费者投诉中，保险消费者投诉案件数量逐年上升，在投诉的案件中，财产险投诉占比上升，人身险投诉占比下降，而且具体的投诉内容和事项也会发生改变。财产险涉及保险公司合同纠纷类投诉中，主要反映费率浮动争议、保费争议、营销扰民等问题；财产险涉嫌保险公司违法违规类投诉中，主要反映拒保交强险、交强险搭售商业险等问题。人身险涉及保险公司合同纠纷类投诉中，主要表现在投保程序不规范、销售人员未尽说明义务等；人身险涉嫌保险公司违法违规类投诉中，主要表现在夸大保险产品收益，混淆保险与银行理财、储蓄概念，隐瞒免责条款、退保损失、利益不确定性、合同犹豫期等，误导险种主要集中在分红险，涉及渠道主要为银邮渠道和个险渠道。

二、保险领域消费者权益被侵害的焦点问题

（一）保险销售误导

保险销售误导，主要是指保险产品和服务的销售人员提供虚假或让人误解的信息的行为，其行为会对保险消费者造成认识上重大的错误。大致来看，保险销售误导是保险经营者（包括保险人、保险中介、保险经纪人等）对保险产品做的虚假宣传，使得保险消费者认识上产生错误，并因错误认识而购买或接受保险产品或服务。此类误导销售行为，一方面构成了《反不正当竞争法》中虚假宣传的不正当竞争行为，

另一方面也因此类不正当竞争行为而损害了保险消费者的合法权益。从保险消费者权益的角度分析,保险销售误导侵害的是保险消费者的消费知情权和公平交易权。

传统的保险销售过程中,保险销售误导的具体表现主要有下列几种情形。

1. 虚假宣传——保险公司或保险销售人员以增加销售为目的,私自印制保险产品说明书或其他宣传材料,其中掺杂虚假宣传内容或欺诈误导成分。

2. 片面介绍——销售人员不向消费者解释保单现金价值、犹豫期、退保损失、除外责任等事项,使消费者没有全面了解投保人的权利义务。或者在介绍新型产品时,不如实告知分红不确定性和费用扣除、投资风险等情况。

3. 夸大功能(收益)——销售人员夸大保险责任,或夸大投资收益,或"断章取义"地宣传保险产品,利用保险公司公布的短期收益率,预测分红水平,引诱消费者投保。这类纠纷主要发生在当前保险机构推出新型保险产品中,如人身保险中的年金保险产品,保险销售者对投保人在保险产品中获利回报作出与事实不符的承诺,或是将获利期限故意模糊或"避重就轻"地只提收益率却不对收益的期限作说明,导致保险消费者对投保后的获利产生错误认识和预期。

4. 混淆产品——主要是保险公司银保专员或银行工作人员将保险产品介绍为银行理财产品,有意混淆保险产品的经营主体,套用"本金""存入""利息"等概念,并将保险产品的利益与银行存款收益、国债收益等进行片面类比,使消费者对保险产品陷入认识误区。此外,"银保业务"成为保险领域侵害消费者权益的典型代表,与银行保险业务一同出现的往往还有一个专有用语,即"存款变保单"。当前很多保险销售人员在银行的金融机构驻点销售产品,甚至穿着银行工作人员制服推销保险产品,在产品宣传时套用诸多银行类金融产品的名词,使消费者将保险产品误认为银行理财产品。在银保产品销售过程中,销售人员大多未履行如实告知的义务,销售人员没有告知消费者该产品实则是保险产品,没有告知产品风险性,对收益率作模糊说明,并将产品向银行存款上靠。

在金融业发展的新形势下,保险销售误导呈现出新的特点,手段和方式也在新的金融销售渠道蔓延。一是误导行为主体由单个保险销售人员向保险机构渗透,一些保险机构纵容甚至唆使保险销售人员向保险消费者作误导性宣传和推销;二是在金融行业间混业经营在实践中的演变,借助银邮渠道销售保险产品,混淆保险产品与银行产品;三是在资本投资市场兴旺时期,在保险产品不断推新的背景下,投资类保险产品中夸大收益、对收益未作或故意模糊收益率,造成消费者对投资保险产品产生错误认识。

下面通过典型案例来具体认识在保险行业的实践中存在的,也是常见的保险销售误导行为引发的侵害保险消费者权益的情形。

第一类,虚假宣传型的保险销售误导,即保险机构纵容和唆使保险销售人员做虚假的保险产品宣传。具体案情:投诉人陈某反映,某保险公司重庆市沙坪坝支公司营销员黄某在向其误导销售4张保单,并提供4份保险产品计划书。该计划书存在涉嫌欺骗投保人的内容:一是虚构"生存金"有复利累积生息的收益;二是将不确定的保单红利宣传为确定利益,且按高档假定利率宣传。经立案调查,黄某所在营销团队及个险内勤办公室公共电脑上均有与投诉人提供产品计划书模板相同的"福满一生10年期自动版计划书"电子版,向支公司及分公司调查核实发现,该类产品计划书模板是由该某保险重庆市分公司个险部组织相关人员开会讨论后制作下发,供销售人员销售辅助使用,经查共涉及保单51379件,新单保费收入33485.81万元,涉及销售人员12844人。本案是一起典型的销售误导案件,特点在于营销员欺骗投保人行为背后,隐藏着保险公司对于营销员的错误宣导,唆使诱导营销员欺骗投保人。

第二类,夸大功能(收益)或混淆产品型的保险消费误导,即在新型人身保险产品的销售过程中对收益率进行不真实的宣传。

案例一:2013年9月11日,投保人邓某通过某保险公司重庆分公司银保专管员袁某购买了××人寿幸福人生A款终身年金保险(分红型)产品,年缴保费20万元,缴费期5年,目前累计缴纳保费20万元。购买次日,邓某再次向袁某咨询,并进行了录音。录音中袁某夸大该保险产品收益,称邓某缴费满5年后,每年能够领取"7万多元";被保险人到60岁时,可以取出"260多万元"。实际上,据测算,即使按照高档红利水平,邓某在相应时间能够领取的金额也无法达到袁某宣称的"7万多元"和"260多万元"。部分销售人员讲解时存在过分强调收益、忽略风险提示的现象,在介绍保险产品时故意隐瞒中低档收益,只向消费者介绍高档收益,本案中,袁某宣传的收益甚至比假设的高档收益还要高。

案例二:2012年1月11日,投保人李某通过某保险公司重庆分公司张某购买一份尊贵人生年金保险(分红型),年缴保费20240元,缴费期10年,保险期间至被保险人80周岁。被保险人为李某的女儿常某,2014年2月,被保险人向张某电话咨询上述保单事宜,张某肯定回答第6年能够退回前5年所缴的10万多元保费,并且还有分红。但实际上,据测算,即便未剔除保单持有阶段领取的“生存保险金”,按照2013年分红水平测算该保单持有第5年末退保测算总金额为6万元左右,与张某表述差异较大。本案中,销售人员利用公众保险专业知识匮乏,混淆缴费期间和保险期间两概念并对保单收益进行误导性宣传。

(二)保险捆绑销售

近年来,无论是一般消费者投诉还是保险业消费者的举报,都有大量关于捆绑销售保险产品的投诉与举报。就消费者的角度而言,捆绑销售模式侵害了消费者依法应当享有的自主选择权。作为保险消费者的一项合法权利,自主选择权表现为消费者可以自主决定是否购买保险产品和接受服务,自由选择与哪家保险机构建立保险关系,完全自愿地选择购买哪种保险产品和服务。如果保险消费者的上述自由选择和自主决定无法实现或受到限制,则可以视为保险消费者自主选择权受到侵害。然而,现实情况是在保险经营过程中,常常出现消费者无法实现自主选择权,尤其是保险产品的捆绑销售情形的存在。

当前保险行业中的捆绑销售主要呈现两种形式:一是将保险产品和服务与其他产品捆绑在一起进行销售,即在提供其他产品和服务时搭售保险产品;二是保险产品中出现不同险种的捆绑销售,即对某个险种产品不单独销售,而是作为其他险种产品的附加险捆绑在一起销售。无论何种捆绑销售方式,都是侵害保险消费者权益的行为。

将保险产品和服务与其他产品捆绑销售屡见不鲜。例如,在飞机票的销售中,往往在低价或者特价机票销售中强行捆绑销售保险产品,在一些车船票、景区门票销售上也常常看到有保险产品的捆绑销售。再者,随着金融行业间业务上的相互交融,出现银行与保险在产品上的捆绑销售,不少银行与保险公司达成“业务互换”,即银行为保险公司销售保险产品,银行向其自身的消费者推销保险产品,保险公司则需要购买部分银行理财产品,或者“贡献”存款。此时,保险产品并非是保险消费者与保险人之间基于自愿、平等的基础上通过保险合同建立的保险法律关系,保险消费者对于是否购买保险产品并没有自主选择的权利。

而在保险产品间的捆绑销售上,保险机构往往从经营收益的角度出发,对于一些投保费用低的险种不单独销售,必须与其他险种的保险产品捆绑一起销售。将该种营销手段无论定义为捆绑销售还是搭售,其实际上都是对保险消费者自主选择权的侵害。

在我国当前的法律规定中，仅对个别行业和领域内的商业保险采取强制投保，如车辆必须依法投保交强险等。除此之外，在“消法”中，明确规定了消费者的自主选择权，而《保险法》第11条规定：“订立保险合同，应当协商一致，遵循公平原则确定各方的权利和义务。除法律、行政法规规定必须保险的外，保险合同自愿订立。”由此，法律上对保险合同的自愿订立原则作了相当明确的规定，任何通过捆绑销售方式将保险产品强行推销给消费者的行为都是不符合法律规定的，是对消费者权益的损害。

保险产品的捆绑销售，除损害保险消费者自主选择权外，在保险事故发生后还会给保险消费者的理赔带来困难。例如，在旅游、交通运输行业中，由于保险人与旅游公司、交通承运人签订的是团体保险合同，一旦发生保险事故，游客或乘客无法以保险消费者的身份向保险人主张理赔，因此，实际承担保险费用的游客或乘客等无法享受保险消费者的权利。

（三）保险理赔难

保险理赔难，是当前保险行业中保险消费者投诉最多的表现，也是保险消费者权益受侵害最主要的情形。保险理赔难很多时候是保险人对保险消费者的理赔予以拒绝，也即保险人对保险消费者提出的保险赔偿请求予以拒赔。理赔原本是合同法上的一个概念，在保险业中是指保险人依照保险合同的约定，履行保险义务并承担保险责任。如有足够的理由，解释清楚，不接受赔偿要求的就是拒赔。援引到保险领域，保险拒赔是指保险事故发生后，保险消费者依据保险合同向保险人提出赔偿请求，但保险人依据保险合同免责条款或法定情形，不接受保险消费者的赔偿请求。保险人如果有合法理由可以对保险消费者提出的理赔予以拒绝，否则就侵害了保险消费者的依法求偿权。

保险人对于保险消费者提出的理赔要求予以拒绝的理由有多种，但最为典型的一般有以下几种。

1. 投保人或被保险人未如实告知——如实告知义务是指在订立保险合同之时，被保险人或者投保人必须要将保险标的中的重要事项如实告知保险人，并确保保险人能够全面、准确地掌握这些重要事项，只有这样才能够让保险人正确地认识并评估危险状况，继而决定是否承保或者在何种条件下承保。在保险消费纠纷中，保险人往往会以保险消费者在投保时没有尽到如实告知义务从而拒赔。事实上，这样对消费者是很不公平的。因为在投保时，保险消费者可能因为疏忽而没有如实告知投保人，甚至有的保险销售者为了业绩而“指导”保险消费者隐瞒相关事实。保险公司作为专业的经营机构理应对保险合同的关键事项进行审核,但保险公司不做这个主动调查、核保的工作,结果在发生事故后,又以未如实告知而拒赔。为此,我国修订后的《保险法》新增加了一条“不可抗辩条款”,明确了投保人如实告知义务。保险公司必须先行询问,也就是“询问告知”原则,投保人没有“主动告知”义务。自保险人知道有解除事由之日起,超过30日不行使而消灭,且自合同成立之日起超过二年的,保险人不得解除合同,即此时保险人不得以未如实告知作为拒赔的理由。

2. 保险除外责任——保险除外责任又称责任免除,指保险人依照法律规定或合同约定,不承担保险责任的范围,是对保险责任的限制。保险合同上通常会出现的诸如“以下情况属于责任免除”“以下情况为除外责任”的免责条款成为保险人对保险消费者拒赔的最主要的依据。如健康医疗险中通常将罹患艾滋病(AIDS)列为除外责任,将战争、核武器等导致的事故列为除外责任;家财险中通常把地震列为除外责任;车险中通常把无证、非法证件驾驶,酒后、毒后驾驶等情况下发生的事故,交通事故中造成亲属伤害等列入除外责任。近两年在浙江、福建两省发生的女司机在倒车时碾压丈夫致死的典型案件中,保险公司都对事故中第三者责任险予以拒赔,理由就是车险中对事故造成亲属伤亡不予赔偿。再如,在江西省发生的一起出租车交通事故,事故发生时的出租车司机并没有取得交管部门颁发的出租车司机资格证,是临时代他人开车拉客,虽然该出租车投保了车险,但保险公司还是予以拒赔,其理由就是无证驾驶发生事故保险人责任免除。免责条款的存在、保险人责任免除的规定,是当前保险业中导致保险纠纷发生,损害保险消费者权益的重要情形之一。

3. 未提供必要材料——从文意上理解,是在保险消费者向保险人主张保险理赔时,因保险消费者未能提供足够必要的材料而无法获得保险理赔。由于保险属于非常专业的领域,绝大部分的保险消费者并不具备相应的专业知识,并且保险事故发生后,有时保险经营者及工作人员因对保险理赔程序不熟悉,未及时告知甚至故意不告知消费者在理赔时所需的必要材料,导致保险消费者无法及时有效地提供必要的理赔材料。在一些保险事故中的必要材料需要当场作出或者存在材料不可复制、保存时间有限等情形,一旦未及时收集、出具此类材料,则对保险消费者而言将无法再获取材料,致使保险消费者在向保险人主张理赔时,因为材料不齐而被拒赔。如若由于保险消费者自身的原因未能提供必要的材料而导致保险人拒赔,这确实属于保险消费者自身的责任。但是,实践中出现未能提供必要材料的保险消费者之外的原因主要有:一则保险合同中没有对消费者在申请理赔时所需材料进行说明;二则保险事故发生后保险消费者申请理赔时,保险人在内心对理赔的抵触,没有向消费者及时提醒。保险人未及时地告知保险消费者应当提供的材料,或者在签订保险合同的时候未对保险事故发生后应当提供的必要材料进行说明,导致保险消费者错过时机而致使相关材料无法获取,从而保险消费者要求理赔被拒绝,则保险人构成对保险消费者合法权益的侵害。修订后的《保险法》第22条第2款明确规定了“保险人按照合同的约定,认为有关的证明和资料不完整的,应当及时一次性通知投保人、被保险人或者受益人补充提供”。由此,保险合同中未明确约定或者保险人未及时提醒、说明,导致保险消费者未能提供必要材料而被拒赔,是侵害保险消费者权益的表现。

此外,在保险业实际经营中保险消费者被拒赔还有其他一些情形。例如,代签名(未“书面同意”)、观察期免责、保险事故与保险险种不对应、非近因(非必然联系)、保障期届满、保险消费者自我因素(未按期缴纳保费、自我伤害、弄虚作假等)。在保险理赔难和拒赔案件中,案例众多且案情内容表现上各有不同,对此无法逐一进行举例说明。这其中有的属于合法的保险人拒赔事由;但也有的是保险消费者由于缺乏专业性、知识性而处于弱势地位,导致理赔困难,甚至被拒赔,这应属于侵害保险消费者权益的情形。

三、保险领域消费者权益被侵害的主要原因

(一)保险消费者权益保护立法层面的缺陷

在我国现行保险消费者权益保护法律规范中,具体、直接规定保险消费者权益的立法存在缺失,仅有的与保险消费者权益有关的规定主要散见于《保险法》及保险行业监管机构指定的部门规章或规范性文件中。显而易见,虽然在保险行业的各类法律规范中,已有涉及保险消费者权益保护的规定,但总体上仍然存在诸多不足。

1. 保险消费者权益表述不明确,缺乏可操作性

在现有的《保险法》和保险行业规范性文件中,对于保险消费者权益的表述不明确,尤其是与“消法”中有关消费者合法权益的表述存在差异。即便已有规定,相关条文的具体含义亦不明确。譬如,保险消费者的知情权,法条上只写明“保险人应当说明合同的内容”和“足以引起投保人注意的提示”等规定,但对于在保险业实际操作中,法律规定的“说明”的具体方式是什么,何种程度或者做法才符合法律上规定的“足以”引起投保人注意等问题没有作出明确的规定,在保险行业实践中造成操作上的不便。再如《保险法》第92条规定了寿险公司撤销或破产后的保单转让制度,但对“转让条件”没有明确规定;《保险法》第116条和第131条规定了

禁止欺骗、隐瞒重要情况，禁止阻碍或诱导、不如实告知等条款，但对于保险行业实践中如何认定“欺骗”“隐瞒”“阻碍”“诱导”等并未具体、明确地通过规范性文件的方式进行说明。[①] 就法律而言，其目的是规范行为，法律需要具有切实的可操作性；但现有保险立法在保险消费者权益保护上，法律规范本身对一些关键内容规定得不明确，导致保险消费者权益保护的法律运用和操作上存在缺陷。

2. 保险消费者权益保护的立法分散，不成体系

目前我国保护保险消费者权益的立法多而分散，除《保险法》外，保险行业的部门规章、规范性文件有50余部。在众多的保险行业法律规范中，保险业诸多规章制度大体是按照保险业经营环节和业务流程进行划分，如保险经营机构类、保险中介与经纪类、保险监管类等。保险消费者权益保护的规范散见于广泛的法律法规之中，不利于有效地确立、贯彻对保险消费者权益的保护。此外，基于保险行业经营环节划分的规章制度，在内容上，尤其是保险消费者权益保护方面，容易出现条款内容重复，即仅是立法规范主体对象不同，而主体权利义务基本是相同的。现有立法缺乏体系性，容易导致立法资源的浪费，也因各自部门立法规范的局限性而使法律在运用上产生冲突，降低了法律的实效性。

3. 保险消费者权益立法层级不高

从全国性的法律法规来看，我国当前的保险行业法律制度中：法律层面主要是《保险法》，这是调整保险社会关系的基本法，该法颁布于1995年，后经2002年、2009年、2014年和2015年4次修订；行政法规层面主要是《外资保险公司管理条例》和《机动车交通事故责任强制保险条例》；部门规章层面与保险有关的主要是保监会制定并实施的对保险业进行监管的规范性文件，现行的保险业部门规章数量多达几十项；国际条约层面主要是中国加入WTO后遵守的涉及保险的协议；司法解释层面与保险有关的有最高人民法院《关于适用〈中华人民共和国保险法〉若干问题的解释(一)》、最高人民法院《关于适用〈中华人民共和国保险法〉若干问题的解释(二)》和最高人民法院《关于审理海上保险纠纷案件若干问题的规定》。[②] 我国保险业监督管理机构在2011年专门成立了保险消费者保护的部门，并且以保险监管机构为主，金融监管和行政主管机构出台和实施了大量的有关保险消费者权益保护的

---

① 相关内容参见中国保监会保险消费者权益保护局课题组：《保险消费者权益问题的思考》，载《保险研究》2012年第9期。

② 相关内容部分可参见郑伟：《保险消费者权益保护：机制框架、国际经验与政策建议》，载《保险研究》2012年第3期。

法律、规范性文件和行政决议。虽然众多的规范性文件都可纳入广义上法的范畴，但从法的位阶和规范性文件的约束力来看，现有多数的保险消费者权益保护的立法和规范性文件的层级不高，成为制约保险消费者权益保护得以全面落实的制度缺陷。

值得注意的是，立法层级低的缺陷给保险消费者权益保护带来诸多的不利。一方面，保险行业基本法对保险消费者及保险消费者权益没有进行明确的规定，如《保险法》、“消法”没有对保险消费者进行科学的、准确的界定，与一般消费者相比，应对保险消费者法定权益的特殊之处加以明确。保险消费者界定和权益范围规范上的不足，容易造成保险消费者日常保险行为中是否具有相应权益、法定权益是否受到侵害难以判定，即便保险行业的规范性文件有所规定，但也存在与上位法或保险基本法律和消费者保护基本法律相矛盾的情况。另一方面，立法层级不高，法律、规范性文件上规定不一致，成为保险市场中侵害保险消费者行为滋生和难以得到有效遏制的制度病源。

（二）保险消费者权利意识不足

科学合理的权利意识，应该要求社会成员具有权利法定的观念，同时又具有权益的自我保护意识。随着法治化进程的深入，社会成员权利意识也在不断加强，但是法定权利的观念和自我权益保护意识的建立不是朝夕之间能够形成的。金融行业在当今社会分工中应当属于专业化、知识化程度非常高的领域，期望社会公众能够对包括保险业在内的金融领域有充分的认识和了解显然是过高的要求。作为保险市场中产品需求方，保险消费者对保险行业的理解、认识存在局限性，在保险产品的属性、具体内容，甚至日后的维权等的认识上都远不如保险机构和从业者，导致保险消费者容易在保险经营过程中被经营者误导，从而保险纠纷不断发生。因此，保险消费者对保险业的理解、认识的不足，成为保险消费者权益受到侵害的一个重要原因。

从保险的基本功能来看，其最主要的作用在于保险消费者通过购买保险产品和接受保险服务，为其可能遭遇的风险作出事先的防范。对于保险消费者而言，其自然地认为只要其投保的风险和事故发生，理应获得相应的保险赔偿。按照保险消费者的自我认识，保险公司该赔而不赔，或理赔没有达到其预期，则容易与保险人之间发生保险纠纷。对于保险消费者而言，要实现自我权利，前提是保险消费者对其所享有的法定权利要有充分的认识。保险实践中，保险消费者对其所享有权利的法定性缺乏认识，对权利义务不了解，造成了其维权的先天劣势。同时，对法定权利认识的局限性，导致保险纠纷争议发生后，保险消费者诉求的不恰当，从而直接影响了保险消费者正当权利的实现。保险消费者权利法定性和权利义务对等性认识的缺失，成为保险人拒赔、保险消费者权益受侵害的重要原因，例如，保险消费者对如实告知义务缺乏认识，在投保时没有及时全面履行如实告知义务，导致事故发生后本应获得的相应赔偿未能及时获得保险人理赔。

保险消费者自我权利观念的欠缺，也导致了权利受侵害后维权意识的不足。消费者不仅对自身应当享有的法定权利认识不足，而且对自我权利的维护和权利受侵害后的维权途径与方式缺乏充分的了解。相对于经营者而言，消费者表现出弱势一方的地位，不能期望保险消费者对保险领域的各种专业、抽象的知识和法律上的权利义务有详尽的认识，因此加强保险消费者日常的权利教育对于保险消费者权益保护显得尤为必要。然而，现实情况中，除保险消费者自我的权利意识提升外，无论是保险经营者、保险行业组织还是监管机构，对保险消费者权利意识的教育非常有限，这成为不利于保险消费者权益保护、保险纠纷频发的重要原因。

（三）保险业市场发展不健全

保险市场作为一个专业性领域，是典型的信息不对称的市场，完全依靠市场自身无法实现资源的优化配置，保险市场亦无法自觉地为保险消费者提供充分、有效的保护。市场经济不断深入，行业内部的竞争越发激烈，经营者在营利目的的驱使下，力图尽可能地降低经营性成本从而提高收益，而日益强化的消费者保护，必然会增加经营者的成本。因此，即便是明了消费者权益保护的重要性，且明知其不当行为会造成保险消费者合法权益受到侵害，但众多的保险经营者仍然会基于营利性的考虑，为了扩大经营规模、抢夺市场份额而漠视保险消费者的合法权益。

当前发生的众多保险纠纷和争议中，绝大部分都是因为保险市场信息不对称，保险经营者在保险产品和服务的营销中，刻意地掩饰保险风险，夸大保险收益，对保险消费者进行消费误导，埋下了日后争议和纠纷发生的隐患。保险经营者作为经营性市场主体，其趋利性本无可厚非，但将获利建立在损害保险消费者的合法权益上，并且是在明知保险消费者可能存在的风险或不利后果情况下故意地隐瞒、不告知，该做法实为侵害保险消费者合法权益的行径，应当认定为属于违法行为。

随着金融业的快速发展，保险业不断拓展其业务领域。以往保险业经营的是传统的风险保障性、防范性的保险产品和服务，而在金融混业经营日益增强的背景下，保险业与银行、证券等金融业结合型的产品不断推出，对于普通消费者而言，保险经营者所经营的产品和服务的认知难度越发增大。利用保险业、金融业的专业性，金融产品类型的融合,保险消费者认知上的局限性,损害保险消费者合法权益的情况发生,归根结底都是保险市场不健全、市场运行机制不科学导致的。

保险市场不健全的另一个表现在于保险经营者缺乏自我约束。保险行业的经营者泛指的是各类保险经营机构及保险营销的从业人员。无论是保险经营机构还是保险从业人员,营利性或私利性是其作为市场主体的本质属性;但随着时代权利观念的提升,保险机构及从业人员在获利的同时,需要承担起更为重要的社会责任,包括对保险消费者法定权益的维护。然而,当前的保险市场中,保险从业人员的违规操作、保险机构的纵容和缺乏约束,是保险消费者权益受到侵害的重要原因。

(四)保险行业监管不全面

市场经济的发展进程,既会受制于市场内部成员的活动,也受到市场外因素的影响。保险市场中,造成保险消费者权益屡屡受到侵害,除了保险消费者和保险经营者两类市场主体的缘由,也因为市场外行业监督管理行为的不力。对于市场主体而言,保险消费者自身权利意识的欠缺和保险经营者在营利性的作用下缺乏自我约束,虽然会造成市场负面效应,产生消费者权益受侵害的结果,但本质上仍属于市场失灵的表征。在市场之外,作为行业监管者,在面临市场失灵并造成消费者权益受到侵害的情形时,理应发挥其功能和作用,加强对保险市场的监督管理,体现市场干预的应有效果。我国现阶段保险业领域,能够对保险行业的市场发展起到监督、管理作用的主要是保险监管机构和保险行业协会。

原保监会及其下设的分支机构是我国法定的保险监管部门,具有市场指导和监督执法的地位,其目的在于维护保险业合法、稳健地运行。保险监管机构对保险市场进行监督管理的目的在于保障和维护保险市场的发展,然而注重市场发展却不注重市场的规范发展,实际上是监管不力的一种体现,因而"保险消费者权益侵害,监管方难辞其咎"。[①] 保监部门的日常工作重点主要在于对保险机构业务经营行为的监管,以及保险经营过程中的相关审批,保监部门监管工作的目的主要是防范保险经营者的违法违规行为,防止保险机构的不正当经营给保险市场带来的风险。相比较而言,对保险消费者权益进行保护并未成为保监部门工作任务和监管的重点,直到保监部门成立专门的保险消费者保护局,保险消费者权益保护才逐渐在保监部门日常工作中呈现出其重要性。作为监管主体,对市场运行的监管是为了保障市场的平稳健康发展,既要保护保险经营者,也要保护保险消费者。总体来说,作为专门的

---

① 郑伟:《保险消费者权益保护:机制框架、国际经验与政策建议》,载《保险研究》2012 年第 3 期。

监管机构,保监部门在监管工作中对保险消费者权益保护的重视程度仍然有待提高,从监管层面来说,监管政策对保险消费者保护不够重视,即措施落实不到位、监管不力,仍需要加强对保险消费者权益保护工作力度。

当然,除了保险监管机构,保险领域的保险行业协会也对保险市场具有一定的监督作用。保险行业协会应当依据《保险法》配合保险监管机构督促会员保险经营者的自律,其中包括保险经营者遵守各项法律规定,建立良性的行业运行机制,在日常经营中要重视和落实对保险消费者的权益保护。我国的保险行业协会作为自律性组织,不仅要承担起对成员机构的督促,也要担负对保险消费者权益的保护功能,包括对消费者权益保护进行相关宣传和教育、积极构建和拓宽保险消费者维权途径。然而在当前保险协会的日常工作中,在保险消费者权益保护上的作用未能得到全面实现,如保险协会对于保险消费者权利争议和矛盾的调解,以及在保险消费者权利保护的教育上没有起到其应有的功效和作用。保险协会未能全面发挥其应有作用,成为保险消费者权益保护不力在监督管理层面的主要原因之一。

(五)保险消费者维权途径不畅

随着金融业和保险业市场的不断完善,我国日益强调树立保险消费者权益保护的观念和构建保险消费者权益保护的制度体系,但是实践中保险消费者权益受侵害的情形还是会频繁发生。当合法权益受到侵害后,能否进行维权、如何有效地维护合法权益成了保险消费者权利保护的重点。然而,现阶段保险消费者维权途径不畅、维权方式不多、维权难度大等都成了制约保险消费者权益保护及权利受侵害后维权的因素。法律上权利包括实体性权利和程序性权利,实体性权利固然重要,但如若程序性权利得不到保障,实体性权利也就无从实现。保险消费者权益保护,首要的是对实体性权利的保障,但在强调保险消费者实体性权利的同时,也要注重程序性权利的维护。保险消费者程序性权利主要表现在,保险消费者权益受到侵害后,消费者如何维权,以何种主体身份、通过何种途径和方式主张实体性权利。当前,在保险消费者权益的纷争中,维权的途径无外乎投诉、调解、诉讼等。诉调对接不畅,保险消费者维权途径少,保险消费者权益难以得到有效保障。

第一,保险业市场现实中存在的困境是,在保险消费者维权投诉途径上,究竟哪一机构作为接受保险消费者投诉的部门更为合理?按照市场划分,保险消费者维权投诉应当向保险业监管主体进行投诉,但由于监管部门的行政性身份,保监部门并不是专门的消费者维权组织,并且其工作方式更为依托行政手段,接受投诉与其自身的机构性质存在矛盾。作为消费者维权的核心组织,消费者协会在保险消费者维权投诉上没有发挥出应有的角色和作用功能。

第二,依据《保险公司管理规定》第 41 条的规定,保险公司的分支机构不得跨省、自治区、直辖市经营保险业务。由此带来的问题是,保险消费者只能到保险机构所在地进行投诉,申请调解乃至诉讼。随着互联网的发展,保险经营者的经营行为已不再受到地域限制,但现有法律法规的规定带来的保险消费者维权的难度,降低了保险消费者权益保护的效率。

第三节 保险领域消费者权益保护法律制度的拓扑

一、保险领域消费者权益基础概念的统一界定

理论是制度构建的基础,保险消费者权益保护制度体系的建立必须要先树立保险消费者权利观念。保险消费者权益保护应该被视为保险业能够持续健康发展的基础。虽然目前的保险业市场中,保险经营者与保险消费者之间时常发生关于保险消费者权利的各类纠纷,但从长远的角度看,对保险消费者的保护与保险市场的发展二者之间是一致的。

金融行业是一个有着高收益率和投资回报率的领域,众多购买金融产品和接受金融服务的主体所实施的行为经常被理解为是一种具有营利收益目的的投资行为。但是,保险行业与其他金融行业相比,有其特殊性。尽管随着金融创新的深入,金融混业经营成为实际的发展趋势,但保险业风险抵御和防范的本质并不会变。购买保险产品和接受保险服务的初衷仍然是以传统保险险种产品的消费型产品为主,树立保险消费者的观念和对保险消费者权益保护的意识在保险行业中更具有必要性。

我国现行的法律制度中关于保险消费者及保险消费者权利的规定并未形成统一共识。在"保险消费者权益"保护中,对"保险消费者"这一核心的概念至今未有明确的界定,这也造成了对保险消费者权益及法定权利的内容难有定论。对于保险消费者权益保护法律制度而言,首要的就是对保险消费者作出界定,只有确定了保险消费者的概念,才能对保险消费者在保险活动中应当享有的法定权利作出有效的规定。由于法定上并没有"保险消费者"这一概念,因此在保险消费纠纷处置上难以寻求有效的法律依据。我国目前现有的"消法"对其适用范围上虽有提及金融领域,但依据法定消费者的解释,消费者权益的相关规定是否能够适用保险消费者存有争议;《保险法》对保险消费者亦没有作出规定,这不可不说是在当前金融消费者权益保护呼声日益增高的背景下,保险行业法律规范上的一个漏洞。

保险消费者的概念与具体的保险消费者法定权益的缺失，固然有法制发展上的制约，但不可否认的是，长期以来保险行业对保险消费者保护理念的缺失，保险消费者权利观念的缺位才是根源。市场经济环境下，行业发展初期对市场效益、规模的追求的过程中，忽略了很多市场中暴露出来的缺陷，包括消费者权益保护在内一直以来都是市场经济中不可回避的问题。

因此，要构建保险消费者权益保护法律制度，前提是树立保险消费者权益保护理念，通过法制的途径在理论和实务界形成统一的保险消费者权益保护意识。通过制度规范的形式，对保险消费者应当享有的权利作出明确的规定，有助于实现保险消费者的权益保护。由此，树立统一的保险消费者理念和保险消费者权益意识，是建立保险消费者权益保护制度的前提和基础，是制度构建的理论基石。遵循我国已有的保险立法和消费者保护的法律，在保险业立法中，对“保险消费者”和“保险消费者权利”作出明确的规定。

1. 通过法律制度的形式对保险消费者进行明确的界定——保险消费者：通过保险合同与保险经营者建立保险关系，购买保险产品、接受保险服务的自然人，包括投保人、被保险人和受益人。对保险消费者的界定，内容上主要是对保险消费者的范围、主题形式作出明确规定。参照“消法”这一基本法律对消费者的定义，结合保险业经营的特殊性，在保险业立法中对保险消费者的含义进行解释和界定。在立法规范上，可以采取概括式与列举式并用的方式，既将保险消费者界定为通过保险合同购买保险产品和接受保险服务的自然人，同时又列举保险消费者包括投保人、被保险人、受益人。对保险消费者的界定，需要将保险领域的消费者与投资者进行区分。当前的保险市场上提供的保险产品，一方面是保障型的保险产品和服务，如人身意外险、重大疾病险、财产损失险等；另一方面是具有收益性的新型保险产品和服务，如分红型保险、投资连结型保险等。面对不断发展的保险市场，保险产品和服务中的投资型日益浓重，此时购买保险产品和接受保险服务者理应承担收益同时潜在的风险。在明确保险消费者概念时，应当根据不同的保险产品和服务，在制度上确定购买保障型保险产品和服务的才是保险消费者，而购买收益型保险产品的当属投资者的范畴。

2. 对保险消费者的法定权利加以法律规范——保险消费者的法定权利重点包括消费知情权、自主选择权、消费安全权和消费隐私权等方面。前文论述中已经对保险消费者应有的合法权利作了分析，保险消费者权利在一般消费者权利的基础上，同时兼顾保险关系以保险合同为基础的特点，应该通过法律制度加以明确规定，明确对保险消费者权利的保护。

(1)消费知情权。保险行业的专业性较为突出,加之保险产品的投资收益性日益增强,消费者对保险机构提供的保险产品究竟是保障性抑或投资性实难作出准确判断,因而制度上应该强制保险机构在提供保险产品或订立保险合同时必须向保险消费者进行产品性质、内容等的明确说明和解释,并留有书面告知或解释的文本。同时,在保险产品的销售过程中,禁止误导性和不真实的宣传,以保障保险消费者的知情权。

(2)自主选择权。由于保险产品与各类金融产品之间捆绑性销售的模式日益普遍,为保证保险消费者的自愿选择权,制度上应该明确规定,保险消费者对于捆绑销售的其他产品有权拒绝,保险机构不得以消费者接受并购买捆绑产品或服务作为建立保险关系的条件,对于涉及产品或服务捆绑销售的情形,保险机构必须作如实告知,给予消费者足够的选择余地,以保护保险消费者的自主选择权。

(3)消费安全权。保险消费者的消费安全权并非消费者自身的财产或人身的损害,而主要体现在风险发生时能够获得及时理赔,因而考虑到保险理赔主要依靠保险机构自有资金作为保证,在制度上可借鉴银行业中商业银行资本充足率相关规定的方式,建立保险机构理赔专项资金充足率或在流动资金中最低比例的规定,以保证保险机构对日后可能出现的保险事项具有足够的理赔能力。

(4)消费隐私权。关于保护保险消费者隐私权,现有的相关法律法规中已经作出了相应的规定,但考虑到互联网技术给金融产品销售带来的变革,保险机构在建立保险关系的过程中获取的保险消费者的信息,应规定其承担保密的义务。因保险机构而造成保险消费者个人信息的泄露或者被其用于保险服务之外的领域,行业监管机构应对该保险机构进行行政处罚。对于保险机构违反保密义务给保险消费者造成损害的情形,可借助公益诉讼的途径,对责任人追究法律责任。

二、增强保险领域经营者的消费者权益保护观念

市场经济存在自身难以克服的弊端和缺陷是不争的事实,而侵害消费者权益是市场失灵和市场缺陷的表现之一。维护保险消费者的合法权益,对保险消费者合法权利有效保护,是构建健康、和谐的保险业市场秩序,实现保险业市场持续发展的需要。保险市场中保险经营者为降低经营成本,减少保险事故发生时理赔的负担,往往会在经营效益与消费者保护二者之间选择效益而忽略保险消费者的权益。构建保险业法律制度,强化保险消费者权益保护的内容,是实现保险业市场发展的制度保障。保险领域中,保险消费者权益保护的现实困境在于保险经营者对于保险消费者保护意识的淡

漠,侵害保险消费者权益的情况在保险经营中频繁发生,要实现保险消费者权益的依法保护,重点要在制度构建上突出保险经营者在保险消费者权益保护上的义务和责任,通过法律制度的规定,增强保险经营者保护保险消费者合法权益的意识。

保险市场中,保险消费者处于弱势地位,在专业知识、风险意识及自身应有的权利等方面都缺乏足够的认识,这往往被保险经营者在推销保险产品和服务过程中所利用。作为市场经营性主体,保险经营者的营利和逐利性当属正常,但作为交易中占据优势的一方,应当在交易过程中向对方尽到足够的提醒和告知义务,这是市场经济公平、正义的体现和要求。然而市场中,保险经营者凭借交易中的优势地位,对保险合同中的相关事项没有做到足够、充分的说明和提醒,造成保险消费者的误解,或是保险事故发生后,通过格式合同和条款的方式,减少和免除自身应有的义务和责任,造成保险消费者权益受到侵害。

随着金融业的发展和金融创新的推进,保险行业中新型的保险产品不断推新,保险产品和服务的功能也在不断演变。就保险市场而言,一方面保险企业为消费者提供满足其基本保障需要的保险产品及服务,如传统定期寿险、重大疾病险、意外险等保险产品及相关服务;另一方面保险企业也为其客户提供多种包含以营利为目的的投资理财产品及服务,如近年来新兴的投资连结型保险产品及相关服务。[①] 保险产品的新型化,诸如银保合营、分红型人身保险等新事物的出现,打破了对传统保险业和保险产品的认识。由于保险消费者对保险、投资等专业知识的缺乏,保险经营者往往会在保险产品推介中夸大相关产品功能、混淆金融产品差异性等,误导消费者的消费行为。保险经营者的此类市场营销方式成为侵害保险消费者权益、造成保险权利争议的重要原因。

为了实现对保险消费者权益的保护,应借助制度规范,明确保险经营者的法定义务和责任,增强保险经营者的消费者权益保护意识,从产品供应方的角度克服市场经济体制下保险业市场失灵。具体的保险立法规范中,参照我国“消法”的规范体例,在明确前述保险消费者权利的同时,依法规定保险经营者在保险行为中为保护消费者权益应当承担的义务,即解释说明保险事项的义务以保护消费者知情权、禁止保险捆绑销售的义务以保护消费者自主选择权、理赔资金充足率义务以保证消费者获赔的消费安全权、不得泄露相关信息的义务以保护消费者隐私权等。

---

① 张迪:《保险消费者权益保护法律体系研究》,载中国保险业监督管理委员会网:http://www.circ.gov.cn/web/site0/tab3871/info3888121.htm,最后访问日期:2018 年 8 月 20 日。

对于保险消费领域而言，应当对保险消费者权利的范围进行拓展。对于在保险产品销售过程中存在隐瞒产品真实内容、采取欺骗方式误导保险消费者等行为的保险经营者，不仅可以基于《合同法》的规定，赋予保险合同上的消费者主张合同解除的权利，同时保险消费者也可以对保险经营者主张“消法”上的惩罚性赔偿的权利。

三、保险领域消费者权益维护教育的深化

在整个金融市场化改革的背景下，加强保险消费者的权利教育也是完善保险业市场的重要组成部分。“实际上，保险消费者是保险市场的重要主体之一，保险消费者的成熟度在某种程度上影响和决定了保险市场的成熟度。”①

近年来，保险消费者权益保护工作不断深入开展，保险消费者权利教育也将迎来新局面。保险消费者的权利意识是保险消费者权利保护法律制度得以推行和贯彻的基础，加强保险消费者权利教育是保险消费者这一市场主体成熟的重要指标。

《中国保险业发展“十二五”规划纲要》中将保险消费者教育纳入工作内容，各级保险监管部门、行业组织、保险企业、媒体、消费者协会等有关各界都在积极开展消费者教育行动。2013 年，保监会决定将每年 7 月 8 日确定为“全国保险公众宣传日”，保监部门官方网站均开辟保险消费者教育专栏，并通过官方微博、与媒体合办宣传专栏、印发保险知识教育读本、发布消费警示和典型案例等形式开展保险消费者教育活动。2014 年 9 月 1 日，保监会消费者权益保护局开通了以保险消费者教育为核心定位的公众平台“保监微课堂”，将信息推送与对话服务相结合，以较为生活化的视角向消费者传递信息，独有的趣味性不仅易于消费者理解，也进一步完善了保监会与网站专题、热线电话、普及读物、报纸专栏、教育微博“六位一体”消费者教育格局，推动全社会形成“学保险、懂保险、用保险”的氛围。②

尽管在行政层面，保险监管机构出台了一系列的具体举措来对保险消费者加强教育，但现有的做法和保险消费者权益保护还尚有不同。保险消费者权益保护和维权的教育不同于保险消费行为的教育和引导，前者更为注重树立权利观念和权益受侵害后的法律救济途径和方式，后者则包含范围更广泛，涵盖了保险消费者的保险消费行为的诸多方面。虽然保险行业中发生的大量争议和纠纷是因为消费者缺乏

---

① 肖扬：《消费者教育务求深入人心》，载中国金融新闻网：http://www.financialnews.com.cn/bx/ft_102/201412/t20141210_67565.html，最后访问日期：2018 年 8 月 6 日。

② 参见肖扬：《消费者教育务求深入人心》，载中国金融新闻网：http://www.financialnews.com.cn/bx/ft_102/201412/t20141210_67565.html，最后访问日期：2018 年 8 月 6 日。

对保险的认识和保险消费知识的不足,但这都是市场经济中信息不对称的结果。然而,克服市场失灵是市场经济体制下国家干预法律的任务,但关于对市场主体的知识教育等却并不能够通过法律来实现。

从制度的功能和法律规范性的层面来看,法律制度的功能在于通过规范性文件告知社会公众或特定群体其享有何种法定权利,以及如果权益受到侵害可以怎样通过法律来实现自我保护和救济。加强保险消费者的教育应该突出保险消费者所享有的法定权利,以及权益受到侵害后如何借助法律制度进行维权。所以通过立法或法律制度的方式,加强对保险消费者的教育,应针对我国保险消费者权益受到侵害的突出现象,统一组织实施"保险消费者维权指南"性质的方式和措施。

对于保险消费者权益保护的教育,除规范具体的教育方式、手段之外,还要将消费者教育的任务"分派"给具体的主体来实施。由于对公众的教育多为非营利性的活动,加之对保险消费者的权利教育自然会提升保险消费者的权利意识,常理上会增加保险经营者的无形成本,因此寄希望于保险经营者担当起对保险消费者的教育存在诸多困难。

作为法律制度的构建,在保险消费者权利教育上,就可以通过制度形式确立实施保险消费者教育的可行主体。在我国的保险业实践中,由于保险业监管机构中已经设立消费者保护部门,因此依托专门的保险消费者保护部门开展消费者权利教育是适当且可行的。此外,在保险业专门机构和部门之外,可以出台行政规范性文件,以及借助现有的消费者协会等社会性组织,利用其在消费者权益保护上的优势和成熟的经验,对保险消费者加强权利意识的教育。

四、保险领域消费者权益维护机制的构建

保险市场上的经营者与消费者之间发生纠纷矛盾是难以避免的,纠纷产生后最关键的是需要有合理的纠纷解决方式,并对权益受到侵害的消费者提供有效的依法维权的途径。

当前我国保险消费者与保险经营者之间发生保险争议,可采取协商、仲裁、诉讼等方式予以解决。协商是指合同双方当事人根据《保险法》及相关法规、合同条款的规定,在平等自愿的基础上,求大同存小异,自行解决纠纷的方式。在现有的保险纠纷处置方式上,协商缺乏相应的约束力,完全听凭争议双方的自愿和主观态度。而且保险纠纷的调解协商多由保险行业自律性组织——保险协会来履行,虽然保险协会的调解化解了大量的保险纠纷,但作为纠纷解决方式,其并不是最终的处置方式,

缺乏强制约束力。从法律效力上看，只有司法行为中的诉讼和准司法行为的仲裁，其裁决和决议方具有强制执行力。从维护社会稳定、和谐的层面考虑，应将矛盾和纠纷处置在最初阶段和尽可能采用平和的方式解决纠纷；包括保险行业在内的金融业中，金融产品并不是社会成员必需的消费品，金融交易建立在主体自愿选择和协议的基础之上。因此，保险争议和矛盾的处置，难以通过当前广泛关注的公益诉讼等形式进行，只能通过个体维权途径来实现。

综合考虑保险消费者保护的特性，在协商调解和仲裁、诉讼之间，应该建立一个合理的衔接环节，搭建科学的保险纠纷处置机制。通过建立完善保险纠纷诉调对接机制，构建起保险公司与消费者和解、监管机关处理、第三方调解及审判机关裁判的保险纠纷多元化解决工作格局，实现行政监管、行业调解与司法裁判等手段的有机结合，不仅有利于提高保险行业治理能力和治理效果，推动保险公司依法合规经营和改进提升服务质量，还可以提高消费者对保险原理、交易规则和法律知识的理解和认知，从而有利于保险业法治化水平的提升和保险消费者合法权益的有效保护。为公平合理、及时妥善地化解消费者与保险公司之间的争议纠纷，更加有效地保护保险消费者合法权益，2012 年 12 月，保监会与最高人民法院加强合作，在全国部分地区开展建立保险纠纷诉讼与调解对接机制试点工作，建立起我国金融领域第一个多元化纠纷解决机制。2013 年至 2015 年上半年，通过诉调对接机制调解解决保险纠纷案件 12.6 万件。

在具体职能的发挥上，由于我国当前“消法”未对保险消费者作相关规定，因此消费者协会在协调保险争议纠纷上难以发挥其功效。虽然我国在保险监管机构中专门设立了保险消费者保护的部门，但在保险消费争议调解和消费投诉的处置上，应设立专门的保险消费维权机构，通过立法方式在现有保险消费者保护部门中增加受理保险投诉和处置保险纠纷的职能。

五、保险领域消费者权益保护立法层级的提高

目前我国法律制度尚未将“保险消费者”纳入“消费者”的概念，且现有的“消法”已不能适应新兴的金融消费行为规范需要，从而导致对于保险消费者的权益保护在法律层面有所缺失，更多需要监管部门通过行政手段加以管控。① 我国当前的

---

① 参见张迪：《保险消费者权益保护法律体系研究》，载中国保险业监督管理委员会网：http://www.circ.gov.cn/web/site0/tab3871/info3888121.htm，最后访问日期：2018 年 8 月 20 日。

保险行业中,各类法律规范性文件数量众多,但绝大多数为行政法规及部门规章性的制度。在众多的规范性文件中,大量的法规内容上重叠、规定重复,导致立法资源的浪费。从法律效力看,立法层级低,约束力差,在消费者保护上效力有限。受制于当前对金融消费者及金融消费者权益尚无明确的法律界定,我国也没有统一的金融立法,只能寄予通过保险行业立法对保险消费者权益进行保护。

首先,《保险法》中增加对保险消费者的规定,并明确保险消费者应当享有的权利。《保险法》是保险行业的基本法,也是保险领域内效力层级最高的规范性文件,关于保险消费者的界定及权利范围应当在《保险法》中作出明确的规定,以此作为保险领域各项规范性文件有关保险消费者保护的基础和指导性规范。从保险争议处理的角度分析,当保险争议发生,保险消费者权益受到侵害时,处置争议和矛盾,保护保险消费者的依据除直接的规范性文件外,循法律效力层级往上,援引到《保险法》作为依法处置争议、实现保险消费者保护的最终依据。《保险法》中除明确保险消费者与保险消费者权利的内容之外,也要对保险消费争议处置的机构及职权作出规定,为保险消费者权益维护过程中的争议处置作出有效的法律规定。

其次,统一保险领域涉及保险消费者权益保护的部门规章。保险行业中大量的规范性文件是由保险监管机构出台和制定的,从法律渊源和法的表现形式上看,其应属于部门规章之列。当前的保险部门规章数量众多,而且其中很多的规章中规定的内容有重复,这容易导致处置争议时法律规范适用的矛盾,降低了保险消费者保护和保险争议处置的效率。科学的立法制度,不求多而求精;立法的“精”也不意味着数量的少,而是立法的统一。通过立法统一,剔除法律规范中重复的内容,厘清法律上的权利义务,增强法律适用的效率,有利于立法目的的实现。在现有保险行业中各种行政法规及部门规章规定的基础上,统一关于保险消费者保护的内容,制定“保险消费者权益保护条例”,由保险行业机构对保险消费者的合法权益和保险消费争议处置等作出规定,从保险行业的自身特性出发,对保险消费者权益进行专门的法律保护。通过统一的条例规定,清理现有保险法规,提高保险消费者权益保护的效率。

最后,修订“消法”等法律,增设保险消费者保护的相关内容。我国当前已有消费者保护的立法,如若再制定保险消费者权益保护法则实为没有必要。一是制定保险消费者权益保护法,似有将消费者进行领域性划分,那么各个领域的消费者似乎都要单独制定相应的消费者保护性法律,从立法技术上看,这无形中撕裂了“消费者”这一概念。二是保险消费者保护单独立法,在立法内容上不能有违“消法”的基本原则和内容,甚至在法律规范的内容上出现大量的重合,这是立法资源的浪费,并且日后效仿者日益增多,必将导致“消法”失去了意义和作用。考虑到上述两项缘由,完善保险消费者权益保护立法,应着重于对现有法律的修改,增设保险消费者权益保护的内容。作为消费者保护的基本法,理应成为完善保险消费者保护法律制度的首选,在“消法”中增设保险消费者及保险消费者的权益。

综上所述,提高保险消费者权益保护立法层级需要对现有法律规范性文件进行修订完善,增设保险消费者及其权利的内容,为保险消费者权益保护构建起效力高、执行力强的法律制度体系。

第五章　互联网金融中的消费者权益保护

在现代金融业的发展进程中,传统银行、证券、保险机构持续增加金融有效供给的同时,新兴金融业的崛起更是极大地提升了金融对实体经济的引领与支撑作用。同时,其朝向普惠金融业务的实践探索,更是开掘了大众阶层公平获取基础金融服务的新图景。在此意义上,新兴金融行业于深化金融创新方面的持续发力,决定了现代金融业促进中国社会经济发展的新高度。

综观之,新兴金融领域涉及民间借贷、股权融资、投资基金、消费金融、融资租赁、融资担保、现代模式的小贷、支付及担保等各类金融活动。按照行业发展是否主要依托互联网平台媒介,新兴金融领域分为线上的新兴金融领域与线下的新兴金融领域。前者被称为互联网金融,涵括互联网支付、网络借贷、互联网股权融资、互联网基金销售、互联网保险、互联网信托和互联网消费金融等活动;后者包括设备租赁(融资租赁)、融资担保、小额贷款、投资基金、商业保理、民营银行[①]等业态。我们看到,在新兴金融的培育形成过程中,Internet 网络和信息通信技术构建的互联网平台,是推动新业态发展最关键核心的力量;而同时,相较于线下的新兴金融领域活动,互联网金融的行业规模更为宏大,成长步伐

---

① 民营银行的成长中,互联网银行也是重要的发展维向,如深圳前海微众银行是中国首家互联网民营银行,2014 年 12 月经监管机构批准开业。

也更为快速，其以便捷、普惠、高效的业态特点，成为当代金融业可持续发展的新动力。因此，本章以互联网金融为代表，探索新兴金融领域消费者权益的法律保护问题。

第一节　互联网金融的发展现状及消费者保护的必要性

一、互联网金融的发展现状

互联网金融是传统金融机构与互联网企业（以下统称互联网金融经营者）利用互联网和信息通信技术实现资金融通、支付、投资和信息中介服务的新型金融业务模式。相较于传统金融业，其经营活动通过虚拟网络完成，交易对价脱离现金，交易场所不局限于网点柜面，运营成本明显降低，效率极大提高，是金融业发展的新阶段、新形态。统计数据显示："中国互联网金融规模保持高位增长，截至2016年，中国互联网金融总交易规模超过12万亿，接近GDP总量的20%，互联网金融用户人数超过5亿，位列世界第一。"[①]根据2015年7月18日中国人民银行等10部委发布的《关于促进互联网金融健康发展的指导意见》及后续的相关文本，互联网金融的模式包括：互联网支付、[②]网络借贷、[③]互联网股权融资、[④]互联网基金销售、[⑤]互联网保险、[⑥]互联网信托和互联网消费金融等。[⑦] 就此，我们选取其中主要的几种业态模式来梳理其发展现状，并就这些模式中互联网金融消费者的定位予以厘清。

针对本节行业发展研究的具体内容，这里需要特别说明以下几点：第一，互联网支付涵括银行业金融机构互联网支付与第三方支付，鉴于第三方支付是当下发展迅猛的新业态，因此在现状梳理中专门列出予以介绍；第二，网络借贷包括P2P网贷和网络小额贷款，就此，我们细分模式予以探索，并在网络小贷模式中择选网络小额贷

---

① 参见《2017互联网金融行业系列研究报告》（全文），载宜贷网：http://wap.yidai.com/licai/news_gonglue/news_4519.html，最后访问日期：2018年8月8日。

② 互联网支付是指通过计算机、手机等设备，依托互联网发起支付指令、转移货币资金的服务，银行业金融机构和第三方支付机构皆可从事互联网支付，该类业务由中国人民银行负责监管。

③ 网络借贷包括个体网络借贷（P2P网络借贷）和网络小额贷款，该类业务由银监会负责监管。

④ 互联网股权融资包括非公开股权融资和股权众筹，该类业务由证监会负责监管。

⑤ 互联网基金销售业务由证监会负责监管。

⑥ 互联网保险业务由保监会负责监管。

⑦ 消费金融公司通过互联网开展消费金融活动，不吸收公众存款，以小额、分散为原则，为中国境内居民个人提供以消费为目的的贷款，贷款无担保、无抵押，包括个人耐用消费品贷款及一般用途个人消费贷款等（包括住房消费金融、汽车消费金融、信用卡及其他），互联网信托业务、互联网消费金融业务由银监会负责监管。

款中的现金贷予以观察；[①]第三，互联网股权融资有非公开股权融资和股权众筹两种形式，由于目前股权众筹融资试点尚未启动，[②]因此我们将探索视野放置于互联网非公开股权融资模式上。

（一）第三方支付的发展现状

在中国，1999 年 3 月，首信易支付平台开始运行，[③]由此启动第三方支付业务的初创期。在首个十年的探索进程中，具有代表性意义的事件为：2003 年 10 月支付宝在淘宝上运用，促推了网购业务发展；2005 年 9 月，腾讯公司依托即时通讯领域客户群，将财付通作为第三方支付平台等。2009 年以来，第三方支付市场的交易规模保持 50% 以上的年均增速迅速扩大，2013 年突破 17 万亿元的基础，同比增长 38.71%，2014 年交易规模跃至 23.3 万亿元，[④]2015 年交易规模达 54 万亿元，2016 年攀升至 89 万亿元人民币，[⑤]2017 年突破 100 万亿元人民币（总额为 102.1 万亿元）。[⑥] 就目前市场而言，第三方支付包括网上支付与移动支付两种核心形式，[⑦]

---

① 网络小额贷款是传统小额贷款的线上模式，交易对象为企业和个人，借款期限可以是短期、中期、中长期等，额度可以达到几万元，一般需要担保，对用户信用审查较严。互联网现金贷针对的是金融消费者（个人用户），不需要担保，额度主要集中在千元，借款期限较短，对个人信用的审查较宽松。鉴于本章研究的主题方向为金融消费者保护，因此，我们仅就互联网现金贷问题予以探索。

② 2017 年 12 月 7 日，关于对股权众筹融资有何具体规定的问题，证监会给予答复："根据十部委联合发布的《关于促进互联网金融健康发展的指导意见》（银发〔2015〕221 号），股权众筹融资主要是指通过互联网形式进行公开小额股权融资的活动。目前，股权众筹融资试点尚未启动。如果有机构宣称其开展股权众筹融资业务，可能是虚假宣传，也可能涉嫌从事非法活动。"

③ 1998 年 11 月 12 日，由北京市政府与中国人民银行、信息产业部、国家内贸局等中央部委共同发起的首都电子商务工程正式启动，确定易智付科技（北京）有限公司为网上交易与支付中介的示范平台。首信易支付自 1999 年 3 月开始运行，是中国首家实现跨银行跨地域提供多种银行卡在线交易的网上支付服务平台，现支持全国范围 23 家银行及全球范围 4 种国际信用卡在线支付，拥有千余家大中型企事业单位、政府机关、社会团体组成的庞大客户群。首信易（shouxinyi）支付作为具有国家资质认证、政府投资背景的中立第三方网上支付平台拥有雄厚的实力和卓越的信誉。参见首信易支付：《首信易支付（payease）介绍》，载新浪博客：http://blog.sina.cn/dpool/blog/s/blog_b31dc4d00101613f.html，最后访问日期：2018 年 5 月 5 日。

④ 参见《2016 年中国第三方支付行业市场现状及发展趋势预测》，载中国产业信息网：http://www.chyxx.com/industry/201603/390320.html，最后访问日期：2018 年 5 月 5 日。

⑤ 参见易观数据：《2017 中国互联网金融行业专题分析报告》，载搜狐网：http://www.sohu.com/a/193583835_116173，最后访问日期：2018 年 3 月 5 日。

⑥ 参见《2018 年中国第三方移动支付行业市场前景研究报告》，载千寻生活网：http://www.orz520.com/a/it/2018/0415/12015069.html，最后访问日期：2018 年 5 月 13 日。

⑦ 网上支付指在 PC 终端的支付，移动支付指以手机等移动设备进行的支付，二者都需要依托互联网技术。在移动支付形式兴起前，借力于电商平台的高速发展，网上支付拥有市场主要的份额，但随着手机等移动设备的普及，电商推出各种手机购物 APP，已将大部分 PC 终端网上支付的群体逐渐导入移动支付领域。

2016 年,我国移动第三方支付的网民使用率达 67.5%,增长率为 31.2%,①2017 年我国移动支付用户规模达到 5.27 亿人,比 2016 年增长了 12.4%,②用户支付习惯从 PC 端向移动端转移的趋势明显。第三方支付模式的参与主体为买方、卖方、第三方支付平台及网上银行四方。③ 第三方支付平台和作为自然人的买方④之间建立起服务合同关系,获得互联网金融经营者和金融消费者的对应身份。第三方支付平台与卖方经由缔结"支付服务协议"建立起委托代理关系,⑤第三方支付平台和网上银行签订金融服务协议,形成资金的转移服务与委托保管关系,在此两组合同关系中,皆不存在互联网金融消费者的主体身份问题。

(二)P2P 网络借贷的发展现状

2007 年"拍拍贷"作为首个 P2P 网络借贷(以下简称 P2P)平台成立以来,该模式在我国飞速发展,自 2012 年开始,随着市场上的 P2P 平台数量的几何式增长,金融消费者资金安全等问题不断涌现。截至 2013 年年底,全国共有 523 家 P2P 平台,但连续 2 个月以上每月连续 3 天有成交额的 P2P 平台仅有 356 家,交易量少、未达到上述标准的超过 70 家,基本无交易的"僵尸平台"有 97 家,P2P 平台的金融消费者活动陷入困境。⑥ 此时,监管当局开始推进治理工作,但 P2P 平台数量仍呈爆发增加趋势,2014 年 12 月底已增至 1500 家,累计成交额超过 3000 亿元。此外,在平台数量和业务成交量持续提升的同时,P2P 平台在资本实力方面也实现了突破性发展。

从 2015 年开始,我国的 P2P 行业进入深度整顿期,因问题平台频繁倒闭,该年 P2P 平台数量增长有所减缓,月均复合增长率为 4.5%;⑦截至 2016 年 12 月底个体

---

① 参见中国互联网络信息中心:《中国互联网络发展状况统计报告》,载搜狐网:https://www.sohu.com/a/214482557_800248,最后访问日期:2019 年 1 月 25 日。

② 数据来源:企业访谈、市场公开资料查询、必达咨询(BDR)数据中心。

③ 以与淘宝网合作的支付宝模式为例,自然人甲在淘宝网购买商家乙的商品,通过支付宝进行付款,这里,第三方支付涉及四方当事人:买方(自然人甲)、卖方(网络商家乙)、第三方支付平台(支付宝)、网上银行(买方和卖方的开户银行)。

④ 消费者的主体定位为自然人,机构(组织)买方不是相对于第三方支付平台的金融消费者。

⑤ 包括 B2C(Business to Consumer)交易型商家和交易平台型商家(由自己开发或购买的交易平台)。

⑥ 参见方也媛:《P2P 网络借贷可能涉及的犯罪及其防治》,载《税务与经济》2015 年第 1 期。

⑦ 《2015 年上半年中国网贷行业盘点之一:平台数量继续增加》,载网贷之家网:http://www.p2pvoice.com/wangdai/201507/06/00008709.html,最后访问日期:2018 年 5 月 8 日。

网贷行业正常运营的平台数量为2448家;[①]而到2017年12月底,这个数字又减少了517家(共计1931家);[②]可见,随着P2P行业由野蛮生长期进入规范发展期,合规性差、绩效落后的平台逐步退出市场。因此,近年正常开展业务的平台数量一直处于单边下行状。但同时我们观察到,P2P平台数量逐年缩减时,运营业绩却保持递增,2016年,整个市场规模已达到1.9万亿元人民币,是2011年的203倍,[③]而截至2017年年底,网贷行业贷款余额为1.16万亿元,较上一年增长了42.80%,[④]可见,该行业的需求空间非常之大。

在P2P模式中,P2P平台为具有自然人身份的投资方(个人出借方)和融资方(个人借款方)提供信息中介服务,在进行资信评估、信息交互、借贷撮合活动中,P2P平台与两类自然人个体分别形成经营者和消费者的关系。这里需要特别说明的是,学界对P2P模式中的主体角色定位有不同认识,争议焦点为P2P金融消费者是否应包括个人借款方,该问题仍需深究。[⑤]

(三)互联网“现金贷”的发展现状

截至2017年11月19日,我国正常运营的“现金贷”平台共有2693家,其中通过网站从事“现金贷”业务的平台有1044家,通过微信公众号从事“现金贷”业务的平台有860家,通过移动APP从事“现金贷”业务的平台有429家。[⑥] 从“现金贷”的市场表现来看,通过业务成交量分析可见,仅于2016年5月到2017年4月“现金贷”的市场就增长了15倍,这之前的金融信贷领域从未有过如此快速增长的业务。[⑦] 据

---

① 参见网贷之家、盈灿咨询:《2016年中国网络借贷行业年报》,载搜狐网:http://www.sohu.com/a/123574063_530780,最后访问日期:2018年5月5日。

② 参见中融投:《2017年P2P网贷平台年报》,载中融投网:https://www.topzrt.com/newsdetail.html?id=1328,最后访问日期:2018年3月5日。

③ 参见易观数据:《2017中国互联网金融行业专题分析报告》,载搜狐网:http://www.sohu.com/a/193583835_116173,最后访问日期:2018年3月5日。

④ 参见中融投:《2017年P2P网贷平台年报》,载中融投网:https://www.topzrt.com/newsdetail.html?id=1328,最后访问日期:2018年3月5日。

⑤ 笔者认为,P2P平台与个人借款方在信息量、经济实力、专业程度等方面皆存在很大差距,与个人出借方的特点相似,P2P模式中的个人资金需求方于控制风险、转让标的、个人信息保护、追求赔偿等问题上同样缺乏优势,因此,相对于P2P平台经营者,作为借贷款双方的个体自然人均为弱势,皆应认定为消费者。

⑥ 参见国家互金专委会:《互金专委会:我国现金贷发展情况报告》,载大风号网:http://wemedia.ifeng.com/37820829/wemedia.shtml,最后访问日期:2018年3月21日。

⑦ 参见THU数据派:《现金贷行业分析及大数据应用思享会成功举办》,载CSDN-专业IT技术社区网:http://blog.csdn.net/enohtzvqijxo00atz3y8/article/details/78465108,最后访问日期:2018年3月21日。

统计，目前整个“现金贷”行业的规模已超1万亿元，①以被称为中国最大的在线小额借款平台的“趣店”为例，这家赴美上市的互联网金融公司主要盈利业务为“现金贷”，仅2017年上半年就实现18.33亿元的营业收入和9.84亿元的净利润，净利润率达53%。

然而，市场成长势头迅猛的现状背后，却潜藏着最堪忧的现实。目前，市场上真正持有网络小贷牌照的“现金贷”机构仅几十家，加之许多“现金贷”业务处于监管盲区，无准入许可的“现金贷”平台存在大量的非规范运营行为，如利率畸高、暴力催收、个人信息泄露、多头共债等问题，对于金融消费者权益的保障非常不利。鉴于此，2017年12月，国家在互联网金融风险专项整治工作中下发《关于规范整顿“现金贷”业务的通知》，明确统筹监管，开展对网络小额贷款清理整顿。

在互联网“现金贷”模式中，平台的交易对象为企业和个人（贷款人）；从合同关系层面审视，贷款的协议双方当事人分别为“现金贷”平台与贷款人；从经济关系上定位，平台的身份为经营者，而作为自然人的贷款人则属消费者范畴。互联网“现金贷”门槛低，利率水平高（大多超过36%的利率红线），由于目前立法规制失范，该模式中很容易产生侵害金融消费者权益的问题。

（四）互联网非公开股权融资的发展现状

我国互联网非公开股权融资活动起步较晚，业界和学界的认知从混沌荒芜到清晰，其过程较为曲折。2011年，我国第一家互联网非公开股权融资网站“天使汇”上线，随后“大家投”“原始会”“众投天地”“天使基金网”等互联网非公开股权融资平台成立，整个市场在经历了很短的初探期后，2014年始其网络业务迈入规模扩张期，该年设立的平台数（一年时间内线上平台增加57家）占当时互联网非公开股权融资平台总量的半壁江山（53.27%）；截至2017年6月底，全国共有113家平台从事互联网非公开股权融资。考衡这些平台的运营能力，2016年全年共发起1606个股权融资项目，成功项目1087个，成功项目已筹金额共计58.70亿元，其中筹资额排名前10的项目实际融资额均超过7000万元。据最新统计，“2017年上半年共有股权型融资项目688个，其中有434个项目融资成功，202个项目仍在进行中，预期总融资额约47.51亿元，市场潜力巨大”。②

---

① 参见《一文看懂现金贷：规模超万亿　过去一年增6倍》，载搜狐网：http://www.sohu.com/a/205935387_611527，最后访问日期：2018年3月22日。

② 人创咨询：《中国众筹行业发展报告2017》（上），载搜狐网：http://www.sohu.com/a/161883089_427460，最后访问日期：2018年3月22日。

互联网非公开股权融资是中小微企业或其发起人等资金需求者通过互联网融资中介平台，以非公开的方式所进行的股权融资活动。由于概念的认识错误，我国互联网金融市场上建成的互联网非公开股权融资平台都曾冠名为“股权众筹平台”，后监管机构文件正名改为“互联网非公开股权融资”。在该模式的运营中，核心关联方为投资者、融资者、股权融资平台三者，互联网非公开股权融资平台与具有自然人身份的投资者间形成经营者和消费者的关系。

(五)互联网基金的发展现状

近年来，随着基金业务模式发展方向的多维度，基金销售也出现了多元化发展格局。以余额宝为例，通过互联网平台发行基金，形成全新的公募基金营销形式，成为我国基金业由传统渠道向互联网渠道转型的里程碑。再以汇添富基金为例，2012年10月，其在我国首次以互联网直销模式实现了货币市场基金“T+0”快速赎回服务。互联网基金带动了广大金融消费者市场参与的热潮。2013年6月，余额宝上线，其仅在两年里就达到6000亿元的规模，2017年第二季度，余额宝超越摩根大通美国政府货币市场基金，成为全球最大货币市场基金。

从市场的整个业务规模来看，截至2014年第一季度末，我国有51款通过互联网电子商务渠道销售的产品，对接了46只货币市场基金，与互联网相关的货币市场基金总规模达到7900亿元，占全部货币市场基金规模的55%(货币市场基金总规模为1.44万亿元)，占全部公募基金规模的23%。但随着监管收紧，互联网基金规模正在自我“瘦身”，以余额宝为例，其分别于2017年5月和8月将个人账户持有额度下调至25万元和10万元，后又于同年12月将单日限额调为2万元。

互联网基金本质上是基金公司通过互联网途径实现销售的证券投资基金，互联网个人用户购买相关基金产品，就获利动机而言属于投资者；在经济关系的本质定位上，互联网基金平台为经营者，平台的个人投资者则属于金融消费者。就个人投资者之身份厘定，学界提出是否应考量专业投资人和普通投资人界分的问题，[①]对此，笔者认为，不宜以消费者的财力和能力来作筛选，因为比之经营者，所有的互联网金融消费者都处于相对劣势地位，应予倾斜保护。

---

① 有部分学者提出，就投资实力、专业知识水平、风险判断能力方面而言，金融消费者与《证券期货投资者适当性管理办法》所界定的普通投资者极为相似，可借鉴该管理办法以经济实力和投资能力为标准将投资者划分为专业和普通两个层次，把金融消费者的范围拓展至普通投资者，并就信息告知、风险警示、适当性匹配等方面给予特殊的制度保护。

（六）互联网保险的发展现状

自2012年至今，我国互联网保险进入全面发展时期，各家商业保险公司通过企业官网、保险超市门户网站、第三方电商平台、离线商务平台等渠道拓展互联网保险业务。

2011～2013年，国内经营互联网保险业务的公司从28家上升到60家，年均增长达46%；保费规模从32亿元增长到291亿元，投保客户数从816万人增长到5437万人，增幅达566%。2014年，互联网保险行业持续保持大幅增进的成长规模，2014年年底有85家保险公司开展了互联网保险，当年保费收入为858.9亿元。[①] 2015年，我国共有110家保险公司经营互联网保险业务，保费收入达2234亿元。2016年，全国保险行业已经有75.97%的保险公司通过自建网站、与第三方平台合作等不同经营模式开展了互联网保险业务，该年互联网保险保费收入达到2347亿元。截至2017年，国内共有129家保险机构经营互联网保险业务，保险公司基本已全部触网，该年互联网保险签单件数为124.91亿件。[②] 鉴于很多互联网保险平台夸大理财收益、弱化保险产品性质、协议条款不清、信息披露不充分、免责免赔付条款存在歧义和误导，金融消费者权益屡屡受损，因此，自2017年始，保监会对理财型保险产品监管收紧，截至2017年6月，只有12家保险中介机构获批开展互联网保险经纪业务，互联网保费收入大幅度下滑至1346亿元，同比下降42.7%。[③]

互联网保险模式中，投保人通过互联网平台购买其销售的特定保险，并支付保费，从而获得特定保险服务，因此，互联网保险平台为经营者，作为自然人的投保人则符合消费者的基本属性。

（七）互联网信托的发展现状

2014年可以看作互联网与信托新结合的“蜜月期”，但市场的成长速度并不快，2014年上半年，在全国68家信托公司里，已经开辟及正在建设“网上信托”栏目的只有8家。[④] 2015年6月，中融信托旗下的互联网平台“中融金服”上线，成为信托系首家网络金融平台。随后，互联网信托业缓步前行，尝试行业内各领域不同形式的创新，如出现多家从事信托受益权质押融资业务的互联网金融平台，互联网信托

---

① 参见《2015年中国互联网保险市场发展现状、前景以及未来发展方向分析》，载中国产业信息网：http://www.chyxx.com/industry/201507/326316.html，最后访问日期：2018年6月3日。

② 艾宥辰：《2017年互联网保险数据图文一览》，载智通财经网：http://www.zhitongcaijing.com/content/detail/114143.html，最后访问日期：2019年1月25日。

③ 参见希财新金融：《2017年上半年互联网保险市场分析报告》，载希财网：http://www.csai.cn/baoxian/1247123.html，最后访问日期：2018年6月9日。

④ 参见谭明月：《我国互联网信托发展现状分析》，载《商场现代化》2014年第20期。

的市场规模也逐渐壮大。以平安信托联结集团内的互联网金融平台"平安财富宝"为例,该平台推出类似的信托存量客户融资业务,截至2015年8月24日,财富宝平台注册用户累计超过80万户,线上业务管理资产规模达101.34亿元,交易量累计达到548亿元,迄今为止运营情况良好。

但整体而论,与其他互联网金融业模式相比,互联网信托发展滞缓,至今并未出现相对成熟的、大面积拓展的业务局面。特别是在2016年国家开展互联网金融风险专项整治之后,在监管趋严的形势下,运行该网络业务的平台已为数不多,呈现信托"触网"有进有退的现象,①譬如,第一家上线的互联网信托平台"中融金服"因经营亏损等原因,已于2017年4月关停。

解析互联网信托模式,互联网信托平台在与自然人投资者缔结交易合同时,双方产生的法律关系可定位为经营者与消费者间的关系,这里,互联网信托产品的个人购买者即为互联网金融消费者。与传统线下信托关系中的当事人相比,互联网信托消费者的结构成分更加多元化,要求的专业化程度和参与门槛更低,由此引发的风险可能更高,需要更有力地维护互联网金融消费者的权益。

(八)互联网消费金融的发展现状

当下,通过互联网渠道运行的消费金融业务,正凭借成本低、覆面广、可获得性强的优势,逐步覆盖一、二、三线城市及县域居民、农户等最广泛的消费者群体,业务内容包括旅游、租房、教育、婚庆、购车、健康等方向的产品和服务,并大量联结消费品购买等场景的各种支付和信贷活动,已成为普惠金融不可或缺的重要部分。

根据前瞻产业研究院发布的《2017~2022年中国互联网金融行业市场前瞻与投资战略规划分析报告》之数据显示,2013年我国互联网消费金融市场交易规模为60亿元,2014年则突破183.2亿元,增速超过200%,2016年整体市场突破4000亿元,2013~2016年均复合增长率达到了317.5%。若以项目场景为观察角度,互联网消费金融主要体现为有真实场景的消费分期业务,典型样本如融合电商场景的京东白条、蚂蚁花呗等。

观之我国的互联网消费金融市场,不同经营者之业绩盈亏的差异较大,但在规范行业监管后,部分亏损者的市场利润逐步提升,一直持续获利者的表现则更加突出。比如截至2017年6月末,23家持牌消费金融公司中,有九成在上半年实现盈

① 参见姚崇慧:《互联网信托业务都有哪些模式?》,载搜狐网:http://www.sohu.com/a/159088360_355147,最后访问日期:2018年8月23日。

利，其中，蚂蚁花呗营业收入为14亿元，较上年年末增幅高达1050.5%，净利润为10.2亿元，招联消费金融表现最为强劲，上半年实现净利润5.41亿元，同比增长982%；与此同时，马上金融、苏宁消费金融等也在上半年扭亏为盈，分别实现净利润1.3亿元、1.47亿元。①

在互联网消费金融模式中，市场参与主体包括具有互联网消费金融经营资质的平台和消费金融个体用户，这些自然人个体用户在接受消费金融服务时是典型的金融消费者。鉴于互联网消费金融对于电商平台的渗透性极强，形成与金融消费者最广泛的互动，因此，关照消费者权益保障的工作更需强化。

二、互联网金融消费者保护问题的社会调研

互联网金融消费者的保护，是网络时代金融业成长中深具意义的新课题，探索中必须注意避免学术的"理论空转"，即研究范式无视现实需求，仅专注于纯理论模式的构塑中。为了客观认识互联网金融业对消费者的影响力及权益保障的挑战，正视互联网金融消费者保护的必要性，笔者对有上网经验的公民发放问卷，了解其接触互联网金融业务的切身感受，探悉该行业中消费者作为个人客户的权益现状，总结当前突出的困境问题及形成原因。

笔者采用实地发放填写、电子邮件寄送等方式展开了问卷调查，共计发出问卷2000份，回收有效问卷1993份，调研地区为全国各大中城市。本次实证研究就消费者对互联网金融业务吸引力的感知程度、特点体验、问题反映、成因认识进行社会调查，以下为问卷统计数据的展示与分析。

（一）互联网金融业务模式对金融消费者的吸引力

本次调研考察了互联网金融活动对消费者的吸引力程度，调查数据说明：涉网的金融消费者对这类新型业务模式很感兴趣，充分反映出广大群众对这些金融创新产品（包括服务）项目的认可（见表5－1）。

表5－1　您认为互联网金融的各种业务模式对金融消费者的吸引力如何？

非常好	很好	一般	较差
54.38%	34.45%	10.17%	0

---

① 参见魏倩：《消费金融"壮士断腕"告别现金贷歧路》，载中国证券网：http://news.cnstock.com/paper,2017－12－11,920109.htm，最后访问日期：2018年3月17日。

在未来,网络与金融的继续深度融合乃必然趋势,根据中投顾问《2016～2020 年中国互联网金融行业深度调研及投资前景预测报告》预计,“2020 年中国互联网金融行业市场规模预计将达 43.0 万亿元,未来五年(2016～2020)行业年均复合增长率约为 24.67%”。[①] 同时,互联网金融对网民的渗透率也快速递增,2014 年中国互联网金融产品(服务)的网民渗透率达 61.3%,超过六成网民使用过互联网金融产品(服务)”。[②] 2016 年的博鳌亚洲论坛上,企鹅智酷、尼尔森、论坛官方杂志《博鳌观察》三方联合发布《中国金融互联网化指数报告》,该指数站在金融消费者角度,从可得、易得、得益三个维度衡量金融的互联网化发展对金融消费者产生的影响,“2016 年首次发布的融资维度的中国金融互联网指数为 108.5,这表明现阶段互联网金融给金融消费者带来了积极影响,金融互联网化的成效已初步体现”。[③] 可见,互联网金融是 21 世纪经济发展的重心之一,将联结最为广泛的个人客户,基于此义,强化互联网金融消费者权益的保护至关重要。

(二)消费者了解传统金融机构互联网业务的信息渠道

就此主题,本次调研向网络消费者提出的问题为:传统金融业经营者(商业银行、证券公司、保险公司)开展网上业务后,您通过哪些途径了解这些金融机构的网络产品?您购买网上金融产品后,通过哪些途径知悉合同履行情况?(多选题)调查统计数据见表 5－2。

表 5－2　调查数据

	机构官网	短信、微信、QQ、邮件	电话	营业门店
缔约前	94.39%	48.70%	11.25%	8.62%
缔约后	64.75%	71.26%	9.34%	23.51%

需要特别说明的是,调查对象填写问卷的备注内容表明了以下情况。

1. 金融机构会通过短信、微信、QQ、邮件给其营业门店现有的个人客户传输网络业务的介绍性资讯,对于在网上登录的互联网金融消费者,金融机构的网站则通过注册留存的联系方式(手机号码、邮件地址等)发送业务宣传信息。

---

① iiMedia Research:《2014 年中国 104 家风投互联网金融投资案例分析报告》,载中文互联网数据资讯中心网:http://www.199it.com/archives/289869.html,最后访问日期:2019 年 1 月 25 日。

② 艾媒咨询:《2014 年中国互联网金融用户研究报告》,载艾媒:http://www.iimedia.cn/37791.html,最后访问日期:2018 年 5 月 5 日。

③ 企鹅智酷、尼尔森、博鳌观察:《2016 年中国互联网金融指数报告》,载南方财富网:http://www.southmoney.com/P2P/201604/541144.html,最后访问日期:2018 年 3 月 19 日。

2. 受访网民想了解网上金融业务时，多会主动进入金融机构的官网，也有少量网民通过电话方式详细进行咨询，当其购买网上金融产品后，部分人会持续性关注官网中个人账户的信息更新情况，互联网金融经营者则按照约定的通信方式保障消费者的知情权(如寄送电子邮件、交邮快递信函、发送手机短信微信等)。

3. 绝大部分互联网金融消费者本来就是传统金融机构的个人客户，当其在机构的营业网点办理柜台业务时，通过金融机构工作人员也能获知互联网金融业务的信息(工作人员推介或消费者自动咨询)，在达成网络业务协议后，极少数的消费者也会前往金融机构的门面网点处理网络业务的相关事宜(如打印成交单、交易明细单等)。

调查结果凸显两个问题：第一，获取资讯的远程途径多元化背后，存在很多现实难题。合同成立前信息披露的完整性、缔约时风险提示的充分性、协议履行中信息传递的及时确实性，皆无法督验和保障，金融消费者的知情权和资金安全存在天然软肋。第二，由于通过远程方式获取的信息量不足，仍有小部分金融消费者习惯于前往营业部当面询问，但物理网点容纳度和工作时间的限制，减弱了这种沟通的有效性。

(三) 消费者知悉新型互联网金融业务的信息途径

就此主题，本次调研向网络消费者提出的问题为：在传统金融机构之外，近年出现很多新型互联网金融经营者(如以支付宝为代表的第三方支付机构、股权融资机构、P2P 机构等)，您知晓其业务内容的途径为？您购买网上金融产品后，通过哪些途径知悉合同履行情况？(多选题)调查统计数据见表 5 – 3。

表 5 – 3　调查统计数据

	机构官网	短信、微信、QQ、邮件	电话	其他(如报纸等)
缔约前	95.75%	52.38%	9.61%	4.73%
缔约后	86.24%	67.13%	2.07%	0

调查显示：就新型互联网金融经营者而言，鉴于从业者没有公开营业的门店场所，因此不会使用柜台人员当面推销的方式，传统纸媒宣传手段的比例也极小，相比之下，网络、电话、短信等形式虽然可实现全天候、大范围、高强度、低成本的推介，但远程通信的信息隔离性、隐蔽性更突出，网络(电子邮件、在线客服)、电话、短信等定向跟进的宣传令金融消费者易受对方诱导，无法正确判断。

而在达成合同后，并非全部的互联网金融消费者都保持通过机构网络平台掌握跟进履约情况的习惯，对于互联网金融经营者依照约定方式寄送的交易报告，亦非所有的消费者都仔细阅读予以透彻了解，加之经营者一方信息披露不完整及时，甚至可能故意隐瞒若干重要事实，造成交易履行中双方信息严重不对称，危及金融消费者的资金安全。

（四）互联网金融消费者保护中最突出的问题

就此主题，本次调研向网络消费者提问：您认为互联网金融消费者权益保障中最突出的问题是？调查统计数据为：资金安全性问题（48.34%）；信息不对称问题（25.86%）；个人隐私保护问题（22.18%）；电子格式合同的公平性问题（3.62%）。

调研表明：大众已经认识到互联网金融中关于金融消费者权益保障各种问题的并生与严重性，可见，网络服务促进了新型金融业务业绩的增长，但投资范围的扩大、服务种类的增多、投资门槛的降低、限制强度的减弱之同时，金融消费者权益的维护却面临更为严峻的挑战。对此，我们必须明确：互联网领域金融业务的开放性，不等于立法监管控制的放松。

（五）互联网金融消费者保护困境的客观原因

在调查中，受访对象普遍表示互联网金融消费者的保护是个难题。就此，本次调研向网络消费者提问：您认为互联网金融消费者权益保障存在困境的客观原因是？（多选题）调查统计数据为：互联网金融业务的复杂性（72.94%）；交易方式的网络技术性（68.38%）；电子格式合同条款的专业性（44.15%）；合同缔结模式的非现场性（30.76%）。

调查结果表明：互联网创新产品的复杂性、格式合同条款的专业性挑战着金融消费者的普识理解力，而机构平台特殊的在线契约签订方式，在快捷便利的同时，也形成该群体客观理性认知上的阻力。另外，基于互联网通信的非稳定性与全球开放性，中断、停顿、延迟传输等技术故障，线路繁忙或服务器负载过重等特殊状态，都会造成数据遗漏、错误等异常情形，影响信息的接收和交易的完成。由此，不仅要在网络技术性上加强对金融消费者权益的保护，还要探索如何促进互联网金融经营者积极履行各种义务。

（六）互联网金融经营者对消费者保护不力的主观原因

就此主题，本次调研向网络消费者提出的问题为：您认为互联网金融经营者未能有力保障金融消费者权益的主观原因是？（多选题）调查统计数据为：为获得竞争优势和机构利益而漠视消费者的权益（96.37%）；经营机构中的在线业务人员为了增加自身业务量和收入（88.04%）；工作人员疏忽大意（24.29%）；网络平台客服人员错误理解创新业务（1.05%）。

调查表明:在传统金融业务进入发展“瓶颈”的情势下,经营者将竞争注意力转移到通过网络创新占领市场份额、争夺客户等方面,在业绩指标或自我利益的驱动下,忽视金融消费者权益保护的现象愈加严重,加上网络平台从业者对创新业务认识的非全面性、工作人员的责任意识不强等问题,使我们不得不面对一个事实:互联网金融经营者及其职员对金融消费者权益保护的消极态度,导致该行业市场上发生经营者与消费者紧张对峙时,矛盾冲突难以消释。

(七)互联网金融消费者保护中缺失的保障机制

就此主题,本次调研向网络消费者提出的问题为:您认为目前互联网金融消费者权益保障中最缺失的机制是?调查统计数据为:互联网金融消费者的赋权机制(知情权、隐私权、资金安全权等方向)(46.31%);互联网金融经营者的义务机制(29.44%);互联网金融消费者侵权救济机制(18.35%);互联网金融消费者帮助和教育机制(5.90%)。

互联网与金融业之融合具有两面性,它助益于金融业拓展营销渠道,简化交易手续、节约经营成本、提升收益能力,但与之同时,亦给互联网金融消费者权益保护带来多重风险。目前,此领域的消费者赋权机制、经营者义务机制、侵权救济机制、消费者帮助和教育机制十分匮乏,长此以往将严重影响互联网金融市场的可持续发展。尤其是互联网金融消费者知情权、个人信息权、资金安全权方向的赋权机制,由于与受访对象关联度最为密切,因此成为关注最多的主题。鉴于此,笔者在下一部分深入探索互联网金融消费者保护之必要性时,将对这些消费者权利保护的价值予以细解,以凸显保障之意义。

三、互联网金融消费者权利保护的必要性

从最完整维度的观察视野来看,互联网金融消费者的权利包括:个人信息权、安全权(人身安全+财产安全)、知情权、选择权、公平交易权、教育权、结社权、受尊重权、救济权等。根据互联网金融业的业态特性及网络金融平台的现实发展状况,目前金融消费者权益受侵害最严重的方向为:知情权、个人信息权和资金安全权。因此,本部分主要针对这三项权利进行探索,呈现权利保护的意义及相关权益保障中的重点问题。这里,我们必须指出,互联网金融消费者的各权利之间是有机联系的,着重研究其中几项权利,实际上也关涉对其他权利的联动性思考。

(一)知情权保护的必要性

互联网与金融业双向渗透的经营发展趋势下,互联网金融消费者对信息获取的

隔离障碍增大,加之互联网金融专知能力普遍较低,因此处于知情权的天然劣势;而网络创新业务的市场风险和互联网金融经营者的道德风险,更是加深了互联网金融消费者个体在信息问题上的弱质程度。由此,互联网金融消费者的知情权保护之必要性凸显出来,下面以互联网金融消费者知情权保障的困境为视角,具体解析这种保护的必要性。

1. 信息能力的弱势性

检视现代经济社会,在金融业范域内,消费者无论投入资金量大或小,皆是毋庸置疑的信息弱势主体;而随着第三方支付、互联网非公开股权融资、P2P 等互联网新业态的发展,复杂的金融业服务类别不断涌现,与线下的金融产品交易相比,买卖双方信息非对称的局面更加严峻。

互联网金融活动中,金融消费者与创新业务间存在明显的隔离性:首先,该行业交易模式已经实现了无纸化的迁变,但广大消费者对网络技术支撑下数据传输的程序尚不熟悉,认知亦不完整;其次,由于不具备随时在线跟进的便利性,多数金融消费者无法及时获得互联网金融业务的变化信息,对个人静态时点的金融资产质量与动态阶段的风险欠缺正确认识;最后,普通消费者通常缺乏互联网金融知识,个人专知能力的局限性,令其不能全面准确地理解该创新业务模式的运作。可见,从信息的获取与理解能力角度观察,金融消费者都是天然的弱势群体。

2. 创新业务的误导性

互联网金融业务中呈现的产品(如特殊的权利化金融产品)或服务(如各种网络支付和融资平台服务),相较于具有实物使用功能的商品,其价值衡估与风险防范的难度都更大,所以互联网金融经营者的缔约前信息义务应予特别加重,尤其是要避免对创新业务的误导。

但视之第三方支付机构、互联网非公开股权融资机构、P2P 机构等新型互联网金融经营者,为了尽快打开市场,获得更多交易机会,新型互联网金融经营者将其商业活动效绩的测评重心放在了业务成交量的增长上,往往会忽视交易缔结前对金融消费者的风险预先提示,甚至故意表述失真。而站在传统金融业网络业务拓展的维度审视,金融机构获具优势竞争力的手段不再限囿于柜台业务的成绩,评价期内的网络金融超市创新产品的规模、盈利能力很大程度上决定了其市场影响力的强弱;因此,传统金融机构在互联网业务促销中亦会利用心理煽引、伪列事实等误导、欺骗手段,频频劝诱金融消费者购买在线的各种产品。

3. 网上交易的黑暗性

比之设有实体店的经营方式,网络交易本来就具有黑暗性,买卖双方很难见面,也不能在真实的地理场所内交流。审视互联网金融行业,绝大多数金融消费者通过网络获知介绍,没有机会与经营者面对面予以咨询,[①]也无法像实体店中的货物那样供挑选甄别和判断,这会导致消费者缺乏对创新业务的科学认知,一旦进行互联网金融产品、服务的购买,信息不对称可能导致资金亏损等经济不利性后果。

同时,网上交易的黑暗性使互联网金融经营者身份作伪的机会大增,缺乏信誉度甚至是恶意欺诈的经营者可以在网络上以诚信的假面出现,大肆侵犯金融消费者信息权益,如不当劝诱、虚假陈述、内部交易、与电商或融资需求方共谋欺骗等,恶意非对称式信息供给,以或显性或隐性的方式剥夺着消费者的合法权益,这些漠视消费者权益的侵权弊习,将互联网金融业悬置于巨大的信任危机中。

基于前述种种问题的存在,互联网金融消费者知情权保障的必要性极为突出。就此,不仅要使在缔约时处于弱势地位的消费者享受真正的契约自由,保护当事人意思自治的权利,还须给予金融消费者在知情权问题上更多的倾斜性保护。

(二)个人信息权保护的必要性

在互联网金融浪潮的推动下,金融业网络以创新产品复杂化、交易信息符号化、服务提供电子化为特征的迁变,客观上给互联网金融消费者个人信息权保护带来了新的挑战。愈加多元的数据源造成了个人信息权保护的障碍,加之各类滥用、暴露个人信息的侵害行为层出不穷,互联网金融业大数据应用中个人信息权的保护凸显出必要性。但我们同时要认识到:相较于传统金融业,互联网金融业消费者个人信息权的保护难度很高,这种难度主要体现在以下几个方面。

1. 过度收集的隐蔽性

与传统金融业相比,互联网金融业务的类型更为多元化、模式更为复杂化,仅依赖自身的金融知识和互联网交易经验,普通金融消费者难以识别个人信息被经营者收集的程度。因此,金融消费者在线注册账号和购买互联网金融产品时,往往被经营者要求提供个人信息,而这些信息量是否为必要,以及信息内容是否被过度收集,弱势的消费者缺乏认知依据和评价标准。此外,互联网金融平台通过着力于设计网页的版式和主题,吸引了众多消费者进行浏览,并使其在该过程中不可避免地存留下更多个人信息。

---

① 就传统金融机构的网上业务而言,消费者还可以到营业网点向柜台人员咨询相关问题。

这里,我们还看到,互联网金融业务实现了处理流程在线化,其运行模式的特点之一即是个人信息在网络上的不断传输与认证。在虚拟的平台页面空间,越界收集个人信息的行为具有隐蔽性,比如,手机等移动智能通信设备上应用软件(APP)的下载极为简单易行,这是目前大量互联网金融活动展开的便利路径,但也是个人信息被不断非法收集的便捷手段。各类互联网金融 APP 软件的装载与运行过程中,无须金融消费者同意,软件的技术功能即可截获个人的消费、习惯等资讯,并进入通讯录自动读取信息,甚至借助软件的定位功能,记录、保存个人的日常活动痕迹。由于整个采集过程比较隐秘,对于自己的个人信息处于暴露的危险状态,绝大多数的互联网金融消费者可能毫不知情。

实际上,互联网金融业中合格投资人的管理过程中,也存在消费者个人信息被不当收集的问题。鉴于互联网金融新业态模式具有较高的专业性和风险性,所以要求消费者须匹配相应的经验与承重能力,经营者必须对此负责,比如,在融资类中介平台中,经营者为了向消费者推荐与之合适的投资项目,需要通过收集、分析个人信息,进行风险评估和用户分级。[①] 在该过程中,互联网金融经营者往往以施行适当性管理为由,单方决定金融消费者需要提交的个人信息清单,由于金融消费者在此方面的判识能力很弱,难以界清尽职评估需要提交的个人信息范围,因此无法拒绝经营者的越界收集行为。

2. 非法使用的便利性

互联网金融业是金融行业的一个特殊分支,行业经营者在大规模信息的来源和处理方面具有鲜明优势,同时,基于网络的隔离性和大数据的渗透应用,金融平台在使用消费者个人信息时也很容易不受约束。比如,互联网金融经营者能在消费者毫无察觉的情况下,借助网络技术手段,在个人信息的初始使用、二次使用、共享使用等方面进行违规操作。尤其是在服务于淘宝、天猫等电商平台的第三方支付、消费金融等互联网金融活动中,滥用个人信息的后果,还可能传导到拥有巨量消费者人群的电子商务行业。

这是一个利弊兼生的局面,大数据、云计算等信息技术越成熟,互联网金融业就越能够通过数据的深度挖掘和精确利用,实现服务创新和营销增进;但同时,这些技术也被经常性地作不当应用,便利经营者实施个人信息侵权行为。具言之,互联网

---

① 互联网金融经营者需对个人投资者的年龄、投资经验、财务状况、风险偏好、承受能力等综合因素予以尽职评估和科学分级,如将作为投资人的金融消费者划分为保守、稳健或激进等不同类别,以便于针对性地介绍投资项目和实施交易管理。

金融以基数庞大的电子数据为依托,初次使用的个人信息还可以再次开掘,通过二次使用,形成互联网金融服务更新方面创造性特色,同时,个人信息还可向金融集团内部、交易关联方、合作成员等披露,构成共享使用。就在这些使用过程中,漠视消费者知情权、许可权、拒绝权的行为屡见不鲜。

此外,平台网页上格式合同和大量免责条款的存在,为互联网金融经营者逃脱不当使用个人信息的法律责任提供了文本依据。尤其是消费者客户群依赖度非常高的一些互联网金融平台,其在服务协议的条款内容、签订方式等方面都具有单方性的决定权,消费者只能在接受与放弃互联网金融服务之间作出单一抉择。即使消费者认为合同条款存在违反平等、诚信原则的情形,迫于个体力量与经营者能力的悬殊,并受限于电子合同技术上只设置了点击同意的选项,通常唯有选择默认接受格式合同。在此,我们观察到,经营者还常利用消费者粗心大意的特点,将格式合同的展示、阅读方式进行专门设计,将一些关系消费者核心利益的免责条款深藏其中,尽可能规避非法使用个人信息时需要承担的侵权责任。

3. 安全保存的困难性

互联网金融行业的兴盛与信息技术紧密结合,互联网金融企业基于网络用户的递增效应,可以实现服务对象的广泛覆盖,在各种移动通信终端上,现阶段没有技术壁垒障碍的便捷性使用,使互联网金融的应用规模可无限扩张;与此同时,互联网金融消费者的个人信息保存之安全问题也遭遇最严峻的考验。当消费者通过连接互联网的移动设备进行互联网金融活动时,外界捕捉个人信息的途径极大拓宽,信息串联的辐射范围也大为增加,最终为个人信息泄露等安全问题的大规模发生埋下不可控制的隐患因素。

我们注意到,互联网金融消费者个人信息安全保存的难度很大,实践中互联网金融经营者违规披露、故意泄密的行为仅为成因之一部分,其他的问题还包括:服务器处理数据的能力不足、金融服务系统漏洞未及时修复、技术人员疏忽而致的操作错误、第三人恶性网络攻击行为等。针对这些个人信息安全侵权问题,消费者的救济路径也充满障碍。

网络化的金融服务活动突破了行政区划、地理环境、时间差异等客观条件的禁锢,但这也使得消费者无法准确认定实际侵害其个人信息安全的主体,亦难以对个人信息的经济价值进行准确的评价,乃至在一些涉及主体较多的复杂侵权事件中,消费者无法履行证明义务,权利难以得到及时、有效的救济。

实际上,相对于知情权而言,在互联网金融消费者个人信息安全保存问题上,侵权行为发生的时间和阶段更多,包括信息获取、分析和使用等任一环节,侵权行为呈现出极强的隐蔽性和便捷性,传统意义上便利、经济的消费者权益救济途径难以发挥功效。而与此同时,我们还要关注到,互联网金融消费者的个人信息如不能实现安全地保存,消费者的资金安全则会岌岌可危。这些问题共同向我们表明了紧迫的金融消费者个人信息保存现状:以此为视阈的法律制度研究所承担的责任十分艰巨,破题研究的展开和深入面临网络大数据时代的复杂局面。

(三)资金安全权保护的必要性

于互联网金融领域,消费者不具备互联网金融经营者的组织强势与财力强势,甚至在互联网支付、保险、基金销售和消费金融等业态中,失业或低收入公民也能成为活跃的市场交易者。鉴于此,必须强化对互联网金融消费者这类弱势群体的资金安全保障。具体而言,对互联网金融消费者资金安全保护的必要性,建基于以下问题之存在。

1. 风险识别的低能性

网络技术向金融领域延拓,这种“渗透 + 创新”的过程为金融行业注入新的活力:不仅能节约金融活动的成本,还能提高金融交易的效率。随着民众对这些优势的认知深入,运用互联网金融各种模式的自然人主体数量激增,我国互联网金融发展的内容也不断地多元化;但广大的金融消费者过于依赖互联网金融的便捷性,对这类新业态的风险问题并不重视,既缺乏高度的警惕性,也不具备识别的能力。

实际上,互联网金融行业的各种运营问题越来越凸显,信息不对称、负外部性和“搭便车”现象亦很突出,经济人逐利本性导致的市场失灵现象频仍,由此导致的各种侵权案例也呈上升趋势,直接影响金融消费者的资金安全。需要指出的是,金融消费者囿于自身金融知识的匮乏,针对互联网金融这个新兴行业,其风险识别的能力是需要经过教育才能培养的。但遗憾的是,在我国,金融监管部门与社会对互联网金融消费者的风险教育工作几乎没有起步,缺乏指导帮助公众认知网络金融活动风险的官方机构、民间团体、组织刊物等。

2. 风险控制的障碍性

当前,互联网金融行业的风险控制不力,导致金融消费者的资金安全状况堪忧,其主因来自两个方面。

第一,风险控制存在客观障碍:对于金融业宏观的市场性风险,金融消费者一己之力难以控制;就经营者自身的主体性风险(如在市场竞争中处于不利地位、被兼并或因资不抵债导致市场退出等),金融消费者个体无法掌控;至于互联网金融活动的具体性风险(如支付机构挪用沉淀资金、互联网非公开股权融资或P2P平台对融资者及项目的审核不到位等),金融消费者能施加影响的范围也极为有限。

第二,在金融消费者角度,风险控制还有主观层面的障碍:如互联网金融主要业态模式中,很多产品项目具有投资风险,从开展项目活动的心理素质条件上看,部分互联网金融消费者风险意识不强、投资理念不科学,在投资时机不成熟的情况下,投机心态过度,盲从盲信非正规渠道的信息,或造成情绪化的失误判断,或导致不审慎的盲目跟风。

3. 风险承重的弱质性

当互联网金融活动风险积生时,金融消费者很难凭借自身的能力予以承接并及时消释,该群体接受、排除风险的能力极弱,而这些风险最直接危害的就是金融消费者的资金安全。譬如,互联网金融消费者的个人信息安全失控时,鉴于网络平台传播范围的广泛,难以确定非法使用的第三方,信息传递的扩散性可能迅速危及消费者其他业务资金的安全。再如,传统金融机构网络业务常采用"一站式"综合金融服务账户的模式,该模式的便捷性与安全性并不具有同向发展性,其中一项交易的数据信息被泄露(或滥用)时,由于未设置严密的混业防火墙,抑或各交易之间没有可靠的安全隔离网,消费者的整个金融账户都将处于危险状态。由于互联网金融消费者的信息获取能力不足,资讯的实际配置量低,加之经营者故意隐蔽风险状况,因此当资金危险暴露时,可能已经为时晚矣。可见,由于互联网金融消费者的风险承重水平低下,个人金融资产面临受损威胁时,其能够自我保障救济的空间极其狭仄。

互联网金融领域很多业务具有高风险特征,尽管大部分消费者在该市场运行的资金量并不多,但占个人及家庭的财产比重都较大,其资金的来源不仅有薪资收入,还包括取出的储蓄,甚至借入的债款,亏损后对其基本生活影响较严重,正因如此,我们必须研究如何强力保障互联网金融消费者的资金安全。

第二节 互联网金融消费者权益保障中的重点问题

审视目前互联网金融消费者法律保护机制的内容体系,我们必须直面一个严峻的事实:现行立法和实践保障的不足,导致在互联网金融消费者知情权、个人信息权、资金安全权等保护方向上,主要出现以下"瓶颈"问题,成为保护的难点,而这些问题亦是互联网金融消费者法律保护机制的重要构建点,本部分对此展开细化探索。

一、互联网金融消费者知情权的保障问题

互联网金融消费者的知情权与个人信息权、资金安全权、救济权等权利密切关联，在权利保护层面的关系具有正向互动促进性。笔者研究显示，互联网金融平台在保障金融消费者的个人信息权、资金安全权、救济权等权利时，其设立的规则制度和开展的相关工作都需要以信息披露的方式向金融消费者明示。但观之目前，各类互联网金融平台皆未实现完整、准确、及时的信息披露，尤其是以下 4 个问题极为突出。

（一）点击合同解释不明

在注册进入支付、借贷、融资、基金、保险、信托等互联网金融平台并设立自己的网络账户时，互联网金融消费者须以浏览点击的方式，与互联网金融经营者缔结契约关系，表明认可接受经营者事前拟定并显示于网页上的合同契约，此类合同统称为点击合同。点击合同是指消费者应互联网金融平台要求填入相关信息，并点击“我同意”（I agree）等类似选项后方可接受网络金融服务的协议模式。就其本质而言，点击合同类属于格式合同，即合同条款由一方当事人预先拟定，对方只能表示全部同意或者全部不同意的合同。格式合同分为传统型格式合同、拆封型格式合同（以下简称拆封合同）和点击型格式合同（以下简称点击合同）。传统型格式合同指制式合同的条款由单方事先制定、对方不能协商增减或变更合同条款的书面合同；拆封合同则是指合同提供人固定了其与不特定第三人权利义务关系的条款，将其印在标的物包装上，并在合同中声明只要对方拆开包装即视为接受合同条款，其常被用于商品消费领域。相较于前两者，点击合同具有三个显著特征：第一，点击合同定型化条款的载体是经营者互联网平台的网络页面；第二，点击合同的完整程度较低，需要合同对方填写特定信息并作为合同组成部分；①第三，点击合同的承诺形式是点击“同意”等类似选项，而传统型合同通常只需签字，拆封合同则仅需完成拆封动作。

尽管互联网金融经营者普遍采用事先制定的点击合同，能够在客观上提高服务效率，但从金融消费者知情权保障的角度审视，该种契约缔结方式不利于这一弱势群体权利的保护。点击合同的主要问题在于：第一，《合同法》第 39 ~ 41 条确定了格式合同提供方的义务，一是格式条款的内容应遵循公平原则，二是有提醒对方注意

---

① 当然，从业界特质来看，当下传统金融业的格式合同一般也需要金融消费者填写个人信息，但由于现场签订方式对合同当事人的确证和认知程度较高，格式合同填写的信息量要求通常低于点击合同。

的义务,三是要履行应对方要求对格式条款予以说明的义务。这些义务同等适用于互联网金融平台网页的点击合同,但互联网金融经营者应如何具体落实提醒对方注意和释明的义务,金融消费者又如何主张要求说明的权利,都存在实践中的困境。第二,我国当前没有保障网络点击合同中消费者权益的立法,仅在民事契约规制的角度,依循《合同法》将数据电文视同书面约定之原则。[①] 2005 年 4 月《电子签名法》实施,该法从证据认知的方向确立了数据电文中电子签名的法律效力,但网络点击合同中缔约当事人的认证、电子代理人身份的界定、要约与承诺的区分、最终支配人意思的认定等问题却并不清晰。

更为关键的是,从目前的法律文本来看,我们缺乏从经济法视角进行信息披露的规制,在诸如限定消费者义务的非公平条款、互联网金融经营者的免责声明、点击合同缔约的反悔权等问题上,基于倾斜性保护互联网金融消费者的行业监管工作亦严重不足。正因为立法和监管的滞后,互联网金融平台滥用点击合同,导致互联网金融消费者的信息弱质性更为突出,其既无法全面准确地知悉互联网金融经营者及相关金融业务的有效信息,又无法及时、明确地认知因信息不对称而造成的权益损害。

(二)业务风险提示不清

观察我国的金融业,风险提示制度的设立尚处在起步阶段。以银行业为研究样本,2005 年 11 月 1 日起施行的《商业银行个人理财业务管理暂行办法》要求,商业银行应以醒目、通俗的文字表达向客户揭示投资产品的相关风险。[②] 2006 年 6 月 13 日发布的银监会办公厅《关于商业银行开展个人理财业务风险提示的通知》再次强调,商业银行对理财产品(计划)的风险揭示应充分、清晰和准确,并突出揭示内容语言

---

① 《合同法》第 11 条规定:"书面形式是指合同书、信件和数据电文(包括电报、电传、传真、电子数据交换和电子邮件)等可以有形地表现所载内容的形式。"在《合同法》总则中,仅有 5 个法条涉及数据电文,规制内容过于单薄。

② 《商业银行个人理财业务管理暂行办法》第 37 条第 1 款规定:"商业银行利用理财顾问服务向客户推介投资产品时,应了解客户的风险偏好、风险认知能力和承受能力,评估客户的财务状况,提供合适的投资产品由客户自主选择,并应向客户解释相关投资工具的运作市场及方式,揭示相关风险。"第 40 条规定:"商业银行理财计划的宣传和介绍材料,应包含对产品风险的揭示,并以醒目、通俗的文字表达;对非保证收益理财计划,在与客户签订合同前,应提供理财计划预期收益率的测算数据、测算方式和测算的主要依据。"

的通俗性和举例的适当性。① 前述两个文件针对金融消费者在理财投资上的信息不对称和专业理解力问题，规定了风险提示的义务，但仅从基本骨架搭建的角度来予以规制，在实质内容上，缺乏有具体可操作性的文本表达。随着银行业理财业务的市场份额渐大，2012 年 1 月 1 日实施的《商业银行理财产品销售管理办法》重申了"充分揭示风险原则"，②要求理财产品销售文件必须包含专页风险揭示书，在披露风险时，为保证消费者充分认知，需采用通俗易懂表达，同时还设置了警示的基本内容。为了在程序中实际落实，《商业银行理财产品销售管理办法》设计了抄录确认语句和本人签字的环节。③ 但是我们注意到，纸质的书面提示和现场的语句摘抄局限于线下营销活动，互联网金融业务脱离了传统的门店柜台交易模式。因此，前述手段难以对接具有"在线远程"特征的互联网金融业务。

再来检视证券业，我国券商与计算机技术公司合作，承接网上证券委托业务的时间较早，风险提示书被展示在证券业务网页中，主题通常只限于网上证券交易，即投资者通过互联网开展证券委托交易、查阅行情及信息等活动。就具体实施的情况来看，券商的网上证券交易风险提示书指向政策风险、技术风险、宏观经济风险、上市经营风险、不可抗力风险、特殊证券品种的风险等，但这些风险类型与证券业网络创新业务的适配度不够。目前，也有一些券商跟进了互联网证券产品的创新，并在风险提示书中补入了资产管理业务等网络创新产品，但属概括性提及，语焉不详。鉴于此，证券业的网络创新产品还应单列针对性强的风险提示书（或列专章、专节、专条等皆可）。不仅如此，网络创新产品的风险提示可借鉴部分券商的经验，分别设计 PC 电脑端和移动通信设备端（如手机、iPad 等）的业务风险揭示书。

阅读互联网金融平台网页可以发现，业务风险提示的文本问题较多，如位置不显明、内容过于粗糙、免责条款滥用等。互联网金融经营者作为自利性经济人，在推介网络金融产品时，都会在网页中突出宣传门槛低、费用少、收益高等优势，反复强

---

① 银监会办公厅《关于商业银行开展个人理财业务风险提示的通知》中指出：理财产品（计划）的风险揭示应充分、清晰和准确。商业银行向客户提供的所有可能影响客户投资决策的材料以及对客户投资情况的评估和分析等，都应按照《商业银行个人理财业务管理暂行办法》规定，包含相应的风险揭示内容，并以通俗的语言和适当的举例对各种风险进行解释。

② 《商业银行理财产品销售管理办法》第 6 条规定："商业银行销售理财产品，应当遵循公平、公开、公正原则，充分揭示风险，保护客户合法权益，不得对客户进行误导销售。"第 10 条规定："商业银行销售理财产品，应当加强客户风险提示和投资者教育。"

③ 《商业银行理财产品销售管理办法》第 18 条第 9 项规定："风险揭示书还应当设计客户风险确认语句抄录，包括确认语句栏和签字栏，确认语句栏应当完整载明的风险确认语句为：'本人已经阅读风险揭示，愿意承担投资风险'，并在此语句下预留足够空间供客户完整抄录和签名确认。"

调便利、快捷、安全之特点，但对该金融产品关联的诸种风险，在披露解析上却模糊、笼统、含混。在互联网PC终端页面，金融业务风险提示常隐藏于不易观察的位置，无法有效引起消费者通常的阅读注意力，而在以手机为代表的移动智能通信终端，由于互联网金融APP界面较小，经营者更是可以将此内容隐蔽，[①]或直接取消其在网络界面的展示。

虽然部分互联网金融平台网页设有在线咨询服务，但回避风险说明或不实表明业务风险的情形比比皆是。[②] 尽管某些互联网金融立法要求经营者保证确认网络业务风险，[③]但调研显示该规定并未得到众多机构的严格遵守。互联网金融平台通常在注册协议或服务协议中进行笼统的风险提示，由于在注册网络用户账号时必须点击同意《注册协议》或《服务协议》项，否则无法继续操作，金融消费者大多并未打开文本并认真阅读，因此很容易忽略风险提示的内容，或平台系统自动将"同意"选项勾选，此情形下的风险提示既不醒目也未真正经过消费者的确认。加之各类互联网平台皆采用点击式格式合同方式来应付监管要求，而对每个具体业务模式的风险却语焉不详，所以导致文本规定形同虚设。由此可见，互联网金融业务的风险提示不清问题极为严重。

（三）平台信息审核不严

在当下我国互联网金融业的发展中，经营者的活动分为自营金融业务和作为信息中介撮合金融业务两类，前者向互联网金融消费者披露的为经营者本人之相关信息，而后者则需要对非自有信息予以审核，确认其真实性、时效性和准确性后予以发布。如P2P平台、非公开股权融资平台、股权众筹平台等皆是网络中介机构为融资业务双方（借款人与出借人或融资方与投资人）提供信息收集、交互、公布并开展资

---

① 以余额宝为例，《余额宝服务协议》作为互联网金融消费者和基金销售商之间的合同，在消费者开户注册余额宝时，却被放在页面最下方极不起眼的位置，导致鲜有消费者去阅读，不仅如此，协议对该互联网基金项目的投资风险介绍模糊，资金去向等内容亦未详细说明。笔者通过手机访问余额宝APP时发现，整个APP界面只有昨日收益、优化投资、工资转入、余额转入、资金转出等吸引和鼓励投资者投资的选项，而未显示投资可能存在的风险，就连"投资有风险，投资需谨慎"等提醒的基本字样都缺失。

② 如部分投资顾问网络在线销售商在宣传其创新产品，推介收益率为浮动区间的理财产品时，模糊解释预估的年化收益，以引人误解的方式标明最高收益；再如有网络投资顾问在线回复时于收益保证上作虚假承诺，欺骗互联网金融消费者。

③ 如2016年8月，我国公布并实施了《网络借贷信息中介机构业务活动管理暂行办法》，该办法直接规制了P2P平台风险披露的义务。依循该办法的指引，中国互联网金融协会在2017年10月发布的《互联网金融信息披露　个体网络借贷》中申明信息披露基本原则之一即是"信息披露应当充分披露融资项目风险及其不确定性，不得借披露项目信息的名义开展营销活动"。同时，在"借款项目的信息披露"标准中将"项目风险提示"界定为"指针对单笔借款项目的风险对投资人的风险提示信息"。

信评估与融资撮合等服务的平台，这些平台需负责对一系列外来信息进行真假性的审核，以保障互联网金融消费者的知情权。

检视目前有限的立法（如《网络借贷信息中介机构业务活动管理暂行办法》）中针对平台信息审核义务的规范，主要分为两类内容：第一类是要求必须由互联网金融平台自身进行审查的约束性规定；第二类是虽然审核义务本身属于他人，但依据平台自身的属性特点，对他人义务亦有相应监督职责的规定。信息审核的方式呈多样化，可为线上模式，也可为线下模式，抑或线上线下结合模式。审核的信息种类主要为核查个人身份类信息、确定融资用途类信息和判断资信能力类信息。由于资信信息乃征信活动的重要基础，因此此项问题待论述互联网金融消费者资金安全权（信用评估主题）时再作细解。此处，我们就两类信息的审核展开观察。

笔者通过对各类互联网金融平台的调研发现，绝大部分平台并未严格履行审核义务。譬如，关于个人身份的注册审核问题，金融消费者应平台要求填写身份证号码（年满18周岁者）和手机号后，互联网金融平台并不重视核查这些号码信息是否关联注册者本人。不仅如此，通常地，互联网金融平台都将消费者虚假注册的情形列入经营者免责的事由中，比如，平台于注册协议或服务条款中明示，因注册信息不真实或更新不及时而引起的问题，平台及相关网站不负任何责任。实证研究表明，互联网金融平台对注册用户在实现资金需求时的审核较为严格，究其原因，乃是借款等风险行为与平台的业绩与利益关系甚密。例如，在P2P网贷业务中，若采取线上审核方式，消费者需提交手持身份信息（身份证、学历证明、工作收入证明等）的照片，若使用线下审核的手段，则要求借款人将相关证明文件交至该互联网金融平台规定的地址。一般地，资金需求者往往都会倾向于线上审核模式，一是金融平台的线下营业场所很少，通常位于大城市，二是免去了在途的成本耗费，便于申请。但任何手段方式都是利弊兼生的，线上审核也会出现证件真实性难以核对等不足，这将特别不利于作为出借人或投资人的金融消费者之知情权保障。①

再观察资金用途信息的审核环节，在融资类互联网金融模式中，尽管各金融平台于网页的电子合同上严格规定了资金用途，并对改变用途的情形设置了相应的惩罚内容，但实践中这些合同条款形同虚设，执行落实情况相当不理想。探其原委，主要是执行成本较高、认定难度较大，金融平台出于成本考虑，忽略对资金实际用途的

---

① 获知他人身份证信息后，冒名他人注册登录进入互联网金融平台的行为，并不直接威胁他人经济安全，如无民事行为能力人借用他人身份证注册网页，但具体开展融资活动的信息审核则直接关系资金安全。

核实,甚至对违规的用款行为熟视无睹,侵犯了出借人或投资人的知情权,也将互联网金融消费者的资金置于危险境地。

当然,我们也看到相应保障模式的出现,如担保公司或合作机构的第三方审核模式。这里,以对 P2P 借款人的审核为例:如陆金所平台同平安集团旗下担保公司合作,就借款人提交身份证明、收入证明、工作证明、居住证明等材料,该担保公司负责审核,同时,就借款人的不同具体情况,担保公司会要求再提供其他的证明。① 再如,人人贷平台与友众信业金融信息服务(上海)有限公司签署合作协议,在人人贷原有平台实施审核步骤后,友信公司再对借款人展开线下的实地走访,核实借款人信息的真实性。当然,我们也要注意到,由专业的第三人移转承担审查义务的模式强化了对金融消费者资金安全的保护,但囿于机构担保和实地认证标的模式中,适用范围存在局限性。② 因此,我们仍需进一步探索各类互联网金融平台信息审查义务的执行问题。

(四)履约信息披露不足

相比于传统金融业的门店场所式运营模式,互联网金融依凭网络技术优势,脱离对物理空间与营业时间的高度依赖,能充分借助互联网的多元终端设备,全天实时为所有金融消费者提供金融服务。但与此同时,虽然互联网金融消费者普遍具有“两高一轻”(收入高、学历高、年龄轻)的特质,但其在虚拟的交易空间接触各种创新的金融产品时,面对互联网金融业务的新样态、交易风险的黑暗性、网页技术陷阱的隐蔽性等复杂情境,认知上处于信息的劣势,判断上亦无适配的能力,因此难以发现对经营者履约的适当性、公平性等关键问题。比如,互联网借贷具体模式的衍变中,出现了期限错配、债权转让、资金池、自融等多种操作方案。假如互联网金融消费者的知识水平仅限于计算投资期限、理解预期收益等基本层面,那么将无法全面认知网贷金融产品的专业性、复杂性,更无从辨识这些履约运行模式的合法、合规性,加之当下互联网金融的行业监管乏力,很多领域严重欠缺明晰的信息披露标准和规范,使得金融消费者在履约信息的知悉环节,其信息弱质的困境进一步加剧。相形而论,我国传统金融业市场上,许多从业机构设立时间较早、时间组织规模较

---

① 如在陆金所的“稳盈—安业贷”房产抵押型项目中,平安融资担保公司承担全额本息担保责任,同时,也有其他担保模式,如借款人未按规定时间内还款,担保公司则承担投资者未被偿还的本金部分,并加上超过偿还日期的未还利息、罚息等。

② 目前 P2P 行业借款端之借款标的模式涵括信用认证标的、机构担保标的与实地认证标的,从数量统计,P2P 平台信用认证标的模式最为普及。

大，可持续性发展的客户服务理念实践也较好，因此在信息披露方面更着力于金融消费者的权益保障。而观之互联网金融市场，呈现分散化、“去中心化”、市场竞争度高的局面。那些在短时间内成长起来的新业态金融组织，经营者规模相对较小，过于注重盈利模式，眼光局限于快速拓展业务，从而漠视金融服务合同履约阶段信息披露的质量，置消费者合法权益于不顾，这种利益短视行为必然导致营运的不可持续性。我国大量 P2P 网贷平台的纷纷跑路倒闭，以及校园消费金融平台乱象频生中监管机构的喊停结果即是例证。

可见，面对互联网金融行业多元的运营模式和内在结构复杂的产品，普通互联网金融消费者无法在履约过程中判别自己资金的风险程度，在经营者履行合同的质量中更无从鉴别经营者履约的合规性，所以必须采取措施加强经营者的信息披露，切实保障互联网金融消费者的知情权，以确保公平交易的实现。同时，我们还需注意到：虚拟化的互联网金融平台突破了地域限制，也最大限度拓展了消费者数量。网络业务办理的便利、高效特点，不仅能够稳固现有的金融消费者群体，还能吸引更多潜在的个人客户。鉴于互联网金融新业务辐射了越来越多的消费者，更需加大保障知情权的力度。在此问题上，监管者的帮助机制应扮演重要角色：一方面，监管者督促经营者作为义务人如实、及时地披露信息；另一方面，监管者落实互联网金融消费者的教育机制，增加金融产品信息供给量，弥补经营者信息披露的缺损。

二、互联网金融消费者个人信息权的保障问题

现代互联网金融业与传统的金融业相比，在保护消费者个人信息权方面更加不易。首先，就个人信息的源头方面，互联网金融业充分运用互联网和大数据的技术优势，可以通过更多途径收集，且极具高效率。其次，与传统金融业的固定营业柜台相比，互联网金融具有鲜明的当面性和现场性。最后，互联网金融中非法泄露和使用消费者个人信息的风险倍增，一旦发生信息风险，信息的散布和传播范围更宽广。考虑到互联网金融业的上述特点，个人信息权利受损后大多产生难以恢复的影响，且信息往往包含着消费者的资产流动、账户隐私和财富资本状况等重要经济保密信息，无疑会对金融消费者及其家庭的资金安全构成严重损害。

（一）基本概念认知滞后

目前，互联网金融消费者个人信息保护水平严重落后于现实需求，在很大程度上，这是由于个人信息的相关基础概念之认知迟迟未得到明确。就此，我们需要着重解决如下几个问题。

第一,概念的含义界定问题。个人信息的内涵、外延如何确定,一直存在争论,其中,主要包括“关联说”“隐私说”“识别说”等几种观点。“关联说”从与个人的关联性角度划定个人信息的边界,将“个人”与“信息”两词进行拼接,认为凡属于个人的信息就是个人信息。“隐私说”以是否属于个人隐私为标准,只将个人不愿意向社会公开的信息视为个人信息,含义范围更狭窄。“识别说”则以主体的识别入手,区分信息的归属,将可以对个人进行识别的信息视为个人信息。面对以上分歧,立法部门也未对其加以确定和明晰,这使个人信息的保护范围得不到确定,无法根据其特点对其展开专门保护。

第二,概念的术语表达问题。就互联网金融领域的消费者个人信息之术语表示,有两种可选模式:一是概念种属型表达模式,二是差异识别型表达模式。前者按主体的范围缩减而不断细化,下位概念和上位概念保持一致,从“公民个人信息”到“消费者个人信息”“金融消费者个人信息”“互联网金融消费者个人信息”;而后者的上下位概念之间的表述方法不必完全承接一致,从“公民个人信息”到“消费者个人信息”,再从“消费者个人金融信息”到“互联网金融消费者的个人金融信息”,中间有标识性概念——“金融”二字的插入,即金融领域的个人信息以“个人金融信息”来指称。审视现有的立法规范文本,有“个人信息”①的表述,也有“个人金融信息”②的表述,目前未达成一致,需要立法机关进行更清晰的界定。

第三,概念的权属定位问题。目前,我们的立法已经表态将个人信息作为一种法定权利进行保护,但其本身的权利性质却悬而未决。此前,我国的个人信息保护主要沿着隐私权保障的路向来进行,很多案件的判决中,法官都要适用《侵权责任法》中关于隐私权的规定,所以才有学者提出“隐私说”。③ 然而,以王利明为代表的诸多学者认为,隐私与个人信息之间,于权利性质、内容等方面存在显著区别,应在中国的民法典中将个人信息单独规定。2017 年 3 月《民法总则》正式颁布以后,个人信息脱离了隐私权的概念范围,标志着立法机关对“隐私说”的摒弃。但隐私权和个人信息权是否存在交叉重合,保护方式是否可以共同适用等问题尚待进一步释明。

---

① 如《民法总则》。

② 如《中国人民银行金融消费者权益保护实施办法》。

③ 如 2011 年冒某某诉中国电信集团黄页信息有限公司南通分公司等隐私权纠纷案、2014 年刘某某与 J 行嘉善支行关于信用信息查询的纠纷案。

（二）保护模式选择不当

互联网金融消费者的个人信息兼具人格属性与财产属性，大数据背景下，互联网金融创新不断，使以电子数据形式传送的个人信息之保护更具紧迫性与特殊性，但国内对个人信息保护的模式，为各领域所通用的具有普适功能之基本性保护，无法满足互联网金融业务中个人信息保护自身的特性，故对于互联网金融消费者的个人信息权的保护，应当建立针对性的特别保障机制。这里，我们指出，互联网金融消费者个人信息保障机制的构建，应当以明确立法上的核心概念与保护模式为前提条件，然而囿于立法上核心概念认知的滞后，目前对于立法保护模式的抉择亦未予以明晰，在一定程度上造成了金融法制改革步伐的延滞。

其一，必须审慎抉择互联网金融消费者个人信息保护基本立法模式。目前，我国对于个人信息的保护采取的是分别立法模式，该模式包括间接性保护与直接性保护。间接保护方式主要是将个人信息的保护置于某一关联权利下进行。如《民法总则》实施前个人信息的保护被归入人格权部分，其可间接适用《民法通则》的规定；同时，《侵权责任法》以明确隐私权的方式也为个人信息保护提供了交叉内容部分间接保护的路径。① 在直接保护方式中，如《商业银行法》《储蓄管理条例》《征信管理条例》《个人信用信息基础数据库管理暂行办法》《人民币银行结算账户管理办法》《证券登记结算管理办法》《信托公司管理办法》等，皆对个人信息的保护提供了一定的规范，但内容相对零散，且多数条文仅为宣示性规定，行文过于简略泛化，具体实践意义不强。总体而言，目前我国采取了不同业态领域分别立法的保护模式，存在适用冲突、监管真空、应急规制等诸多缺陷，②不利于互联网金融消费者个人信息之保护。故如何审慎抉择个人信息保护模式，是亟待解决的问题。

其二，必须合理调整互联网金融消费者个人信息保护本位观模式。一直以来，我国对个人信息的保护模式为：偏重侵权后的救济，即侧重事后救济，如《网络安全法》中对互联网个人信息的保护内容，对事前的预防仅为简单的原则性禁止事项，赋予权利人的是诸如“删除”或“更正”等属于被侵权后排除妨害的消极权能，侵权后进行惩处的相关条文相对罗列清晰，更易直观了解。综合而言，我国在个人信息保

---

① 需要正视的是：个人信息与个人隐私权利客体重合之部分可以由《侵权责任法》调整，然而超出个人隐私范畴的信息内容却无法得到保护。

② 如2011年香港八通公司出售客户信息事件成为舆论热点，中国人民银行随后颁布了《关于银行业金融机构做好个人金融信息保护工作的通知》等；2012年3月15日，中央电视台聚焦“诚信”的晚会曝光了工商银行、招商银行内部员工泄露出售客户信息的行为，就此中国人民银行再次发出了《关于金融机构进一步做好客户个人金融信息保护工作的通知》。

护上相对传统，采取的是禁止他人侵权并赋予权利人妨害排除的消极权能。反观国外金融消费者个人信息保护立法的发展，在法治的本位观念上，发生了义务本位模式向个人权利本位模式的变化，即确保消费者有对其个人信息进行自主支配的积极权能。该模式修正了偏重事后救济的权利保障思路，通过明确信息主体权利的方式促进直接保护，相较而言更符合我国本土法治发展之需，也更利于弱势消费者的权利保护。当然，事后及时有效的救济也是重要的，但在互联网金融领域，我们要更为注重事前充分的赋权，以实现消费者个人信息安全的保障。因此，在各具体样态的互联网金融模式中，金融消费者个人信息的保护命题，是两个维度的权利之实现，即不仅要确保消费者有排除他人非法收集、利用、泄露自己个人信息的消极权利，还应充分赋予互联网金融消费者自主性积极权利。由是观之，合理调整互联网金融消费者个人信息保护本位观，势在必行。

（三）保障义务规制缺损

当下，互联网金融消费者个人信息保护的法律法规内容存在缺陷，其中关于经营者保障义务的具体规制严重缺失，对此应当予以重视。因目前尚无覆盖互联网金融领域统驭个人信息保护的主题立法，故对经营者具体义务规定中出现的问题，下文不仅分别从金融立法与网络立法的维度进行探讨，同时针对与个人信息保护关联极为密切的征信立法也予以检视。

一是金融立法层面，经营者保障义务的具体规制有所突破，但针对互联网金融具体运作模式的个人信息立法工作成果极为有限。笔者分两个阶段予以评析：2015年以前的文本零散粗糙，2015年以后的内容则有实质性突破。第一阶段以银行业的规制为例，法律、行政法规、部门规章级别的内容过于陈旧而原则，①个别较详尽规定金融经营者信息保护义务的文本，其级别效力又过低，②同时还存在执行应急对策功能的相关规定，行文简单而零碎。③ 2015年7月中国人民银行等10部委《关于促进互联网金融健康发展的指导意见》出台，文件明确从业机构应妥善保管客户资料和

① 如自1993年3月起施行的《储蓄管理条例》最早确立金融机构办理业务时个人储户的信息保密原则，但未设置其他环节的信息保障义务；自1995年7月起施行的《商业银行法》仅在原则层面重申了办理个人储蓄存款业务时的信息保密义务；自2000年4月起施行的《个人存款账户实名制规定》再次反复强调个人存款账户的保密性；自2003年9月起施行的《人民币银行结算账户管理办法》亦只强调了账户信息保密角度的查询限制规则。

② 如自2011年5月起执行的中国人民银行《关于银行业金融机构做好个人金融信息保护工作的通知》，其仅为规范性文件。

③ 如2012年3月的中国人民银行《关于金融机构进一步做好客户个人金融信息保护工作的通知》，该通知临时回应2012年“3·15”央视晚会曝光商业银行员工出售客户个人金融信息事件。

交易信息，不得非法买卖、泄露客户个人信息，同时要求各部委分别负责对相关从业机构的网络与信息安全保障进行监管，并制定相关监管细则和技术安全标准。互联网金融的行业治理主题确立后，金融领域的立法指引也有突破，如2015年11月发布的《关于加强金融消费者权益保护工作的指导意见》表明应保障金融消费者信息安全权，2016年12月发布的《中国人民银行金融消费者权益保护实施办法》第三章专门规定个人金融信息的保护问题。但当前不容乐观的是，针对互联网支付、P2P、股权融资、消费金融等互联网金融具体模式的个人信息保护工作却严重滞后。

二是网络立法层面，经营者保障义务的规制不断改进完善，但缺乏细化规划，对于互联网金融领域的示范操作性不强。《互联网信息服务管理办法》（2000年）在营业准入门槛规定上极为简略地涉及信息安全问题；《电信和互联网用户个人信息保护规定》（2013年）公布收集、使用个人信息的原则，确立信息收集和使用规范，强调使用安全保障措施。前述立法不适用于从事资金融通、投资理财服务的互联网金融经营者，仅对运营信息中介服务的互联网金融经营者有一定约束意义。

网络立法对公民个人信息保障最大的亮点是2016年11月发布的《网络安全法》，该法确立了收集使用原则的法定性（合法、正当、必要）、收集使用规则的公开性、收集使用边界（目的、方式和范围）的明示性、征得被收集者同意的规范性。同时，该法确立了：网络运营者的信息安全保障制度（防止信息泄露、毁损、丢失）；安全事件的补救措施制度、用户告知及主管部门报告制度；个人信息主体的要求删除和更正制度；关键信息基础设施运营中个人信息、数据境内存储制度及境外提供的安全评估制度。在第四章"网络信息安全"中，该法还严厉禁止以下行为：越界收集（收集无关信息）行为；泄露、篡改、毁损行为；未经同意向他人提供信息行为；窃取或非法获取行为；非法出售或提供行为。就前述规定，《网络安全法》规定了相应的行政处罚条款。毋庸置疑，这是目前基于网络背景下对消费者个人信息保障最有力度的规范，但可操作性还有待提升，且该法还规制了其他主题内容，因此在个人信息保护上的规定全面性仍不足。

三是征信立法层面，立法文本陈旧，不足以适应互联网背景下的金融消费者个人信息安全保护。《个人信用信息基础数据库数据报送管理规程（暂行）》（2005年）、《个人信用信息基础数据库金融机构用户管理办法（暂行）》（2005年）、《个人信用信息基础数据库管理暂行办法》（2005年）、《个人信用信息基础数据库异议处理规程》（2005年）等规章制度中，关于个人信息的采集、查询、用途、保存、违规处罚等规定，一直没有进行最新的修订，无法满足目前互联网金融消费者个人信息保护之需。《征信业管理条例》(2013 年)对个人信用信息保护义务主体列出准则要求,所涉方向较多,该条例第五章的金融信用信息专题规定了基础数据库的建设、运行和维护,但遗憾的是,此条例未对接互联网金融领域进行专门规制。

三、互联网金融消费者资金安全权的保障问题

当前,互联网金融经营者的业务运作方式有两类,第一类是直接从事支付、借贷、理财等资金融通、划转、增值活动,第二类是作为中介平台为金融消费者与他人的金融活动提供信息交互、资信评估、业务撮合等服务。由于不同业务模式其运行特点有所差异,在保障互联网金融消费者资金安全权主题上,表现出的问题也有差别,因此本部分选取两类业务方式中突出的焦点问题予以研论。

(一)第三方存管制度构设不力

在互联网融资业中,P2P 借贷融资、非公开股权融资、股权众筹融资等核心模式皆要构建科学的第三方存管制度,以有效保护作为投资者的金融消费者的权益。2016 年 4 月证监会等 15 部委公布《股权众筹风险专项整治工作实施方案》,严格规范股权众筹融资活动,该方案提到“互联网金融从业机构应当严格落实客户资金第三方存管制度,对客户资金进行管理和监督,实现客户资金与自身资金分账管理,平台应严格落实客户资金第三方存管制度”,但具体建制内容语焉不详。2016 年 8 月银监会、工业和信息化部、公安部、国家互联网信息办公室联合制定公布的《网络借贷信息中介机构业务活动管理暂行办法》对 P2P 平台第三方存管相关部分也仅做了原则性规定,并未出台具体的实施细则,不利于保障金融消费者的资金安全。

《网络借贷信息中介机构业务活动管理暂行办法》提出由“符合条件的银行业金融机构”充当资金存管机构,但并未确定非银行第三方存管机构的角色定位,且在现实中,非银行第三方存管机构已经深入参与到 P2P 借贷行业(如现今发展势头强劲的“汇付天下”等),这些第三方存管机构是否会因《网络借贷信息中介机构业务活动管理暂行办法》而被迫退出?如果当下的市场条件致使多数非银行第三方存管机构无法及时退出,是否又会使其面临更大的法律风险?

从存管银行的角度观察,以个人和中小微企业客户为主要服务对象的互联网融资平台在实际中尚难以为商业银行所认可。商业银行作为资金存管机构,对互联网融资平台提出规范高标准、高要求,使大部分平台因无法满足条件而得不到存管服务;放眼长远,这种过于严苛的规制将局限互联网融资平台之成长。

目前,行业发展的实际情况显示,由于缺乏有力的规制,除商业银行之外承担互

联网融资平台资金第三方存管职能的机构，对金融消费者资金安全具有极弱的保障能力，究其原因，乃是多数该类机构仅扮演着“桥梁”通道的角色，并未在实质上将平台与投资者的资金予以分离。实践中，互联网融资平台出于价格费用和便捷性的考量，在选择存管模式时，大多青睐成本低廉的第三方支付代管资金模式。平台择取第三方支付平台作为资金的存管接口，削弱了相应的监管功效，直接导致互联网金融消费者面临更大的资金风险。但为争取作为投资者的金融消费者之信任，平台屡以虚假宣传等不正当手段进行误导，这是当下情势严峻的虚假存管现象。与此同时，还存在“托而不管”的问题，即出于对技术、诚信及风险控制等因素的考虑，第三方存管机构怠于实施对资金的有效监管，从而使互联网金融消费者暴露在资金损失的风险中。

作为互联网融资模式中的第三方存管机构，商业银行在信用管理及风险控制层面均有着比较优势，更易获取作为投资者的金融消费者的信赖，但囿于其自身结构和技术局限，也存在不少障碍性问题：一是存管业务独立性弱，商业银行作为理性经济人，天然需要考虑存管业务的自利性问题，如严格对互联网融资平台的资金监督能否施益于自身业绩；二是商业银行的管理规范严格，缺乏灵活度，如跨行资金清算设有时间限制且手续烦琐等；三是商业银行存管系统开发难度高、成本大，处于国家特殊管理下的商业银行自身缺乏互联网创新思维驱动，而互联网融资业资金存管系统是新兴领域，在现下缺少完备参考系统的情形下，由其独立主导开发系统的难度较大，极耗人力、物力、财力。这些“瓶颈”问题严重限制了商业银行从事第三方存管的积极性，并由此造成互联网金融消费者资金安全的保护工作乏力。

（二）投资人适当性管理不到位

在互联网金融活动链条中，自然人投资者作为互联网金融消费者时属于弱势群体，其在资产、信息、专业性及风险负担方面都处于劣势地位，因此有必要测评其进行金融消费的适当性并对其进行分级管理。由证监会制定并自 2017 年 7 月 1 日起正式施行的《证券期货投资者适当性管理办法》，不仅从横向上囊括了互联网非公开股权融资、股权众筹、互联网基金等证券类金融活动，还在纵深层面对维护作为投资者的金融消费者之资金安全产生重大意义。同样，投资者风险测评和管理也是互联网借贷类融资行业的管理重点，如《网络借贷信息中介机构业务活动管理暂行办法》第 26 条规定，风险评估是 P2P 网络借贷平台对作为出借人的金融消费者提供交易服务的法定前提环节，要求 P2P 网络借贷平台对出借人的年龄、财务状况、投资经验、风险偏好、风险承受能力等借贷风险因素进行尽职评估。这些文本规定表明，除对作为投资者的金融消费者实行其作为互联网金融平台用户必需的实名认证、手机认证程序之外，平台还需对其进行科学客观地评估和分级。从实践可知，众多互联网金融平台倾向于采取问卷调查、测试评估的方式展开评估工作，如将作为投资人的金融消费者划分为保守、稳健或激进的风险承受能力类别等，以便后续对应分级提供交易服务和进行管理。

但在作为信息中介的互联网融资模式中，笔者发现了一个严峻的问题：由于平台以撮合投资人与对方的交易的途径获取收入，为了长期保证运营绩效和盈利水平，平台更关注融资人一方的信用，但往往忽视投资人是否具备相应的风险承受能力，甚至无视投资人并不具备投资资格的事实。在追求资金充足的利益驱动下，平台评估的依据和效果将大打折扣。有些互联网金融平台甚至将风险评估测试作为可选项，归入金融知识科普栏目，任由投资人凭兴趣自主决定是否认知自己的投资偏好类型，这严重削弱了风险测评保障金融消费者资金安全功能的实效。

应对互联网金融平台设定风险评测和分级管理义务，一方面其应对作为投资人的金融消费者进行风险评估测试，另一方面其应依据评测结果对投资人进行分级管理。分级管理旨在规制投资人的投资风险，引导不同风险类型的金融消费者投资相应风险的金融产品。但目前相关文本的规定仍较为笼统，实务中各互联网金融平台开展分级管理的手段也较为简陋（如 P2P 平台主要采用限制出借数额和出借标的作为分级管理的手段），与此联结的资金安全保障措施单一；对此问题，法律保障机制必须予以正视和回应。

（三）信用评估体系设立不全面

相较于传统线下金融业务，互联网金融的真正优势在于通过互联网征信获取金融活动参与者的信用信息，并相对准确、快速地评估其信用层级，科学识别潜在的道德风险，以此提高融资和理财借贷服务的成功率和安全性，节约业务成本。但目前相关立法对建设互联网金融领域征信体系的重视程度不高，并未将建设征信体系与识别金融消费者资金风险关联起来，因此互联网金融难以发挥自身优势突破传统线下业务的窠臼。笔者的实证调研发现，当前大部分互联网金融平台选择自行开展贷款人信用的评估工作，小部分选择与第三方信用评价机构结合，或者要求资金需求者自行提供信用报告的模式。如积木盒子平台一方面要求借款人提供银行出具的个人信用报告，另一方面要求借款人提供自己的芝麻信用评分情况，这种采取两种评价方法并行的方式，可以在一定程度上降低借款的逾期率，对于保护金融消费者权益和平台自身利益均有毗益，但效果不够突出。从笔者观察互联网金融平台的整体情况来看，目前针对信用评估的征信机制存在诸多问题，对保障金融消费者资金安全极为不利，这些突出问题可以概括为以下几点。

第一，单个互联网金融平台存在的征信问题，如缺乏信用信息的动态监控、实时调整与综合型信用评级制度等。在现实运作中，互联网金融平台征信机制设计单一，征信偏重于融资前的调查，且调查收集的信息内容太过片面，考察融资人信用的标准不甚全面，一般仅包括融资者的真实身份、资产情况评估、还款或资金运作能力、融资用途。甚至某些平台并不专门进行贷前审查，而是仅依据融资者提供的信息来判断信用等级，因此其获得的征信信息在真实性和客观性上均无法得到保障。不仅如此，互联网金融平台还存在信用评级方式静态化的弊端，其未能在融资者获得融资后，及时跟进调查融资者的还款意愿、还款能力，未能客观、准确地反映融资者还款风险的信用变化情况。

第二，互联网金融平台行业内缺乏统一的征信机制和评价标准。目前，各平台的征信机制良莠不齐、各有利弊，功能存在明显差别，口径一致的行业内部科学标准尚未成形，由此导致平台之间的征信数据无法对接。在实证考察中笔者看到，某些互联网金融平台借鉴国外先进征信评价制度，如拍拍贷参照国外 P2P 行业的贷款信用评级符号，设置了 AAA、AA、A、B、C、D、E、F 共 8 个信用等级，但由于其无法借力于第三方征信公司，缺少行业内专业征信指导标准，且自身线上审核存在基础资料不充足与判定方法不科学等问题，导致该征信评价制度无法实际有效运作。

第三，互联网金融平台的征信机制运行封闭，缺乏与相关行业的信息交流。首先，互联网金融平台之间征信信息交流存在阻碍，信用信息无法互联共享，难以互相印证，容易造成并联性的信用风险。其次，互联网金融平台与中国人民银行缺乏信息交流，目前部分行业的互联网金融平台（如 P2P 行业的平台）无法直接接入央行的征信系统中，对融资者的信用审核比较困难，限制了对金融消费者权益的保护。最后，某些互联网金融平台缺乏与其他征信机构的良性互动，由此导致因自身征信机制不足而隐藏的信用风险不断酝酿发酵。

（四）风险准备金建制不科学

在互联网金融业中，建设风险准备金制度有一个难点问题亟须解决，即风险准备金的功能转型问题，这里以 P2P 模式为例予以分析说明。

P2P 运营的初期，个体网贷机构通常采用担保模式，有资料表明，“除了拍拍贷，几乎所有平台都给出借人提供了本金或本金和利息保证”。因此，风险准备金的用途往往与平台的债权担保功能紧密关联，即“建立行业风险准备金和违规保险，以应对 P2P 网贷平台运营过程中造成的损失,保障投资者的权益”。①

在 P2P 行业野蛮生长缺乏规制的阶段,风险准备金的制度设定类似于商业银行的存款准备金和公司的法定公积金,有助于提高 P2P 网贷平台的资本信用水平,吸引更多金融消费者开展平台投资。当借款人未能按期还款时,P2P 网贷平台便可在贷款人允许的条件下将风险准备金账户中的资金用于偿还该部分逾期贷款,并将该贷款的追偿权转移至 P2P 网贷平台。由此,P2P 网贷平台便可统一追缴债务人为同一人的多笔债务,在一定程度上发挥了节约贷款人单独实现债权的诉讼成本和相应的社会资源的作用。

从某种视角看,这种为贷款人提供担保的风险准备金制度,保障了金融消费者作为出借人的权益,但使 P2P 网贷平台肩负起保证人的责任,若借款人最终无法偿还贷款,平台需承担相当大的亏损。而众多 P2P 平台在利用担保承诺吸引金融消费者进入平台并出示其借款项后,能否真正严格执行风险准备金制度,以及如何避免自留资金导致的道德风险等后续问题难以解决。2014 年银监会提出 P2P 网贷平台四条红线及十点监管原则,行业监管部门明确定调了平台的中介性质和去担保化,实质上要求剥离风险准备金的偿付借款功能,整个 P2P 行业开始重新审视风险准备金制度的功能调整与机制完善问题,而此问题也成为将风险准备金作为担保债务工具的互联网金融中介平台都必须深思的主题。

与此同时,直接从事支付、借贷、理财等资金融通、划转、增值活动的互联网金融平台,需要深入探索如何科学构建风险准备金制度的问题。这些平台的经营活动必然面临各种风险,除技术风险外,最突出的风险即为资金的流动性风险。比如,随着互联网基金规模的快速扩大,加之该类产品所具有的“随时支付”特性,在网购促销日或法定节假日都会出现大规模的资金赎回需求,②头寸需求已远远超出机构的实际支付能力。在互联网基金类理财产品的发展历程中,就曾出现过赎回高峰期资金回款缓慢的情况,面临资金的流动性风险。为了解决诸如此类的资金风险,互联网金融平台亟须建立风险准备金制度。

---

① 如有观点指出,“P2P 网络借贷平台促成的借贷交易规模越大,借款人潜在的违约数额也越高,所面临的风险也越大,在执行专门用于防范潜在风险的风险准备金制度时,借款人的违约率一定要控制在一定的比例之内,而这个比例必须在风险准备金可偿还的范围之内”。参见叶湘榕:《P2P 借贷的模式风险与监管研究》,载《金融监管研究》2014 年第 3 期。

② 从实践来看,赎回互联网基金类理财产品份额所需要的资金,都是由相关机构垫付。

第三节　互联网金融消费者权益保障的对策

一、完善互联网金融消费者知情权的保障

(一)强化点击合同的特别说明义务

点击合同的应用场景较为多元,既包括金融消费者访问互联网金融平台网站注册、登录账号的环节,也涵盖金融消费者就缔结契约关系与互联网金融经营者签订具体项目协议的情形。点击合同存在一个重点难题,即如何实现针对点击合同中格式条款的特别说明义务。就此,国家曾尝试制定出台规范,约束金融新形态中的金融机构服务协议,例如,《非金融机构支付服务管理办法》第21条明确规定:“支付机构应当制定支付服务协议,明确其与客户的权利和义务、纠纷处理原则、违约责任等事项。支付机构应当公开披露支付服务协议的格式条款,并报所在地中国人民银行分支机构备案。”该办法严格规制格式条款的信息披露责任和条款备案义务,彰显出立法的创新和补足,但其明显缺少规制互联网金融业的价值。究其原因在于互联网金融中的消费者与经营者通过网络结成联动关系,互联网技术平台的支付服务协议文本以网页为基本载体,格式条款作为协议文本的组成部分具有天然的公开性。

就此问题,有学者将第三方支付作为范本模式提出规制对策建议:第三方支付机构应当在营业场所显著位置披露其支付服务协议的格式条款内容、支付业务的收费项目和收费标准。①我们须清醒地认识到此类建议的可行性问题:第三方支付以互联网为交易媒介,金融消费者完全不必要也不会实际到达相关企业的经营场所,因此,在营业场所列示披露格式条款等协议内容的做法必然收效甚微。要实现在信息披露和特别说明方面对具有弱质特性的金融消费者的倾斜性保护,应着重规制网络点击合同的格式设计和网页显示问题,即突出显示格式条款,严格要求经营者承担准确、及时和充分释义的义务。

按照《合同法》第39条的规定,采用格式条款订立合同的,提供格式条款的一方应采取合理的方式提请对方注意免除或者限制其责任的条款,按照对方的要求,对该条款予以说明。针对网络点击合同的特殊问题,应从两个方面破题:一方面,互联网金融经营者应以一般互联网金融消费者的注意水平为基准,将格式条款尤其是免

---

① 参见雷孙强:《第三方网上支付法律规制探析》,中央民族大学法学院2011年硕士学位论文,第38页。

除或者限制责任的条款置于网页中的显著位置,并以具有明显强调和突出作用的字体显示;另一方面,为了弥补网络点击合同存在的非现场性(无法现场出示并经由经营者当场提示)弊端,互联网金融经营者应设计阅读格式合同的互动程序,设定便于消费者输入要求经营者解释的程序命令,并以强行弹出对话框选项等技术手段,引起金融消费者的充分注意,以此督促互联网金融经营者尽到提请注意义务,保护金融消费者充分理性认识和要求说明的权利。

(二)突出金融业务的风险提示义务

金融诚信具有强烈的现实呼求,继续朝向改革意旨摸索完善风险提示机制乃其必然要求。就此,互联网金融经营者的网站页面设计应坚持几大原则:第一,风险提示坚持充分原则,提示内容不应局限于互联网金融业务的概括风险,还需详细标注风险的性质和范围程度,乃至解析避免风险的具体途径和措施;第二,风险提示坚持直接原则,不得将互联网金融业务的风险警示杂糅于说明之中,导致金融消费者因疏忽大意而未注意到提示内容;第三,风险提示坚持有效原则,风险预告的用语应符合普通消费者一般认知能力,便于理解,避免生僻专业的行文,若同时缺少详细的风险解析,应将该风险提示视为无效;第四,风险提示坚持突出原则,即风险提示的强度合理、位置适当,如在产品的网页宣传中使用醒目的彩色加粗字体更具效果,但在实践中,多数互联网金融平台并未在产品主页对风险给予强调式突出,而是隐藏在第二、三级网页,此种不合理安排亟须改正。需要强调的是,针对部分互联网金融经营者(如在线券商)为扩大业务规模,要求投资顾问以电话联络或上门等方式推介网络理财项目的情形,应要求人员在当面沟通中承担前述风险提示义务。

通常认定金融消费者接受风险提示信息的模式有两种,即推定式和选项式。前者是在网页上注明:“如果您申请或已申请使用网上交易系统,我们将认为您已经完全了解网上交易的风险,准备承受相关风险,并准备承担由此带来的损失”。后者则是设计“我已阅读网上交易系统风险提示书,了解网上交易的风险,能够承受相关风险并承担由此可能带来的损失”等说明,并要求金融消费者以点选的方式表明自己理解、认同风险提示,并承担相应的风险后果。然而实际上,在上述两种模式中,金融消费者没有获得专业认知帮助和特殊风险条款警示,皆无法证明风险提示被接受的真实性,因此发挥的作用甚微。缺乏接收具体项目风险提示信息,忽视观察和保障实质审慎的理解,放松业务准入管制,均构成对金融消费者资金权益的漠视。因此,笔者建议改造互联网金融业务的风险提示机制,为增强风险提示的有效性和约束力,应增置当面风险提示摄录程序,要求互联网金融经营者通过摄像头向金融消费者解释风险内容,并作为监督经营者履行信息义务的证明,规制互联网金融平台的自发性过度营销,限制金融消费者的非理性投资行为。

(三)明确交易履行的信息披露义务

为提高互联网金融经营者履约时披露业务信息的质量,需从两项披露要件完善规制文本。第一,披露的时间应及时、连续。一方面,应严格在约定时间主动披露,如按月发送短信通知或在网络账户内显示;另一方面,一旦发生资金异常情形应迅速通知,便于金融消费者及时作出交易决策,鉴于理财投资等产品的资金变动性和运作连续性强,该信息义务应当具有连续性。第二,披露的内容应完整、真实、准确,在产品存续期内要精确、充分地说明资金运用和收益情况,在业务运作终止后,应给予详细的项目投资和收益报告。

当然,不同交易阶段信息披露的保障机制亦不得偏废,一方面适度偏重于保障互联网金融消费者知情权,另一方面要促进互联网金融市场的创新动力。以互联网金融经营者侵犯金融消费者知情权的案件为例,司法处理宣传失当、承诺违规、高压销售、挤油交易、恶意欺诈等非法行为时,既要秉持比例原则和利益均衡原则,对互联网金融消费者应从宽要求诉讼时效、倒置配设举证责任、倾斜公益诉讼能力、限制对方解除权,也要站在鼓励网络金融创新的立场,客观分析投资心理、合理分配义务、尊重商业交易惯例、谨慎否定合同效力。

比如,互联网金融消费者在知情权侵权案件中作为原告,其诉讼请求较为集中:第一,因重大误解、显失公平、欺诈等原因,要求撤销交易合同;第二,主张提供格式条款的经营者免除责任、加重消费者责任、排除消费者主要权利的条款无效;第三,实现法定或约定解除条件时,要求解除交易合同;第四,经营者提供的互联网金融产品盈亏信息虚假,不及时披露信息,要求承担违约责任。鉴于互联网金融消费者的资金已实际进入运行活动,若经营者违反信息披露义务但并未阻碍合同履行的,可考虑不作解除或无效处理,并通过行使司法释明权,引导互联网金融消费者主张经营者承担相应的违约责任即可。

(四)增设金融监管者信息帮助职责

通过考察发达国家的金融监管可知,英国、美国、法国、韩国等国家均对金融监管者增加了信息帮助职责。《英国金融服务与市场法》将金融服务管理局(FSA)设定为统一金融监管者的角色定位,FSA 的信息帮助监管职责包括:特别提示各种投资风险,帮助公众识别金融信息。美国依据《多德—弗兰克法》构建金融监管组织——消费者金融保护署(CFPB),CFPB 为金融消费者提供了十分全面的信息帮助。法国议会遵照《欧盟投资服务指引》通过《法国市场安全与信息披露法案(修正案)》,建立金融市场委员会(CMF),将维护消费者的知情权作为该机构的核心工作。韩国则组成金融监督院(FSS),下设消费者服务部门向金融消费者提供金融情报、从事金融信息教育。同时,紧随互联网金融的更新步伐,上述国家也随之完善了金融监管机构援助消费者知情权的职能。

镜鉴前例,我国应构建独立、专门的金融监管者信息帮助机关,并完善相关职能:第一,开展市场调查,定期向消费者反馈互联网金融业务创新的现状及前景;第二,设置公开网页,公示互联网金融经营者的经营现况、金融业务的比较特点等信息;[①]第三,开通救济渠道,通过投诉电话收集有关知情权的意见,跟踪处理相关问题纠纷;第四,提供社区服务,深入基层引导消费者理性交易;第五,实施机构合作,教育消费者认知互联网金融业务及风险。此外,还需明确承担信息帮助职责的互联网金融监管机关,由谁来制裁及如何制裁未尽职责的监管机构,如何严格义务约束和责任落实,我国立法均需予以正视和回应。

在这里,我们强调,面对依托网络平台的庞大混业大资管市场,我国目前实行的“分业经营、分业监管”体制需要在监管协调与合作层面深化改革,规制“监管套利”,应依据金融创新形式与技术革新,适时改革互联网监管政策和监管协调模式,整体完善以互联网金融消费者信息帮助机制为核心的保护体系。

二、完善互联网金融消费者个人信息权的保障

(一)明晰基础概念的表达与内涵

个人信息的概念在我国《民法总则》中缺少法律界定。在2016年10月以前阶段学界热议的民法典之民法总则版本中,如全国人大法工委民法室室内稿、全国人大法工委征求意见稿、专家建议稿,均未确立个人信息的概念和内涵。甚至在学者公布的《个人信息保护法(建议稿)》中,也未考虑到“个人信息”这一专门术语的界定及其在《民法通则》中的表达。在大数据时代,这无疑削弱了个人信息保护的关键价值,也掣肘于互联网金融行业中对消费者个人信息的立法保护。

2016年10月31日,第十二届全国人大常委会第二十四次会议二次审议《民法

---

① 借鉴韩国金融监督院通过对外公开网页向金融消费者提供金融公司财务状况、所售产品等各种金融资讯的做法。

总则(草案)》,增设保护自然人个人信息的条款。① 法律委员会认为,在现代信息社会中,个人信息权是公民的基本权利,保护个人信息有助于公民免受非法侵扰,对于保护公民的人格尊严、维持社会秩序意义重大。然观之当下时期,社会上泛滥发生非法获取、出售或者向他人提供公民个人信息的行为,其所产生的危害性十分严重。因此,二审稿增设个人信息权并将其作为基本民事权利加以保护。②

在2016年12月19日召开的第十二届全国人大常委会第二十五次会议上,《民法总则(草案)》第三次提交审议,该审议稿对个人信息保护条款作了文本上的微调,即在第110条规定:"自然人的个人信息受法律保护。任何组织和个人不得非法收集、使用、加工、传输个人信息,不得非法买卖、提供或者公开个人信息。"后该审议稿在中国人大网公布征求公众意见,③并最终提交2017年召开的第十二届全国人大第五次会议审议。最终,2017年3月颁布的《民法总则》在民事权利章中正式单独对自然人的个人信息予以条文表达。由此,互联网金融消费者的个人信息保护在确认公民权利的上位法律概念层面得以确认,符合学界的立法预期。

回视历史,在相当长的阶段,互联网金融消费者个人信息保护存在理念缺位、对接制度空白之缺弊。究其原因在于:一方面,立法滞后确认"金融消费者"这一组合式概念;另一方面,就网络个人信息侵权的救济路径,尽管有少数单行部门规定关注网络个人信息保护,④但法律规定尚未成形。因此,在确权和权利救济层面,互联网金融消费者个人信息权的保护均面临无法可依的局面。随着原银监会、原保监会在多部规范性文件中沿用金融消费者的概念,"消法"于2013年10月修订,将以证券、保险、银行为典型的金融服务经营者列入规制范围。⑤ 目前,除了证券行业立法,金融消费者的概念得到广泛认可,如2015年7月中国人民银行等10部委制定的《关于促进互联网金融健康发展的指导意见》明确了互联网金融消费者的概念表达,并

---

① 《民法总则(草案)二审稿》规定:自然人的个人信息受法律保护,任何组织和个人不得非法收集、利用、加工、传输个人信息,不得非法提供、公开或出售个人信息。

② 参见《个人信息怎么保护? 全国人大要放大招》,载搜狐网:http://news. sohu. com/20161031/n471874829. shtml,最后访问日期:2018年6月18日。

③ 中国人大:《三审稿:〈中华人民共和国民法总则〉(草案)》(上),载中国民商法律网:http://mp. weixin. qq. com/s/Aoe8V-gMFGiyMcFRRUH1mA,最后访问日期:2018年12月5日。

④ 如原信息产业部2000年10月8日通过的《互联网电子公告服务管理规定》。

⑤ 2013年10月修正后的"消法"第18条第2款规定:"宾馆、商场、餐馆、银行、机场、车站、港口、影剧院等经营场所的经营者,应当对消费者尽到安全保障义务。"第28条规定:"采用网络、电视、电话、邮购等方式提供商品或者服务的经营者,以及提供证券、保险、银行等金融服务的经营者,应当向消费者提供经营地址、联系方式、商品或者服务的数量和质量、价款或者费用、履行期限和方式、安全注意事项和风险警示、售后服务、民事责任等信息。"

要求逐步构建个人信息保护的基本原则、具体标准和实施程序。2016 年 11 月 7 日,《网络安全法》经审议通过,在法律高位层级明确了个人信息的概念和内涵,并规定了个人信息在网络建设、运营、维护和使用阶段的基本保护规则。《网络安全法》的意义在于,基于法律对个人信息概念的界定,其他互联网金融立法即可承接构建互联网金融消费者的个人信息权,并具体释义个人信息在本行业的内涵。

当前阶段,重点工作是如何明晰、细化个人信息在互联网金融行业中的概念表达和内涵界定。2011 年 1 月中国人民银行发布的《关于银行业金融机构做好个人金融信息保护工作的通知》曾使用"个人金融信息"的概念,即银行业金融机构以开展业务或接入中国人民银行征信系统、支付系统及其他系统的方式,获取、加工和保存的个人信息。中国人民银行于 2016 年 12 月印发《中国人民银行金融消费者权益保护实施办法》,单章规定金融消费者的个人金融信息保护问题,并将个人金融信息的概念界定为:金融机构通过开展业务或者其他渠道获取、加工和保存的个人信息,包括个人身份信息、财产信息、账户信息、信用信息、金融交易信息及其他反映特定个人某些情况的信息。上述有关金融消费者个人信息的概念界定和内涵解析具有深刻价值,但仍存在些许疑问需要明确,如从自然人的个人信息到个人金融信息,互联网金融消费者个人信息的具体概念是否对其进行沿用延伸?以网络金融交易信息和信用信息为核心,具有财产利益的信息内容如何在概念内涵中体现?这些问题还需在初步界定概念后继续探索。

(二)选择立法模式并转变保护本位观

第一,就立法的模式选择问题,笔者观察后发现,大数据时代的个人信息权保护在内容上的延展十分宽广,涉及诸多技术规定,且个人信息侵权行为的责任形式多样,单一的人格权法体系框架难以如数囊括。因此,采取在人格权法外制定专门的个人信息保护特别法,并以特别法为契领,在各互联网金融模式中细化金融消费者个人信息保护立法的模式,相较于分别立法模式更具合理性。但需要说明的是,此乃极为繁复的立法工作,鉴于我国尚处于个人信息保护的初级阶段,适宜将该模式作为具有前瞻性的终极立法目标。

因此,可坚持阶段性立法的理念,在研究和推进个人信息权单独立法时,逐步构建完善的金融消费者个人信息保护法律体系,最终统摄整个互联网金融行业。在当前大数据广泛应用的背景下,侵害互联网金融消费者个人信息的行为十分猖獗,因此首要的任务是结合各互联网金融模式存在的具体问题,制定基础性规范文本,将已出台的相关规范性文件、行业规定纳入法律架构,构成互联网金融消费者个人信息权法律保障的法律体系,明确个人数据信息保护规则,并将其作为监管执法的法律依据。实际上,2016 年 12 月颁布的《中国人民银行金融消费者权益保护实施办法》为探索该立法模式提供了借鉴,该办法作为部门规章,专章明确个人金融信息在收集、存储、使用、保管、救济环节的核心规则,适用范围包括所有"在中华人民共和国境内依法设立的为金融消费者提供金融产品和服务的银行业金融机构,提供跨市场、跨行业交叉性金融产品和服务的其他金融机构以及非银行支付机构",能够统驭保护互联网金融消费者。从原则性的规范文件到细节化的规范文本,中国在金融消费者权益保障领域的立法健全进程,启发我们勾勒未来互联网金融消费者个人信息保护的长足发展脉络。

第二,立法规制大数据时代下的互联网金融业,需树立保护权利的本位观。在大数据背景下,个人信息分析的核心点依赖于相关关系而非因果关系,互联网金融经营者获取消费者信息的手段较为灵活多样,已经由定向精准收集转向聚集海量大数据样本:消费者的所有网络痕迹,包括浏览金融网站的定位、网络在线咨询、互联网金融交易,均被作为数据记录进行存档。互联网金融经营者推行的"一站式"金融服务,更是极大地扩张了数据库信息的基数。企业通过信息记录挖掘消费者的产品偏好和个人关联性动向的行为利弊兼存,利在于革新金融服务质量,弊则在于滥用信息的风险大增。在此情势下,基于金融消费者作为数据利益主体的角色定位,立法应确认互联网金融消费者享有信息数据的使用知情权、修改存取权、隐密保护权、处理拒绝权等积极权利,有权自主决定个人信息被使用的范围、方式和期限,有权知悉个人信息的收集渠道、使用去向和保密程度,且有权决定是否允许第三方使用。

在第三方使用(共享使用)信息的授权许可规范方面存在两种模式:欧盟的"选入模式"和美国的"选出模式"。"选入模式"是指经消费者事前明示同意后,金融机构方可向关联方或非关联方披露所掌握的信息。"选出模式"则是指将消费者明确表示拒绝作为金融机构向非关联第三方信息披露的禁止条件。两种模式对第三方使用个人信息要求的严格程度差异源于各自对信息流通价值的认知不同,但两者均以金融消费者的权利保护为价值取向。就此给予我们两点启示:一是要求提供互联网金融服务的互联网金融经营者,须就个人信息的二次使用、共享问题征询金融消费者的意愿;二是我国互联网金融服务尚处于初始期,个人信息的二次使用、共享使用仅在消费者明确授权同意方为可行。

(三)塑造权利主导的义务对位机制

我们须避免在本位观理解上的歧义,立法规制模式由义务本位转向个人权利本位，并减轻保护主体的义务，而是构建以权利为主导、义务跟进的互补机制。为切实保护互联网金融消费者的个人信息，既要为互联网金融经营者植入正当使用消费者个人信息的义务基因，还应考量以下三项义务。

第一，合理采集义务。互联网金融经营者获取金融消费者个人信息的渠道多样，其中存在的两个突出问题分别是点击合同的强制采集和业务活动中的隐蔽采集。对于前者，我们认识到：若互联网金融经营者逐一与金融消费者进行协商和签订合同，则存在低速效和高耗费的成本浪费问题，但以电子点击合同形式获取个人信息则构成强制采集，就此，建议完善法律规制，规定经营者必须在金融消费者输入信息处注明信息用途，并赋予消费者质疑经营者提取和使用信息的权利（可通过网页对话平台实现）。对于后者，应要求互联网金融经营者设立计算机程序，自动存储有关消费者数据信息的任何活动，定期向监管者报告，并适时对金融消费者解释说明。

第二，适度披露义务。互联网金融业务活动可借助任何链接互联网的终端实现，比如，第三方支付能够借助台式电脑、平板电脑、手机等设备完成，发出、传送、接受、完成、反馈支付指令的环节和程序，皆是提供第三方支付机构与其他网络业务合作主体实现电子数据信息应用的途径。然而，金融消费者缺乏对互联网后台传输、利用、保存数据等程序问题与操作模式的合理认知，更无法获取特定技术平台的信息后台流程印记，一旦发生纠纷，若适用“谁主张，谁举证”举证规则，金融消费者显然处于劣势，更为遗憾的是，尚未有法律合理调整该领域的举证规范。为破解该难题，保护金融消费者的知情权，应严格规范互联网金融经营者收集、存储和利用数据信息的活动，并适当（与保护商业秘密权衡平）向金融消费者披露。

第三，技术防护义务。需强化互联网金融行业义务主体的技术防护义务，此处的义务主体既包括与金融消费者缔结业务关系的经营者，也包含被授权合法使用信息的第三方主体。技术防护义务是指与义务主体须围绕收集、存储、使用用户信息的每一个环节，构建包括用户名与密码校验、数据加密、用户存取权限控制、数据存取权限与方式控制、安全审计、安全问题跟踪和电脑病毒防治等在内的防护体系。此外，义务主体还应强化收集、储存、加密、查询、利用、备份、删除互联网金融消费者数据信息的安全保障，重点防范黑客利用安全漏洞进行冒充、诈骗、窃用等违法活动。

三、完善互联网金融消费者资金安全权的保障

（一）科学构建第三方存管机制

实证研究表明：第三方机构存管模式被互联网金融业的大部分平台采用，客观

上起到了便于平台划拨资金和获得金融消费者信赖的作用,但实践中多数存管机构仅扮演"桥梁"通道的角色,未实现资金隔离,甚至被披上欺诈"外衣",与规范的第三方存管尚有差距。随着监管规范的逐步完善,原则性限定将商业银行作为互联网金融模式(如P2P网贷)的单一第三方存管机构,使得许多商业银行(如民生银行、招商银行等)的第三方存管机构角色获得金融消费者的认可,信赖度高于其他第三方存管机构。但商业银行对存管对象有较高要求,如P2P平台方的注册资金须达5000万元以上等,超出当前的市场需求,导致商业银行存管制度难以实际实行。此外,互联网金融行业存在以垫付资金、信用保证替代第三方存管机构的现象。就如何科学构建第三方存管机制,促推保障金融消费者资金,笔者提出以下设想。

第一,从立法文本层面予以完善。应制定效力层级较高且可施行的法律,并作出针对性的规范要求。具言之:首先,结合市场现状,界定第三方存管机构的主体资格,考量非银行类第三方存管机构的实践价值和法律地位;其次,明确第三方存管机构审核互联网金融平台的资质条件,实行实质性审查,从存管机构入手保护互联网金融消费者;最后,构建监督机制,确立第三方存管机构的权利和义务,注重对日常资金流动的风险控制。

第二,从行业监管层面予以规范。以互联网金融行业监督管理为视角,一方面,要求行业法定监管机关和行业自律组织依法履行监督职责,及时发现、纠正、惩处违规操作;另一方面,第三方监管机构应负有监督资金的责任,严格落实"存放"和"管理"监管要求,切实维护互联网金融消费者的信赖与利益。

第三,从存管系统层面予以统一。结合当前我国互联网金融行业发展状况,可以采用"商业银行为主,其他第三方存管机构为辅"的第三方资金存管模式。同时,要规制技术层次不一,适用系统、规则、流程杂乱等现象。根据目前各第三方存管平台的可利用资源,为优化市场监管和规范,应由行业监管部门促成联合多家商业银行共摊费用,开发通用的第三方资金存管系统。当然,实际开发中会涉及其他第三方存管机构,但其自身法律地位尚待明确,亦应考量其共用存管系统的问题。

第四,从机构业务层面予以改善。一是引入互联网思维,分析互联网金融消费者需求和海量数据,提高存管服务的便捷性、快速性、移动性;二是制定严格的日常业务流程标准,建立规范的专项互联网金融资金存管业务流程,根据维系金融消费者资金安全的实际情况,在风控、技术层面及时更新跟进,科学合理地保护金融消费者的资金安全。

(二)细化投资人适当性管理制度

《关于加强金融消费者权益保护工作的指导意见》提出,"建立金融消费者适当性制度"应贯穿互联网金融平台提供服务的每一个环节,督促互联网金融平台秉持适当性原则,构建金融消费者投资风险测评制度和分级管理机制,推荐和提供对应风险程度的投资产品。

在互联网金融业中,为落实互联网金融领域投资人保护机制,可运用行为经济学原理设计轻推措施。细化论之,为有效保护作为投资人的金融消费者之资金安全,应由监管部门科学制定和实施投资者风险测评制度,发布示范评估问卷样本。设计合格评估问卷时要将投资者的风险承受能力及其对互联网应用的熟悉程度作为标准。"基于金融消费者行为偏好具有不确定性的考虑,为促进评估的合理、实际进行,减少因盲目自信导致评估失准,政府监管部门应合格设计选择默认选项。"①

此外,应由监管部门确定投资者进入互联网金融平台的基本条件,督促平台履行合理评估义务。平台则可以结合自身发展战略设定不低于法定资格的适格条件。同时,为了解投资者的真实资产状况,互联网金融平台还应要求投资者提交房贷、车贷等相关证明,确保投资者使用的资金属于闲余投资资金。

就投资者分级管理问题:首先,应将投资者的风险承受能力和个人偏好作为分级管理的基本依据,划定互联网金融消费者的类型(如保守型—稳健型—积极型),以此为准提供相应等级的金融服务,如"投哪网"平台要求投资人的风险评测级别须为"保守"及以上。其次,根据等级界定投资周期,防止资金锁定期过长,使风险承受能力较差的金融消费者能及时收回资金。再次,根据等级限定投资数额,既便利作为投资者的金融消费者合理配置资产,也有助于互联网金融平台分散资金来源风险。最后,动态调整分级管理,具体可采取积分考察制,根据投资者在平台的评测成绩、投资经验、资产配置组合等因素,细化投资者积分项目,由此升降投资者等级。通常地,作为投资者的互联网金融消费者投资能力越高,相应的投资限额则越高,可供选择的投资项目就越多(甚至可以接触高风险投资产品),可投放的流动资金的多少与可获得收益成正比。因此,对于具有高风险承受能力的互联网金融消费者,应允许平台依据真实有效的资产证明文件动态调整投资限额。

此外,还应构建金融常识普及培训制度,普及培训的主体和受体分别为互联网

① 王腊梅:《论我国P2P网络借贷投资人保护的实现机制——基于行为经济学视角的制度设计》,载《湖湘论坛》2017年第1期。

金融平台和作为投资者的金融消费者。例如,为引导金融消费者理性投资和分散投资,可将学习相应的金融课程作为投资者获得投资资格的条件。监管部门应切实履行监管职责,避免尽职评估和分级管理形式化,从而综合保护作为投资者的互联网金融消费者的权益。

(三)全方位建设金融征信体系

为强化对互联网金融消费者资金安全的保护强度,全面建设征信体系势在必行,具体建议方案如下。

第一,建立多维互联网金融征信体系模式。目前,与央行建立的征信系统相比,部分互联网金融模式(如P2P)在征信信息库、征信对象等方面存在不同,两者难以直接实现征信互用。为解决此困境,需做好以下几方面:一是重视互联网金融征信数据,鼓励相关主体搭建金融网络征信系统,独立采集和存储征信信息;二是统一网络征信数据提供者的技术标准和程序规范,择机联通互联网金融信贷数据和央行征信系统,形成全面的金融信用信息基础数据库;三是应建立以央行征信中心为主体、融合互联网新型信息载体优势的金融征信数据网络系统,由央行征信中心实时接收、上传、筛选、储存不同平台积累的金融征信数据;四是征信数据网络系统应实时接收征信反馈数据,并向互联网金融网贷平台等主体提供征信查询服务。

第二,建立金融征信数据信息共享机制。目前,不同部门、行业及地区间的金融信用系统并不统一,存在相互对立、屏蔽、封闭或垄断等问题,亟须央行构建金融征信共享机制。对此,具体做法包括:一是地方政府应遵循《政府信息公开条例》,明确公开信用数据信息的内容、范围、格式等;二是扩大金融征信网络,补充金融征信数据,融入小贷公司、融资性担保公司等民间借贷机构,促进民间金融征信,防范信用漏洞和信用风险;三是行业自律组织应协调互联网金融平台间实现征信数据的共享,将金融信用风险化解在征信环节;四是进一步拓展网络金融征信系统(NFCS)的功能,建立统一的互联网金融业数据库,深度融合传统征信模式与互联网金融信用信息。

第三,完善金融征信信息的产业化和应用模式。美国具有发达的市场机制和法律制度,这为其形成私营征信产业提供了坚实基础,也为我国实现优化金融征信业发展路径、保护互联网金融消费者提供了借鉴。具体的借鉴内容为:一是形成个人金融信用信息产业链,准确筛选和匹配信用数据库,综合获得金融信用评分和信用报告,增强信用信息的实际价值;二是发挥互联网金融行业协会的作用,制定金融行业自律准则,推动建立行业征信体系,均摊公共征信成本,细化与监管部门的权责分界。

这里需要进一步强调的是,应从三个方面丰富金融征信信息的应用模式,切实保护互联网金融消费者的权益:一是为互联网金融平台设定利用网络技术优势评估金融活动参与者的信用,防止虚假融资、恶意拖欠等侵害金融消费者权益的道德风险事件;二是行业协会应以信息的标准化利用为准则,统一互联网金融业信用数据及报告的格式标准和使用流程;三是互联网金融监管部门要实施监督平台的交易和信用状况,规范大数据公司收集、整理、统计、利用金融消费者信用数据的行为。

第四,构建互联网金融征信风险评价和动态监控机制。可参考 FICO 信用评级系统,运用大数据等技术手段,综合用户在互联网金融平台的借贷数额、还款记录、涉公涉诉行为、违约情况等经济活动信息,完善互联网金融信用评级机制,形成整体化的金融信用考量指标和评级机制。同时,还应设立专门的监控机构,动态管理金融征信对象的经济活动数据,分析、判断或预测信用变化和资产转移等,及时综合判定和处理转移财产、预期难以还款等情形,并向作为投资人的互联网金融消费者披露,从而降低信用风险。

(四)合理转型风险准备金功能

互联网融资行业"去担保化"的规定促使互联网金融平台必须剥离风险准备金原有的担保功能。因此,互联网金融监管要回应现实,改革风险准备金的价值与使用制度。对此,笔者的完善建言如下。

第一,从来源层面看,在"去担保化"的形势下,互联网金融业风险准备金的功能主要是在财务上保证互联网金融平台正常运营,提高运营的连续性和稳定性。该功能亦能够裨益于互联网金融消费者。平台自身和用户均为互联网金融平台稳定运营的获益人,故风险准备金的缴纳也由互联网金融平台和服务对象共同承担,以此防范互联网金融平台的潜在运行风险。

第二,从数额标准和提取程序来看,互联网金融平台的"去担保化"导致了风险准备金无法继续作为融资者违约时的保证,金融活动参与者从风险准备金中得到的收益降低,故也应当相应减少其缴纳比例,使互联网金融平台成为风险准备金的主要缴纳对象。

关于计提的具体数额和程序,可以参照 2018 年 3 月中国人民银行等多部门发布的《关于规范金融机构资产管理业务的指导意见》(银发〔2018〕106 号)之规定,互联网金融平台将促成投资者和融资者交易后收取的管理费中的 10% 计提作为风险准备金;风险准备金余额达到平台待还款金额的 1% 以上时可不再计提。此外,总结过去互联网金融平台的实践经验,风险准备金应分为初始准备金和计提准备金,初始准备金由平台在设立风险准备金制度时出资,而计提准备金则按照前述规则计提。

第三,从用途来看,在“信息中介”模式中,鉴于互联网金融平台的性质和定位,风险准备金的功能在于保障平台的正常运营,不能继续作为融资者违约时的保证金。但同时,风险准备金并非互联网金融平台的日常运营资金,而属于突发情形下的补救选择和保障措施,特定情况方可使用。因此,风险准备金的用途是对平台因违反法律规定和约定、出现技术故障和操作不当等自身原因而使投资者、融资者或第三方遭受损失的补救。

第四,从使用条件来看,满足风险准备金补偿他人损失的用途是风险准备金使用的必要条件,而非充分条件。由于风险准备金实行银行存管,使用的难度和成本均较高,且其承担着平台无法正常运营时的终极保障功能,因此,尽管互联网金融平台因自身原因而损害了他人权益,但平台只有尝试其他途径仍无法解决时,才可使用风险准备金,并且还要向存管机构证明对客户或第三方造成损害。

第五,从监督机制来看,存管机构要为风险准备金独立设立账户,从而实现资金的独立。同时,存管机构要与互联网金融平台签订存管协议,严格规范风险准备金的使用条件,放松查询,规制挪用,定期向投资者、融资者和公众公布风险准备金的使用情况和余额。互联网金融监管机构和行业协会应定期核查风险准备金账户,保证该项资金不被挪用。

于此,需要再次申明,在完善互联网金融消费者知情权、个人信息权、资金安全权时,要注意各项权利间的交叉与相互促进作用。例如,资金安全的保护可以通过信息披露来进行,使互联网金融消费者及时知悉可能遭遇的资金安全风险,也起到保护消费者知情权的作用。同时,也需要注意,互联网金融消费者的保护应及时回应现实状况,如“去担保化”使互联网金融平台不能提供担保,因此“风险准备金”机制也应作相应改变。这里,我们仅就互联网金融消费者的核心权利保障提出完善建议,还有许多其他未深入涉及的问题,建设互联网金融消费者权益保护的法律机制,尚有相当长一段路需要我们砥砺前行。

第六章 金融消费者权益保护法制的优化

第一节 金融消费者综合保护治理机制的确立

基于金融消费者的有限理性、天然弱势及其与金融体系性风险的关系，在其保护过程中形成了政府监管、金融机构自律监管与金融消费者组织自力保护“三足鼎立”的综合保护治理机制。该机制运行原理表现为三个方面：政府监管的谦抑及与金融机构自律监管的互动；金融消费者自力保护对政府监管的补足与纠偏；金融消费者自力保护对金融机构自律监管的倒逼。我国金融消费者综合保护治理机制还处于不成熟阶段，整体上是“强干预而弱自律，强他力而弱自力”的不合理的结构，而且在此结构中政府监管“失度”，自律监管“弱化”，自力保护受限。因此，应树立金融消费者综合保护治理的理念，并基于此理念完善政府“适度”金融监管制度，加强金融机构自律监管与金融消费者自力保护，优化政府监管与自律监管的互动机制，进而形成“政府监管与自律监管互动，他力救济与自力救济并重”的平衡结构，从整体上推动金融消费者综合保护治理机制发展。

一、为什么是综合保护治理机制

（一）金融消费者的有限理性、天然弱势与金融体系性风险

1. 金融消费者的有限理性

金融消费者具有有限理性与有限意志，其决策可能与自身利益不符，与传统理性人的预测不符，具体表现为乐观偏差、框定选择、[1]维持现状偏差、具象性偏差及证实性偏差等。[2] 这意味着金融消费者倾向于相信金融机构对金融产品美好前景的描述而忽略对最糟情形的考虑。此外，由于自控缺陷，金融消费者高估自身抵制"想买但不应买"的金融产品的意志力，因而通常会采取与自身长期利益不符的行为。[3] 与此同时，金融消费者保护视角正在经历从"传统个体主义"向"社会学视角"的转变。从传统个体主义的视角看，金融消费者是理性的算计者，拥有信息、经验和思想意识，有能力进行自力保护。从社会学的视角看，绝大多数金融消费者均具有易受伤害性，这是与其他主体互动过程中信息、经济、知识、心理等方面能力不足的结果，也源自个体在社会中欠缺较高的地位、资源及声音被听到的能力。因此，金融消费者成为"强者"伤害的目标是社会结构的必然结果。美国金融危机的历史也证明，传统个体主义理念在金融消费者保护中宣告失败。[4] 从社会学视角对弱势群体进行干预与保护就成为必然选择，而承担此职责的主要主体之一就是政府。

---

① See Cass R. Sunstein, "Behavioral Analysis of Law", *The University of Chicago Law Review*, 1997, (64): 1175 - 1182.

② 乐观偏好(optimism bias)是指金融消费者倾向于乐观地认为金融产品的一般风险不会发生在自己身上。这种倾向造成的后果就是，当金融机构隐藏风险信息时，金融消费者更会低估该风险。在这种情况下，法律应加重金融机构对其金融产品与服务所应承担的责任。框定选择(framing options)是指金融消费者倾向于选择给定范围内的折中方案而非极端方案。面对这种情形，政府应对金融机构提供的产品方案进行干预。维持现状偏差(status quo bias)是指金融消费者在决策时倾向于不作为、维持当前或者以前的决策。具象性偏差(vividness bias)是指金融消费者重视具体的、容易引起其兴趣的信息，而忽略那些有助的但抽象的信息。因此，金融机构提供给消费者的风险信息应尽可能简单、易懂，否则很容易被消费者忽略，从而置消费者于不利地位。证实性偏差(confirmation bias)是指金融消费者倾向于忽略那些"质疑既存命题"的信息，而寻找"支持该命题"的信息。

③ 近年来问题层出不穷的校园贷及专门针对老年人金融消费产品，即是明显例证。以校园贷为例，2003 年银行给大学生办理信用卡，但坏账太多，遂要求其提供第二还款方，贷款人数显著减少以至于最后大学生校园贷逐渐"死亡"。这为网贷平台乘虚而入开展校园贷创造了一个空白市场。校园贷中大学生作为金融消费者的有限理性表现为让人咂舌的程度。

④ 参见王波、刘水林：《金融监管的"一机两翼"论——一个整体主义视角》，载王卫国主编：《金融法学家》(第 2 辑)，中国政法大学出版社 2011 年版，第 75 页。

2. 金融消费者的天然弱势地位

金融消费者天然的弱势性决定着在金融消费者与金融机构的金融服务法律关系中,应通过各种规制措施对金融消费者权益进行保护。① 综观我国实践,金融消费者保护日益受到重视,其保护监管机制也产生一定效果,但是侵犯金融消费者权益现象依然层出不穷。例如,新堌信用社"9・27"事件、徐某某改密码被抬进银行等。再如,上海国际金融中心发生的储户存款被冒领、开立存款户必须同时办折办卡、发售理财产品时忽视风险的提示、擅自转让客户信息、错录个人信用记录、霸王条款。又如,原保监会通报的侵害保险消费者合法权益的典型案例:虚假宣传;违规宣传;理财沙龙误导销售;滥用免责条款。此外,"8・16 光大证券乌龙指事件"更是轰动一时。这些事件不仅反映了金融机构对金融消费者权益的漠视,以及金融机构与金融消费者"金融共同体"理念的缺失,更反映了金融消费者的天然弱势地位。

3. 金融消费者保护不足引发的体系性金融风险

金融消费者保护与体系性金融风险之间的密切关系也表明对金融消费者综合保护治理机制研究的必要性。从理论上看,消费者违约造成的风险会在金融机构之间传导,传导至一定程度就产生系统性金融风险。由于违约的高度关联性——跨市场违约及"资产证券化的证券化",消费者信贷违约风险中的误差在计算被违约贷款的资产担保证券损失时转化成更大的误差,从而使违约风险不可预测,风险管理困难重重。从实践上看,美国金融危机也证实了消费者违约与系统性风险之间的因果关系。次级抵押贷款之所以崩溃,传导至美国及全球,主要原因是金融行为"猖獗","挑逗性利率"贷款被重新定价,掠夺性贷款条件和行为已经变成一种常态,金融消费者信贷违约过度、不可预测并高度关联,行为同质性或同时性更是增加了系统性风险。因此,金融消费者保护不足会导致其违约,而违约又可能导致系统性风险。② 据此,为了防范金融体系性风险也要重视金融消费者权益的保护。③

为保护金融消费者权益,防范体系性金融风险,应对金融消费者进行综合保护

① See M. Neil Browne et al., "Protecting Consumers from Themselves: Consumer Law and the Vulnerable Consumer", *Drake Law Review*, 2015, (63): 157.

② See Arthur E. Wilmarth, "Jr. The Dark Side of Universal Banking: Financial Conglomerates and the Origins of the Sub-prime Financial Crisis", *Connecticut Law Review*, 2009, (41): 963 – 1044.

③ See David Reiss, "Consumer Protection Out of the Shadows of Shadow banking: The Role of the Consumer Financial Protection Bureau", *Brooklyn Journal of Corporate, Financial & Commercial Law* 7, 2012, (7): 131 – 144.

治理。国内外经验表明,金融消费者综合保护治理时代已经来临。[①] 加拿大正在讨论的金融消费者综合保护法案,对综合保护采取列举的方式。[②] 我国实务界专家认为金融消费者保护体系最少应该有七道防线的有机结合:消费者自身、金融机构、行业协会、监管当局、仲裁或司法机构、理论界与媒体。[③] 本书讨论之综合保护治理机制主要由政府监管、自律监管与金融消费者自力保护构成。[④]

(二)金融消费者综合保护治理机制的逻辑证成

1. 三足鼎立:金融消费者综合保护治理机制的诞生

(1)政府监管在金融消费者保护中发挥主要作用已成为全球共识。这是因为金融机构利用消费者对金融产品认知错误及其行为偏差,对其形成不公平的、欺诈性的行为与实践,仅依靠披露工具本身不足以遏制金融机构设计出"容易使金融消费者对成本和风险产生误解"的金融产品。美国金融消费者保护监管最大的发展在于设立金融消费者保护署,通过政府监管使金融消费者保护重点从仅仅关注"信息披露"转向注重"交易实质"。[⑤] 在金融消费者保护监管法律关系中,至少涉及金融消费者、金融机构、金融监管机构三类主体。政府监管机构作为公共利益的代表,对金融法律关系的干预本质上为了金融稳健发展与运行,进而促进整个经济社会发展。具体而言,其承担着维护金融创新、保护金融消费者、防范体系性风险的多重使命。但是,难免会出现金融机构利益、金融消费者保护与金融体系性风险防范之间短期内的取舍,在此过程中,金融消费者保护很容易被忽略,依靠政府规制必然存在失灵。

(2)金融机构自律监管在消费者保护中发挥越来越重要的作用。[⑥] 自律监管既维护金融机构自身利益,也保护金融消费者利益,其主要通过4种方式提高金融消费者保护标准与促进金融消费者权益保护:一是通过"自律监管规则"规定"法律未

---

① See Dee Pridgen, "Sea Changes in Consumer Financial Protection: Stronger Agency and Stronger Laws", *Wyoming Law Review*, 2013, (13): 405.

② 参见加拿大财政部网站:http://www.fin.gc.ca/activty/consult/fcpf-cpcpsf1-eng.asp. 2015-08-09。

③ 参见中国人民银行西安分行课题组:《金融消费者保护:理论研究与实践探索》,经济科学出版社2011年版。

④ 其中,金融业自我规制包括金融机构自我规制与行业协会自我规制。金融消费者自力保护机制包括通过仲裁或司法制度供给而进行的保护。而理论界与媒体承担的金融消费者保护职能也不可或缺,但不是本书讨论重点。

⑤ See Jean Braucher, "Form and Substance in Consumer Financial Protection", *Brooklyn Journal of Corporate, Financial & Commercial Law*, 2012, (7): 107.

⑥ 自我规制有三类:一是完全没有政府参与的纯粹的自我规制;二是由政府批准并监督的完全自我规制;三是由政府授权的部分自我规制。此处自我规制包括以上三类。See Neil Gunningham, Joseph Rees, "Industry Self-Regulation: An Institutional Perspective", *Law & Policy*, 1997, (19): 363-365.

曾规定的”消费者权；二是“自律监管规则”覆盖相关法律规定之外的客户与产品；三是“自律监管规则”与“法律规则”保护消费者的标准互相影响；四是银行业自律监管与其他金融业自律监管保护金融消费者的标准之间互相影响。此外，自律监管还具有以下优势：一是减小企业与政府的信息成本、规则制定成本与实施成本；二是为适应金融业特征而微调法律规则；具有自愿增加自身义务的可能；三是运用金融专业知识以制定适当的标准；四是灵活地为消费者提供更多的选择，对金融消费者的期待作出及时回应；五是对金融行业技术与其他改变作出快速回应。因此，金融业自律监管是提高金融消费者保护水平并使其具有可操作性的重要方式。① 当然，金融机构自律监管也是利弊相随的，②尤其存在天然的弊端——当金融机构面临自身利益与金融消费者利益之取舍时，金融消费者利益常会被牺牲。

（3）金融消费者组织自力保护也必不可少。金融消费者的自力保护机制主要指通过金融消费者协会等组织进行的自力保护。金融消费者协会是金融消费者自己的组织，其存在的唯一价值就是保护金融消费者利益。由于金融消费者协会的组织性与专业性，金融消费者自力保护本身就是对金融机构自律监管与政府监管的一种威慑，也是在政府监管与自律监管失灵后，对自身权益保护的有效手段。

因此，在金融消费者保护过程中，政府监管、金融机构自律监管与金融消费者组织自力保护“三位一体”，金融消费者综合保护治理“三足鼎立”机制得以形成。③

2. 三足平衡：金融消费者综合保护治理的内在互动机理

（1）政府监管的谦抑及其与金融机构自律监管的互动。政府监管应保持一定的谦抑性，让金融机构通过自律监管，在金融消费者保护与金融创新之间需求一种平衡。基于行为经济学理论而产生的政府监管，倾向于采用更强力的干预形式，这将排除一些可行的、替代性的交易方式，阻碍金融机构的创新，限制市场活动总量，包括消费信贷等活动。④ 更甚者，如果政府直接规定统一的金融产品的形式和信息披

---

① See Nicola J. Howell, “Revisiting The Australian Code of Banking Practice: Is Self-Regulation Still Relevant For Improving Consumer Protection Standards?”, *UNSW Law Journal*, 2015, (38): 544 - 547.

② See Neil Gunningham, “Joseph Rees. Industry Self-Regulation: An Institutional Perspective”, *Law & Policy*, 1997, (19): 363 - 365.

③ 考察国外实践可知，在澳大利亚，金融业自我规制（完全自我规制）、共同规制（类似于部分自我规制）亦被纳入金融消费者保护架构之中，并共同发挥保护金融消费者的重要作用。See Nicola J. Howell, “Revisiting The Australian Code of Banking Practice: Is Self-Regulation Still Relevant For Improving Consumer Protection Standards?”, *UNSW Law Journal*, 2015, (38): 544 - 547.

④ See Adam C. Smith and Todd Zywicki, “Behavior, Paternalism, And Policy: Evaluation Consumer Financial Protection”, *New York University Journal of Law & Liberty*, 2015, (9): 201.

露内容,可能会引起对某些金融消费者的金融排斥。相反,由于金融机构更了解消费者的信息,可针对不同类别的消费者提供不同的金融产品,披露不同的信息,并以适应不同类别消费者的方式进行披露,更能针对性进行金融消费者教育,从而在保护金融消费者的同时,保持着金融创新的动力,因此,政府监管不能超过必要的限度,①应把充分的空间留给金融机构自律监管。国外经验表明,金融机构自律监管起着保护金融消费者的作用,并且与政府监管彼此互动,②一定条件下会提供比法律更高标准的保护,而在条件成熟时可上升为法律;而法律所设定的框架与评价因素也必然影响金融机构自律监管规则的变化。事实上,很多时候,金融机构自律监管可以取得比政府监管更好的效果。

(2)金融消费者自力保护对政府监管的补足与纠偏。如上所述,通过政府监管保护金融消费者权益不仅必然而且可行,但是政府监管并非一定有效。干预规则制定与实施过程都由自然人参与,自然人具有经济人的属性,其本身可能由于自身缺陷而存在行为偏差,其据以制定干预规则的信息也可能存在瑕疵或缺陷。金融机构在提供信息时由于自利因素影响必然会有所隐瞒,或者提供虚假信息,或者提供的信息不完整;这导致制定的干预政策会与预期目标有所偏差。因此,需要通过金融消费者自力保护以填充政府监管失灵留下的真空,纠正政府监管偏差。

(3)金融消费者自力保护对金融机构自律监管的倒逼。如上所述,金融机构自律监管也具有不可比拟的优势,但金融机构自律监管规则具体实施时也需外部监督,一旦出现侵害金融消费者的情形,如果金融机构不主动纠正,则需要金融消费者自力保护发挥功能。金融消费者自力保护主要指金融消费者通过金融消费者组织来进行自我保护。例如,向金融消费者协会或金融机构投诉,必要时由金融消费者协会作为原告提起诉讼。如果这样的自律保护监管制度运行通畅,必然对金融机构起到威慑作用,从而促使其主动实施自律监管,维护金融消费者权益。因此,这种倒逼机制不可或缺。

综上所述,我们应树立金融消费者综合保护治理机制的理念。在良好的社会经济秩序中,所有主体都能从中获益,同时也要求所有主体都负有维护社会整体利益

---

① See Meghan E. Jones-Rolla, Esquire, Deron J. Rolla, Esquire, "Regulation or Retribution? A Synopsis of How the Dodd Frank Wall Street Reform Act, Consumer Financial Protection Bureau, and Consent Orders Between the Office of the Comptroller of the Currency and Eight Major Residential Services Will Change the Way Financial Service Vendors Operate and Drive Some Vendors from the Market", *Duquesne Business Law Journal*, 2013, (15): 27.

② See Nicola J. Howell, "Revisiting the Australian Code of Banking Practice: Is Self-regulation Still Relevant for Improving Consumer Protection Standards?", *UNSW Law Journal*, 2015, (38): 544.

的责任。[①] 金融监管部门、金融机构与金融消费者是一个“金融共同体”。金融监管目标、金融机构发展目标及金融消费者权益保护，在本质上是一致的。在此理念之下，基于金融消费者的弱者地位及其保护与金融体系性风险之间的关系，金融消费者综合保护治理机制的基本框架一般由政府监管、金融机构自律监管与金融消费者自力保护等部分构成。其中，政府监管、金融机构自律监管与金融消费者自力保护在一定条件下互动。

二、我国金融消费者综合保护治理机制存在的问题

（一）整体结构“失衡”

依照上述理念与基本框架，评估我国现行金融消费者综合保护治理机制，尽管其在形式上要素基本齐全，但在实质内容上还存在诸多不足。从整体结构上看，其不足主要表现在以下几个方面：第一，政府干预过度与干预不足并存，前者限制了金融机构的金融创新，造成了对某些金融消费者群体的金融排斥，后者由于金融创新监管不足而严重侵害消费者权益；第二，金融行业自律监管保护金融消费者的功能弱化，不仅体现为全国性金融行业自律监管的欠缺，而且地方金融行业自律监管也严重不足；第三，传统的消费者协会作为消费者自力保护组织，难以适应金融的专业性与复杂性。可见，我国金融消费者综合保护治理机制从整体上看是“强干预与弱自律，强他力而弱自力”这种失衡的结构。各个组成部分也存在相应的问题。

（二）政府监管“失度”

金融消费者法律保护的假设前提，已从“经济人”转向“消费者”。在制定监管规则时，应借鉴行为经济学的研究成果，遵循父爱主义理念。传统政策制定者旨在改变理性消费者的行为，包括信息披露、经济激励和监管禁令。在行为经济学背景下，传统的激励与披露手段已有所改变，激励更加重要，而披露则以目的为导向；此外，还增加了新的工具，如提供更易理解的信息等。但是，行为经济学仅是监管机制理论的一种补充与完善，并非对监管改革中范式的改变。因此，有效的监管改革应该由“轻推”父爱主义与命令强制性措施构成。然而，当复杂金融产品面对大多数消费者的有限理性的时候，父爱主义将发挥作用，但过度的父爱主义又不可避免会导

① 参见周作斌：《规制法的创新之作——评王波副教授著作〈规制法的制度构造与学理分析〉》，载《西安财经学院学报》2017 年第 4 期。

致“大政府”的结果。① 如何在保留金融消费者一定选择权的前提下对其进行保护？金融机构的什么行为应该禁止？什么行为应该限制？什么行为应该激励？此类问题一直悬而未决，是由于以下原因。

1. 规制影响评价制度缺失

干预之“度”如何，是金融消费者综合保护治理中面临的最大问题。金融消费者保护监管力度太强，可能会抑制金融创新。反之，虽然意味着金融机构有更大的创新空间，但也可能更大地损害金融消费者权益，影响金融机构良性发展，甚至引发金融危机。笔者认为，该问题之所以一直存在的最大原因是没有在监管中引入“规制影响评价制度”。

2. 金融消费者教育制度不足

基于行为经济学理论，对于复杂金融产品，金融消费者受认知与行为偏见影响，获知并吸收信息能力受限，特定认知能力加之决策时间所限，都决定着对金融消费者教育之必要。但实践中，金融消费者教育普遍存在制度理念滞后、立法规范缺失、教育主体局限、教育方式落后、教育责任缺失的问题。金融机构进行金融消费者教育的动力不足，其固化的认识是金融消费者教育真正展开必然不利于其金融产品的销售，加之缺乏具有可操作性的问责机制，因而目前的金融消费者教育要么根本不存在，要么流于形式。以老年金融消费者和大学生金融消费者为例，社区老年金融消费者谁来教育？大学生金融消费者又该谁来教育？尽管国家对校园贷监管趋严，但一些网贷平台另辟蹊径，不再需要学生证，而是以“社会青年”身份对大学生放贷，以此规避政府监管机构对其给予的大学生金融消费者的专门教育责任。以此说明，教育主体多元化是不可避免的。

3. 对金融机构激励性监管不足

实践中，很多学者对政府监管的方式和内容已提出诸多建议。例如，从信息披露向目标披露转变，消费合同缔结前应提供关键事实清单，②每月结算单中应对金融消费者提出警示，③等等。不可否认，这些措施取得一些积极效果。但是，这仍不能形成对金融消费者有效保护的足够激励，实践中金融机构始终把自身稳健发展作为首要乃至唯一目标，而消极应对甚至刻意剥夺金融消费者权益。这自然无法促成政

---

① See Richard Thaler & Cass Sunsten, *Nudge: Improving Decisions About Health, Wealth and Happiness*, Yale University Press, 2008.

② See Australia: National Consumer Credit Protection Regulations 2010 (Cth) sch. 6.

③ See Australia: National Consumer Credit Protection Regulations 2010 (Cth) reg. 79B.

府金融监管与金融机构自律监管的良性互动,进而无法促成金融消费者权益保护、金融机构稳健运行发展,以及体系性金融风险防范之多元而统一的目标的实现。

(三)金融机构自律监管功能弱化

基于行为经济学理论,既要完善政府监管,也要加强金融业自律监管。① 自律监管具备三个功能:维护金融机构稳健发展、保护金融消费者权益及其抑制金融风险。其中,其金融消费者权益保护功能之所以不能充分发挥,一方面是由于上文所述的金融业及金融机构缺乏激励——获得良好声誉的正向激励与招致负面影响的反向激励,②而两种激励要发挥作用,需要政府机关的有效干预,但是另一个重要原因在于金融业自律监管不足。基于笔者对资料的梳理,目前已经存在一些全国性金融行业自我规制公约,③以及地方性金融行业自律公约。④ 以上自律监管规则对于规范

---

① See Paul Ali, Ian Ramsay and Cate Read, "Behavioral Law and Economics: Regulatory Reform of Consumer Credit and Consumer Financial Services", *Common Law World Review* 43, 2014, p. 298.

② See Saule T. Omarova, "Wall Street as Community of Tale: Toward Financial Industry Self Regulation", *University of Pennsylvania Law Review* 159, 2011, p. 411.

③ 2005年10月25日中国银行业协会在北京共同签署《中国银行业文明服务公约》、《中国银行业维权公约》和《中国银行业自律公约》;2006年3月银行业协会自律委员会成立,会议审议通过了《中国银行业协会自律工作委员会规则》;2014年9月9日中国银行业协会举行第六届会员大会三次会议,银行要在创新商业模式上争取有所突破;既要有效解决"融资难、融资贵"问题,也要推动理财业务规范化,按照"独立核算、风险隔离、行为规范、归口管理"的原则,将销售过程全程录音录像,实现产品销售透明公开,切实规范银行理财产品的销售、投资和经营行为。银监会也有着简政放权的计划,与之对接最为紧密的就是银行业协会;而银行业协会自律组织权力的增大,也意味着沉重的金融创新责任与金融消费者保护责任。

④ 2009年12月《广西银行业住房按揭贷款业务自律公约》出炉;2009年12月《上海市银行业个人房地产按揭贷款业务自律公约》正式生效施行;2011年9月广西银行业保险业签订联合自律公约;2011年上海信息服务业行业协会成立了国内首个金融信息服务行业专委会,其中的大部分成员为P2P网贷平台,2012年该专委会发起了自我规制倡议,提出国内首个P2P准入标准;2012年3月上海市银行同业公会发布《上海银行业服务收费自律公约》与《上海市商业银行营业网点信息发布规范公约》等致力于保护金融消费者权益的规制规则;人行阿里地区中支牵头农行、建行、保险公司、邮储银行等金融机构签订了《阿里地区金融机构金融消费权益保护公约》,并建立了金融消费者权益保护联席会议制度。这些金融机构自律公约出台,部分功能在于保护金融消费者权益。例如,保护普通老百姓按揭贷款的知情权和选择权,对一些不良中介为获取银行"返点"蒙蔽消费者的做法说"不";在存在"返点"的情况下发生房产交易时,房产中介公司往往会要求客户到某家给付佣金比较高的银行那里办理按揭贷款,而不考虑客户是否便利、银行服务是否良好、贷款产品是否符合客户需要,一些中介甚至存在欺骗或强制客户选择银行的情况;再如,通过规范银行代理保险产品的销售行为,建立保险公司和银行业金融机构之间规范、稳定的代理合作关系,将有效遏制银保业务的销售误导、违规支付手续费等违规行为的发生,以及因此而造成的纠纷、投诉和负面舆论,从而最大限度保护金融消费者的合法权益,维护银行业与保险业的良好形象;又如,在各个银行销售网点实行张贴提示公告、各银行业金融机构向客户出具投保提示书等一系列规范化销售行为,让广大消费者明明白白消费;此外,明令禁止手续费恶性价格竞争、费用支付的"暗箱操作",使金融消费者的合法权益得到有效保护。

金融机构行为,保护金融消费者权益,防范金融体系性风险发挥着一定的作用。但是,自律监管作用发挥的对象与空间却比较受限,主要由于以下原因:一是银行业金融机构自律监管发展快速,但其他金融机构及行业自律监管发展滞后;二是全国与地方性自律监管规则与政府监管之间欠缺互动;三是金融业自律监管重点不够突出,监管思路不够明确。

(四)金融消费者自力保护作用受限

金融消费者自力保护主要指通过金融消费者协会等组织进行的自力保护。消费者协会在金融消费者保护过程中发挥作用有限,这是由于传统消费者协会工作人员欠缺金融专业知识,无法应对金融产品的专业性与复杂性。因此,传统消费者协会等组织展开的金融消费者保护机制没有达到预设的效果,既无法对政府监管进行补足与纠偏,也无法对金融机构自律监管形成倒逼。

三、我国金融消费者综合保护治理机制的未来走向

(一)整体结构的"平衡"

基于上述理念来审视,我国金融消费者综合保护治理机制尚处于不完备阶段。政府监管总体过度,在新兴领域却监管不足;金融机构自律监管功能弱化;金融消费者自力保护作用受限。整体上是"强干预与弱自律,强他力而弱自力"的残缺结构,并且各个组成部分均有待完善。

基于以上论证,整体上看,综合保护治理思路应从"政府监管为主"转向"政府监管与金融机构自律监管并重",并"加强金融机构自律监管与金融消费者自力保护"。据此,设立金融消费者协会以与金融业形成制衡,优化政府监管与金融机构自律监管的互动机制,在整体上推动金融消费者综合保护治理机制,形成"干预与自律互动,他力与自力救济并重"的结构。

(二)政府监管的"适度"

政府监管属于外部监管,如果政府像过往一样用简单、僵化的方法对金融进行监管,可能会加剧风险的产生。[1] 为了解决政府监管过度与监管不足并存之双重问题,宜从以下三点确保外部监管的适度。

---

① 参见邢慧茹等:《我国利率市场化改革相关利益主体的博弈分析》,载《西安财经学院学报》2017年第3期。

1. 引入规制影响评价制度

通过规制影响评价确立政府对不同金融机构监管的边界，达成加强干预与保持灵活性的平衡，给予金融机构自律监管以充足空间，进而实现金融消费者保护与金融创新的平衡。① 信息披露有时并不能有效保护金融消费者权益，②金融机构充分知晓“披露什么”及“如何披露”才能有效保护消费者。因此，政府监管机构通过规制影响评价制定交互式的规制策略，以促进监管目标的实现。③ 规制影响评价制度是指“基于证据的决策”，必须列出将要解决的风险与问题，以及可获得的规制替代性选择，包括“不同规制选择”及“不进行任何规制的选择”，在此基础上对每一种选择进行成本收益分析。规制影响评价必须对“规制方案是否是实现规制目标的最佳方案”这一问题作出回答。为此目的，一般应明确界定规制所影响的利益相关者。例如，金融消费者、金融机构、政府监管机构、法律实施机构等，并界定对利益相关者潜在的积极与消极影响：被动监管者由于遵守监管规则而增减的成本、金融消费者获得更好的安全标准、监管者增加监管成本等。在综合考虑以上因素的基础上，给出积极或消极的高、中、低的影响比率。如果高、中级别的积极影响比率较高，则该规制措施可行。④ 反之，则不可行。

2. 强推金融消费者教育

很多国家建立了金融消费者教育战略，既针对现实的金融消费者，也针对未来的金融消费者。缺失有效的金融消费者教育制度，金融消费者保护就仅仅承担到处“灭火”职能，丧失了其应有的“防火”职能。因此，政府应通过明确的制度规范，强制要求金融机构与其他类金融机构（网贷平台等）展开金融消费者教育，并对其设置严格问责制度，以确保金融消费者教育的实际落实。

（1）推行金融消费者利益与金融机构利益一体化的理念。金融消费者教育制度

---

① 《美国金融消费者保护法》招致最大批评之一，就是对所有金融机构采用统一规制标准。这招致社区银行沉重的遵从负担，加重弱势群体的金融排斥。既不利于社区银行的发展，更不利于金融消费者的保护。See Tanyad. Marsh, “Reforming the Regulation of Community Banks after Dodd-Frank”, *Indiana Law Journal*, 2015, (90): 179 – 225.

② See Avoiding the Anchor: An Analysis of the Minimum-Payment and 36 – Month Disclosures Mandated by the CARD Act and how to Improve Cardholder Repayment Patterns, *Texas Law Review*, 2015, (93): 1201.

③ See Debra Pogrund Stark et al., “Dodd-Frank 2. 0: Creating Interactive Home-Loan Disclosures to Enable Shrewd Consumer Decision-making”, *Loyola Consumer Law Review*, 2014, (27): 95.

④ See Malathy Knight-John, Regulatory Impact Assessment: A Tool for Improved Regulatory Governance in Sri Lanka? [EB/OL]. [2015 – 09 – 08]. http://www. dfid. gov. uk/R4D/Output/173647/Default. aspx.

的构建与有效实施，从长远来看必将推动金融机构稳健发展。反之，必将损害金融机构利益。金融机构理财产品从“忽略金融消费者利益”的无序的“繁荣”发展，至今日“诚信尽失”陷入困境，足以证明了这一点。

(2)强制规定多元主体的金融消费者教育责任。金融消费者教育不仅是政府的责任、金融机构的责任、网贷平台的责任，也是高校与社区的责任。对于中国老年人与大学生这两类最易受到伤害的金融消费者群体，尤其要重点关注并予以专门规定。例如，由专门机构针对老年金融消费者展开教育，在大学教育阶段把金融消费者教育纳入教材。

(3)构建金融消费者保护的归责制度。人性的贪欲是需要金融消费者教育的主要原因，如果再缺失归责制度，金融机构与网贷平台、社区与高校等不同主体的金融消费者教育必将缺失或流于形式。例如，可以开放全国大学生学籍系统，把是否为在校大学生的核对责任交由放贷方承担。再如，要求金融机构在全国定期展开金融知识调查与普及，否则将承担相应责任，这必将对金融消费者能力提升产生重要积极影响。①

3. 完善激励性监管措施

金融监管机构应采用以信誉为基础的激励制度，制定统一的服务质量评价指数，基于此对金融机构进行评价并给予公告。该指数将衡量影响“消费者理解金融产品”的几个因素：职业水准、培训情况、消费者满意度、消费者反馈度、合理投诉的数量等。该指数应强制性地展示于金融机构的入口处，以供消费者提前甄别获得职业水准高、正规、易于理解的金融服务的机会。② 金融机构定期公开其金融服务质量等级，从而使其获得一种可信的、强制性的、公开的、持续的评价。这将促使金融机构完善其服务、产品并维持金融消费者对其长久的信任。

(三)金融机构自律监管：从“被动监管”到“主动自律监管”

基于目前的市场结构，为实现利润最大化，金融机构具有强烈的设计复杂金融产品的动机。在此过程中，金融消费者的利益受到极大损害。政府监管机构通过干预，要求金融机构信息披露。但是，即便金融机构被动地依规披露，也不能一定成为

---

① See Claudia Gabriela Baicu, “Legal Aspects and Developments for Financial Consumer Protection: Evidence from the Romanian Banking System”, *Contemporary Readings in Law and Social Justice*, 2014, (6): 483.

② See Liran Haim, “Rethinking Consumer Protection Policy in Financial Markets”, *Journal of Law and Commerce*, 2013, (32): 23.

其免责的理由。正如具有极高致死风险的药品生产者,对致死率的披露并不能免除其责任一样。[①] 何况,金融机构所披露的信息一定是经过选择的部分信息。基于潜在的信息,政府监管又如何发挥有效作用呢？其实,只有金融机构与网贷平台更知晓其所提供的金融产品或金融服务的情况,更清楚应该向哪类金融消费者以何种方式披露信息,以及披露到何种程度。因此,一定要让金融机构从“被动监管”变为“主动自律监管”,才会促进金融机构及整个行业自律监管发挥保护金融消费者的作用,促进全国与地方性自律监管规则与政府监管之间互动,进而实现金融机构稳健发展、金融消费者权益保护与防范金融体系性风险的“三位一体”的监管目标。为达此目的,金融业自律监管应突出以下重点。

1. 加重金融机构风险承担

金融机构自律公约中应该载明,对复杂金融服务或产品理解不足的风险,应“由金融消费者自己承担”转为“由金融机构来承担”。[②] 唯有如此,为了减少这种风险,金融机构才会主动加强自律监管,通过内部程序与机制,确保其产品为金融消费者所理解,从而减少金融消费者的私人成本、金融机构的成本及社会成本。

2. 构建参与式自律监管

为获得金融消费者信任,倡导“多元主体参与下”的金融机构自律监管,从而形成其与政府监管、金融消费者自力保护的互动,提高金融消费者保护监管的标准及其有效性,参与式自律监管从以下方面着手。

(1)政府监管机构确定评价金融机构对金融消费者保护程度的参照因素,并基于这些因素定期对金融机构评级与披露,而金融机构则结合这些因素主动制定并完善行业或自身的规则。

(2)自律监管规则制定过程中,主动邀请金融消费者代表、金融监管部门代表参与,形成金融消费者权益保护监管交流制度。

(3)由“独立的准则遵守监督委员会”监督,促使金融机构主动实施自律监管。该委员会由一个独立的主席、金融消费者代表、小企业代表及产业代表组成,其功能在于调查并监督金融业自律准则的遵守情况,指出不符合准则的金融机构。[③] “独

---

① See Creola Johnson, “America's First Consumer Financial Watchdog Is on a Leash: Can the CFPB Use Its Authority to Declare Payday-Loan Practices Unfair, Abusive, and Deceptive?”, *Catholic University Law Review*, 2012, (61): 381.

② See Liran Haim, “Rethinking Consumer Protection Policy in Financial Markets”, *Journal of Law and Commerce*, 2013, (32): 23.

③ See Code Compliance Monitoring Committee Mandate 2013, www.bankers.asn.au. 2015.6.29.

立的准则遵守监督委员会"的裁定对金融机构具有约束力,但对金融消费者没有约束力。

3. 建立"反羊群监管"①

在前两项措施有效实施的前提下,金融机构才会主动建立"反羊群监管"。金融消费者的行为具有"羊群效应",②其行为的模仿性、盲从性与同质性会在导致自身利益受损的同时引起金融体系性风险。基于 CoVaR 方法,金融机构自律监管的首要内容是对不同金融消费者"主动"提供不同的金融服务及其信息披露策略。在保护金融消费者权益之时,"反羊群监管"同时承载着防范金融体系性风险的职能。

(四)金融消费者自力保护:金融消费者协会的设立

金融消费者自力保护的完善,主要依赖于加强金融消费者协会等组织对金融消费者的保护。由于传统消费者协会缺乏金融专门知识,建议吸纳具有金融专门知识的专职或兼职人士,在消费者协会内部设立金融消费者部门,或者成立专门的金融消费者协会,促进金融消费者的自力保护。金融消费者购买、使用金融产品或接受金融服务时权益受到侵害后,可通过电话、信函、到访等方式向金融消费者权益保护协会投诉。实践中,金融消费者保护协会设立方式有以下几种:一是设立于某一金融机构内部;③二是由若干金融机构牵头设立;④三是不隶属于任何金融机构而独立成立。事实上,前两种是隶属于金融机构,并非完全自治的金融消费者协会。严格

---

① See Ian Ayres, Joshua Mrtts, "Anti-Herding Regulation", *Harvard Business Law Review*, 2015, (5): 1.

② 随着新的技术在金融领域的广泛应用,如计算机和互联网的应用,连入银行的电子交易平台、不间断联网结算(CLS)系统的引入,导致了信息成本与交易成本的大幅降低。投资者越来越倾向于利用相同的信息体系和相同的风险(价值)评估方法去达成相同的盈利(或规避风险)目标,这会使金融市场及投资者行为越来越具有同质性。这种集中的市场买入或卖出行为无疑加大了金融市场的波动性。此外,在金融监管中,"信息披露越充分越好"已经成为盎格鲁—撒克逊监管者们共同遵循的一个虔诚的信念。然而,"并非所有的信息披露都是有益的",在不确定性和市场敏感性风险管理系统的作用下,要求持有相似头寸的市场参与者在市场变动性增加和(或)价格下降时同时减少风险头寸。他们对负向突发事件的反应,就是使用这一风险管理机制,在同一时间卖出相似的金融工具。价格下降会增加市场的波动性和协变性,从而引发进一步的头寸抛售并形成恶性循环。显然,不断透明的信息披露与相同的风险管理系统,导致了今天金融市场上的"羊群效应"比以往任何时候都更加严重。参见[美]珀森德主编:《流动性黑洞——理解、量化与管理金融流动性风险》,姜建清译,中国金融出版社2007年版,第141~142、173~191页。

③ 2012年4月青海省首家金融消费者权益保护协会即是如此。该协会隶属于金融机构内部,成立之初便促使其他金融机构作出保护金融消费者合法权益的承诺。

④ 2014年6月烟台市成立的金融消费者保护协会当属此类。该协会是由烟台区域规模较大的、致力于保护金融消费者权益的银行、证券、保险类金融机构和第三方支付机构,以及关心支持金融消费权益保护工作的个人自愿结成的联合性、地方性和非营利性社会团体。

而言，其属于金融机构自律监管范畴，旨在提升金融机构形象。其标识意义大于实际意义。因此，在前两种机构既存的前提下，笔者赞同第三种，即不隶属于任何金融机构的金融消费者协会，并赋予其代表金融消费者提起诉讼(尤其是集体诉讼)的权利，形成对金融机构自律监管及政府监管行为的有效监督与制衡。这种组织形式目前鲜有存在，也成为未来我国金融消费者自力保护能力提升的重要着力点。

第二节 权利导向型金融监管法制的重塑

一、权利维护功能逐渐强化的中国金融监管法制变迁

任何国家金融监管法制实践类型的演进均深深植根于其所依存的经济金融发展实况之中，同时与经济金融体制之实践、政策、法制变革等存在紧密相关性，当然中国亦概莫能外。作为政府主导性制度变迁为主之后发型发展中国家的中国，其金融监管法制的变革同时还深受境外金融监管理论思想、法制实践更新变迁等多重因素的影响。改革开放以来，中国经济金融制度经历了从计划性向市场性、从单一性向多元性、从集中性向分散性的历史转变，而在经济金融制度变革的引导下，经济金融领域的行政管理性渐弱、市场引导性渐强，信贷和资本市场均呈现出向多层次发展的趋势，金融机构、金融产品或工具也从简单单一化向复杂多样化转变。在经济金融领域市场日渐起决定作用、政府职能回归公共服务本位的背景下，中国金融监管法制的实践类型也逐渐从计划经济时期的控制导向型向改革开放后的合规导向型、风险导向型、权利导向型逐渐转换，当然，不同导向型的金融监管法制类型并不是相互替代、排斥的，而是在实践上呈现出相互交叉、共存、并用的客观境况，并且金融监管之权利维护功能愈加凸显。

(一)中国控制导向型金融监管法制形态

中国控制导向型金融监管法制形态确立于计划经济体制的大背景下，在形式上集中表现为金融组织国有化和金融监管机构单一化的特征，并且国有化的金融组织与单一性的金融监管机构最终统一于中国人民银行。在实质层面则体现为服务于国营经济发展与国家经济计划目标而建立的现金管理、信贷配给、利率管制等金融监督管理规则，并且一切金融监督管理工具或手段的采用均是围绕国家计划而展开。值得注意的是，在控制导向型金融监管法制形态下，中国人民银行对金融行业的监督管理并不是现代意义上的真正性金融监管，而是仅仅停留于单纯的行政性管理层面，并且其“管理手段带有单一的指令性计划色彩，不仅资金供应的规模、结构

由计划决定，而且资金供应的条件、利率高低、期限长短均由计划决定”。[①] 除此之外，中国人民银行对金融行业的监督管理更多是扮演国务院、党中央所制定金融政策、管理条例执行者的角色，仅仅是国家金融政策、管理条例实施的“传送带”。

进一步讲，控制导向型金融监管法制形态在中国金融监管法制史中的存在有其历史合理性，即当时经济社会发展所处的阶段、国际政治经济竞争形势，以及计划经济管理体制与“大一统”金融体制的确立等因素共同促成了控制导向型金融监管法制形态的形成与客观存在。控制导向型金融监管法制形态背后所隐含的是，作为“一体二用”之中国人民银行对国营经济发展、国家经济计划推行等国家意志给予绝对服从的执行者，而不是扮演以市场为主导的公共服务监管提供者角色，并没有站在金融机构、金融产品、金融市场发展及市场主体权利维护等角度开展金融监督管理活动。质言之，控制导向型金融监管法制形态所统摄的现金管理、信贷配给、利率管制等具体的金融监管手段始终是围绕国家“计划”展开，最终都是为了促使资金的来源、资金的投放等与资金管理相关内容统一纳入到具有计划性的经济发展框架之中。是故，控制导向型金融监管法制形态有其历史必然性与合理性，并且国家经济体制的计划管理性也决定了金融监督管理的手段是采用计划性控制、行政性命令等方式，而不是建立在市场不完备基础之上的补缺性的金融监管手段以弥补市场的残缺。

（二）中国合规导向型金融监管法制形态

与控制导向型金融监管法制相比，合规导向型金融监管法制在监管的语境、目标、手段等层面都发生了深刻变化。从语境上讲，合规导向型金融监管法制的确立始于市场经济理念的引入，并且已经与既往纯粹的计划经济体制存在根本上的差异，同时金融已经不再仅仅作为计划、财政的附庸，而是逐渐独立出来并独自发挥作用；从目标上讲，计划经济体制下的控制导向型金融监管是服务于政府、计划及服务于财政，而市场经济理念指引下的合规导向型金融监管更多是服务于市场化的主体，解决金融市场信息不完全、公共性及自然垄断性等问题；从手段上讲，计划经济体制之下的金融监管主要被用于执行计划性控制与行政性命令，采用的是命令控制性行政管理手段，而合规导向型金融监管所采用的手段则主要是以经济手段为主、行政手段为辅，更加重视市场在金融监管中的作用，具体而言，即从金融机构的市场

---

① 崔鸿雁：《建国以来我国金融监管制度思想演进研究》，复旦大学法学院 2012 年博士学位论文，第 41 页。

准入、运营及退出等角度予以着手，并且信贷控制也从命令性向指导性转变，利率管制也从单一、固定的利率标准向多元、浮动的利率标准转变。

在市场经济理念指引下而确立的合规导向型金融监管，已经充分认识到金融市场自身具有信息不对称、公共性、自然垄断性等特征，这使金融组织的市场准入、业务经营范围、存款保险制度及市场退出等监管规则逐渐确立，以规范金融组织及其业务经营活动。值得注意的是，“我国的金融监管制度建立于从‘计划’到‘市场’的转轨过程之中，初期的监管安排自然无法避免有较多的管制甚至微观管理意味”，① 但其确实是旨在强调在“经济调节”之上进行行政性监管，而非直接性的行政监管，即站在市场的角度来考察和探索金融监管的必要性、可行性及监管方案与规则设计。深入地讲，合规导向型金融监管主要侧重于对金融组织经营的合规性、合法性进行监督检查，具体是检查金融组织对法律、法规、规章等法律规则的执行情况，对不严格遵守相关规则的金融组织进行处罚，如是否遵循利率管制的规定、是否执行国家货币或金融政策、是否足额缴纳存款准备金等，以达到规范金融组织经营行为，维护金融市场秩序的目的。

（三）中国风险导向型金融监管法制形态

风险导向型金融监管是在承认市场不完备基础上的，以金融内在脆弱理论为支撑而建立的监管法制形态，即“在市场经济环境下金融风险是普遍存在的，有些是由于金融市场交易者的不正当及违规违法行为引起，但更多的是由于金融市场机制本身的问题而引起的金融体系的内在不稳定”。② 相比于合规导向型金融监管，风险导向型金融监管不仅仅关注金融组织是否严格执行相关法律规则，更重要的是对经营活动中的风险是否进行了科学有效的控制进行监督检查。③ 风险导向型金融监管法制形态的确立，或者是从粗放性合规导向型金融监管法制形态向科学性风险导向型金融监管法制形态的转变，需要制定和实施专门性的审慎经营规则，以此来达到有效控制金融组织经营风险的监管目标。当然，风险导向型金融监管法制形态的建立并不是对合规导向型金融监管法制形态的代替，而是对合规导向型金融监管法制形态的发展和延伸。

风险导向型金融监管是“以风险为本”的审慎性金融监管，并且逐步从单一的微

---

① 王兆星：《金融监管再定位》，载《中国金融》2014 年第 13 期。

② 易颜：《从“合规性监管”到“风险性监管”——我国银行监管转变研究》，暨南大学法学院 2004 年硕士学位论文，第 8 页。

③ 参见李伟雨：《防范和化解金融风险——金融监管的核心》，载《黑龙江社会科学》1988 年第 2 期。

观性审慎监管发展为涵括微观审慎监管和宏观审慎监管在内的宏微观审慎监管，分别用于关注单一金融组织和整个金融系统的稳定与风险控制。微观审慎监管主要起始于 1997 年巴塞尔委员会制定的《有效监管核心原则》，而后证券、保险行业的国际组织也都制定了相应的微观审慎监管规则，并且各国金融监管机构也将有关微观审慎的监管规则转化为国内法的规定。在微观审慎监管规则体系下，金融监管机构会要求金融机构遵守"资本充足率、资产质量、贷款损失准备金、风险集中度、关联交易、资产流动性、风险管理、内部控制等审慎经营的监管指标和要求，并定期组织现场检查，监测、评估其风险状况，及时进行风险预警和处置，以规范金融机构风险承担行为"。[①] 然而，2008 年金融危机的爆发表明，"仅仅依靠微观审慎监管很难维护金融体系的稳定"，[②]必须将作为防范系统性风险的宏观审慎监管机制纳入到审慎监管的目标与范围中来，即"审慎监管应拓宽口径，将金融体系视作一个整体，更全面地维护其稳定"，[③]并且需要从空间上的覆盖范围和时间上的逆周期两个维度展开。显见，风险导向型金融监管已经从单一的微观审慎监管向兼顾宏观审慎监管两个层面延伸，具体体现为资本监管规则的完善和杠杆率监管指标、流动性风险监管标准等监管规则的设置等。转换视角，中国风险导向型金融监管法制的确立或者说是"最早可以追溯到 1993 年，在此之前，中国商业银行资本是否充足，并没有相关法律规定"，[④]银监会分别于 2011 年、2015 年发布《商业银行杠杆率管理办法》《商业银行流动性风险管理办法(试行)》，对商业银行的杠杆率、流动性风险提出监管要求，从而使以微观审慎和宏观审慎为核心的审慎监管规则逐步确立完善，以分别对单个金融机构和整个金融体系的风险给予全面而系统的防范处置。

(四)中国金融监管法制演进与权利维护

中国权利导向型金融监管法制形态的确立始终与控制导向型、合规导向型、风险导向型监管法制形态的发展变迁相伴随，其涉及作为市场主体的金融服务提供者所享有的权利和包括金融领域消费者在内的金融服务接受者所享有的权利两个层面的内容。就作为市场主体的金融服务提供者所享有的权利而言，金融服务提供者所享有的权利贯穿于从"计划"到"市场"转变的整个历史进程之中，具体表现为金

---

① 王华庆：《论行为监管与审慎监管的关系》，载《中国银行业》2014 年第 5 期。

② 陈雨露、马勇：《宏观审慎监管：目标、工具与相关制度安排》，载《经济理论与经济管理》2012 年第 3 期。

③ [美]丹尼尔·塔鲁洛：《反思审慎监管的目的》，罗平、林楠译，载《中国金融》2014 年第 13 期。

④ 崔婕、沈沛龙：《资本充足率与杠杆率双重监管指标体系的构建——基于微观审慎监管框架的研究》，载《金融论坛》2013 年第 11 期。

融市场准入门槛的逐渐降低、金融服务主体的多元化发展、金融市场的多层次构建,以及金融负面清单的设置等向市场主体的放权。譬如,从上海、深圳股权交易所到创业板、新三板及区域性股权交易市场,乃至地方性金融资产交易所的创新性设立促进了中国多层次资本市场的形成,同时金融服务提供者的权利内容、权利类型及权利边界得以拓展,当然金融服务接受者的权利也随之扩张。从包括金融领域消费者在内的金融服务接受者所享有的权利角度来看,资金盈余方获得了更广更大范围的投资权、资金需求者获得了广泛而全面的金融服务获取权,资金的供需双方在监管边界的范围之内获得了真正性的金融自由权利。除此之外,部分资金的供需双方亦被赋予了传统领域消费者所享有的知情权、自主选择权、公平交易权、受教育权、损害赔偿请求权等权利。

转换视角,从具体的金融监管角度看,从传统纯粹的行政管理到以市场为基础的行政监管,再到市场条件下以风险控制为本的审慎监管机制,金融监管的理念、规则、方式等越来越尊重经济规律、越来越具有科学性,并且金融市场主体的权利越来越受尊重。除此之外,相对于机构监管而提出的功能监管理路,其更多也是为了使提供相同金融产品的金融机构接受同等标准的监管,间接地可以促使金融领域的消费者获得同等程度或标准的保护。值得注意的是,无论是合规导向型金融监管,还是风险导向型金融监管,抑或是功能监管,其更多是对金融机构权利的维护,而很少照顾到金融市场中投资者、银行客户、投保人的权利维护。退一步讲,即使存在对金融服务接受者的保护也仅仅是间接性保护,如存款保险制度,其虽然具有保护存款者的客观效果,但从制度设计的初衷来看,根本上是为了防止挤提行为的发生与维护银行的稳定。从归属于真正意义金融监管的审慎监管到行为监管理念的提出,两者之理念、价值、原则与最终的规则设计均存在明显的差异。“金融行为监管是行为监管部门为保护金融消费者的合法权益”,①侧重金融交易的需求方,而审慎监管是为了防范金融风险、维护金融稳定,侧重金融交易的供给方。所以,行为监管理念的提出是中国金融监管法制形态变迁中的第二次飞跃,即将监管的视角从维护金融机构稳定转向了维护消费者合法权益,而第一次飞跃则是从控制导向型金融监管向合规导向型金融监管、风险导向型金融监管的转变,后者更加重视对作为市场主体的金融机构的合法权利给予维护。

---

① 张庆昉:《金融行为监管体系改革》,载《中国金融》2017 年第 11 期。

二、融入功能监管理念型金融监管法制的权利维护功能

中国金融监管体制经历了从综合监管向分业监管的转换，并且以分业经营为基础的分业监管体制也在金融业基本法律中得以确定，但《商业银行法》第43条、《证券法》第6条、《保险法》第8条在规定银行、证券、保险、信托实行“分业经营、分业管理”的同时，还以“国家另有规定的除外”的方式为综合经营的发展预留了法律空间。“国家另有规定的除外”所设定的法律空间，外加实体经济、新兴技术、金融创新等因素的共同驱动，国务院及其所属的“一行三会”（现已改为“一行两会”）、财政部、发改委等分别通过行政法规、部门规章或规范性文件等方式逐渐推进“金融综合经营探索不断扩大，银行、证券、保险机构之间的横向业务合作、股权交叉投资和业务交叉经营越来越多，金融机构的业务范围和风险暴露已经跨越了原有的传统范围和领域”。[①] 鉴于“‘分业经营’正是机构监管的核心基础，正是‘分业经营’成就了机构监管作为市场基本监管模式的地位”，[②]因而金融经营的综合化趋势也必然会给法定的机构监管带来监管效果上的冲击与挑战。学界、业界，乃至监管层也因此将金融监管改革的视角从以分业经营为基础的“机构监管”向兼容以综合经营为基础的“功能监管”转变，并在实践上积极寻求法律的肯定与确认。在金融综合经营的发展趋势下，从分业监管向综合监管、从机构监管向功能监管转变已经成为中国金融监管法制变革的必要之举，重要的是如何在中国既行金融监管组织、模式、体制、法制的基础上将功能监管与机构监管有效融合，以在整体上提升金融监管效能、维护金融稳定与防范处置金融风险，而不是仅仅在理论层面探讨分业监管与综合监管、机构监管与功能监管等监管理论、监管制度彼此之间的异同。

（一）“功能监管”能否与现行金融监管法制相融合

欲明晰“功能监管”能否与现行金融监管法制相融合，首先需要解决的问题是，知晓我国现行金融监管法制属于何种类型或模式的金融监管法制，其与“功能监管”在监管理念、价值、原则、规则上存在哪些差异，又有哪些相似之处。中国现行金融监管法制是以“机构监管”为核心的分业监管法制，其强调以金融机构所属的金融行业类型，如银行业、证券业、保险业等具体金融业，而不是以金融机构所从事金融业

---

① 王兆星：《机构监管与功能监管的变革——银行监管改革探索之七》，载《中国金融》2015年第3期。

② 杨惠：《机构监管与功能监管的交错：美国GLB法案的经验》，载《财经科学》2007年第5期。

务种类,来对不同类型金融行业监督管理机构监管权责进行划分。之所以根据不同金融行业的具体分类来具体制定金融法律法规、设置相异的金融监管机构,以及采用不同的监管方式,究其根本原因在于不同具体类型金融行业本身所内含的风险结构、风险特征及在风险管理技术、方法上均存在差异,如“银行业风险管理的重点在资产方;保险业除关注资产风险外,强调负债风险、特别强调表外风险管理”,①分业化的机构监管模式有助于提升金融监管的具体针对性、专业性和效率性。退一步讲,即使不同具体金融行业的风险特征、风险管理技术不存在差异,分业化的机构监管模式也有其存在的必要,因为在风险监管技术相对落后、缺乏丰富的监管手段与娴熟的风险监管能力时,分业化的机构监管模式也更有助于金融风险的防范和金融系统稳定的维护。总的讲,无论是从风险特征、监管目标还是从监管水平等层面进行考量,分业化的机构监管模式均有其存在的客观必然性。

随着金融创新的深化发展,银行、证券、保险等金融机构均出现了业务上的合作、持股上的交叉及业务经营上的重合等,从而呈现出综合或混业化经营的发展趋势,并且对分业化的机构监管模式形成冲击,并具体表现为不同金融监管机构监管职能上的交叉、真空或重叠等问题,继而影响到金融监管效能的提升或维持。为了维护金融稳定、防范金融风险、提升金融监管效能,功能监管模式被提出用以弥补机构监管模式存在的缺陷。具体来讲,功能监管模式被提出的背景就是在金融从“分业”向“混业”经营转变及“混业”经营格局形成中,机构监管模式无法对金融市场中存在的风险进行全覆盖监管。同时,功能监管理论提出不同区域金融组织、金融产品存在不同的形态,并且随着经济社会的变化发展而无时无刻处于变动中,而金融功能却始终没有脱离金融生成时的概念范畴,如支付结算、资源配置、风险管理、价格发现等。质言之,只要有金融监管政策有所松动或者监管政策过于严格而生的监管规避、监管标准不一而生的监管套利等情形的存在,金融组织的形态、金融产品的类型都会处于持续的变动创新中,而背后所隐含的金融功能却相对稳定。除此之外,功能监管模式不是按照金融机构的具体行业归属,而是按照金融机构所从属的业务类型及其所发挥的功能给予回应性监管。是故,采用功能监管模式可以保证金融创新深化过程中跨产品、跨机构、跨市场等金融经营交叉、综合中所生的风险问题得到动态、持续、稳定、一致的监管。

如上所述,功能监管模式明显是针对传统机构监管模式在综合经营监管中存在

---

① 张晓红:《银行证券保险业监管比较》,载《山西高等学校社会科学学报》2012年第9期。

的不足而提出的新样态的监管模式,是对机构监管的补充而不是替代,并且机构监管和功能监管分别是从不同的维度来防范、化解和处置金融风险。值得注意的是,尽管机构监管模式在混业经营的监管中彰显出自身在风险监管上的缺漏,但"无论金融机构从事何种业务,要判断该机构的财务状况,就必须把包含所有业务的整体作为考察对象"。① 全覆盖的金融监管需要将金融机构作为一个企业整体来系统把握和管理其存在的财务风险,所以"在未来的监管框架中,机构监管将是一种'纵向'的监管,即对一家金融机构从生到死的全程监管",②以避免单一金融机构风险的滋生与蔓延。同时,功能监管模式作为填补机构监管模式缺陷的一种"横向"监管机制,其更大程度上是针对金融综合经营发展中隶属于不同具体金融行业的金融机构开展跨业务经营的行为进行监管,尤其是要为从事具有功能同质性业务、提供具有功能同质性产品的金融机构提供统一的监管标准和法律规则,即"凡是同一种功能的金融业务无论由哪个机构从事,都按照同一的标准接受平等的监管",③以防止监管套利、保证监管公平。值得注意的是,"'功能监管'有其内在的某些缺陷,例如可能会因为金融产品的法律定性模糊而影响监管活动的效率以及忽略金融市场的整体风险和偿付能力,为此应当引入一种所谓的矩阵方法,基于金融业务的经营目标的需要对金融机构实施'功能监管',而基于审慎原因则对金融机构适用'机构监管'"。④ 总之,功能监管能够与现行以机构监管为核心的金融监管法制相融合,并且机构监管与功能监管也必须分别在纵横两层面相互交织,共同形成一张维护金融机构、金融市场稳定的监管法制"安全网"。

(二)"功能监管"如何有效融入现行金融监管法制

既然功能监管能够与现行以机构监管为核心的金融监管法制相融合,重点即是如何以更有效的方式融入其中。鉴于机构监管是中国现行金融监管法制的抽象表达,具体表现为"一行三会"(现已改为"一行两会")对银行、证券、保险及信托等行业的在监督管理权限上的分工与协调,因而功能监管与中国现行金融监管法制的融合,即是功能监管如何融入中国现行机构监管法制中。值得注意的是,功能监管融

---

① 杨惠:《机构监管与功能监管的交错:美国 GLB 法案的经验》,载《财经科学》2007 年第 5 期。

② 王兆星:《机构监管与功能监管的变革——银行监管改革探索之七》,载《中国金融》2015 年第 3 期。

③ 顾海峰:《基于金融混业视角的金融监管创新路径:功能监管论》,载《金融理论与实践》2010 年第 10 期。

④ 黄韬:《我国金融市场从"机构监管"到"功能监管"的法律路径——以金融理财产品监管规则的改进为中心》,载《法学》2011 年第 7 期。

入中国现行以“一行两会”为核心的机构监管法制的方式或路径还与金融结构存在紧密的关联。因而,功能监管理念对中国现行金融监管法制的融入,除需要具体分析中国具体的金融监管法制结构以外,更重要的是需要结合中国金融市场结构、金融产品结构等金融结构的现实来探寻具体的路径与方法。

在严格的“分业经营、分业监管”阶段,商业银行、证券公司、保险公司等金融机构分别在银行业、证券业、保险业内部从事业务经营,根本不存在彼此之间的业务交叉、相互持股等混业经营的事实,因而“一行两会”即机构监管的监管部门,同时也是功能监管的监管部门。功能监管与机构监管本身就是重合的概念而不是彼此割裂的。质言之,严格执行“分业经营、分业监管”阶段的机构监管就是功能监管,功能监管就是机构监管。然而,随着跨产品、跨机构、跨市场化综合经营的展开,金融控股公司的出现彻底打破了传统分业经营的界限,而“金融产品的交叉销售、资管产品的相互投资以及相互提供基础性金融服务”①等行为也使不同类型金融机构,以及金融机构与金融市场之间的关系变得紧密与难以厘清,此时分业性的机构监管模式已经难以对混业性的金融经营模式相适应,或者说此时的机构监管与功能监管已经不是同一概念。总的讲,金融经营从“分业”向“混业”的转变使原本同一机构监管与功能监管在实践上形成了分离,即机构监管真正成为以金融机构为监管对象的监管,而功能监管便以内嵌功能属性的金融业务作为监管对象。

一是从传统商业银行、证券公司、保险公司机构彼此的独立到金融控股公司的出现,此时机构监管的内涵已经与分业经营时期明显不同,现在它开始以组织体这一整体角色来考察风险控制,尤其是资本、财务风险的控制,因而采用的具体监管方式是并表监管;二是随着不同金融机构在金融体系内部所享有地位或系统重要性产生差异,金融监管机构开始对不同类型的金融机构,尤其是系统性重要金融机构实施更为严格的监管。就功能监管角度而言,在综合经营阶段功能监管已经与机构监管彻底分离,主要是对具有经济功能实质相同或相似的金融业务、金融产品进行统一、公平的监管,当然,这是建立在不同类型金融机构开始跨产品、跨机构、跨市场开展金融业务活动的基础之上。是故,综合经营阶段的机构监管已经与分业经营阶段的机构监管具有了不同的内涵,而功能监管也已经开始与机构监管分离而独立存在,所以功能监管要融入中国现行以“一行两会”为核心的机构监管法制需要结合金融结构变迁所引发的机构监管、功能监管内涵的变化着手。

---

① 巴曙松、沈长征:《从金融结构角度探讨金融监管体制改革》,载《当代财经》2016 年第 9 期。

具体落实到中国以“一行两会”为核心的金融监管体系的变革，就是需要继续在审慎监管理念的指引下，进一步拓展机构监管的范围和提升机构监管的有效性，重点对金融控股公司、系统性重要金融机构实施严格的机构监管，同时对不同重要性的金融机构实施不同监管程度的监管。功能监管对中国以“一行两会”为核心机构监管体系的融入则是在调整机构监管范围和程度的基础上，强化对跨产品、跨机构、跨市场的金融业务行为的监管，重要的是对具有经济功能实质相同或相似的金融业务、金融产品提供统一的监管规则，使不同金融机构从事同种金融业务的行为接受整齐划一的监管。从金融监管组织体系的角度来讲，就是要强化中国人民银行对金融控股公司、系统性重要金融机构的监管权力，而银保监会、证监会的监管改革则可以在统一规则的基础上在机构内部进行组织结构的调整，提升负责功能监管职能部门的地位，同时按照业务属性来划分各自金融监管权限，当然，这还需要国务院金融稳定发展委员会在宏观层面发挥好信息互通、监管协调、监管问责等职责。不同金融监管部门分别按业务或产品功能进行监管权限的划分带来的是被监管部门负担的增加，并且创新所带来的业务界限模糊、结构化产品的功能符合性将继续导致监管冲突，因而更为彻底的改革即是实现银保监会、证监会等金融监管部门的合一，重新实现机构监管与功能监管职能共同归属于一个金融监管部门，并与中国人民银行、金融稳定发展委员会形成有效沟通协调的金融监管体系。

（三）融入“功能监管”后金融监管法制权利维护效能增强

中国现代金融监管法制是“以风险为本”的审慎性机构监管法制，并且机构监管模式始终是以维护单一金融机构稳定为核心的风险防范处置体系，因而有关金融机构的资本充足率监管、杠杆率监管等审慎监管指标设计对金融领域消费者权利所提供的保护仅仅具有间接附带功能，即使是具有存款人保护作用的“存款保险制度，其直接目的也是为了预防银行挤兑，而非存款人利益保护”。① 现行的机构监管模式以对金融机构安全稳定保护为侧重点，而对金融领域之消费者仅仅具有间接的传导性保护作用，同时随着跨产品、跨机构、跨市场等综合经营的发展趋势，机构监管在金融领域之消费者保护功能也随着对金融机构安全稳定维护的失效而减弱。具体来讲，在机构监管模式下，不同的金融监管机构仅对其批准设立的金融机构，以及该类金融机构所从事的业务经营行为给予规则设定与具体监管上的回应，这便导致那些从事具有经济实质功能相同业务或设计、销售具有经济实质功能相同的金融产品

---

① 周仲飞：《银行法研究》，上海财经大学出版社 2010 年版，第 406 页。

的不同金融机构仅仅需要遵循其所对应监管机构的监管规范。因不同金融监管机构所制定监管规则、监管标准的差异，“不同机构所面对的合格消费者的认定标准和准入门槛参差不齐、消费者保护标准莫衷一是、投诉和纠纷处理机制各行其是”，①金融领域的消费者也将因所购买金融产品或享受金融服务监管机构的差异而不能获得与其他金融监管机构所监管同质性金融产品或服务同等的保护。从金融监管机构或金融机构角度来看，现行机构监管因无法适应综合经营而形成监管套利、监管竞争、监管重叠、监管真空等问题，而对于金融领域的消费者保护而言，机构监管所带来的是购买同质性金融产品或服务的消费者不能享有一致、同等的权利保护。

功能监管恰恰是针对混业经营格局下因机构监管而带来的监管重叠、真空、竞争、套利等问题提出的新型金融监管理论，“功能监管根据各金融业务监管机构最熟知的经济功能来分配法律权限，以功能为导向的金融监管体系职责明确，大大减少了监管职能的冲突和监管盲区”，②可实现同质性金融产品或业务监管规则制定、监管执行和司法裁判标准的统一。同质性金融产品或业务监管规则制定与执行上的统一所带来的不仅仅是金融领域消费者权利保护的公平性，同时也为从事经济功能实质相同金融业务或提供经济功能实质相同金融产品的金融机构提供了平等竞争的监管规则，在一定层面上讲也是对金融机构公平竞争权利的维护，不会因为自己所属监管机构的差异而须遵守相异的金融监管规则。总体来讲，将功能监管理念融入现行以“机构监管”为核心的金融监管法制之中，既可以使机构监管对金融领域消费者间接保护作用有效发挥，还可以通过规则差异与统一的均衡直接强化对金融领域消费者权利的维护，同时也可在一定程度上打破行政垄断，促进隶属于不同金融监管机构之金融机构公平竞争权利的实现。

三、融入行为监管理念型金融监管法制的权利维护指向

行为监管作为一种新兴金融监管模式，其对机构监管、功能监管等监管模式既有承继又有发展。其中，最为重要的是，行为监管系从监管目标而不是监管方式角度出发，这也就决定了目标性的行为监管落实到金融监管法制实践中必然要面临机构监管偏向与功能监管偏向的难题。③ 然而，事实并非如此，“从机构维度来看，在

① 董新义：《以功能性规制为基础构建金融消费者保护法》，载《国家检察官学院学报》2016 年第 6 期。

② 倪旸等：《功能监管——我国金融监管的必由之路》，载《未来与发展》2002 年第 5 期。

③ 参见焦瑾璞：《构建中国行为监管体系研究》，中国金融出版社 2015 年版，第 48 页。

理论或监管制度表述上仅仅体现审慎监管机构存在的国家，本质上行为监管内涵是始终存在的”，[1]同时在金融综合经营的背景下行为监管呈现出偏向功能监管的趋势，因而行为监管与机构监管、功能监管均具有一定的融合交叉性。其中，存在的最大差异是，机构监管模式之下的行为监管理念是隐含其中的，其重点关注的是以金融机构持续、稳健运营为重的审慎监管；而功能监管模式之下行为监管理念已经从隐性向显性转变，其重点关注的是金融机构业务或产品及其功能对交易对手、竞争秩序与市场诚信的影响，并且“行为监管的政策制定与规则设计不以机构监管的类型为依据，而是更多围绕金融产品的基本功能来进行”。[2] 因而，行为监管与机构监管、功能监管均具有一定程度的契合性，只是与功能监管具有更大程度的契合性。

（一）机构监管模式下行为监管功能化的金融监管法实践

传统商业银行与证券公司各自功能定位与所提供金融产品或服务特征的殊异，导致金融监管机构对商业银行的监管更多采用以资本、财务监管为重的审慎监管手段，而对证券行业的监管则主要采用行为监管的方式。[3] 然而，以审慎监管为主的银行监管并不代表商业银行监管中不存在行为监管适用的可能与现实，以行为监管为重的证券监管也并不表明证券公司的监管不需要审慎监管。事实上，传统商业银行监管规则设计除了充分利用资本充足率、拨备覆盖率、流动性比率等资本量化指标和财务测算指标之数据定量分析的标准化审慎监管，也涵括了不少以监管商业银行业务经营行为为侧重点的行为监管规则，正如原银监会为了规范商业银行的服务收费、信息披露等问题而颁布了《商业银行服务价格管理暂行办法》《商业银行信息披露办法》等行为监管规范，同时在反洗钱、支付结算、银行同业、征信管理等领域金融监管法中的部分规则也从不同程度、不同侧面体现了行为监管的理念。

随着金融创新的发展，商业银行设计了诸多样式繁多、结构复杂、风险不一的保本、非保本及结构化的银行理财产品，并且越来越具有贴近客户和直接融资的特征，除此之外还积极与信托、保险、证券公司展开跨业合作，这使银行业更加需要行为监管理念的引入和规则的设计，以规范银行业金融机构金融产品或服务的开发设计与推介销售行为，以保护消费者、维护竞争秩序和维持市场诚信。对此，中国人民银行、原银监会在《商业银行法》《银行业监督管理法》等银行基本法对包括存款人在

---

① 冯乾、侯合心：《金融业行为监管国际模式比较与借鉴——基于“双峰”理论的实践》，载《财经科学》2016 年第 5 期。

② 焦瑾璞：《构建中国行为监管体系研究》，中国金融出版社 2015 年版，第 47 页。

③ 参见廖岷：《对危机后银行业“行为监管”的再认识》，载《金融监管研究》2012 年第 1 期。

内的银行客户合法权益进行保护的基础上，结合银行业金融机构所开展的银行卡业务、理财产品、代理销售保险等业务，先后发布了《银行业消费者权益保护工作指引》《银行卡业务管理办法》《关于印发银行业金融机构消费者权益保护工作考核评价办法（试行）》等多项具有针对性的部门规章或规范性法律文件，以更好地保护银行领域消费者的合法权益。值得注意的是，面对银行业金融机构的跨产品、跨机构、跨市场的综合经营行为，中国人民银行和原银监会所发布的系列规范性文件均体现了行为监管的理念。同时，对不同类型金融产品或服务法律属性、法律关系的认定及其监管是从功能而非机构的角度进行展开，体现了功能监管的理念，如"在商业银行代销基金、保险的监管安排中，其代销行为需要分别满足证监会关于基金代销和保监会关于保险代销适用于包括商业银行在内所有代销商的有关规定，实现了对同一业务标准统一的功能监管"。①

如上所述，机构监管模式之下，审慎监管是银行业金融机构监管的主要方式，但行为监管依然存在，并且随着金融综合经营的展开，行为监管的重要性越发凸显，并逐渐从理论落实到制度实践中，同时在行为监管规则的设计中内含或体现着功能监管的理念。然而，值得注意的是，"功能监管的原理和方法其实并非为'混业经营'所独有，在金融'分业'的环境中，我们也可以发现功能监管的踪影"，②同时还深深地体现出行为监管的理念与方法，而这集中体现在证券行业的监管之中。证券监管中有关功能监管理念的落实集中体现在"证券"范围的界定与界定方式中，无论是中国将"证券"表达为股票、债券及国务院认定的其他类型的证券，还是美国通过列举加"投资合同"兜底的定义方式，均在一定程度上反映、彰显着功能监管的理念。尽管国务院尚未认定过其他任何类别的证券，但是并不代表没有认定其他类证券的一些标准，并且学界、业界和监管层都倾向于选择美国那种"投资合同"兜底的认定标准。《美国证券法》中"投资合同"的豪威认定标准（金钱投资于共同事业、通过他人努力、期待获得利益）实际上是从"投资合同"的功能预设中予以设定的，只要符合此项功能标准即属于"投资合同"。另外，行为监管理念还深深地扎根于证券监管法的每一个角落，作为证券监管法两大支柱的信息披露规则和反欺诈条款无不反映着行为监管的理念，其中对证券销售、交易行为的公开规制，以及对内幕交易、操纵市场、虚假陈述等证券违法违规行为的认定都是行为监管理念制度化实施的集中体现。

---

① 王兆星：《机构监管与功能监管的变革——银行监管改革探索之七》，载《中国金融》2015年第3期。

② 盛学军等：《全球化背景下的金融监管法律问题研究》，法律出版社2008年版，第219页。

就保险行业而言,“保险作为特殊的金融产品,从诞生开始就被要求其市场行为价值必须以诚信为基础,必须体现社会保障利益、保险消费者利益”,[①]因而《保险法》自始至终都隐含着行为监管的理念,尤其是对保险销售行为的规定、对投保人如实告知义务的设定及“最大诚信原则”的确立等,但缺乏系统而完整的行为监管规定。随着《保险法》修订完善,尤其是被保险人法律地位的明确、免责条款的另行说明和“告知义务中弃权、禁止反言规则的引入以及重大性标准的确立”[②]等无不体现着《保险法》对保险领域消费者合法权益的保护,同时这也是行为监管理念开始植入《保险法》的具体规则落实。深入地讲,“保险市场行为监管则是针对保险经营活动过程中的各项活动进行监督管理,包括保险机构的设立、高管人员的任职资格,以及对保险费率、保险条款、保险资金运用和保险服务等经营行为的监督管理”。[③] 值得注意的是,随着具有复杂性、难以理解性特征之结构化投资连接险、万能险、分红险等新型保险产品的开发设计与销售,《保险法》中对保险公司应承担的传统性告知义务、说明义务等已经不能适应保险市场创新发展对保险领域消费者合法权益保护的需要,因而须在传统义务的基础上进一步强化保险公司在保险产品或服务之开发设计、推介销售中的义务。目前最为重要的是,彻底“将行为监管的思想嵌入保险交易法律关系以及有关协议文本之中”,[④]以强化保险公司对保险产品或服务购买者所应承担的信义义务,继而更为全面有效地维护保险领域消费者的合法权益。

(二)融合功能与行为监管的权利维护型金融监管法制

在金融创新、综合经营的语境下,中国既往以机构监管、审慎监管为重的监管模式需要向兼顾功能监管、行为监管的综合性监管模式转变,其中功能监管可规制因机构监管漏洞而带来的监管套利行为,而行为监管则被用以填补审慎监管所不能直接规范的侵害消费者合法权益的行为,形成彼此间的结构功能性互补。深入地讲,功能监管旨在为经济实质相同或相似的金融产品或服务及其功能制定统一性的金融监管规则,以规制因机构监管漏洞而带来的监管套利行为,“进而实现提高市场效率、促进公平竞争等行为监管涵盖的目标”。[⑤] 另外,行为监管还欲通过规范提供金融产品或服务之经营者之开发设计、推介销售及内部控制等经营行为来弥补单一审

① 赵芳喜:《保险市场行为监管与消费者权益保护研究》,载《中国保险》2012 年第 11 期。

② 胡晓珂:《保险法二次修订之理念与路径选择》,载《法商研究》2009 年第 6 期。

③ 赵芳喜:《保险市场行为监管与消费者权益保护》,载《中国保险研究》2012 年第 11 期。

④ 焦瑾璞:《构建中国行为监管体系研究》,中国金融出版社 2015 年版,第 137 页。

⑤ 王兆星:《机构监管与功能监管的变革——银行监管改革探索之七》,载《中国金融》2015 年第 3 期。

慎监管直接维护金融领域消费者合法权益方面的缺失。其中,审慎监管与机构监管均是以金融机构监管为中心,而功能监管与行为监管所共同面向的监管对象均是金融机构所开展的业务、所提供的产品或服务,同时行为监管是功能监管的发展与延伸。其中,最大的不同是,功能监管依然是以维护金融稳定,尤其是整个金融体系的稳定为直接目标,而行为监管的直接目标则是直接维护金融领域消费者的合法权益。

从机构监管模式向兼顾功能监管模式的金融监管法制转变可以从传统的单一机构稳定维护向维护单一金融机构和整个金融市场的共同稳定转变,而从机构监管模式向兼顾功能监管模式转变的背景即是原本处于分业经营的金融机构开始开展业务合作、持股交叉、业务混合等综合经营活动,金融综合经营在中国最典型的表现即是金融控股公司的出现与资产管理产品的风靡,另外还包括银行同业业务与委外投资的盛行。传统的机构监管或许在金融控股公司的监管中依然可以发挥作用,毕竟其还是通过法人隔离的方式一定程度上阻止了金融产品或业务的交叉融合,但机构监管对跨产品、跨机构、跨市场的金融产品或服务的综合经营实在无能为力,此时功能监管模式便呼之欲出。从理论上讲,机构监管模式与功能监管模式相融合的金融监管法制应该能够维护单一金融机构和整个金融市场的共同稳定。然而,事实并非如此,"2008 年次贷危机表明了行为监管的失效,个人贷款质量的大面积恶化也会影响金融稳定,导致金融危机",[①]因而用以维护市场竞争秩序、市场诚信,以及维护金融领域消费者合法权益的行为监管必须被纳入到金融监管法制体系之中。

行为监管并不是与功能监管,尤其是与机构监管处于同一维度的对应性概念,真正与之对应的是审慎监管。如上所述,传统的微观审慎监管是"以风险为本"的监管,并且是面向单一金融机构的,与传统的机构监管存在相似之处,而功能监管则与新兴的宏观审慎监管一道防范整个金融体系可能存在的风险。其中,宏观审慎监管依然具有负责监管金融机构的倾向,而行为监管则与功能监管共同用以规范调整金融产品或服务,以及以金融业务行为为主的金融机构的经营行为。当然,这不是绝对的,如行为监管依然会对金融机构的内部控制行为进行规范调整。值得予以特别关注的是,行为监管理念的提出已经彻底突破了传统的直接维护单一金融机构和整个金融体系稳定的目标,而是站在金融领域消费者合法权益、竞争秩序和市场诚信维护的角度来规范金融机构的经营行为。行为监管理念之所以被提出或者是从隐性向显性转换(行为监管未被提出之前,事实上也存在体现行为监管理念的法律规

① 孙天琦:《金融业行为监管与消费者保护研究》,中国金融出版社 2017 年版,第 1~2 页。

范),重要的原因是跨产品、跨机构、跨市场等综合经营行为的开展,尤其是资产管理产品、银行同业业务、委外投资的发展与盛行,机构监管不能够为具有经济实质相同或相似的金融产品或服务提供统一的规范,同时规范的差异性又会进一步导致合格投资者认定、金融产品风险评估、风险收益测算、提前退出惩罚等标准的不同,这便导致金融机构监管套利行为的发生、金融机构间竞争的非公平性,以及金融领域消费者保护的非一致性、非平等性等问题。是故,在金融综合经营的时代背景下,采用机构监管模式之下的中国金融监管法制需要首先采用功能性的金融监管模式,实现经济实质相同或相似的金融产品或服务获得相同法律规范的调整,而后就是需要严格规范金融机构的内部控制、金融产品开发设计与推介销售等经营行为,从而防止金融监管套利,维护竞争公平与消费者合法权益,最终实现单一金融机构乃至整个金融体系的安全稳定。面对金融综合经营的发展大势,以机构监管、审慎监管为侧重点的金融监管法制需要向融合功能监管、行为监管为一体的综合性金融监管法制转换,最为重要的是要把维护金融领域消费者权利、公平竞争及市场诚信等提升到监管立法目的的地位,并具体落实到金融监管法的具体条款之中,形成一种内含行为监管理念的权利导向型金融监管法制。

四、权利导向型金融监管法制构建的路径与结构化体系

中国金融监管法制经历了从控制导向型向兼顾合规导向、风险导向和权利导向的综合型金融监管法制转换,并且其权利维护倾向愈加凸显,如金融领域逐渐向民营资本开放、普惠金融理念走向实践及金融领域消费者合法权益的保护等。值得注意的是,权利被维护的对象已经从单一的金融服务供给主体向兼顾金融服务接受主体转变——传统上主要是从金融监管机构与金融服务机构之间关系的角度来看待权利维护问题,而新兴的监管模式开始将金融服务对象纳入其中,形成了金融监管机构、金融服务机构、金融服务对象三方法律关系来分析金融服务对象或金融服务接受者的权利维护问题。其中,金融监管机构与金融机构之间法律关系主要是赋权金融监管机构对金融机构进行监管,以维护金融体系的安全稳定,而金融机构权利的维护主要是通过金融市场准入门槛降低、行政法之“控权”机制的建立等。金融监管机构、金融服务机构、金融服务对象之间三方法律关系的构造,主要是为了矫正金融服务机构与金融服务对象之地位、能力等不平衡的问题,以更好地维护金融服务接受者的合法权益。因而,权利导向型金融监管法制的优化完善主要是从后一种意义上来讲的,即通过调整金融服务提供者与金融服务接受者之间不平等的金融服务

关系来达到维护金融服务接受者，尤其是金融领域消费者合法权益的目的。既然权利导向型金融监管法制已经与传统的以维护金融安全稳定为目的的金融监管法存在差异，那么其监管立法路径、整体构造是否与传统的金融监管法存在差别呢？究竟应该选择什么样的立法路径？立法路径选择需要考虑哪些因素？是否应该从法律关系的角度入手实现权利导向型金融监管法制的系统性构建？

（一）权利导向型金融监管的立法路径选择

以金融产品或服务为核心的金融结构的发展演变带来了权利导向型金融监管法制结构的适时调整，同时不同国家或地区彼此间的相互学习带来了金融结构与权利导向型金融监管法制结构的趋同。值得注意的是，即使不同国家或地区彼此间的模仿导致趋同，但依然会保留自己的特色之处，并且“由于监管体制不可避免地受到各国的政治、文化、历史传统等复杂因素的影响，其实现方式可能多种多样”。[①] 质言之，尽管金融整体上呈综合化的发展态势或者说向“大金融”演进，但以直接金融为主的美国及其权利导向型监管法制变迁与以间接金融为主的日本及其权利导向型监管法制变迁却呈现出不同的具体样态，因而我国需要借鉴经验和融合金融综合经营大趋势的同时，更要结合自己的金融环境、历史传统等因素来选择我国权利导向型金融监管法制的构建路径。

以直接金融为主的美国权利导向型金融监管法表现为《美国证券法》与《美国证券交易法》相对于《美国银行法》更加发达、更加完备，也更具体系性。此时美国金融市场的综合化发展与创新更多地体现在证券交易委员会的监管领地之外的区域，如银行、期货市场领域，并且随着银行、期货领域产品或服务的创新，证券监管机构与银行、期货监管机构之间发生了诸多矛盾与冲突。就金融产品或服务创新的角度而言，美国证券监管法律对“证券”的认定极富延展性，这在一定程度上导致证券监管机构范围内的市场主体难以获得更为广阔的脱法空间，因而创新也就主要集中在除证券领域之外的其他金融领域。当然，银行领域的金融创新也在一定程度上源于证券领域的产品或服务创新所致“金融脱媒”而带来的存款流失和竞争力下降等问题或者说证券领域的金融创新也以自己的方式进行，只是没有银行领域那么显眼。另外，从美国此次“次贷”危机的名称及其发生根源——次级住房抵押贷款就可以看出风险起始于银行信贷领域。转换视角，从权利导向型金融监管法制的创新性构建来看，更多地体现在银行、期货等领域，而证券监管法律的完善则主要是依靠对《美

① 张晓东：《金融监管体制现代化探索：缘起、逻辑与展望》，载《金融理论与实践》2016 年第 9 期。

国证券法》与《美国证券交易法》的解释与补充。值得注意的是,与传统银行监管法以维护银行稳定为侧重点不同的是,《美国证券监管法》本来就是以投资者权利为侧重点,所以美国权利导向型金融监管法的创新性构建主要体现在信贷、储蓄、支付、债务催收等与银行业务相关的领域。比如《多德—弗兰克法》赋权设立的金融消费者保护机构,其负责统一执行过去30年间陆续颁布的"26部法律中,与消费者金融权利直接相关的有21部",①并且这21部法律主要与银行领域的业务有关。当然,证券监管法律对投资者权利保护的深化与制度创新也未停止,其中对投资者保护最大的制度创新就是填补传统信息披露和反欺诈规则缺失的投资者适当性原则。与以直接金融为主的美国相异的是,以间接金融为主之日本金融综合化发展及其权利导向型金融监管法制的变迁却走出了不同的路子。日本权利导向型金融监管法制的更新与完善主要是从金融产品或服务及其开发设计、推介销售等的横向规制展开,这具体体现在对经济功能实质相同之金融产品或服务适用统一性监管,实现业务规制的总括化和横断化,②同时也结合金融产品或服务的权益类、债券类、衍生类及综合类等具体类型给予差异灵活的监管规则设计。在金融产品或服务的推介销售中,推进金融机构说明义务的强化,引入适当性原则、未邀请劝诱的禁止等投资劝诱规制、投资广告规制等。③ 当然,美国与日本在权利导向型金融监管法制的构建中,银行、证券、保险等具体金融领域都以各自的方式向前发展,只是在市场结构、金融监管法制状况等方面的差异,导致其各自具体立法进路或侧重点有所差异而已。

作为一个以间接金融为主的国家,中国权利导向型金融监管法制的构建路径是否需要照搬照抄与自我金融结构相似的日本,还是需要学习同样是采用分业监管框架的美国,形式的对比并不具有实在意义,重点是需要分析中国目前金融综合经营的具体表现,即金融控股公司的出现、资管产品的盛行、银行同业业务和委外投资的发展等,同时还需要对照我国现行的金融监管法律的境况,分析其解决当下金融综合经营问题的能力。强化对金融控股公司的监管或许还相对容易,但对于跨产品、跨机构、跨市场的金融综合经营现实,或许应采用功能监管的路径——实现金融商品或业务的横向统合性规制,结合金融商品风险收益的具体属性来制定灵活差异的

① 唐应茂:《金融消费者有什么权利?——也谈美国2010年〈消费者金融保护法〉》,载《比较法研究》2013年第4期。

② 参见庄玉友:《日本金融商品交易法信息披露制度研究》,人民出版社2010年版,第19页。

③ 参见许凌艳:《金融监管法制比较研究:全球金融法制变革与中国路径选择》,法律出版社2016年版,第35页。

监管规则，同时对金融商品的开发设计、推介销售行为进行规范，尤其是要引入金融适当性原则来保护金融领域消费者的合法权益。值得注意的是，尽管面向现实是法律回应性的典型变现，但还需要具有一定的前瞻性，尤其是随着我国信贷市场从单一向多层次发展，并且信贷产品的类型越来越多、结构越来越复杂，而我国既行的银行法却存在适用领域狭窄，难以统领整个银行业监管的问题，因而需要针对银行业领域消费者保护问题探寻新的解决方案。美国的解决方案是通过制定具有组织法属性的《多德—弗兰克法》赋权设立金融消费者保护局来执行已经存在的与金融领域消费者保护相关的法律予以实现的。既然我国银行领域消费者权益保护法律法规的制定刚刚启动，不像美国那样已经制定了 26 部与金融领域消费者保护相关的法律，那么具有制度后发优势的我们可以借鉴证券领域有关消费者保护的经验，即将金融产品从大的分类上分为信贷类与投资类，而后进行统合性的横向规制，同时对金融商品的开发设计、推介销售行为进行规范，最后制定真正协调统一的权利导向型金融监管法。另外，权利导向型金融监管法的塑造还需要处理好与传统金融监管法制的关系，从眼前来看，最重要的是，对现行金融监管法尚未给予有效监管的金融工具或产品先行监管好，而后是处理好其与现行金融监管法的协调融合问题，最后实现“大金融”统合监管法的优化设计。

（二）权利导向型金融监管的法律结构体系

较之于以往的任何类型的金融监管法制形态，权利导向型金融监管法制已经超越传统的仅仅对金融监管者与金融服务者二元结构关系进行规定，开始向涵括金融监管者、金融服务供给者与金融服务接受者在内的三元结构关系转变，并且不同主体之间的权利义务结构关系也发生了变化。正如传统金融监管法制主要是对金融监管机构监管权力、监管措施等内容进行规定，同时也以强制性规定的方式规定金融服务机构所应承担的义务，并且金融机构所承担义务的对象主要是金融监管机构。值得注意的是，尽管新兴权利导向型金融监管法制也囊括了传统金融监管法制的内容，但其还规定了金融服务提供者与金融服务接受者之间的权利义务关系，并且为权利义务关系的设定提供了底线性的监管标准。此处所言底线性监管标准主要不是效力性强制规定而是管理性强制规定，并且违反底线性监管标准的后果不是合同是否有效的问题，重点是要接受金融监管机构的处罚，并对金融服务接受者承担法定的赔偿责任。显然，权利导向型金融监管法制的创举即是金融监管机构通过介入金融交易双方的法律关系之中来矫正金融交易双方地位不平等的问题。金融交易双方地位不平等问题的解决主要是从金融服务提供者主体资格、行为的限制，金融服务接受者资格认定、类型划分，以及金融产品或服务行为法律属性的厘清等，即从金融法律关系的主体、金融法律关系的客体及金融法律关系的内容三个角度予以具体展开。如此，中国未来权利导向型金融监管法制应该划分为金融主体法、金融行为法和金融商品法三个层次。

1. 金融主体法层面

金融主体法主要对金融服务机构准入、运营和退出进行规定，对金融监管组织的主体设置、权限范围、执法机制等进行规定，以及对金融服务接受者的资格认定、类型划分等进行规定。其中，与权利导向型金融监管法制最为相关的首先是金融服务接受者主体资格的认定与类型的划分，金融服务接受者获取金融服务并不是没有条件限制的，而条件限制的设定并不是剥夺其金融参与权、金融服务获取权，更为重要的是要保护好金融服务接受者的财产安全权。美国次贷危机已经表明，过度的金融参与将会导致传统上被排斥在金融服务范围外的弱势群体彻底走向“赤贫”。金融服务获取条件的限制需要从金融服务接受者的收入水平、专业知识、投融资经验、还款能力等角度予以设定，并结合这些标准对金融服务接受者进行类型划分，以保证其接受适合其自身的金融产品或服务。其次是金融消费者保护机构的设置及其权利范围的设定，金融消费者保护机构与审慎监管机构之间究竟是隶属关系，还是独立性的并列关系，以及金融消费者保护机构在机构准入、业务准入、高管准入等方面的权限范围等，均会对其保护金融消费者的能力、行为方式产生影响，①因而有必要将内置于“一行两会”的消费者保护机构独立出来，并通过立法赋予其权力，以更好保护金融消费者的合法权益。最后是金融服务机构市场准入门槛的高低与否、市场运营的审慎与否，以及退出机制的市场化程度，都会间接地影响到金融领域消费者保护的水平与程度。

2. 金融行为法层面

金融行为法主要是对金融产品或服务的推介销售等进行规定，事实上这主要是从金融交易合同监管的角度予以展开。金融服务接受者与金融服务提供者强弱之法律地位的差异决定了金融服务关系的建立需要金融监管机构，尤其是金融消费者保护机构的介入。同时更重要的是，制定金融交易监管法律法规来限制金融服务提供者的权利滥用并适当增加其义务，并且增加金融服务接受者的权利，以矫正金融服务接受者与金融服务提供者权利义务关系的不均衡。具体来讲：一是在传统交易

---

① 参见孙天琦：《金融业行为监管与消费者保护研究》，中国金融出版社2017年版，第109页。

法基础之上，通过准确设定金融服务机构所应承担说明、信息披露、风险提示等“义务群”的范围，引入金融适当性原则及无过错或过错推定、举证责任倒置规则的建立来强化具有强势的金融服务提供者的义务。从权利层面来讲，即体现为在法律上明确金融领域消费者应享有的知情权、财产安全权、公平交易权及受教育权等权利。二是在金融交易合同的签订层面，需要通过示范性合同或者强制性必备条款等底线性金融监管规则的设计来避免金融服务机构利用自己的信息、能力、专业等优势制定或使用增加其权利或限制对方义务的格式合同、条款等。总之，金融服务机构义务的增加、金融领域消费者权利的明确、底线性金融监管规则的设定，以及金融消费者保护机构的介入等共同构成了具有权利导向的金融行为法的内容。

3. 金融商品法层面

金融商品法主要是对金融产品或服务的开发设计、法律属性、具体类型等进行规定。较之于传统的存贷款产品、股票、债券及保险等金融产品或服务，创新型金融产品或服务之开发设计“运用了精深的科学公式和复杂的科学模型，甚至那些数学出身的经济学家也一时难以了解透彻，大部分华尔街公司也不太明白自己交易的这些复杂的金融产品玄机何在”，更不用说那些缺乏金融知识、投融资经验的消费者了。鉴于作为创新型金融产品或服务开发设计者的金融机构更有能力了解或把握其开发设计金融产品或服务的风险等级、风险节点等，也更有能力有效地防范和控制风险，因而金融商品法有必要明确创新型金融产品或服务的开发设计者负有开发设计风险收益相匹配的金融产品或服务的义务。在此基础上，金融商品法还有必要根据创新型金融产品或服务的风险收益、利润结构等决定其属性的因素，将不同属性的金融商品划分为权益类、债务类、衍生类及混合类等类型，以便分别采用不同的监管规则和实施差异化的监管。

唯有金融商品法对金融产品或服务的法律属性、法律关系予以厘清并规定，才能以此为基础对金融商品的发行与交易行为进行有效监管，继而保护好金融领域消费者的合法权益。结合中国当下资产管理产品、银行同业业务及委外投资等金融综合经营的发展，以及《证券法》《信托法》等金融业基本法律的现状，涵括金融主体法、金融行为法和金融商品法在内的权利导向型金融监管法制的构建，需要以现行《信托法》《证券法》等金融基本法为基础来厘清金融商品属性与范围、规范金融机构及其行为，尤其是以《信托法》为依据来明确资产管理产品的信托属性，以《证券法》的横向拓展来规定金融商品的类型及其发行交易行为，[①]而对银行同业业务及委外投资业务等的监管则需要统一性的银行业法的制定来完成，并最终将其统一到金融行为法的体系之中。尤其需要注意的是，权利导向型金融监管法仅仅属于金融监管法制的一大支柱，以审慎监管为侧重点的金融监管法，其具体涵括金融机构准入、运营和退出等内容，有必要与权利导向型金融监管法相分离，并作为另一支柱共同构成金融监管法的完整体系。

第三节　推进适当性原则在金融消费领域的普遍确立

一、证券领域[②]投资者适当性原则生成的信义理论阐释

"投资者适当性制度的产生发展与其证券创新发展、场外市场的建设发展，以及证券自律组织的权限及职能的发展变化密切关联，但其中最基础的是投资者对证券公司专业信赖的保护逐渐加强"，[③]实践证明投资者对提供或销售具有投资属性的结构化金融产品的商业银行、保险公司等金融机构专业信赖之保护亦是如此。[④] 事实上，对金融服务机构专业信赖之保护是为了更好地维护处于相对弱势地位的投资者或消费者。在金融产品或工具的交易中，具有投资属性的创新型结构化金融产品之投资者，与涵括证券公司、商业银行、保险公司等在内的提供金融服务的组织存在地位上的不对等、信息上的非均衡性，这决定投资者对金融服务提供者之专业信赖具有单方面性。专业信赖的单方面性使投资者与金融服务机构彼此间的法律关系显现出明显的信义关系特征，此时金融服务提供者所应承担的义务也与单方面性的信义义务形成契合。深入地讲，信义关系或信义义务的单方面性决定了投资者权利

---

① 参见季奎明：《论金融理财产品法律规范的统一适用》，载《环球法律评论》2016 年第 6 期。

② 文中所言"证券领域"主要包括新兴的证券投资、银行理财投资、投资性保险等样式繁多的"泛资产管理"领域，但传统的存贷款、股票或债券及保险产品均不是适当性原则的适用领域，因为传统的领域均存在特定的保护制度，如贷款发放标准、强制性信息披露等。尤为值得注意的是，创新型信贷类产品则非常特殊，信贷类金融产品与投资类金融产品存在不同的关键是，各自产品销售与期限截至时，其资金的流向完全是相反的，信贷类的金融产品的购买者需要及时偿还信贷类产品销售者的资金，其中至关重要的是信贷类金融产品购买者是否具备持续偿还能力；二是创新型信贷类产品多元化、结构化、复杂化的发展，越来越难以为借款人所合理有效地理解；三是信贷类产品销售方式的转换，从原先的卖方市场逐步向买方市场转化，面对激烈的竞争，借款机构多采用积极主动的"上门兜售"的方式向社会公众，尤其是被排斥在正规信贷市场之外的人推销其信贷类产品或服务。

③ 张付标、李玫：《论证券投资者适当性的法律性质》，载《法学》2013 年第 10 期。

④ "对于具有投资属性的保险产品，销售者应当履行适当性义务，已经获得相当程度的共识"。参见王锐：《金融机构的适当性义务研究》，法律出版社 2017 年版，第 184 页。

的维护特别需要投资者权利的单方面彰明与金融服务提供者义务的单方面增加，那么作为受托人的金融服务机构则须对作为委托人的投资者负担忠实义务与注意义务。其中，最集中的表现是金融服务提供者对作为金融交易的客体之金融产品与作为金融产品购买主体之投资者合理匹配义务负担。显见，投资者适当性原则实质上是在信义关系或信义义务理论指引下，借助金融产品属性与投资者类型两项核心要素之合理匹配而生成，以实现对投资性金融产品购买者之合法权益进行有效维护的目标。

（一）金融产品属性与投资者类型合理匹配的需要

投资者适当性原则旨在“让适当的投资者参与适当的金融交易，包括买卖适当的金融产品和使用适当的投资手段”。所谓“适当性”是指“金融中介机构所提供的金融产品或服务与客户的财务状况、投资目标、风险承受水平、财务需求、知识和经验之间的契合程度”。① 随着金融创新发展，尤其是金融产品属性的变化、金融产品范围的拓宽、金融产品结构的复杂化，投资者适当性原则得以确立。之所以如此，原因在于金融产品的创新“运用了精深的科学公式和复杂的科学模型，甚至那些数学出身的经济学家也一时难以了解透彻，大部分华尔街公司也不太明白自己交易的这些复杂的金融产品玄机何在”，②更不用说那些缺乏金融知识的投资者了。在传统证券产品的销售中，金融产品销售服务机构只要真实、准确、完整地披露其产品所承载的信息，投资者便会结合自身的客观情况与需求而合理购买适当的金融产品，前提是投资者知道自己适合买什么风险程度或级别的金融产品，并且能够合理有效地理解金融产品的设计结构、交易方式及风险等级等内容。对于涵括具有投资属性的创新性的存款、保险和证券产品而言，由于产品本身的复杂化、抽象性，即使金融产品销售机构根据法律规定进行了信息披露，投资者依然无法知晓其提供金融产品的属性。然而，此时投资者若要投资该类金融产品便需要获得更准确的信息，此时的信息不仅仅是金融产品的信息，而且是要求金融产品能否与其自身能力相匹配的信息。如何才能使金融产品与投资者合理匹配，关键是金融产品信息、投资者信息的充分披露。因此，风险等级不一的金融产品与参差不齐的投资者如何进行有效匹配即是金融机构和投资者共同面对的问题。易言之，此时关键还是如何解决投资者与金融服务机构信息不对称问题，在此基础上便是投资者结合金融产品与自身能力来

① 曾洋：《投资者适当性制度：解读、比较与评析》，载《南京大学学报》（哲学·人文科学·社会科学）2012 年第 2 期。

② 辛乔利：《影子银行——揭秘一个鲜为人知的金融黑洞》，中国经济出版社 2010 年版，第 24 页。

决定购买何种风险等级的金融产品。

在创新性金融工具或产品的推介销售中,金融服务机构和投资者所面临的是“双向”的信息不对称,即金融服务机构不仅不知道投资者的信息,而且投资者亦不知晓金融服务机构所提供金融产品的信息情况。实质上,金融服务机构和投资者间的“双向”的信息不对称隐含着投资者和金融服务机构的知情权都可能受到侵害,如果金融服务机构虚假陈述,侵害的则是投资者的知情权。反之,如果投资者隐瞒信息,侵害的则是金融服务机构的知情权。投资者如果向金融机构真实地告知其财产、专业技能、投资风险等,金融机构可轻而易举地判断投资者的风险承受度,并对其进行有效分层。因此,高风险金融产品的提供者亦负有结合投资者的专业知识、投资经验、风险偏好等因素对投资者进行分类的义务。在此基础上,以便形成投资者风险承受能力与金融产品风险等级的有效匹配。不同类型的投资者对应不同风险的金融产品或服务,在金融产品或服务和投资者自身风险承受度被告知的情形下,投资者可自主选择所欲购买金融产品或服务的类型,这便为投资者购买不同风险等级的金融产品或服务提供了自主选择的空间。当然,在投资者知情权得到彻底保证的情形下,如若投资者不顾金融机构的风险提示依然选择购买不适合其风险承受能力的金融产品或服务,投资者应当承担“买者自负”的风险。投资者适当性原则要求金融机构“充分揭示创新的证券品种特征和交易风险,鼓励具有一定资产和投资经历的投资者参与该项交易,但不禁止或限制投资者参与,对特定的投资者参与高风险金融创新产品,比如前文提到的个人投资者或高龄退休投资者,引导而不是强制其不参与高风险投资,如果其一定要参与,则风险自担”。[①] 总的说,金融产品与投资者的合理匹配分为评估层面的合理匹配与实施层面的合理匹配,前者由金融服务机构进行风险匹配的评估测试,是法定义务,而后者是指金融服务机构进行风险评估和风险提示后,由投资者自我决定是否进行合理匹配的购买,并且此时的合理匹配实为意思自治的范畴,鼓励投资者购买适合其自身的金融产品或服务,但不限制投资者购买不适合其自身风险承受能力的金融产品或服务。

(二)金融服务提供者义务与信义义务的契合

信义义务建立在信义关系的基础之上,并且体现为不对等的单向性权利义务关系。“信义关系下的双方当事人理应互负义务,但信义关系下必然存在一方向另一

---

① 曾洋:《投资者适当性制度:解读、比较与评析》,载《南京大学学报》(哲学·人文科学·社会科学)2012 年第 2 期。

方的权力委托,为了避免权力接受方对该权力的滥用,法律在合同义务之外对权力接受方附加了约束,即信义义务要求。"[①]尽管信义关系中所涵括的义务主要有忠实义务与注意义务两项内容,但"不同的信义关系对受信人的要求也不尽相同,在不同的基础关系下,信义义务进一步衍生出不同的具体义务"。[②] "信义义务是从英美法系的衡平法中发展起来的,最初在信托法领域得以确立,而后被逐步应用到代理法和公司法中,到20世纪,信义义务的适用范围更加拓展,人们认为其能弥补现有财产、合同和侵权制度的不足,在英美法国家的商业和金融交易中作为指引和规范而广为适用。"[③]

在证券领域金融工具或产品的推介销售之中,金融产品或产品的销售者与投资者之间的关系是典型的信义关系。创新性金融工具或产品的复杂结构与难以被理解的特征决定了投资者只能选择对金融工具或产品销售者的专业能力与道德操守进行信赖,将自己本身的风险承受能力之评估交由金融工具或产品销售者进行判断,并向其推荐、销售适合其风险承受能力的金融工具或产品。传统的强制信息披露制度确立的真实意图即是"尽可能地将股票持有者与公司经营者摆平,将买方与卖方放在同一条船上,证券法无意阻止投资者做出坏的决定,它仅想通过披露相关信息来帮助投资者评估证券质量,以及防止公司迷惑投资者"。[④] 然而,既有的强制性信息披露规则已然难以应对瞬息万变的现代金融服务市场,并满足投资者对其提供金融产品或服务信息的了解与把握。即使金融机构对其提供的金融产品或服务进行信息披露,而不作出详细解释的话,投资者依然难以准确理解金融产品或服务的风险等级,以及是否适合自己购买。外加"信息不对称等问题通过证券法反欺诈条款事后救济,被事实证明往往成本巨大且收效甚微",这就使传统的事前信息披露制度与事后的反欺诈救济条款均对创新性金融工具或产品交易之信息不对称问题的解决于事无补。鉴于此,在对专业优势享有、交易成本节约等多重因素的综合衡量下,现代高风险、结构化金融服务或产品的提供、推荐及其销售者负有义务去研究、把握其所提供的金融产品的基本结构,并对其定价标准进行精确计算,而后对其风险收益进行预测和分类评级。除此之外,信义义务还要求金融工具或产品的提供

---

① 倪受彬、张艳蓉:《证券投资咨询机构的信义义务研究》,载《社会科学》2014年第10期。

② 陈学文:《商业银行非保本理财业务的投资者法律保护——以英美法系国家的"信义义务"为借鉴》,载《政治与法律》2012年第7期。

③ 肖宇、许可:《私募股权基金管理人信义义务研究》,载《现代法学》2015年第11期。

④ 高如星、王敏祥:《美国证券法》,法律出版社2000年版,第5页。

者、销售者对其自身提供的金融工具或产品进行风险评估、对投资者的风险承受能力进行测试,继而向投资者推荐或销售适合其风险承受能力的金融产品。从另一个层面来看,在创新性金融工具或产品的推介销售之中,具体还可能涉及信义义务中内嵌的两个核心内容——忠实义务与注意义务。对于忠实义务而言,具体表现为金融工具或产品的销售者必须处理好与投资者的利益冲突问题,不能因为受竞争压力、业绩考核等因素的影响而违反投资者对自己的信赖向投资者披露虚假信息,甚至推荐或销售不适合投资者风险承受能力的金融工具或产品。就注意义务来说,金融工具或产品的销售者富有积极的义务,并以专业的理性谨慎地进行金融产品及其交易结构的设计,同时也要求其对投资者的风险承受能力进行评估时需要体现出其专业的水准,做到投资者风险承受能力与金融工具或产品风险等级的合理有效匹配。总地讲,在创新性金融工具或产品的推介销售中,创新性金融工具或产品购买者"依赖"与金融机构自身专业、技能、经验"优势"的融合,共同要求金融服务机构须对创新性金融工具或产品的购买者负有忠实与审慎的"信义义务",以便为创新性金融工具或产品购买者提供单向性的专业信赖保护。

二、向多层次信贷市场过渡中发生的信贷销售乱象

目前我国以银行业金融机构①为主导的信贷市场正在逐步向多层次的信贷市场转变,②但信贷法律规范的不完备与滞后导致了信贷类产品的设计、销售等环节问题诸多。其中,新兴信贷市场的信息披露不实、欺诈销售等问题更为突出。面对上述问题,我们或许可借鉴境外将"投资者适当原则"拓展适用于信贷类产品推介销售中的实践探索,将投资者适当性原则适用于我国多层次信贷市场建设之创新型信贷类产品的推介销售之中,以解决信贷类产品获取者风险承受能力与信贷类产品风险等

---

① 按照《银行业监督管理法》的规定,银行业金融机构是指在中华人民共和国境内设立的商业银行、城市信用合作社、农村信用合作社等吸收公众存款的金融机构及政策性银行。然而,2014 年 9 月中国人民银行正式发布的《金融机构编码规范》却将银行业金融机构划分为银行业存款类金融机构和银行业非存款类金融机构,其中,前者包括银行、城市信用合作社(含联社)、农村信用合作社(含联社)、农村资金互助社、财务公司,后者包括信托公司、金融资产管理公司、金融租赁公司、汽车金融公司、贷款公司、货币经纪公司。

② "在充分的竞争条件下,今后我国的信贷市场发展方向应该是多层次、多元化的。既有全国性的金融机构也有区域性的和社区型的金融机构;既有存款类的金融机构也有非存款类的金融机构,还有政府支持的开发性金融机构和政策性金融机构。"参见严言:《张涛:信贷市场要多层次多元化发展》,载新浪财经网:http://finance.sina.com.cn/roll/2016-06-12/doc-ifxszmnz7084294.shtml,最后访问日期:2018 年 11 月 14 日。

级不能有效匹配的问题。此举不仅可保护好创新型信贷类产品获取者的合法权益，而且可以避免类似美国那样的次贷危机在我国信贷市场的“粉墨登场”。

（一）正在从单一走向多元的中国信贷市场

在以间接金融为核心的金融服务市场中，银行业金融机构实际上是信贷服务的主要提供者，而消费金融公司、金融租赁公司、融资担保公司及小额贷款公司等新兴信贷机构的信贷供给占比则相对较低，此乃对我国信贷市场的真实描述。我国信贷市场的现实图景所体现的集中性主要导源于金融体制的垄断性设计。垄断性的国家金融内嵌于整体性的经济规划格局中不会出现较大的不适，而随着经济发展自由度的不断提升，对金融机制灵活性的要求必然会越来越高，而由政府集中控制下的银行和其他金融机构便难以与市场性的经济活动进行有效对接，此时集中于私人货币市场的金融活动便行使着满足政府控制之外的货币需求的功能。① 然而，处于政府控制之外的货币市场的金融活动也因为缺乏规范性治理而乱象丛生，非法集资案件的层出不穷即是对金融控制与非正规金融活动散乱无序的回应，形成了金融领域的“治乱循环”。

“长期以来，我国法律主要依赖禁止、限制、打击等命令控制型法律治理模式，规范民间借贷行为。这些传统的法律规制方法在市场经济条件下不能有效引导民间资本优化配置，也难以防范民间借贷可能产生的风险，存在明显的失灵现象，削弱了民间借贷治理的效果。”②然而，自2005年起传统压制性的非正规金融之监管理念与方式发生了微妙的转变，其存在的合理性获得了制度上的认可，并且非公有资本投资方式与渠道得到有效拓宽，非正规金融组织形式获得多样化发展途径。该转变是伴随着2005年国务院《关于鼓励支持和引导个体私营等非公有制经济发展的若干意见》的发布而发生，其规定“允许非公有资本进入金融服务业。在加强立法、规范准入、严格监管、有效防范金融风险的前提下，允许非公有资本进入区域性股份制银行和合作性金融机构。符合条件的非公有制企业可以发起设立金融中介服务机构”，此举对非正规金融的规范与发展提供了政策上的指引。而后，伴随着具体性监督管理规则的颁行，诸多新兴的民间金融组织获得了制度上的许可，小额贷款公司、融资担保公司、农村资金互助社、村镇银行、民营银行等即属此类。值得注意的是，2012年中国人民银行一季度货币政策报告明确提出，“制定和完善相关法律和法

① 参见[美]爱德华·肖：《权力与繁荣》，邵伏军等译，格致出版社2015年版，第107页。

② 岳彩申：《民间借贷的激励性法律规制》，载《中国社会科学》2013年第10期。

规,引导民间借贷规范化、阳光化运作。研究完善非吸收存款类专业放贷人相关法律法规,促进多层次信贷市场的发展”。同时,随着互联网技术的发展,新兴的P2P网络借贷等互联网金融形态获得了2015年中国人民银行会同有关部门联合制定的《关于促进互联网金融健康发展的指导意见》的认可,并且正在积极对不同类型的互联网金融形态制定相应的监督管理办法,如《网络借贷信息中介机构业务活动管理暂行办法》已经得以颁行实施。

(二)多层次信贷市场中信贷类产品推介销售的乱象

目前我国多层次信贷市场正在政策的支持下逐步形成,但与之相适应的金融监督管理法律法规却存在诸多缺漏与不足,并且主要表现在正规金融与非正规金融的合作领域与单纯的非正规金融领域,其中,纯粹的非正规金融领域问题更为突出。前者如“山东多地消费者投诉在中国银行贷款买车,车贷结清之后因担保公司自身经营问题,担保押金一直无法追回的问题。律师认为,担保公司与银行有合作关系,银行对此有一定的审查责任”。[①] 后者如“网贷之家数据显示,截至2015年年底,P2P平台共有3858家,其中问题平台1263家。仅2015年12月,全国P2P就新增问题平台106家,跑路占问题平台比例达到52.83%”。深入地讲,无论从信贷发放控制程序,还是在利率与服务费用设计角度来看,目前我国除传统银行信贷市场监督管理规范相对完备以外,新兴信贷市场均存在监督管理规范缺失的问题。就信贷程序而言,“一些校园借贷平台在个人信息审核方面并不严格,拍照觉得像,并不是本人就能过,协议上采集指纹,只要是手印,不是自己的也能通过”。[②] 从信贷利率角度来看,“纯P2P学生网贷平台年化借款利率普遍在10%~25%,分期付款购物平台要更高些,多数产品的年化利率在20%以上。消费类贷款则较为‘昂贵’,有些分期购物平台的实际年化利率(换算成等额本息还款)可以达到35%及以上”。[③] 值得注意的是,“除了利率口径的确定问题,一个最不容忽略的一点是:除了借款需要支付的利息,借款人还需要面临滞纳金、逾期罚息、提前还款的罚息等等费用。据记者了解,一些平台超过还款日1天至7天,滞纳金为借款金额的1%/天;超过7天为逾

---

① 《中国银行山东汽车贷款被指问题频出 担保押金无法追回》,载凤凰网:http://sd.ifeng.com/a/20160331/4419859_0.shtml,最后访问日期:2018年4月9日。

② 谢伟:《P2P问题平台占比过半 停业、失联、跑路问题依旧》,载搜狐财经网:http://business.sohu.com/20160316/n440570815.shtml,最后访问日期:2018年4月9日。

③ 《校园贷手续费高昂:利率高于信用卡分期》,载融贝网:https://www.irongbei.com/news/industry/452.html,最后访问日期:2018年4月9日。

期,逾期费率为借款本金的2%/天”。①

在多层次信贷市场中,诸种现实问题的凸显,主要是因为缺乏具体的监督管理规范,在此场景之下,各新兴信贷主体存在信贷审查不严、内部风险控制不够规范,甚至存在主观上的信贷欺诈等问题。当然,此处所言信贷欺诈主要表现为信贷发放时信贷类产品信息披露不够明确、诸多结构性的信贷类产品利率设置与服务收费偏高等问题。对于此问题的解决,从根本上讲还是需要有针对性地制定完备的监督管理规范、行为标准及行政指引,并强化不同层次信贷市场主体的自律监管精神与能力。从既有基础性金融法律来看,银行领域法律对机构设立、贷款和其他业务的基本规则、监督管理等制定了相对完备的规范,证券领域的法律主要规定了强制性信息披露的准则与反欺诈条款等内容。事实上,金融行业基本的监督管理规范已经难以应对当下金融领域的创新性实践,因而必须结合金融市场、金融产品等的创新确立新型的监管规则。值得注意的是,金融创新更多集中于资本市场领域而非信贷市场领域,与之相随的是更多监管规则的创新也必然主要体现在资本市场领域。具体就创新性的金融产品而言,无论是样式繁多的理财产品、简单金融衍生产品,抑或是利率、股权、外汇、信用联动型结构化金融产品等,即便此类金融产品的服务者已经及时、准确、完整地披露信息,普通投资者也已经难以对其本质属性进行准确、有效的理解。现代金融产品与服务结构的抽象化、复杂化决定了“仅将公开作为证券法的基础是不够的,由于存在投资者能力有限、非理性投机或证券欺诈等因素,因此必须对资本市场的准入设有某种控制”,②并且“信息不对称等问题通过证券法反欺诈条款事后救济,被事实证明往往成本巨大且收效甚微”。③ 易言之,“法定信息披露制度的事前保护和反欺诈条款的事后救济,都不能解决投资者的‘事中’保护问题”,④“为了平衡保护投资者利益,要求证券市场中介机构(主要指证券经纪商broker-dealer)履行审慎选择投资者的义务,将适当的产品销售给适当的客户”,⑤美国发展出了“投资者适当原则”。

---

① 刘筱攸:《一年打开一万亿市场 现金贷规模暴增大起底》,载证券时报网:http://epaper.stcn.com/paper/zqsb/html/2017-10/23/node_5.htm? openurl=http://epaper.stcn.com/paper/zqsb/html/2017-10/23/content_1052536.htm,最后访问日期:2018年10月23日。

② 李文莉:《证券发行注册制改革:法理基础与实现路径》,载《法商研究》2014年第5期。

③ 张付标、李玫:《论证券投资者适当性的法律性质》,载《法学》2013年第10期。

④ 武俊桥:《证券市场投资者适当性原则初探》,载张育军、徐明主编:《证券法苑》(第3卷),法律出版社2010年版,第152页。

⑤ 同上书,第131页。

(三)将“投资者适当原则”拓展适用于信贷类产品推介销售中的探索

值得注意的是,美国次贷危机的发生已经表明贷款提供人设计了样式繁多的掠夺性贷款产品,包括循环贷款(flipping)①、赎回权剥夺(equity-stripping)②、搭售(packing),③以及可调整利率抵押贷款,如零首付、负摊销、④2/28 贷款⑤等,并且这些掠夺性贷款产品结构相当复杂,即使对其进行充分的信息披露,借款人也难以理解。尤为值得注意的是,“在向中低收入人群广泛提供的次级贷款中,营销过程充满不公平的、欺诈性的掠夺性放贷(predatory lending)已是不争的事实”。⑥ 针对此问题,学界、业界及监管层将眼光投向证券法领域的“投资者适当性原则”,究其根本在于:一是包括掠夺性贷款在内的创新性信贷类产品结构的复杂性,与创新性证券产品相类似,并且还可将部分抵押贷款产品划归具有“票据”属性的证券的范围之内;二是从产品的销售方式来看,无论是证券类金融产品,还是创新性的信贷类金融产品,两者基本上都采用包括“上门兜售”在内的多元化的方式进行金融产品的推荐与销售。换言之,“如果适当性义务适用于面向富人的金融产品(证券类金融产品)的销售之中是适当的,那么将其适用于面向穷人的上门兜售的金融产品(包括次级贷款在内的信贷类金融产品)也是具有适当性”,⑦故可将证券法领域的“投资者适当原则”拓展适用于信贷类产品,尤其是创新型信贷类产品的推介销售中。

---

① “贷款机构诱导借款人进行循环贷款和循环融资,并从中收取越来越高的利率和费用,包括提前偿还补偿费(prepayment penalties),将借款人捆绑在贷款上。”参见岑雅衍:《美国猎杀贷款的法律规制与启示》,载《上海金融》2008 年第 4 期。

② 仅依赖抵押资产,不指望借款人收入而发放贷款,借款人违约后则被剥夺了抵押房产的赎回权。参见岑雅衍:《美国猎杀贷款的法律规制与启示》,载《上海金融》2008 年第 4 期。

③ 虽然次级贷利率超过优质贷是可以理解的,但有时次级贷费用远远高出合理范围,这是因为贷款机构将一些产品捆绑销售给借款人,如房产保险、贷款经纪、住房修葺商营销费等。有时仅仅说明这是一项收费,但也并未以每年百分之几等比较浅显的方式告知借款人;有时根本没有对借款人进行事前提醒,将一大堆文件交借款人签字。而借款人没有事前提示,也没有与贷款机构进行谈判的余地,最后只能被动接受。参见岑雅衍:《美国猎杀贷款的法律规制与启示》,载《上海金融》2008 年第 4 期。

④ 即在贷款前几年,借款者的还款金额甚至可以低于应付利息,但未偿还的应付利息部分将会自动计入贷款本金。一旦累计的应付利息部分超过贷款总额的 15% 或 25%,那么每月还本付息额就要根据新的贷款本金重新计算。参见陈岱松:《美国次贷危机对我国金融法律的警示》,载《法学》2008 年第 4 期。

⑤ “2/28 贷款的还款期限是 30 年,其中头两年的利率是固定的,而且显著低于市场利率,从第 3 年开始利率采用一种基准利率加上风险溢价的形式浮动。”参见陈岱松:《美国次贷危机对我国金融法律的警示》,载《法学》2008 年第 4 期。

⑥ 胡文涛:《普惠金融发展研究:以金融消费者保护为视角》,载《经济社会体制比较》2015 年第 1 期。

⑦ Kathleen C. Engel & Patricia A. McCoy, “A Tale of Three Markets: The Law and Economics of Predatory Lending”, 80 *TEX. L. REV.* 1255, 1319(2002).

回看我国，莫不与之相类似，尽管我国银行业金融机构之外的信贷机构之产品设计没有如同美国掠夺性贷款一样如此复杂，但是被排斥在金融服务范围之外的资金需求人也不能合理有效地理解不同类型信贷类产品的设计原理、交易结构、利率安排、贷款期限转换、交易成本，以及违约后的责任分配等内容。比如，“分期消费或者分期现金贷款一般是以等额本息的方式还款，表面上看每月还的利息相对本金利率不高，但实际上本金每月在递减，如果换算成每月还息到期还本，实际的年化利率‘还是比较高的’”。① 另外，随着中国多层次信贷市场的建立，信贷类产品的结构化创新也必然成为趋势。是故，在我国也有必要将“投资者适当性原则”拓展适用于信贷类产品的销售之中，以更大程度上保护信贷类产品获取者的合法权益。

三、将“投资者适当性原则”拓展适用于信贷领域的理据

之所以将生成于证券领域的“投资者适当性原则”拓展适用于信贷类产品的销售领域，原因在于：一是信贷类产品的多元化、结构化、复杂化的发展，越来越难以为借款人所合理有效的理解；二是信贷类产品销售方式的转换，从原先的卖方市场逐步向买方市场转化，面对激烈的竞争，借款机构多采用积极主动的“上门兜售”的方式向社会公众，尤其是被排斥在正规信贷市场之外的人推销其信贷类产品或服务；三是针对单一性、简单化现代产品而设计的信贷发放标准已经落后于信贷类产品与信贷类产品销售方式的发展变化。无论是从信贷类产品、信贷类产品销售方式，还是从贷款发放标准来看，这都为多层次信贷市场建设中处于传统银行业金融机构之外的货币市场的信贷活动的非规范性发展提供了可能。“对于这种贷款机构主动提供贷款给那些本来不具有良好信用评级的人的现象，乍一看似乎是在向这个群体的人提供帮助，其实是在一个虚假善意掩盖下对于本来就收入较低的人的剥夺。”②创新型产品的结构化及其所导致的信息偏在与“上门兜售”推介、销售方式的结合导致创新型信贷类金融产品与结构化证券类金融产品的推介、销售没有本质差异，均导致金融产品购买者的风险承受能力与金融产品风险等级不相匹配，继而对金融产品购买者的权利形成侵害。是故，有必要且必须将生成于证券领域的“投资者适当原则”拓展适用于信贷类产品的推介销售中。

---

① 《校园贷手续费高昂：利率高于信用卡分期》，载融贝网：https://www.irongbei.com/news/industry/452.html，最后访问日期：2018 年 4 月 9 日。

② 韩祥波：《金融产品销售的适当性法律问题研究——以金融产品的纠纷解决为中心》，法律出版社 2013 年版，第 76 页。

(一)信贷类产品从单一向多元的转化

随着利率市场化、小额信贷、普惠金融等政策的实施与推进,信贷类产品设计或信贷类产品创新已成为多层次信贷市场发展不可或缺的一部分。在垄断性金融控制体系之下,商业银行、城市信用合作社、农村信用合作社等银行业金融机构是信贷类产品的主要提供者,并且受贷款利率上下限严格限定等因素的影响,银行业金融机构所提供信贷类产品类型单一,并且很难为不同类型借款者提供与之相匹配的"私人订制"信贷类产品。金融的深化发展与监管理念的变化促使金融行业的竞争性空前得到增强,多层次信贷市场逐步得以建立,随之而来的是信贷类产品、信贷服务的创新发展——信贷类产品逐步从单一走向多元、信贷服务逐步从线下转到线上,同时也激发了不同类型资金需求者的贷款需求。

就信贷类产品的创新而言,新兴信贷市场信贷类产品的创新更为活跃,传统银行业金融机构之现代产品创新则相对弱化;但样式繁多的信贷类产品类型被设计开发出来,以"平安普惠"信贷类产品的类型来看,其可分为优房贷、寿险贷、车主贷、薪金贷、业主贷、宅 e 贷、现金贷等类型。从信贷类产品的利率与期限结构来看,传统的固定利率贷款向可调整利率贷款转变、一般分期偿还贷款向漂浮式贷款转变,譬如,可调整利率贷款的"负摊销"模式,"在贷款前几年,借款者的还款金额甚至可以低于应付利息,但未偿还的应付利息部分将会自动计入贷款本金。一旦累计的应付利息部分超过贷款总额的 15% 或 25% ,那么每月还本付息额就要根据新的贷款本金重新计算",①借款人基本上不明白利息的计算方式及最终其需要偿还本息的总额。从 P2P 网络借贷平台之"校园分期"来看,"在借款额度与期限上,各家平台的差别比较大,借款最低是 100 元,最高是上万元甚至几十万元,一般是 1000 ~ 10000 元,期限最低是 1 个月。而从分期付款购物平台产生的贷款略有不同,贷款额度除了有上限,还和该平台支持的产品品类有关系。从利息和手续费来看,各家平台也不尽相同,而且不少平台并不提及自己的利息,只是表示根据信用等级由系统评估,或者是免息但直接转换为服务费"。② 申言之,随着多层次信贷市场的建设发展,无论从信贷类产品的提供主体、信贷类产品的类型,还是信贷类产品的利率、期限与交易结构来看,创新型信贷类产品层出不穷、样式繁多,但相应的监管规范却不甚完备,这加剧了信贷类产品销售的风险暴露。表面上满足了借款者的融资需求,实质

---

① 陈岱松:《美国次贷危机对我国金融法律的警示》,载《法学》2008 年第 4 期。

② 融贝网:《校园贷手续费高昂:利率高于信用卡分期》,载融贝网:https://www.irongbei.com/news/industry/452.html,最后访问日期:2018 年 4 月 9 日。

上却对借款者的财产安全造成了潜在的威胁。究其本质来看,像掠夺性贷款这样的信贷类产品其应不属于具有“投资合同”属性的证券,而应划归具有“票据”属性的证券。[①] 当然,将其划归“票据”属性的证券之依据,则源于“Reves. v. Ernst & Young”和“Landreth Timber Co. v. Landreth”两案中对“票据”内涵与外延的框定。[②] 因此,应将生成并兴盛于证券领域的投资者适当性原则拓展适用于复杂的结构性信贷类产品的销售之中。

(二)信贷类产品销售方式的拓宽

在多层次信贷市场发展之中,信贷类产品销售方式随着信贷类产品创新而发生转换,并且已经从原先的卖方市场逐步向买方市场转化。面对激烈的竞争,信贷服务机构多采用积极主动的“上门兜售”的方式向社会公众,尤其是被排斥在正规信贷市场之外的人推销其信贷类产品或服务。“上门兜售”的方式“一般是指推销商到居民区挨户兜售商品的行为。消费者可能是在推销商连蒙带骗的诱导下实施购买行为的”。[③] “上门兜售”的方式在保险产品的推荐、销售领域应用非常广泛。现在随着金融产品的创新发展,已经逐步拓展到理财产品销售、小额贷款等领域。就信贷类产品的销售而言,既往信贷类产品的提供主体主要是垄断性的银行业金融机构,现在随着消费金融公司、小额贷款公司、P2P 网络借贷平台等新兴信贷主体的出现,信贷类产品的提供主体走向多元,并且随着利率管制的放松,信贷类产品已经从单一走向多元,而机构之间的竞争、产品之间的竞争已经促使信贷类产品的销售逐步向“上门兜售”的方式转变。以掠夺性贷款为例,掠夺性贷款始于抵押贷款经纪人与借款人的沟通,而他们彼此得以沟通的机会,即是抵押贷款经纪人采用“上门兜售”(peddle)的方式向借款人推介、销售样式多样的掠夺性贷款产品。值得注意的是,掠夺性贷款的借款人主要是被排斥在信贷市场之外缺乏良好信用评级的人,其主要包括少数群体、外来移民及老年群体。长期被排斥在信贷市场之外,导致借款人缺乏对信贷市场的了解,而对信贷市场了解的缺乏又导致借款人与抵押贷款经纪人、贷款人存在信息上的不对称性,即借款人在信贷类产品信息的获取和解读上存在弱势。“次贷这种产品的交易与传统的证券产品销售具有相同的本质。然而,当

---

① See Jonathan Macey et al. , “Helping Law Catch up to Markets: Applying Broker-Dealer Law to Subprime Mortgages”, 34 *J. CORP. L.* 789, 806 – 07(2008).

② See Reves v. Ernst & Young, 494 U. S. 56, 64(1990). Quoting Landreth Timber Co. v. Landreth, 471 U. S. 681, 692(1985).

③ 刘青文:《德国的消费者撤回权制度》,载《世界经济与政治论坛》2009 年第 4 期。

一个投资者因为接受了经纪交易商的推荐或销售的不适当证券造成损失时，是有获得救济途径的，可如果获得的产品是次级贷款，因此遭受巨大损失时，却没有任何的救济途径，这样的结果正当性是值得追问的”。① 如果将证券产品销售者的义务类推适用于信贷类产品的销售之中，尤其是投资者适当性原则，这将有助于避免不合适的信贷类产品推介销售给不符合其风险承受能力的资金需求者。

在我国小额贷款信贷类产品销售领域，“上门兜售”的信贷类产品销售方式运用比较广泛，“根据记者统计，仅在山师长清校区内，随处可见的大学生分期与贷款等相关广告，就计有15种，总数量高达2630条。这些广告到处张贴，比如‘爱学贷’，这是一个大学生分期购物平台，也提供小额借款，小广告有930条之多”，②并且根据“负责校园贷款业务的宋先生介绍，在校大学生如果需要借款，首先要提供身份证和学生证，确认学籍之后，会有业务员来找你填写合同，随后放款”。③ 值得注意的是，与传统的信贷员不同，现在诸多信贷类产品的销售人员多是兼职人员，并且在校园分期贷款中，诸多信贷类产品的推介、销售人员本身就是校园学生。校园学生长期处于校园之中，经常以各种各样的方式在同学、朋友之间进行推荐、销售，由于同学、朋友之间的信任与关系密切性质而决定了信贷类产品的销售更加容易，实际上此举进一步深化了“上门兜售”的内涵。事实上，“上门兜售”本身并不存在问题，关键是在信贷类产品的销售之中经常存在信息披露不完备甚至欺诈的问题，并且“上门兜售”的接受群体多是缺乏持续还款能力的人员。为保护创新型信贷类产品购买者的合法权益，应当在信贷类产品的销售之中建立适当性原则，因为“如果适当性义务适用于面向富人的金融产品(证券类金融产品)的销售之中是适当的，那么将其适用于面向穷人的上门兜售的金融产品(包括次级贷款在内的信贷类金融产品)既具有适当性”，④也具有实践合理性。

---

① 韩祥波：《金融产品销售的适当性法律问题研究——以金融产品的纠纷解决为中心》，法律出版社2013年版，第77页。

② 张頔、魏新丽：《8成大学生试过分期消费！济南仅一个高校就贴了2630条贷款广告，不让父母知道能贷5万》，载搜狐网：http://mt.sohu.com/20160406/n443465083.shtml，最后访问日期：2016年4月11日。

③ 张頔、魏新丽：《8成大学生试过分期消费！济南仅一个高校就贴了2630条贷款广告，不让父母知道能贷5万》，载搜狐网：http://mt.sohu.com/20160406/n443465083.shtml，最后访问日期：2016年4月11日。

④ Kathleen C. Engel & Patricia A. McCoy, “A Tale of Three Markets: The Law and Economics of Predatory Lending”, 80 *TEX. L. REV.* 1255, 1319 (2002).

(三)典型信贷发放标准的滞后性

目前我国信贷发放标准是专门针对正规银行业金融机构信贷类产品而设计的,遵循了较为严格的监管标准,然而在金融深化发展、普惠金融理念推广实施、多层次信贷市场建设发展中,并没有结合信贷机构种类的增多、信贷类产品的创新、信贷类产品销售方式的拓展等内容进行适时的修正,并且问题更为突出的是,我国缺乏统一性的银行业法。目前我国间接融资市场主要遵循的是机构或主体监管的思路,但信贷市场的"主体是不是就只是商业银行是值得考虑的问题,应该利用修《商业银行法》的机会立一个银行业法。① 易言之,我国信贷发放标准主要适用于传统的信贷主体商业银行,②但信贷服务机构除传统的商业银行之外,还包括小额贷款融资、融资担保公司、融资租赁公司、消费金融公司,以及新兴的以互联网为依托的 P2P 网络借贷平台,这就导致既有的信贷发放标准几乎不能适用于除商业银行以外的其他信贷服务主体。进一步讲,即使现行信贷发放标准可适用于除商业银行以外的其他信贷服务主体,但也会出现诸多的不适应。整体上讲,信贷服务机构"开展信贷业务时所采取的风险测算体系和信用考核办法都是简单地采用统一标准",③并未结合处于弱势地位借款人的特殊情况作出特殊处理。譬如,根据中国人民银行《贷款风险分类指导原则》的规定,商业银行应依据借款人的实际还款能力、还款意愿等因素进行贷款质量的五级分类:正常、关注、次级、可疑、损失,其中,后面三类属于不良贷款。需要特别关注的是,除传统以商业银行为主体的信贷市场之外,包括小额贷款融资、融资担保公司、融资租赁公司、消费金融公司,以及以互联网为依托的 P2P 网络借贷平台等信贷供给主体在内的新兴信贷市场,其所面向的借款主体更多是被排斥在金融服务范围之外的,与后三类主体相类似的资金需求人。如若继续采用简单而缺乏差异性的信贷标准,此举将导致被排斥在传统借贷服务范围之外的人依旧无法获得所需资金,新兴借贷服务机构及多层次信贷市场也将无法得到深入且健康的发展。

退一步讲,即使现行信贷发放标准可适用于除商业银行以外的其他信贷主体也会因标准缺乏差异性而产生诸多不相适应的症状,甚至可能导致发展多层次信贷市

---

① 方烨:《应该制定一部〈银行业法〉——访中国经济 50 人论坛成员、全国人大财经委副主任委员吴晓灵》,载经济参考网:http://jjckb. xinhuanet. com/2015 - 12/07/c_134890894. htm,最后访问日期:2018 年 4 月 11 日。

② 《贷款通则》第 21 条规定:"贷款人必须经中国人民银行批准经营贷款业务,持有中国人民银行颁发的《金融机构法人许可证》或《金融机构营业许可证》,并经工商行政管理部门核准登记。"

③ 冯果、李安安:《收入分配改革的金融法进路》,法律出版社 2016 年版,第 107 页。

场的制度设计初衷落空。对于典型信贷发放标准滞后性问题的解决，需要在《商业银行业法》的修订中结合多层次信贷市场建设中的不同类型的信贷主体、信贷类产品及信贷方式等，制定差异化的信贷类产品销售标准。另外，需要特别注意的是，此时已经由信贷发放标准向信贷类产品销售标准转变，其根本原因还是信贷类产品的多元化、结构化、复杂化的发展，其利率、期限结构等越来越难以为借款人所合理有效地理解，而典型的信贷发放标准更多是专门针对传统贷款产品所设计。其中，差异化信贷类产品销售标准与规则的设计，就需要结合资金需求者风险承受能力与信贷类产品风险等级的有效匹配而展开。事实上，此即投资者适当性原则核心内容——产品与客户的匹配，在信贷类产品推介销售中的体现。

四、信贷类产品销售适当性原则走向规则的实践设计

信贷类产品销售适当性原则走向规则的实践性设计，当然不能忘却其缘起领域及其制度设计。投资者适当性制度的设计初衷是"为了平衡保护投资者利益，要求证券市场中介机构（主要指证券经纪商 broker-dealer）履行审慎选择投资者的义务，将适当的产品销售给适当的客户"。[①] 如若信贷类产品销售适当性原则的引入与规则设计仅仅是照本宣科，而不顾其背后所隐藏的利益与信贷类产品购买者权利保护的根本旨趣，这必将导致信贷类产品销售适当性原则走向规则的研究、设计徒有其表，甚至沦落为信贷类产品销售者自身规避法律责任承担的工具或手段。是故，信贷类产品销售适当规则的设计必须将信贷类产品购买者和信贷类产品销售者各自的权利诉求进行衡量，并注重对信贷类产品购买者的权利给予倾斜性保护。另外，信贷类产品销售适当性规则的设计，还必须在结合信贷类产品属性、推介销售行为特征的基础上，积极借鉴投资者适当性原则的核心内容——"了解你的产品""了解你的客户""产品与客户的匹配""数量适当规则"等，进行符合信贷行为自身特质的制度规则设计。

（一）将信贷类产品销售适当性原则进行规则化设计的缘由

在证券领域，投资者适当性更多体现为一种原则性规定而非规则性规定，并且学界也更倾向于使用笼统的原则而非具体化的规则来设计投资者适当制度，[②]究其

---

① 武俊桥：《证券市场投资者适当性原则初探》，载张育军、徐明主编：《证券法苑》（第3卷），法律出版社2010年版，第131页。

② See Cass R. Sunstein, "Problems With Rules", 83 *Cal. L. Rev.* 953, 955－1021 (1995).

根本原因在于,证券类金融产品的销售者不需要对投资者的资金支付能力与购买条款给予过多的考量,而只是单纯保证投资者的风险承受能力与证券类金融产品销售机构所提供证券类金融产品之风险等级有效匹配即可。然而,在除传统银行所提供典型性贷款产品外的信贷类产品之推介销售领域,适当性原则更为关注创新性信贷类产品的购买者未来究竟有没有能力去偿付其所借款项,其中涉及信贷类产品利率结构、期限结构的设计及服务费用收取等重要因素。事实上,这也是基础性金融法律对信贷类金融产品之价格设定或管制更为严格的根源。如虽然逐步实现利率的市场化设计,但仍然在刑法层面设计了高利贷的罪名。证券类金融产品之价格设定基本上完全遵循市场供需规律,由证券类金融产品的设计者依据其基础资产价值并结合流动性等相关因素进行自由设定。

除传统银行所提供典型贷款产品之外,创新性信贷类产品的设计主要是围绕利率、期限、逾期罚息及上述不同元素的结构化组合展开。以次级贷款为例,次级贷款产品经常包括支付非常高的实际罚息和利率,而不像固定利率贷款那样,①如果不以规则而以原则的方式对次级贷款的利息、逾期罚息进行规定,此时包括传统银行业金融机构在内的信贷类产品的提供者将担心自己所实施信贷类产品的销售行为有可能被认定为“不适当”,从而拒绝给那些被排斥在金融服务范围之外的群体提供信贷服务。尤为值得注意的是,信贷类金融产品利息、非利息的价格设定经常会附带着担保物价值变现或处置权归属,而原则性的价格设定极有可能为那些投机钻营的高利贷者提供便利,即将缺乏具体性的投资者适当制度作为信贷类产品销售者自身规避法律责任承担的工具或手段。另外,还有两点需要注意:一是信贷类金融产品与证券类金融产品不同的关键是,各自产品销售与期限截至时,其资金的流向完全是相反的,信贷类的金融产品的购买者需要及时偿还信贷类产品销售者的资金,其中至关重要的是信贷类金融产品购买者是否具备持续偿还能力;二是信贷类金融产品的购买者经常是被排斥在金融服务之外的资金需求者,而证券类金融产品的购买者经常是具有一定资金闲置的中产阶级以上的群体,如若遭受损失对低收入群体与高收入群体产生的影响将存在非常大的差异,低收入群体极可能因为无法偿还金融产品销售者的资金而最终走向“赤贫”。是故,唯有在原则的指导下,将信贷类产品销售适当性原则进行具体性的规则设计,严格监管信贷类金融产品的结构设计、推

① See Jonathan Macey et al., “Helping Law Catch up to Markets: Applying Broker-Dealer Law to Subprime Mortgages”, 34 *J. CORP. L.* 789, 806 – 07(2008).

荐销售行为,尤其是价格的设定,并为其提供明确具体的可操作性标准,才可能防止信贷类金融产品的生产者、销售者侵害与其进行交易的信贷消费者的合法权益。

(二)信贷类产品推介销售适当性规则核心内容的设计

证券领域投资者适当制度涵括了“了解你的产品”“了解你的客户”“产品与客户的匹配”“数量适当规则”等核心内容,当然,信贷类产品销售适当规则核心内容的设计亦无出其右。转换到信贷领域,为保障信贷类产品购买者的合法权益,需注意以下几方面:首先,必须要求信贷销售机构知晓其所提供信贷类产品的设计原理、交易结构、利率安排、期限转换、交易成本及违约后的责任分配,并完备地向其购买者予以真实、准确、完整地披露;其次,信贷类产品销售机构亦负有对信贷类产品购买者的信贷知识、还款能力、风险认知等个人信息进行调查、测试与评估的义务;最后,在明晰并披露其信贷类产品信息和对信贷类产品购买者风险承受能力进行评估的基础上,分别对信贷类产品进行分级和对信贷类产品购买者进行分类,继而对信贷类产品与信贷类产品购买者进行合理匹配。其中,为了保证交易的公平性,信贷机构不得进行非法欺诈或欺骗的贷款、要求借款人放弃有益于法律救济的贷款、贷款歧视,以及在服务提供中进行权利滥用等。尤为值得注意的是,信贷类产品销售适当规则核心内容的设计除要遵循适当性原则之共性内容外,还要结合信贷类金融产品自身的特点,尤其是要结合信贷类产品的购买主体、产品结构、是否允许自我放弃适当性原则的适用作出差异化的制度安排。

一是就信贷类产品的购买主体而言,适当性原则的可适用主体主要是那些被排斥在信贷服务范围之外的资金需求人员或群体。除此之外,还包括《贷款风险分类指导原则》所规定的商业银行依据借款人的实际还款能力、还款意愿等因素进行贷款质量的五级分类之次级、可疑、损失等级的信贷类产品购买主体。质言之,适当性原则的适用主体主要是历史上根本没有,现在也没有机会在正规金融机构获得资金的资金需求者,以及那些虽然已经或曾经在正规金融机构获得过信贷资金,但由于还款能力的下降而可能被限制继续获得信贷资金的资金需求者。

二是信贷类产品的结构设计直接决定了信贷类产品销售适当性原则的适用,结构简单、利率固定的典型银行贷款不适用该原则,而对于那些综合利息率、逾期罚息、服务费过高的结构性信贷类产品则必须适用该规则。2015 年最高人民法院《关于审理民间借贷案件适用法律若干问题的规定》对民间借贷的利率设定了年利率 24% 和 36% 两个阈值,而不无遗憾的是,目前尚没有任何规范性文件等对创新型信贷类产品,尤其是正规金融机构贷款利息率的临界值或触发点进行规定。事实上,这对于创新型信贷类产品是否适用适当性原则非常重要。因此,应明确规定不同层次信贷市场、不同金融机构之利息率、逾期罚息与服务费等的不同层级阈值或触发点,以备确定适当性原则适用的信贷类产品的具体类型。

三是对于是否允许自我放弃适当性原则的适用而言,自动放弃适用适当性原则可分为两种情况,一种是在信贷类产品购买时,信贷类产品需求主体的自主选择权问题,一种是拥有信贷类产品获取权而是否选择适用信贷类产品销售适当性原则的问题,当然这都需要结合信贷类产品的结构与信贷类产品的需求主体进行分析。对于前一种而言,前提是信贷类产品的获取者只能获得与其自身相符合的产品,而禁止其申请与其未来持续还款能力严重不相匹配的创新性信贷类产品。原因在于如果借款人不能偿还其所借款项,低收入群体极可能因为无法偿还金融产品销售者的资金而走向"赤贫",并且无法偿还可能会影响到存款类金融机构之信贷类产品销售者的存款客户的财产安全性。对于后一种而言,信贷类产品需求者拥有产品获取权而是否选择适用信贷类产品销售适当性原则的问题,具体是结合信贷类产品风险等级与信贷类产品购买者风险承受能力等级的排列组合予以确定。比如,对于那些风险承受能力高却购买了风险级别相对较低的信贷类产品的组合可以放弃适用信贷类产品销售适当性原则,而对于那些风险承受能力低却购买了风险级别较高的信贷类产品的组合则不允许放弃适用信贷类产品销售适当性原则,当然这涉及信贷类产品销售者格式合同效力、事后纠纷问题的解决等事项,更大程度上是针对信义义务的违反而言的。总之,信贷类产品销售适当性原则走向规则的实践性设计,要以信贷销售机构对信贷类产品购买者的信义义务为主线,强调信贷类产品销售机构义务的单方面性,并需要结合信贷类金融产品自身的特点对信贷类产品适当性规则进行具体性设计。

第四节　金融领域消费纠纷多元化解决机制的健全

作为应对金融危机的经验总结,保护金融消费者已经成为境外各国和地区金融体制改革的核心指导思想。在金融消费者保护体系中,事后的权利救济机制是不可或缺的重要环节。2011 年 10 月,G20 巴黎峰会通过了 OECD 牵头起草的《金融消费者保护高级原则》(High-level Principles on Financial Consumer Protection),成员国和其他经济体可以依据该原则对本国金融消费者保护框架进行评估和改进,其中第九项就是"投诉处理和救济"(Complaints Handling and Redress)。2012 年 6 月,世界银行发布了《金融消费者保护的良好经验》,对不同国家和地区有关金融消费者保护方面的成功经验进行了归纳总结,在《金融消费者保护高级原则》的基础上进一步提出可操作性的建议,其中,制定和完善争端解决机制也是保护金融消费者权益的重点。

一、金融领域消费纠纷的特性解析

民事纠纷系当事人之间有关民事权利和民事义务的纠纷,因此习惯上民事纠纷是按照民事法律关系的内容进行分类,如人格权纠纷、合同纠纷、侵权纠纷等。在金融领域同样如此,如金融机构工作人员服务态度恶劣侮辱客户引发的纠纷可以归类为人格权纠纷;未经客户同意,金融机构单方面提高收费标准引发的纠纷可以归类为合同纠纷;金融机构泄露、出售或者非法向他人提供客户个人信息引发的纠纷可以归类为侵权纠纷等诸如此类。但随着金融消费者保护理念的崛起,金融领域中的消费纠纷逐渐成为一种新的纠纷类型。① 不同于以往以民事法律关系的内容作为划分依据,金融领域消费纠纷是以民事法律关系的主体作为划分标准,即以金融机构和金融消费者之间的纠纷作为其内涵与外延。这种另类的划分标准与传统划分标准相比,具有一定颠覆性,并呈现出与传统纠纷类型交叉、重叠等现象。如果仅仅因为形式上的冲突,就认为金融领域消费纠纷的提法不具有科学性和必要性,显然是不严谨的。金融领域消费纠纷不仅有其内在一致性,足以证明其可以作为一种独立纠纷类型,更重要的是,金融领域消费纠纷作为一种独立纠纷类型的必要性日益凸显。尤其是金融危机之后,客观审视金融领域消费纠纷的特性,进而完善现有纠纷解决体系,已经成为各国立法者的共识。在此背景下,有必要对金融领域消费纠纷的特质作认真梳理。综合来看,其特点可以概括如下。

第一,金融领域消费纠纷的主体具有不对称性。金融领域消费纠纷的不对称性是源于金融机构与金融消费者之间在经济实力、专业信息及依赖程度等方面的不对称性,这在很大程度上是金融领域消费纠纷能够独立成为一类纠纷的主要理据。在理论上,有观点认为"金融消费者"的概念容易打破"消费者"这个一元化的整体概念,如果都针对不同消费者领域单独立法保护,势必引起立法混乱,且难以说明"金融消费者"在已经制定了的"消法"主体中仍处于"弱势"地位,有单独加以倾斜性保

---

① 理论界也称为"金融消费纠纷"或者"消费类金融纠纷"。

护的必要。① 我们认为金融领域消费纠纷的不对称性是客观存在的，相较于金融机构而言，金融消费者处于明显的弱势地位。金融领域消费纠纷应当作为一类独立的纠纷类型并不是因为金融消费者与普通消费者相比处于“更弱势”的地位，而主要是因为金融消费者已经成为一类特殊的具有共同特质的群体，尤其是保护金融消费者不仅事关金融体系的安全与稳健，也涉及金融监管体制及金融法制的变革与完善，实践中加强金融消费权益保护也已经成为各国决策者的共识。因而在此背景下，应当将金融领域消费纠纷作为一种独立的纠纷类型来研究和应对。

第二，金融领域消费纠纷的内容具有专业性。一方面，金融领域消费纠纷的专业性来源于金融服务的复杂性。比如，在国内，面向一般大众的金融产品日益增多且结构日趋复杂，金融服务形式也从单一的存、取款向支付、理财、投融资等领域延伸，一旦发生纠纷往往需要专业机构依赖专业知识才能加以解决。另一方面，金融领域消费纠纷的专业性来源于金融服务的创新性。基于资本的获利冲动，金融服务有自我创新的内在驱动力，既可以表现为提高自身竞争力进行的积极金融创新，如近年来随着互联网技术发展而兴起的各种类互联网金融服务等，也可以表现为为了规避金融监管而进行的消极金融创新，如为了监管套利而推出的结构化金融产品等。金融服务在创新的同时与金融监管之间存在互动博弈的关系，但在很多情况下实践先行的金融创新往往会超出金融监管的范围，如 2008 年波及全球的金融危机即为典型例证。在此背景下，金融服务的创新可能会使金融领域消费纠纷越发复杂和难以驾驭。

第三，金融领域消费纠纷的发生具有系统关联性。金融机构与金融消费者共存于金融生态系统之中，金融领域消费纠纷是双方关系不稳定的表现，应当成为金融监管及金融机构风险控制的重要指标。比如，当某种类型的金融领域消费纠纷频繁出现的时候，则可以反映出金融机构管理流程中的漏洞或是金融监管体系中存在的问题，表现为一种金融体系中存在的系统性风险，如我国香港特别行政区在危机过程中出现的“迷你债券”事件不仅说明金融机构在推销金融产品时未尽适当性义务，也说明监管机构的管控体系存在缺陷。实践证明，大量金融领域消费纠纷的出现既是金融危机的产物，也是金融危机的前奏。

归纳来看，金融领域消费纠纷发生在金融机构与金融消费者之间，是一种发生

---

① 参见中国人民银行成都分行法律事务处课题组：《金融消费者概念之反思——基于一元化视角构建我国消费者金融权益保护制度》，载《西南金融》2011 年第 7 期。

在实力、信息、影响等不对称主体之间的纠纷,其表现形式复杂,具有专业性,且从宏观来看是一种发生在金融生态系统中的常态性的纠纷。

二、金融领域消费纠纷多元化解决机制的境内现状

我国金融领域消费纠纷多元化解决机制的近期发展是在两个宏观背景下展开的:一是2008年金融危机之后,金融消费者保护理念逐渐得到高层的认可,在构建金融消费者保护体系的同时加强了金融领域消费纠纷解决机制的建设。如中国人民银行、原银监会、原保监会、证监会及各行业协会、地方性协会等在出台保护金融消费者的政策措施中一般会提及纠纷解决机制的建设问题。二是作为构建社会综合治理机制的有机组成部分,在加强各类传统纠纷解决机制的同时,从实际效果来看间接实现了金融领域消费纠纷多元化解决机制的完善。如2014年党的十八届四中全会作出的《中共中央关于全面推进依法治国若干重大问题的决定》明确提出要健全社会矛盾纠纷预防化解机制,完善调解、仲裁、行政裁决、行政复议、诉讼等有机衔接、相互协调的多元化纠纷解决机制,将完善多元化纠纷解决机制作为法治社会建设的重要内容。

在这两个宏观背景下,金融领域消费纠纷多元化解决机制的建设发展迅速。为了更好地展示金融领域消费纠纷多元化解决机制的发展态势,下面将从投诉、调解、仲裁、诉讼等纠纷解决机制入手,对目前金融领域消费纠纷的发展现状进行一个综合性的分析和评价。

(一)金融领域消费纠纷投诉处理机制的发展现状

金融领域消费纠纷投诉处理机制根据受理机关的不同,大体上可以划分为金融机构主导的投诉处理机制、金融行业协会主导的投诉处理机制、金融监管机构主导的投诉处理机制,同时由于我国金融行业采用的是分业经营、分业监管体制,因此投诉处理机制的建设又呈现出行业界分的特征,表现为行业主管部门分别提出本行业投诉处理机制的发展规划,并对所属行业各类投诉处理机制的建设提出具体要求,以及相关制度设计主要表现为一些部门规章或者是行业主管部门出台的政策性文件,整体上具有多元化和分散化的特点。比如原银监会制定的《中国银行业监督管理委员会信访工作规定》和《银行业消费者投诉处理规程》,中国人民银行制定的《中国人民银行金融消费权益保护工作管理办法(试行)》,原保监会制定的《保险消费投诉处理管理办法》等。2013年12月,国务院办公厅发布《关于进一步加强资本市场中小投资者合法权益保护工作的意见》,其中规定上市公司及证券期货经营机

构等应当承担投资者投诉处理的首要责任,完善投诉处理机制并公开处理流程和办理情况。

整体来看,投诉处理机制是专门用于解决金融领域消费纠纷的机制,具有较强的针对性,但与其他纠纷解决机制相比,投诉处理机制在程序设计方面更加多样化,造成这一现象的原因可以归纳为三个方面:第一,投诉处理机制缺乏顶层制度设计。《人民调解法》、《仲裁法》和《民事诉讼法》对于金融领域消费纠纷的调解、仲裁及诉讼机制均有较强的指导作用和规范意义,但投诉处理机制缺乏较高级别的立法进行统一要求。第二,我国在金融领域实行分业经营、分业监管体制。“一行三会”(2018年后为“一行两会”)对金融领域消费纠纷投诉处理机制的理解和规划并不相同,整体上呈现出各行业分散发展的态势。第三,投诉处理机制对程序规范性的要求相对较弱。在多元化纠纷解决机制当中,仲裁、诉讼等强制力较为明显,为确保结果的公平性必须对纠纷处理的程序作严谨、科学及统一化的要求,相比较而言,投诉处理机制的对抗性及对当事人权利的影响相对较弱,客观上也是导致投诉处理机制缺乏统一规范的原因之一。

(二)金融领域消费纠纷调解机制的发展现状

调解在我国有着悠久的历史,这种特殊的纠纷解决方式契合我国传统处世哲学中“以和为贵”的思想文化,具有丰富的本土资源和深厚的人文基础,在实践中,调解发挥着至关重要的纠纷解决作用。目前,较常见的调解方式包括人民调解、行政调解、司法调解、仲裁调解等方式。其中人民调解主要是指村委会、居委会或企事业单位的人民调解委员会通过说服、疏导等方法,促使当事人在平等协商基础上自愿达成调解协议,解决民间纠纷的活动,2010年我国还专门制定了《人民调解法》。行政调解一般被界定为行政主体在争议双方当事人自愿的基础上,主持双方进行协商、达成和解协议从而解决争议的活动。① 司法调解又被称为法院调解,是在人民法院的主持下对民事案件、经济纠纷案件和轻微刑事案件的当事人进行的调解。仲裁调解则是由仲裁机构对受理的仲裁案件进行的调解,我国《仲裁法》、《劳动争议调解仲裁法》、《农村土地承包经营纠纷调解仲裁法》以及《中国国际经济贸易仲裁委员会仲裁规则》等均有相关规定。

理论上前述调解机制均可以用于解决金融领域消费纠纷,但客观来看现有机制均存在专业性不强、针对性较弱等问题,主要适用于普通民商事纠纷的处理,难以适

---

① 参见范愉、李浩:《纠纷解决——理论制度与技能》,清华大学出版社2010年版,第196页。

应金融领域消费纠纷专业性、技术性较强等特点。2011年4月，中央社会治安综合治理委员会、最高人民法院及司法部等16部门联合印发《关于深入推进矛盾纠纷大调解工作的指导意见》，其中第5条提道，“鼓励行业协会及其他社会组织设立调解委员会，调解协会成员之间以及协会成员与其他主体之间的民事纠纷，充分发挥社会组织参与调解的优势”。该意见的出台明确了“行业调解”①这一新型纠纷解决模式。2011年5月，司法部颁发《关于加强行业性专业性人民调解委员会建设的意见》，提出要进一步加强行业性、专业性人民调解委员会建设，充分发挥人民调解化解矛盾纠纷、维护社会稳定的职能作用。在这一背景下，银行、保险、证券等金融行业均已开始尝试建立行业调解机制。

在银行业，2013年5月施行的《中国人民银行金融消费权益保护工作管理办法（试行）》规定，在被投诉金融机构与投诉人无法达成和解的情况下，中国人民银行各级分支机构可以组织进行调解。2010年6月，中国银行业协会印发了《关于建立金融纠纷调解机制的若干意见（试行）》，提出中国银行业协会设立金融纠纷调解中心，便捷、灵活、高效、公正地解决当事人之间的金融纠纷。

在保险业，2006年，《国务院关于保险业改革发展的若干意见》，提出要建立保险纠纷快速处理机制，切实保护被保险人合法权益。根据这一文件精神，2007年4月，保监会下发《关于推进保险合同纠纷快速处理机制试点工作的指导意见》，提出各地区可以根据实际情况，采用不同模式构建保险纠纷调解机制。2014年11月，保监会出台《关于加强保险消费者权益保护工作的意见》，其中也提及纠纷调解机制的完善，即保监会有关部门、保监局要积极指导推进保险纠纷调处机制建设，并监督其规范运作。地方保险行业协会要做好纠纷调解机构的建设和运行管理，完善制度，规范程序，保障经费，建立多元化、专业化的调解员队伍，保证调解机构具有独立性和中立性。保险公司要支持分支机构积极参与和融入当地纠纷调处体系，根据争议案件的性质、影响等情况适当调整核赔授予权限。

在证券业，2010年《人民调解法》出台后，2011年4月，中央社会治安综合治理委员会、最高人民法院及司法部等16部门联合印发《关于深入推进矛盾纠纷大调解工作的指导意见》，在这一背景下，中国证券业协会于2012年发布《证券纠纷调解工作管理办法（试行）》《证券纠纷调解规则（试行）》《调解员管理办法（试行）》三项规

---

① 行业调解在定性上应当纳入人民调解的范畴，但与传统人民调解偏重于解决普通民事纠纷不同，行业调解主要针对与行业内机构或者业务相关的纠纷，具有更强的专业性和针对性。

则,之后中国证券业协会成立证券调解专业委员会和证券纠纷调解中心,受理会员与会员之间、会员与投资者之间,以及会员与其他利益相关者之间发生的证券业务纠纷。根据前述规则,经各方当事人签字或者盖章后的调解协议,具有民事合同性质,当事人可以申请有管辖权的人民法院确认其效力。

从金融领域消费纠纷调解机制的发展态势来看,其特点可以概括如下。

第一,行业调解异军突起。从现有规定来看,除中国人民银行主导的调解机制以外,中国银行业协会、保险业协会、证券业协会等均建立有调解机制。此外,地方监管机构、行业协会和金融机构等也在不断尝试调解机制的创新。行业调解机制用于金融领域消费纠纷的处理有两方面优势:一是行业调解的主体均为业内人士,具有专业知识储备,对复杂金融产品有清晰的理解和认识,能够对双方争议的焦点作出判断,并在此基础上进行调解;二是行业调解的主体多为行业协会,作为金融领域消费纠纷一方主体的金融机构往往是其会员,在我国,具有半官方色彩的协会事实上对会员有相当的影响力,而这种影响力可以赋予调解一定的强制力和权威性,从而提高调解的效率。正是基于这两方面的原因,以及对调解机制的一贯重视,行业调解机制才得以迅速发展。

第二,组织架构不断拓展。调解的优缺点非常明显:一方面,调解是一种高效率的纠纷解决机制,与诉讼等纠纷解决机制相比,调解机制的程序性相对较弱,可以在很大程度上降低时间成本,提高纠纷解决的效率。另一方面,调解是一种低成效的纠纷解决机制。调解的结果更多依赖双方的自愿执行而不是第三方的强制。因此,提高调解机制功效的关键在于确保调解的权威性,而这种权威性一方面来自调解意见的专业性,另一方面来自有形或者无形的强制力。行业调解机构发展迅速正是因为其专业性及行业协会所具有的影响力,而在实践中这一认识仍在指导调解机构在组织层面的创新,突出表现为两个趋势:一是大量引入专业人员或者与专业机构合作,如与高校等建立更为密切的合作关系;二是以各种形式与具有强制力的机构建立联系,如与监管部门、仲裁机构建立联动关系或者邀请公权力机关的工作人员担任调解员等。

第三,调解流程有所创新。2008 年金融危机爆发以后,在世界范围内掀起了一场对金融监管体制及金融消费者保护问题的反思。在我国,加强金融领域消费纠纷解决机制的呼吁也逐渐受到高层的关注,由中央到地方,从原“一行三会”到行业协会乃至金融机构均在尝试构建或完善调解机制,各种政策性文件不断出台,各类合作机制不断推出,各种创新模式不断试点。从目前金融领域消费纠纷调解机制的具体设计来看,该机制在保留调解机制传统特点的同时,也在针对金融领域消费纠纷的特点进行创新。比如,前文提到的原保监会《关于推进保险合同纠纷快速处理机制试点工作的指导意见》中就规定,调处机构一般采用调解模式,以双方自愿参与为基本原则,有条件的地区也可以采用调解与裁决相结合的模式。在双方无法达成调解协议的情形下,调处机构可以直接作出仅对保险公司有约束力的裁决决定。

整体来看,金融领域消费纠纷调解机制呈现出蓬勃发展的态势,其特点除前文展示的三个表象以外,仍有一条脉络不甚清晰的主线若隐若现,即为了提高调解机制的功效,调解的专业性和强制力正在各个方面逐渐加强,这不仅可以解释行业调解机制为何发展迅速,组织架构和调解流程为何如此创新,或许也代表着金融领域消费纠纷调解机制的未来发展趋势。

(三)金融领域消费纠纷仲裁机制的发展现状

仲裁机制具有专业性和高效性的特点,能够应对技术含量较高的复杂案件。金融危机以后,保护金融消费者和加强纠纷解决机制成为世界各国的共识,在此背景下,仲裁机制在金融领域发展迅速,表现为:一是专门处理金融纠纷的仲裁机构日益增多;二是专门适用于金融纠纷的仲裁规则不断出现,这种趋势客观上也有助于金融领域消费纠纷的解决。

2003 年,中国国际经济贸易仲裁委员会颁布的《中国国际经济贸易仲裁委员会金融争议仲裁规则》标志着我国金融仲裁机制的初步确立。2007 年 12 月 18 日,上海仲裁委员会金融争议仲裁院在浦东新区成立,这是国内第一家专司金融仲裁机制的机构,如果说《中国国际经济贸易仲裁委员会金融争议仲裁规则》出台意味着金融仲裁在程序上具有了独立性,那么上海仲裁委员会金融仲裁院的成立意味着金融仲裁在组织建设方面有了突破性的发展,这一机构设置具有积极的示范作用和里程碑意义。之后,全国各地陆续成立了多家专门性质的金融仲裁机构,如 2008 年成立的武汉仲裁委员会金融仲裁院,2009 年成立的杭州仲裁委员会金融仲裁院,2010 年成立的重庆仲裁委员会金融仲裁院和深圳仲裁委员会金融仲裁院,2011 年成立的广州仲裁委员会金融仲裁院,2012 年成立的温州仲裁委员会金融仲裁院和成都仲裁委员会金融仲裁院,2013 年成立的济南仲裁委员会金融仲裁院和绍兴仲裁委员会金融仲裁院,2015 年成立的贵阳仲裁委员会金融仲裁院,2016 年成立的青岛仲裁委员会国际金融仲裁院等。

针对金融纠纷的特殊性,金融仲裁机构一般都制定有专门的金融仲裁规则,如成都仲裁委员会制定的《成都仲裁委员会金融仲裁程序特别规定》,广州仲裁委员会、杭州仲裁委员会和温州仲裁委员会制定的《金融仲裁规则》等。相比较于一般仲裁规则,金融仲裁规则更强调裁决的高效性,比如2015年制定的《温州仲裁委员会仲裁规则》要求裁决在仲裁庭组成之日起4个月内作出,疑难复杂案件经仲裁委秘书长批准可以延长2个月,而同时生效的《金融仲裁规则》则要求裁决在仲裁庭组成之日起3个月内作出,疑难复杂案件经仲裁委秘书长批准仅可以延长1个月。成都仲裁委员会也有类似规定,《成都仲裁委员会仲裁规则》要求普通案件自组庭之日起3个月内作出裁决,而《成都仲裁委员会金融仲裁程序特别规定》则要求独任仲裁庭应当自组庭之日起20日内作出裁决,三人仲裁庭应当自组庭之日起60日内作出裁决。除仲裁委员会裁决时限更短以外,在其他程序方面,金融仲裁规则也有更为严格的要求,仍以成都仲裁委员会为例:仲裁委员会对普通案件是否应当受理的审查时间为5天,而金融纠纷案件则为3天;普通案件被申请人应当自答辩通知书送达之日起15日内提交答辩书,而金融纠纷案件则为10天。

在解决金融领域消费纠纷的诸多机制之中,投诉机制主要由金融监管部门、行业协会或者金融机构主导,其设计初衷主要处理客户对金融机构的投诉,可以说主要针对的就是金融领域消费纠纷。调解机制近年来的发展以行业调解机制为主,而行业调解机制从目前的相关规定及实际案件的受理情况来看也主要是用于解决金融机构与金融消费者之间因为金融产品或服务而引发的争议,与投诉机制和调解机制相比,尽管近年来金融仲裁机制发展迅速,但严格意义上,在金融仲裁机制的构建过程中,金融领域消费纠纷并没有被作为一种独立的纠纷类型来看待,既没有特殊的组织建设,也没有针对性的程序设计,完全被视同为一般的民商事纠纷,具体表现如下。

第一,缺乏专门的组织建设。从组织机构来看,各地纷纷成立金融仲裁院,专门处理金融纠纷,这在客观上确实有利于金融领域消费纠纷的解决,至少提供了一种额外的纠纷解决机制,投诉和调解机制往往由相对固定的机构和人员主导,经过反复的实践可以形成专业化的优势,但金融仲裁的主持者往往由当事双方自行选择,具有相当的不确定性,且因为仲裁基于合意的特点,大多数金融仲裁院并没有强制要求当事人必须从金融仲裁员名册中选择仲裁员。如《杭州仲裁委员会金融仲裁规则》规定:"当事人可以从金融仲裁员名册中选定仲裁员,也可以从仲裁委员会仲裁员名册中选定仲裁员";《成都仲裁委员会金融仲裁程序特别规定》也有类似规定:"本会设金融专业仲裁员名册,该名册为本会仲裁员名册的一部分。当事人既可以在金融专业仲裁员名册中选择仲裁员,也可以在其他仲裁员名册中选择仲裁员"。

第二,缺乏专门的程序设计。同样因为仲裁的合意性特点,仲裁程序完全是建立在双方自愿的基础之上,如很多金融仲裁院规定当事人可以约定适用普通仲裁规则而排除金融仲裁规则的适用。在此情形下,就不可能针对金融领域消费纠纷的双方实力不对称的特点制定专门的仲裁规则并强制性地要求金融机构遵守。

整体来看,金融仲裁院及金融仲裁规则的出现具有积极意义,但这种积极意义也仅在于为金融领域消费纠纷提供了一种额外的制度供给和选择途径。

(四)金融领域消费纠纷对接协调解决机制的发展现状

在纠纷多元化解决机制中,投诉、调解、仲裁与诉讼等各具特色。一方面,投诉、调解具有更强的灵活性,有利于纠纷的实质性解决,但其弱点体现在纠纷解决方案缺乏强制力和执行力;另一方面,仲裁与诉讼具有强制力,但其复杂的程序要求和较高的成本却让人望而却步。在这种背景下,充分发挥各种纠纷解决机制的特长,形成纠纷的体系化处理机制就成为立法者重点关注的问题。从实践角度来看,目前在金融领域当中"诉调对接机制"和"仲调对接机制"发展较为迅速。

诉调对接机制方面,2009 年,最高人民法院出台《关于建立健全诉讼与非诉讼相衔接的矛盾纠纷解决机制的若干意见》,提出要完善诉讼与行政调处、人民调解、商事调解、行业调解,以及其他非诉讼纠纷解决方式之间的衔接机制,推动各种纠纷解决机制的组织和程序制度建设。2010 年生效的《人民调解法》也有类似规定,经人民调解委员会调解达成调解协议后,双方当事人认为有必要的,可以向人民法院申请司法确认。2011 年 4 月,中央社会治安综合治理委员会等 16 部门联合印发的《关于深入推进矛盾纠纷大调解工作的指导意见》中再次重申了前述规定。2012 年,最高人民法院出台《关于扩大诉讼与非诉讼相衔接的矛盾纠纷解决机制改革试点总体方案》,在构建诉调对接工作平台,完善和创新诉调对接工作机制等方面提出了很多新的制度设计。2013 年 12 月,国务院办公厅《关于进一步加强资本市场中小投资者合法权益保护工作的意见》中提出要支持自律组织、市场机构独立或者联合依法开展证券期货专业调解,为中小投资者提供免费服务,建立调解与仲裁、诉讼的对接机制。2016 年 11 月,最高人民法院和保监会联合发布《关于全面推进保险纠纷诉讼与调解对接机制建设的意见》,在 2012 年试点保险纠纷诉讼与调解对接机制的基础上,分别在扩大覆盖面、加强平台建设、规范运作程序、健全工作机制、强化措施保障、加强政策引导与宣传教育六个方面提出新的要求。

仲调对接机制方面,2013 年 12 月出台的国务院办公厅《关于进一步加强资本市场中小投资者合法权益保护工作的意见》,以及国务院 2014 年 8 月出台的《关于加快发展现代保险服务业的若干意见》均提及纠纷仲调对接机制的构建问题。在这种背景下，实务中，金融监管部门、行业协会及地方仲裁机构等纷纷开展合作，探索和推动多元化解决机制的建设。比如，2013 年 8 月 6 日，中国银行业协会与北京仲裁委员会签署，双方将在调解、仲裁、培训等多方面开展合作，共同构建诉调对接机制。2013 年 11 月，中国证券业协会也与北京仲裁委员会签署了战略合作框架协议。对接机制建立以后，经中国证券业协会调解中心调解成功的案件，当事人如有增强调解协议法律效力的要求，可向北京仲裁委员会申请将调解协议制作成仲裁裁决书，赋予调解结果强制执行力。

从目前发展现状来看，金融领域消费纠纷对接协调解决机制大体上有两种模式：其一是相对简单的合作模式，主要表现为经过调解机构调解，当事人达成调解协议的，可以向仲裁机关或者人民法院申请确认，并出具具有强制执行力的裁定书。这种模式通过司法确认的形式在保证调解的灵活性及高效性的同时，提高了调解的实效和强制力，是目前普遍采用的合作模式。其二是相对复杂的合作模式，主要表现为调解机构与仲裁机关及人民法院的深度合作，以及纠纷的体系化处理。如组织建设方面，诉调对接平台、仲调对接平台等的构建；人员配备方面，调解机构聘请仲裁机构仲裁员或者法官担任调解员，直接参与纠纷案件的调解工作，或者人民法院、仲裁机构委托调解机构派员调解；案件处理流程方面，调解、仲裁、诉讼已经初步形成分工合作机制，调解一般是纠纷处理的首要环节，承担了案件分流的功能，并在争点总结、事实认定等方面发挥积极作用，即便当事人未能达成调解协议，也为后续仲裁或诉讼机制等减轻了压力。

由调解机构调解，仲裁机关和人民法院确认的合作模式发展较为成熟，相关制度设计和程序规定等较为完善。至于其他合作模式，最高人民法院及国务院的相关规定中仅有原则性的要求，并没有具体的操作规范。因此，实务中，金融监管机构、行业协会、其他调解机构、人民法院及仲裁机关等往往根据所在行业或地区具体情况开展诉调对接和仲调对接合作，整体来看，各种类型合作模式不断涌现且各具特色。

（五）金融领域消费纠纷多元化解决机制发展现状的整体评价

金融危机以后，欧美各国纷纷将金融消费者保护作为金融体制改革的重心，受此影响，我国金融监管当局也意识到金融消费者保护的重要性，专门负责金融消费者保护的监管机构陆续成立，如 2011 年成立的保监会保险消费者权益保护局和中国证监会投资者保护局，2012 年成立的银监会消费者保护局和中国人民银行金融消费权益保护局等。与此同时，各类保护金融消费者的纲领性政策性文件也不断出台，如2013年5月发布的《中国人民银行金融消费权益保护工作管理办法（试行）》，8月由银监会发布的《银行业消费者权益保护工作指引》，12月发布的国务院办公厅《关于进一步加强资本市场中小投资者合法权益保护工作的意见》，以及2014年11月发布的保监会《关于加强保险消费者权益保护工作的意见》等。在前述机构的推动及相关制度的指引下，我国金融领域消费纠纷多元化解决机制已经初步建立，除投诉处理机制、调解机制、仲裁机制以外，实务中，在诉讼机制方面，一些金融活动较为发达的地区，如上海、重庆、温州等地，也已经陆续有法院设立金融审判庭，专司金融纠纷案件的处理。从形式上来看，我国金融领域消费纠纷多元化解决机制已经有了较为完善的规范体系和操作指引，但多元化解决机制发展过程中出现的一些问题也值得关注。

第一，多元化解决机制的发展缺乏整体规划。由于我国金融业分业经营、分业监管体制的影响，金融领域消费纠纷的多元化解决机制仍处于各行业分散发展阶段，“一行三会”（2018年后为“一行两会”）分别在其监管领域内主导纠纷解决机制的构建，在行业内部投诉、信访、调解等纠纷解决机制发展迅速，已经初步形成较为完善的体系，且在诉调对接机制、仲调对接机制的构建方面均已取得阶段性成果；但从一个更为宏观的角度来看，金融领域消费纠纷本身并未被作为一种独立的纠纷类型加以研究和应对，缺乏统一的认定标准、处置流程及应对机关等。在金融创新日新月异的今天，金融领域消费纠纷的表现形式正在不断发生变化，目前多元化纠纷解决机制所呈现出的各行业分散发展模式能否有效应对这一局面尚有待探讨。

第二，多元化解决机制的构建缺乏特色设计。整体来看，金融消费者保护理念在目前金融领域消费纠纷多元化解决机制的构建当中并没有得到普遍反映。以证券纠纷调解机制为例，中国证券业协会于2012年连续发布《证券纠纷调解工作管理办法（试行）》《证券纠纷调解规则（试行）》《调解员管理办法（试行）》三项规则，对调解工作的基本原则、调解机制的受案范围、调解程序的基本流程及调解协议的法律效力等进行了全面系统的规定，但从规则的具体内容来看，与传统调解机制或者其他类型的调解机制相比，我国证券纠纷调解机制并没有实质上的区别，如国家工商行政管理总局1997年颁布的《合同争议行政调解办法》中就规定，“调解合同争议，实行双方自愿原则”，“除双方当事人要求外，调解不公开进行”，“一方当事人不愿意继续调解的，应当终止调解”等，这些规定在前述三项规则中均能找到对应条款。此外，2002年最高人民法院《关于审理涉及人民调解协议的民事案件的若干规定》中也有规定，“经人民调解委员会调解达成的、有民事权利义务内容，并由双方当事人签字或者盖章的调解协议,具有民事合同性质”。可以说,目前我国证券纠纷调解机制的制度设计,其积极意义主要体现在将1998年《证券法》赋予证券业协会的职责更加具体化和更加具有可操作性,也可以理解为传统调解机制在金融领域的延伸和制度细化,并无针对金融消费者或者说中小投资者的特别规定。金融领域消费纠纷作为一种特殊的纠纷类型,有着不同于其他金融纠纷的内在规定性,金融领域消费纠纷多元化解决机制的构建应当针对金融领域消费纠纷的特点,以及金融消费者的弱势地位构建特殊的处置流程。

三、金融领域消费纠纷多元化解决机制的境外经验

金融领域消费纠纷多元化解决机制的建立和健全对于加强金融消费者保护有着重大意义,境外各主要国家和地区均建立有专门纠纷解决机制;但从目前发展现状来看,各机制之间仍有较大差异,此类机制的产生背景为何、运作机理为何等均值得关注。因此,有必要采取比较分析的方法,揭示各机制在制度设计中的优点与不足,为健全我国金融领域消费纠纷多元化解决机制提供参考。为实现这一研究思路,笔者选取了美国、英国、日本、我国台湾地区和香港特别行政区等较具代表性的专门纠纷解决机制进行比较分析。

(一)美国消费者金融保护署主导的纠纷投诉机制

金融危机以前,美国大多数金融监管机构均有责任受理金融投诉,但问题的关键是消费者往往无从判断应该将投诉提交给哪家监管机构处理,某种类型的金融产品可能出现的监管者多达十余家,既有联邦级别的,也有州一级的。2011年7月,《多德—弗兰克法》生效,消费者金融保护署(CFPB)据此成立。CFPB将原来由各监管机构分散行使的保护消费者的权力集中起来,很大程度上解决了这一难题。

CFPB自2011年7月21日成立以来即开始受理相关投诉,开始主要是受理信用卡方面的投诉,之后受理范围逐渐扩大,包括抵押贷款、银行账户服务(accounts and services)、学生个人贷款、其他消费信贷、征信、转账、债务催收及薪酬预支等。消费者投诉的渠道多样化,可采用的形式包括网站、电话、邮件(包括电子邮件)、传真及第三方的转交(referral)。在投诉受理方面,CFPB提供了很多便民化的措施,如投诉电话免费、多达180种语言的语音服务、网站真人客服等。从2011年7月21日开始截至2014年6月,CFPB已经大约受理了395300件消费者投诉,大约56%的投诉是来自CFPB的官方网站。

根据《多德—弗兰克法》的要求,CFPB应当与金融领域的审慎监管机构、联邦

贸易委员会、其他联邦机构及州立机构等共享投诉信息。CFPB 会不定期发布研究报告向社会公开，同时也会将有关数据汇总并定期向国会报告。投诉信息往往是 CFPB 改进监管制度、加强对某类金融机构监管力度，以及对具体金融机构采取监管措施的重要依据。

整体来看，CFPB 主导的消费纠纷投诉处理机制，其特点有二：一是集中统一的投诉处理渠道；二是公开的投诉信息数据库。前者有助于消费者明确受理机关及信息的汇总，后者通过信息公开的形式，形成对金融机构的社会化监督压力。通过这种特殊机制的设计，提高了金融消费市场的透明度，有利于提高监管机构的工作效率，也有助于金融机构完善金融产品的功能。

尽管 CFPB 主导的投诉处理机制具有解决金融领域消费纠纷的功效，但还是有一些评论认为 CFPB 可以有更多作为。比如，根据《多德—弗兰克法》的授权，CFPB 有关金融领域消费纠纷投诉的职责大致包括集中、监控及回应三项。① 从实际履行情况来看，CFPB 建立公开数据库，定期向社会公布研究报告，以及定期向国会报告纠纷发展态势，较好地履行了立法所授予的集中职责，但如何监控，以及如何应对此类纠纷还缺乏配套措施及制度设计，②这可能是未来 CFPB 需要面对和解决的问题。

（二）英国金融申诉专员服务公司主导的纠纷申诉机制③

无论是从制度设计还是从实践绩效来看，英国金融申诉专员机制均是最成功的范例，其他国家或地区构建的金融申诉专员机制对其多有借鉴。早在 20 世纪 80 年代前后，英国就先后成立了保险业申诉专员组织、银行业申诉专员组织、房屋建筑协会申诉专员组织及证券期货业申诉专员组织等 8 个申诉专员组织，这些机构专门负责处理金融机构与金融消费者之间发生的争议。20 世纪 90 年代末期，英国金融行业发生了一系列重大事件，包括霸菱银行事件、不正当销售退休基金丑闻等，使当时的金融监管制度备受质疑。1997 年，新当选的工党政府提出全面改革金融服务法制的建议，并于当年成立金融服务监管局（FSA），监管包括银行、保险、证券等在内的英国所有金融服务业。2000 年英国通过《金融服务与市场法》后，在整合上述 8 家

---

① See §1013(b)(3)(A) In General. —The Director shall establish a unit whose functions shall include establishing a single, toll-free telephone number, a website, and a database or utilizing an existing database to facilitate the centralized collection of, monitoring of, and response to consumer complaints regarding consumer financial products or services...

② See The Complaint Conundrum: Thoughts on the Cfpb's Complant Mechanism. 7 *Brook. J. Corp. Fin. & Com. L.* 57.

③ 参见刘如翔：《香港金融纠纷解决机制的最新发展及其启示》，载《金融与经济》2014 年第 4 期。

申诉专员组织的基础上,英国金融服务局于 2001 年成立了金融申诉专员服务公司(Financial Ombudsman Service,FOS),为金融消费者提供一个覆盖面广泛的非诉讼性质的纠纷解决机制。

整体来看,FOS 主导的金融申诉专员机制,其特点有二:一是该机制综合运用了多种 ADR 处置机制,包括协商、调解、评议等。一般而言,在申诉之前,FOS 会要求消费者与金融机构进行接触,只有在金融消费者与金融机构进行协商后对其处理结果不满,或者金融机构不予回应的情况下才能进入调解环节,在进入调解环节后,如果双方依然不能达成一致,才进入最终的评议环节。这种程序设计可以促使双方当事人尽可能地达成一致,从而有利于纠纷的解决,即便是没有达成一致,也可以通过这一过程明确双方争议的焦点,为最终决定的作出节约时间。二是不对称的制度设计,金融机构与金融消费者之间存在明显的不对称问题,为了有效解决金融领域消费纠纷,金融申诉专业机制的制度设计体现出一种通过不对称的制度设计来解决不对称问题的思路,具体而言包括不对称的成本分担和不对称的机制约束效力。前者表现为 FOS 的经费来源中除财政拨款以外,其他基本上是由金融机构根据"谁使用谁承担"的原则来分摊,如果 FOS 的经费来源不能保证其顺利运营的,经过金融监管部门同意,额外的运营成本也需要金融机构来负责,至于金融消费者基本上只承担很少的案件处理费或者只是象征性地缴费。后者表现为 FOS 作出的最终裁决只对金融机构有最终约束力,但对金融消费者而言一般只具有参考价值,如果不接受仍然可以求助于其他救济途径。

(三)日本金融行业协会主导的 ADR 机制①

2008 年 12 月,日本金融厅下设的金融审议会发布了题为《关于金融领域的裁判外纷争解决制度的理想方案》的报告书,建议构建新型的金融 ADR 制度。以此为基础,《修改金融商品交易法等法律的改正案》于次年 3 月 6 日被提交国会审议,并于同年 6 月 17 日正式通过。此法案在尊重日本传统的"分业式"的金融纠纷解决机制的前提下,对《日本银行法》《日本金融商品交易法》《日本保险业法》《日本信托业法》等 16 部法律的相关条文进行了修改,明确规定在银行、证券、保险等金融各行业实行替代性的纠纷解决方式。至此,日本金融 ADR 制度正式以法律的形式确立,

---

① 有关日本金融申诉专员机制的研究参见王莹丽:《日本金融 ADR 机制探析》,载《财贸研究》2011 年第 1 期;刘颖:《日本金融 ADR 制度:发展与评价》,载《现代日本经济》2012 年第 4 期;杨东:《日本金融 ADR 制度的创新及其对我国的借鉴》,载《法律科学》(西北政法大学学报)2013 年第 3 期;杨东、毛智琪:《日本证券业金融 ADR 的新发展及启示》,载《证券市场导报》2013 年第 7 期。

2008 年也因此被称为“日本金融 ADR 元年”。

根据上述条件，日本金融厅与农林水产省于 2010 年 9 月 15 日指定全国银行协会、信托协会、生命保险协会、日本损害保险协会、保险投诉调查协会、日本小额短期保险协会及日本贷金业协会 7 大团体为纠纷解决机构，2011 年 2 月 15 日又追加指定证券金融商品斡旋咨询中心为纠纷解决机构。上述 8 家团体共同承担具体运行日本金融 ADR 的任务。

日本金融 ADR 制度就其本质而言属于行业性质的金融申诉专员机制，其突出特点有三：一是以行业协会等行业性质的民间机构和社会团体作为纠纷解决的处理机构；二是金融机构至少需要与一家纠纷处理机构签订协议，建立管辖关系并予以公布；三是纠纷处理机构可以提出和解方案，或者特别调停案，前者相对缺乏约束力，与一般调解效力相同，后者对金融机构具有单方拘束力。特别调停案的制度设计与英国 FOS 的裁决效力基本相似，均是对金融机构有单方效力，消费者可不接受，但有所不同的是金融机构可以通过提起诉讼的方式拒绝特别调停案的效力。

（四）我国香港特别行政区金融纠纷调解中心主导的纠纷调解与仲裁机制①

2008 年年底，美国次贷危机引发了一场自 20 世纪 30 年代大萧条以来最为严重的世界范围内的金融危机。在我国香港特别行政区这一危机最为突出的表现是所谓“迷你债券”（mini bond）危机。据称，香港金融管理局（HKMA）及香港证监会（SFC）收到超过 16000 份投诉，并因此产生很多抗议及示威活动。② 为了回应迷你债券危机，香港财经事务及库务局要求 HKMA 及 SFC 对该事件进行调查和汇报。

SFC 在 2008 年 12 月发表了题为《雷曼迷你债券危机引起的事项》的报告，建议推行独立的纠纷解决计划，提出该计划应该简单、令消费者觉得方便、不会向消费者征收费用及不会为消费者带来成本风险，并认为由澳大利亚金融业投诉服务有限公司（Financial Industry Complaints Service Limited，FICS）经营的解决争议计划可资参照。③ 香港金融管理局也于 12 月发表了题为《香港金融管理局就分销与雷曼集团公司相关的结构性投资产品的事宜提交的报告》，建议在香港设立独立的纠纷解决机

---

① 参见刘如翔：《香港金融纠纷解决机制的最新发展及其启示》，载《金融与经济》2014 年第 4 期。

② See Shahla F. Ali, “Antonio Da Roza, Some More Equal than Others: Hong Kong's Proposed Financial Dispute Resolution Center in the Context of the Experiencein the United Kingdom, United States, Australia, and Singapore”, 21 *Pac. Rim L. & Pol'y J.* 485(2012), p. 488.

③ See Securities and Futures Commission, “Issues raised by the Lehmans Minibonds Crisis: Report to the Financial Secretary (2008)”, http://www.sfc.hk/sfc/doc/EN/general/general/lehman/ReviewReport/ReviewReport.pdf, last visited Apr. 28, 2018.

制,从而提供有效率的方法以裁决或解决投资者与中介人之间出现的纠纷。这个机制必须具有命令作出赔偿的权力,此为一项不可或缺的要素。[①] 以上两份报告中均提到纠纷解决程序的问题,SFC 和 HKMA 均认为迷你债券危机中表明的问题之一是缺少任何快捷、简单或者高效的手段供各方使用。

2010 年 2 月,在迷你债券危机告一段落之后,香港财经事务及库务局发布名为《设立投资者教育局及金融纠纷调解中心的建议》的咨询文件,2010 年 5 月咨询结束,根据反馈意见,香港财经事务及库务局对咨询文件进行了总结和修订。2011 年 11 月 18 日,金融纠纷调解中心有限公司(Financial Dispute Resolution Centre,FDRC)成立。2012 年 6 月 19 日,该公司正式开始提供金融纠纷调解服务。

整体而言,FDRC 主导的纠纷调解机制有以下特点。

一是集中统一的纠纷调解渠道。在金融危机爆发以前,诉讼是香港企业和个人的第一选择,除仲裁以外,其他 ADR 机制,如调解在香港没有任何法定的程序及操作规则,法律工作者也缺乏有关替代纠纷解决程序的知识与经验,[②]但在迷你债券纠纷的处置过程中,由于高额的诉讼成本,很少有当事人选择立即向法院起诉。[③] 事实上,香港金融管理局、香港证监会、行业协会、小额钱债审裁处、金融机构等均受理了部分投诉或提出了某种纠纷解决的方案,虽然该事件整体上已经得到解决,但从过程来看,纠纷解决呈现出多样化的样态,缺乏统一的处置流程甚至是赔偿标准。正是在这一认识的基础上,调解中心成立并意在提供一种统一、方便和快捷的纠纷解决机制,FDRC 管辖范围可以很清楚地说明这一导向,尽管香港金融监管体制采用的是分业监管模式,各金融行业均有对应的监管机构,但 FDRC 的受案范围采用了跨行业的制度设计,金融管理局或证监会监管或颁发牌照的金融机构均必须参加纠纷调解计划,并适用同一规则。

二是不同于金融申诉专业机制的制度设计。从 FDRC 的相关规定来看,其主导的纠纷调解机制的确在很大程度上借鉴了西方金融申诉专员机制的基本理念与制度构造,但与典型意义上的金融申诉专员机制相比,其制度设计也有着显著区别,突

---

① 参见香港金融管理局:《香港金融管理局就分销与雷曼集团公司相关的结构性产品的事宜提交的报告》,载香港金融管理局网:http://www.hkma.gov.hk/media/chi/doc/other-information/lehman_report.pdf,最后访问日期:2018 年 5 月 12 日。

② See Gu Weixia,"Civil Justice Reform in Hong Kong:Challenges and Opportunities for Development of Alternative Dispute Resolution",40 *H. K. L. J.* 43,2010,p. 52.

③ See Shahla F. Ali and John Koon Wang Kwok,"After Lehman:International Response to Financial Disputes-A Focus on Hong Kong",10 *Rich. J. Global L. & Bus.* 151,2011,p. 160.

出表现在两个方面：第一，不同的处置流程。英国金融申诉专员机制的案件处置流程大致包括三个连贯的环节，分别是金融机构的内部申诉环节、审裁员（adjudicator）主导的调解和案件评估环节，以及督察员（ombudsman）主导的最终裁决环节。香港新型金融纠纷解决机制同样由三个环节组成，所不同的是最终环节是由仲裁员主持下对案件进行仲裁。第二，不同的强制效力。FDRC 对金融机构的强制力仅体现在程序启动方面，即在金融消费者提请 FDRC 进行处理时，金融机构必须参与该程序，而不需要以双方自愿作为调解和仲裁的前提。至于调解中心作出的最终决定，由于是以仲裁形式作出，因此对于金融机构和金融消费者而言均具有终局效力，这一点与金融申诉专员机制相比有着明显区别。

（五）我国台湾地区“金融消费评议中心”主导的纠纷评议机制①

2003 年，我国台湾地区“证券投资人及期货交易人保护法”开始实施，该文件主要用于处理证券及期货交易方面的争议，并为此专门成立了一个针对投资者的保护机构，即“证券投资人及期货交易人保护中心（SFIPC）”。SFIPC 的主要功能是在证券商或者期货交易商陷入财务危机时，为投资者提供保护，但除此之外还可以向投资者提供咨询及申诉调解服务，以及代为提起团体诉讼或仲裁求偿。SFIPC 在实践中发挥了积极作用，但其管辖范围并未涉及所有金融领域。2008 年金融危机爆发后，雷曼兄弟在我国台湾地区销售的金融衍生品造成了投资者的巨额损失，但由于我国台湾地区的大多数银行并未直接销售连动债，而是采用特定金钱信托方式，②因此很难适用“证券交易法”“证券投资人及期货交易人保护法”等相关规定对投资者进行保护。由于受害者人数众多，且缺乏具体规定和统一渠道来应对相关争议，为避免引起更大范围的社会动荡，我国台湾地区的“金融监督管理委员会”出台临时政策，规定新台币 100 万元以下的争议，交由“银行公会金融消费争议案件评议委员会”（以下简称“评议委员会”）解决，新台币 100 万元以上的争议则由“金融监督管理委员会”内设机构“银行局”处理。

虽然雷曼连动债事件整体上已经平息，但相关机构在纠纷处置过程中表现出来的效率和能力仍然受到较多质疑。比如，“评议委员会”早在 2006 年就已经成立，但

---

① 参见刘如翔：《台湾地区金融申诉专员机制述评》，载《金融理论与实践》2014 年第 4 期。

② 特定金钱信托是我国台湾地区“信托业法”规定的信托方式之一，银行作为受托人根据委托人的指示使用信托资产进行投资，不承诺信托资产的最低收益率。形式上，银行根据投资者指示购买雷曼连动债，自身并非连动债的发行机构或者保证机构，同时银行在境外购入连动债，并将其存放在境外存托机构的保管账户中，连动债的发行机构在我国台湾地区并无公开募集行为，因此实务中很难适用“证券交易法”等相对完善的规定来保护投资者。

在处理连动债事件之前的数年间，经该机构处理并有结论的案件仅有 5 件，而“银行公会”公布的数据显示，截至 2009 年 7 月移交“评议委员会”受理的连动债案件已高达 23404 件。[①] 此外，“评议委员会”属于银行业协会的下设机构，很可能受到行业利益的影响，外界对其裁判的公正性也一直存有疑问。鉴于此，作为应对金融危机的经验总结，2011 年 6 月 29 日，在借鉴《英国金融服务与市场法》、英国 FOS 及新加坡金融业调解中心（Financial Industry Disputes Resolution Centre Ltd.，FIDReC）运作机制的基础之上，我国台湾地区公布了“金融消费者保护法”，该文件的核心内容之一是确定金融消费争议的处理机制，有一半以上的条款涉及金融消费争议处理，其中第 13 条规定，“为公平合理、迅速有效处理金融消费争议，以保护金融消费者权益，应依本法设立争议处理机构”。据此，我国台湾地区“金融消费评议中心”（Financial Ombudsman Institution，FOI）于 2011 年 11 月 23 日设立，2012 年 1 月 2 日，该中心正式开始运行。

整体而言，FOI 主导的纠纷调解机制很大程度保留了英国金融申诉专员机制的制度设计与特色，但与此同时也有很多创新，具体表现在以下几方面。

第一，在评议程序中增加预审环节。“金融消费评议中心”在受理申请后，首先由“评议委员”组成“预审委员会”对案件先行审查，并提出审查意见，然后再提交“评议委员会”评议，并作出最终评议决定，对比而言，英国金融申诉专员机制并无类似制度设计。

第二，评议决定的作出采用合议制。“评议委员会”对于预审委员会作出的审查意见需要由全体委员集体讨论决定，相比较而言，英国金融申诉专员机制则由“评议委员”或者小组独立作出决定，该决定即为最终意见，无须全体委员参与。

第三，评议决定的效力以双方合意为基础。评议决定应经双方同意方可成立，金融机构或者在事后同意该决定，或者在事前以书面形式表示愿意接受 FOI 的决定，相比较而言，英国《金融服务与市场法》第 228 条的规定更直接，FOS 作出的裁定一经申诉人接受，即对金融机构具有强制力，而无须其事先表示同意或者事后表示认可。

（六）境外金融领域消费纠纷解决机制的经验总结[②]

2008 年金融危机结束后，境外各国和地区纷纷建立或健全针对金融领域消费纠

---

① 参见林育廷：《从雷曼事件之处理检视我国金融消费争议之解决机制》，载《全国律师》2009 年第 8 期。

② 参见刘如翔：《香港金融纠纷解决机制的最新发展及其启示》，载《金融与经济》2014 年第 4 期；刘如翔：《台湾地区金融申诉专员机制述评》，载《金融理论与实践》2014 年第 4 期。

纷的专门解决机制，正如前文所述，此类机制各具特色，但从其制度设计来看也能发现一些具有共性的设计理念或者说设计原则，具体而言可以概括如下。

1. 便利原则

便利原则的核心在于为当事人尤其是金融消费者提供可负担的、具有吸引力的程序设计，吸引金融消费者尽可能利用专门机制以解决与金融机构之间的纠纷。为实现这一目的，此类专门机制往往具有下列特色。

（1）非正规的处理流程

虽然专门机制也具有程序性和流程化的要求，如美国 CFPB 主导的投诉处理机制要求金融机构应在 15 日内回应投诉，我国台湾地区 FOI 主导的纠纷评议机制要求评议机关应在 3 个月内给出评议决定等，但相比较于诉讼等要求更为严格的程序而言，专门机制相对比较灵活和人性化，这种特性表现在很多方面，比如，在案件提交、证据交换等环节及具体的处理流程中均没有特别严格的程序要求，表现出一种"亲民"的或者说"去程序化"的特征。此外，在纠纷解决机构的网站中也可以很容易发现类似客服代表的联系方式，金融消费者可以采取各种方式与这些从业人员取得联系并获得帮助。

（2）较低的受理成本

从目前收集的资料来看，对于金融消费者而言，专门机制的收费标准相对较低甚至可以忽略不计，一般而言，如果纠纷在投诉或者调解环节结案的，消费者往往不需要缴纳任何费用或者缴纳很少的费用，如果纠纷需要进入仲裁环节或者评议环节的，消费者往往需要承担一定的成本，但也是可负担的，很多纠纷解决机构基本上是象征性收费，如新加坡 FIDReC 对于一般案件只要求消费者支付 50 新加坡元的评议费用。

2. 高效原则

与其他处理机制相比，专门机制的优势在于其能够高效处理金融领域消费纠纷，而这一功能的实现也得益于其特殊的制度设计。

（1）纠纷处理的专业性

专门机制能够保证纠纷处理的专业性，这主要是基于两方面因素：其一，专门机制主要用于解决金融机构与金融消费者之间因为金融服务或者金融产品而引发的纠纷，很多专门机构甚至是一国或者一地区唯一专业性处理金融领域消费纠纷的机构，如我国香港地区的 FDRC、我国台湾地区的 FOI 等，对于快速有效应对大范围和同质化的金融领域消费纠纷具有专业性和显著优势；其二，专门机制的从业人员一般具有金融从业经验或者具备处理金融纠纷的实践经验与知识储备,了解各方当事人金融纠纷的关键所在,因此也能够保证案件处理的专业性,进而确保纠纷解决的高效与快捷。

(2)多重化的程序设计

专门机制的特色之一在于此类机制往往会综合运用多种 ADR 机制,包括投诉、协商、调解、仲裁或者评议等。一般而言,纠纷解决机构会要求消费者与金融机构先行接触,只有在金融消费者与金融机构进行协商后对其处理结果不满,或者金融机构不予回应的情况下才会进入调解环节,在进入调解环节后,如果双方依然不能达成一致,才进入最终的仲裁环节或者评议环节。这种程序设计可以促使双方当事人尽可能地达成一致,从而有利于纠纷的解决,即便是没有达成一致,也可以通过这一过程明确双方争议的焦点,为最终决定的作出节约时间。

(3)尽可能少的参与主体

专门机制往往会限制律师等非当事人参与案件处理,即便律师可以参与,也只能作为代理人或者辅助人,一般不允许享有律师的相关权利。这种制度设计的目的一方面在于简化流程,降低消费者的负担;另一方面则是因为律师往往具有独立的利益诉求,在纠纷解决过程中,如果允许第三方利益主体参与调解或者仲裁评议过程,可能会使案件复杂化,反而不利于纠纷的处理。

(4)避免与其他机构的职能冲突

为了更有效地解决金融领域消费纠纷,避免不必要的管辖冲突延迟对纠纷的处理,专门机制的制度设计往往会关注与监管机构及其他纠纷处理机构的职能协调问题,具体表现在两个方面:第一,很多专门机制事先会声明,对纠纷的处理结果不包括对金融服务机构的惩罚措施,如金融申诉机制,其主要目的是要避免与金融监管机构发生职能上的冲突;其二,专门机制在接受消费者申诉时,往往不受理正在被金融监管机构处理的案件、正在法院诉讼程序的案件,或者正处于其他纠纷调解机构受理阶段的案件等,从而避免发生争议。

(5)较为严格的案件受理范围

专门机制在受案范围方面往往有着严格的限定,比如,大多数金融申诉专员机构均要求案件必须是与金钱赔偿相关的,且不得超出一定限额,除非金融机构明确表示接受,或者金融消费者放弃超出部分的诉求,否则案件不予受理。此外,纠纷受理机关可以拒绝受理所谓无理取闹(frivolous or vexatious)的案件,而是否属于此类案件一般由受理机关自行判断,且这种判断往往是终局的。这种严格的规定虽然限制了专门机制的受案范围，但也在一定程度上降低了案件的复杂程度，提高了纠纷解决的效率。

3. 保护消费者原则

专门机制主要用于解决金融领域消费纠纷，而作为金融领域消费纠纷的各方主体，金融机构与金融消费者之间存在明显的不对称问题，因此要有效解决金融领域消费纠纷，就不得不正视这一现象。专门机制的设计理念往往是通过不对称的制度设计来解决不对称的问题，进而达到实质上的公平。不对称的制度设计一般体现在以下两个方面。

(1) 不对称的成本分担

纠纷解决机构的经费来源大多包括财政拨款、年费、案件处理费等几大组成部分，其中财政拨款由公权力机构承担，而年费和大部分案件处理费基本上由金融机构根据"谁使用谁承担"的原则来承担，至于消费者基本上只承担很少的案件处理费或者只是象征性地缴费。

(2) 不对称的约束效力

与普通的调解或者仲裁以双方自愿为前提不同，专门机制往往对金融机构具有强制性，大多数建立该机制的国家或者地区均通过立法等形式强制要求金融机构接受该服务机制，而金融服务者则没有这种要求，可以自由选择各种纠纷解决途径，而且专门机制的启动也只能是金融消费者。此外，很多专门机制，如金融申诉专员所作出的决定往往只对金融机构有最终约束力，但对于金融消费者而言一般只具有参考价值，如果不接受仍然可以求助于其他救济途径。

四、金融领域消费纠纷多元化解决机制的完善建议

从发展现状来看，我国金融领域消费纠纷的投诉处理机制、调解机制、仲裁机制及对接协调解决机制等均已构建完毕，且实践中不断推陈出新，发展迅速，各金融监管机构及行业协会等也非常重视金融领域消费纠纷的处置工作，金融领域消费纠纷多元化解决机制已经初见雏形并开始发挥功效。但整体来看，多元化解决机制仍有进一步改进的空间。

（一）完善金融领域消费纠纷多元化解决机制的整体思路

完善金融领域消费纠纷多元化解决机制是一项系统工程，既需要在实践考察的基础上进行制度上的修正和程序上的调整，也需要在理论研究的基础上明确完善多元化解决机制的指导思想，从而形成体系化的改进方案。正如前文所述，我国多元

化纠纷解决机制当前较为突出的问题集中在两个方面：一是多元化解决机制呈现出分散发展的态势，缺乏整体规划及顶层制度设计；二是多元化解决机制中缺乏针对金融领域消费纠纷的特色程序设计。之所以产生这些问题，最为核心的原因在于金融领域消费纠纷的独立性并未得到完全认可，而这与当前金融业分业经营、分业监管体制下形成的纠纷分类体系有着密切的联系。因此，认可金融领域消费纠纷的独立性并非想象中那么简单，其背后牵涉的甚至是整个金融体制的改革及监管理念的革新问题。

在理论界，随着金融业混业经营的发展及金融控股集团的出现，金融行业统合规制理论逐渐成为学界新兴的观点之一。所谓统合规制，其内涵大致可以包括金融监管体制的跨行业整合、金融法规的一体化设计，以及金融纠纷的体系化处理等，其核心是超越分业经营、分业监管体制的限制。金融领域消费纠纷是金融机构与金融消费者之间的纠纷，承认金融领域消费纠纷的独立性，也就意味着形成了一种新型的金融纠纷划分标准，突破了分业监管体制下以行业作为金融纠纷划分标准的习惯，从而体现了金融服务统合规制的核心理念。金融行业统合规制理论在境外已经引起各国和地区立法者的重视，并在部分国家和地区成为金融法治发展的指导思想。在我国国内，赞同此类观点的学术共同体正在逐渐形成，金融法理论也在面临深刻变革。比如，目前学界较为热点的研究课题，如金融服务法的构建，金融衍生品的法律规制、金融产品服务提供商的销售义务及金融消费者的保护问题等均不同程度突破了传统金融法以行业具体问题作为研究对象的范式。在这种背景下承认金融领域消费纠纷的独立性，其影响无疑是深远的。

承认金融领域消费纠纷的独立性不仅是一种理念的革新，也形成了进一步完善金融领域消费纠纷多元化解决机制的指导思想，其具体影响体现在以下方面。

第一，独立的纠纷类型意味着专门程序设计的必要性。从目前较为常见的金融领域消费纠纷处理机制来看，投诉处理机制是较为典型的专门针对金融领域消费纠纷的解决机制，除此之外，调解机制和仲裁机制还存在或多或少的不足。

正如前文所分析的，近年来金融调解机制的快速发展是以行业调解机制为代表，从组织建设及制度设计来看，行业调解机制具有较强的针对性，如针对金融领域消费纠纷的特点有一些创新性的程序设计等，但也存在一些理念上的问题，比如，2012 年证券行业协会建立的行业调解机制，其管辖范围不仅包括可以纳入金融领域消费纠纷概念体系中的“会员与投资者之间发生的证券业务纠纷”，也包括“会员与会员之间发生的证券业务纠纷”，以及“会员与其他利益相关者之间发生的证券业务纠纷”,大体上与会员相关的纠纷均可以调解。从其具体程序设计来看,与其他类型的调解相比也无实质区别。感觉上更像是“大调解”概念提出后金融行业的一个回应,而不是金融危机之后立法者及监管机构对金融领域消费纠纷的系统性反思。

近年来金融仲裁机制也得以快速发展,表现为专门金融仲裁机构的纷纷成立及专门仲裁程序的纷纷出台,但客观来看,金融仲裁机制的方兴未艾更多是源于金融业的快速发展,构建区域性金融中心的需要及金融纠纷的日益频发,甚至金融创新超出金融监管的领域以至于规则的缺失也可能部分成为金融仲裁机制备受青睐的原因之一。从受案范围来看,金融仲裁机制主要用于解决金融纠纷,即金融机构之间,以及金融机构与其他法人、自然人、其他组织之间在金融交易、金融服务等活动中发生的民商事争议。以 2011 年《成都仲裁委员会金融仲裁程序特别规定》为例,受案范围中的金融纠纷一般包括存款和贷款纠纷,票据、信用证、银行卡等支付结算纠纷,保险纠纷,金融、融资租赁纠纷,外汇、黄金交易等纠纷,股票、债券、基金等证券交易纠纷,信托投资纠纷,金融衍生产品交易纠纷,担保纠纷,其他金融纠纷。金融领域消费纠纷并未明确列举,仅仅是作为金融纠纷的组成部分分散在各个类型当中。从具体程序设计来看,金融仲裁程序体现出快捷性的特征,相关流程进一步加速,这无疑符合金融领域消费纠纷快速处理的内在要求,但这绝不是针对金融领域消费纠纷的专门设计,而仅仅是一种巧合。金融仲裁机制是否适宜解决所有类型的金融领域消费纠纷,金融领域消费纠纷是否双方同意即可为仲裁机构所受理等缺乏相关规定,这其实也反映出一种理论研究上的缺失。比如,金融危机以后,美国金融机构所采用的强制仲裁条款甚至已经成为规避自身义务、剥夺消费者起诉权力、逃避法院监管的惯用手段,[①]这显然不利于金融消费者的保护,以及金融领域消费纠纷的实质解决。在此背景下,仲裁机制与金融领域消费纠纷的契合问题值得深思,如果说境外各国和地区已经开始关注这一问题的话,我们可能还未意识到这是一个问题,这其实也是因为自始至终我们都未将金融领域消费纠纷作为一种独立的纠纷类型来加以看待。

基于前述分析,现有制度设计并未将金融领域消费纠纷作为一种独立类型来看待,而是将其作为金融纠纷的组成部分,纳入到现有的以行业界分作为标准的分类体系当中。因此,虽然形式上多元化解决机制得到一定程度加强,实质上也能够部

---

① 《多德—弗兰克法》第 1028 条要求消费者金融保护署(CFPB)就金融机构与金融消费者之间预先订立仲裁协议的情况向国会提交研究报告。为了公共利益及保护消费者的目的,CFPB 有权禁止或限制此类仲裁协议的适用。

分发挥解决金融领域消费纠纷的功效，但对于金融领域消费纠纷的特质仍缺少系统的认识，以及在此基础之上的具有针对性的程序设计，而这也恰恰说明了研究和设计专门处置流程的必要性。

第二，独立的纠纷类型意味着专门受理机关的可行性。从实际发展情况来看，金融领域消费纠纷的受理机关呈现出两个特征：一是大量机构具有管辖权，金融领域消费纠纷解决机制呈现出“九龙治水”的格局。由于受到分业经营、分业监管体制的影响，银行、证券、保险等行业均有各自可用于应对金融领域消费纠纷的解决机制，或由金融机构负责，或由行业协会主持，或由行业和地方监管机构指导乃至亲自上阵，相互之间又存在各种类型的合作与对接协调机制，整体呈现出蓬勃而又分散发展的态势。二是此类机构所拥有的管辖权大多是建立在双方当事人自愿为主的前提之下。除投诉处理机制外，调解机制及仲裁机制均是以双方当事人一致同意作为受理机关有权管辖的前提，这种规定延续了传统调解机制和仲裁机制的主要设计。

基于前述分析，现有制度设计的思路是通过增加受理机关的数量来提高纠纷解决的效果，至于管辖问题则交由当事人自主选择，这样做的优势一方面在于未触及分业经营、分业监管体制，最小化制度改进的阻力，另一方面在于保留了传统调解仲裁机制的基本特性，更容易为各方所接受。但与此同时，此种设计依然存在一些问题，在加强行业纠纷解决机制的同时，“若金融消费者不了解何种救济途径最佳或应向何争议处理机构寻求救济时，可能会因受理机构不同而产生截然不同的结果，故传统上按金融业别区分银行、证券、保险之各业别争议处理机构之模式可能已无法因应环境的需求”。① 与此同时，由当事人自愿选择管辖机构的设计并未关注金融领域消费纠纷双方实力不均的特性，双方形式上的一致同意是否意味着管辖的完全合理性也值得思考，美国学界对强制仲裁条款的质疑即涉及这一问题。

综上所述，完善金融领域消费纠纷多元化解决机制的整体思路是认可金融领域消费纠纷的独立性与特殊性，并设置专门应对机制，包括增设专门的受理机构，以及采用专门的处理程序。

（二）构建金融领域消费纠纷专门应对机制的基本设想

1. 关于专业性机构的设置

正如前文所述，专门的应对机制包含两方面的内涵，一是专业性的机构，二是针

---

① 郭大维：《金融消费争议解决机制之研究——我国法与英国法之比较》，载《中正财经法学》2012年第4期。

对性的程序。所谓专业性的机构应以专门处理金融机构与金融消费者之间的纠纷为判断标准，既不涉及其他类型的金融纠纷，也不考虑金融机构所处的行业，如境外的金融督察服务机构、我国香港特别行政区的金融纠纷调解中心等，只有这样才能在研究金融领域消费纠纷特殊性的基础上，通过不断的实践提高纠纷解决的效率。

在如何建设专业性机构方面，有两点设想：一是关于主导的机关。目前尽管成立了中国银行保险监督管理委员会，但分业经营、分业监管的基本格局并没有大的调整，承认金融领域消费纠纷的特殊性并构建专门解决机构需要有监管部门的支持，鉴于此，笔者认为应充分发挥中国人民银行的作用，尽量降低分业监管体制所带来的阻力，事实上，由中国人民银行主导专门机构的建设已经得到了顶层制度设计的支持，比如《中共中央办公厅国务院办公厅印发〈关于完善矛盾纠纷多元化解机制的意见〉的通知》就明确要求“人民银行要牵头组织金融监督管理机构，建立金融消费纠纷非诉第三方解决机制”。而且实践中，如上海等地，也在中国人民银行指导下成立了“上海市金融消费纠纷调解中心”等专门机构。二是关于机构的设置。目前能够处理金融领域消费纠纷的机构数量众多，不仅“一行两会”有相关机构，地方监管机构、行业协会、金融企业等也有相应部门，尽管呈现出蓬勃发展的态势，但也有一些乱象纷呈的感觉，在处置效率方面及运作成本方面需要作认真研究。在境外，如英国、澳大利亚、我国香港特别行政区、我国台湾地区等金融领域消费纠纷处置机构相对较少，甚至只有数家。我国幅员辽阔，纠纷案件众多，专门处理机构应有所增加，但也不宜过多，需要进行统筹安排。

2. 关于针对性程序的探讨

在如何建设针对性程序方面，需要对金融领域消费纠纷的特性进行系统探讨。正如前文所述，金融领域消费纠纷具有不对称性、专业性及系统关联性，而这些特性蕴含着对纠纷解决的内在要求。如不对称性意味着纠纷的处置流程必须考虑实质上的公平；专业性要求案件处置机构的专门化及人员的专业化配置；系统关联性意味着纠纷主体的相互依存，纠纷的解决不仅要关注规则的正确适用，以及对以后纠纷的宣示作用，还要注重纠纷的实质解决及双方关系的恢复，同时纠纷的解决需要关注效率，尤其是那些在特定时期可能集中爆发的群体性纠纷更需要有明确和有效的纠纷处理渠道及信息共享机制，以防止发生系统性的问题。具体而言，金融领域消费纠纷专门程序的设计应注意以下方面。

第一，金融领域消费纠纷的解决应注重分类。金融领域消费纠纷可以进一步分类，分类标准可以按照法律关系的内容等较传统的分类方式来划分，比如，按照金融机构违反义务的标准进行分类，如金融机构在提供金融服务时未尽安全保障义务或者说明义务等，或按照金融机构侵犯金融消费者权利的标准进行分类，如金融机构侵犯金融消费者隐私权、选择权等。这种分类方式有助于培养专业团队和专门人才，但相比较而言，笔者更倾向于在实践的基础上采取其他分类方式，比如，按照争议标的进行分类，如仅涉及服务态度，不涉及给付问题的纠纷，或者争议标的低于一定金额的纠纷等，原因在于金融领域消费纠纷的多种解决手段各具特色。比如，投诉处理机制可以有效解决大多数不涉及金钱给付的纠纷，而诉讼机制显然更有利于解决相对复杂、涉及更多权利义务纠纷的案件。再如，个性较强的纠纷，其结果不必具有一致性，可以采用调解方式结案，但对于群体性纠纷，为保障公平性及对之后纠纷的宣示效果，则更适合采取裁决方式。金融领域消费纠纷的分类可以采取多种标准，需要在实践的基础上进行量化研究才能得出最佳方案，但其核心目的是不变的，那就是将类型化的金融领域消费纠纷与类型化的纠纷解决手段进行匹配从而实现绩效的最大化。

第二，金融领域消费纠纷的解决应关注公平。公平性包括形式公平和实质公平两个方面。形式公平主要是要求受理机关及有权作出决定的主体应当处于一种中立的地位。从境外经验来看，为保持受理机关的公正形象，一般会采取以下措施：一是很多受理机关采用公司形式，如我国香港的FDRC、英国的FOS、新加坡的FIDReC等，借助成熟的公司治理机构实现各方利益的平衡及受理机关的独立性。二是受理机关管理层及经办人员如调解员、评议员的广泛代表性。一般既有具备金融从业背景的业界人士，也有熟悉金融服务和保障消费权益等相关事宜的社会贤达，此外还包括来自政府机构的代表等。三是具体从业人员的公平执业要求。受理机关所制定的业务守则一般会要求调解员、评议员等公正对待当事人，不得偏袒任何一方，如果与任何一方当事人存在从属或者利益关系，或者与纠纷存在利益关系的，必须主动进行披露，除非各方当事人同意，否则必须更换人选。各方当事人如果发现有利益冲突的情形，也可以要求从业人员回避。反观境内，大多数纠纷受理机关或由金融机构主持，或由行业协会主导，从法理上难免对其公正性有所质疑。

实质公平主要针对的是金融领域消费纠纷各方主体之间在实力、信息等方面的不对称性。通过比较可以发现，境外用于解决这一问题的基本思路是通过不对称的制度设计来解决不对称的问题，即对金融机构施加更高的强制力。较为常见的做法有两种：一是强制金融机构参与纠纷解决途径。无论是影响力较为广泛的金融申诉专员机制，还是金融仲裁机制，在金融消费者提请受理机关启动纠纷解决程序时，金融机构均有义务参与到纠纷解决过程中来。二是强制金融机构接受纠纷处理结果。

金融领域消费纠纷受理机关所作出的裁决往往对金融机构有单方约束力，即金融机构必须接受一定额度以内的处理结果，并不得寻求其他救济渠道，而消费者则具有选择的权利。此类设计显然针对金融领域消费纠纷的不对称特征，境内相关机制仍以双方自愿参与、自愿接受为主，尽管存在隐形的约束机制，如金融监管机构或金融行业协会主导下的纠纷受理机关作出的决定或处理意见对金融机构具有一定的潜在约束力，但从法理的角度而言，金融机构并无必须接受的义务。

第三，金融领域消费纠纷的解决应关注效率。在金融系统中，金融机构与金融消费者是相互依存的主体，两者之间的纠纷，无论是具有个案性质的纠纷，还是具有群体性质的纠纷，从宏观角度来看，均是双方关系不稳定的表现，均有带来潜在系统风险的可能，因此纠纷解决的效率是需要关注的重点指标之一。为实现这一要求，纠纷解决机制的程序设计应注意以下方面。

一是科学的受案范围。从境外经验来看，金融领域消费纠纷多元化解决机制之间一般有着非常明确的分工，比如，境外金融申诉专员机制往往用于解决金融机构与金融消费者之间的小额金钱纠纷，超出一定限额的纠纷则不予受理，因为金融申诉专员机制所具有的单方约束力能够保证纠纷的快速处置，但这一制度设计仍需考虑对金融机构的公平性，因此其受案范围的规定是综合考虑效率性与公平性的结果。反观境内，各机制之间并没有一个横向的案件分类体系，只要当事人达成一致，则可以选择任何一种机制，如当事人不能达成一致，则一般只能采用诉讼形式。这种制度安排将纠纷解决渠道的选择权交由双方当事人，形式上具有合理性，但仍需要斟酌。如实力不对称的双方当事人在纠纷产生后达成合意的可能性究竟有多大；实务中大量案件涌入法院是否意味着这一设计的缺陷及多元化解决机制建设的初衷未能实现；即便是当事人达成一致，投诉、调解、仲裁哪一种方式更适合解决当事人之间的纠纷也有待研究。在理论层面目前较少涉及金融领域消费纠纷的分类标准问题，以及各机制与金融领域消费纠纷之间的契合问题，相关研究仍有待在实践验证的基础上进一步加强。

二是快速的处置流程。金融领域消费纠纷多元化解决机制在流程设计方面可以表现为一种便民或者去程序化的倾向，严谨的程序规则固然能够保证法规的准确适用及双方权利义务的明确，但无助于纠纷的实质解决，尤其是可能导致程序的拖沓及时间成本的提高，实践中诉讼机制一般是当事人解决金融领域消费纠纷的次优选择，其原因也大致于此。为了实现这一要求，可以从两个方面着手：一方面，流程精简，包括具体环节的减少及时限的缩短等，尤其是在内部投诉处理机制、调解机制等较为灵活的纠纷解决机制中应采取更多便民化的制度设计，即便是对于仲裁机制、诉讼机制等也可以在纠纷类型化的基础上尝试设立更为简易的纠纷处理流程。另一方面,参与主体尽可能少,境外很多纠纷解决机制不允许律师参与案件处置,其目的也是减少利益纠葛,提升纠纷解决效率。

三是强制与鼓励机制。适度的强制性规定可以提高纠纷解决的效率,境外很多非诉讼的纠纷解决机制为增加案件处理的实效在案件受理及裁决结果等方面对金融机构具有单方强制力,如英国金融督察服务机制即采取了强制调解的制度设计。目前境内纠纷解决机制并未关注金融领域消费纠纷的特殊性,除诉讼以外,仍以双方自愿参与纠纷解决机制、自愿接受处置结果为主,这种设计在效率性方面会有所影响。此外,合理的鼓励机制也可以提高纠纷解决的效率,比如,在新加坡 FIDReC 的制度规定中,如果金融机构积极参与纠纷处理,与消费者尽早达成一致意见,作为鼓励措施,FIDReC 还可以视情况向该金融机构返还案件受理费用,此类机制如设计合理也将有助于效率性目标的实现。

第四,金融领域消费纠纷的解决应注重实效。金融领域消费纠纷发生在金融机构与金融消费者之间,两者存在业务上的依存关系。因此,金融领域消费纠纷的处理从金融机构的角度而言并不必然是强调规则的统一和准确适用,尤其是对于小额纠纷而言,以承受较小损失的方式获得客户资源和长期的交易关系也符合经济人的价值判断;就金融消费者的角度而言,纠纷发生后,诉诸以程序严谨和法规正确适用为特征的司法救济渠道往往不是消费者的第一选择,在很多案件中"讨一个说法"或者寻求受重视的感觉甚至比挽回损失更为重要。在这种背景下,金融领域消费纠纷的处理可以大量使用不强调规则统一适用的纠纷解决手段,如投诉、和解、调解等。①目前境内实践中,有关金融领域消费纠纷的处置大量使用了此类手段,不仅有专门的投诉、调解机制,在仲裁、诉讼等其他纠纷解决渠道中也大量运用调解手段,这种做法是值得肯定的。当然,在金融领域消费纠纷并未被作为一种独立纠纷类型加以看待的背景下,这种做法更多是得益于"大调解"概念的提出,以及境内对调解机制的娴熟运用和深刻理解,而从实际效果来看,只能说是一种巧合。

---

① 使用此类手段的优点在于可以根据个案的情况达到利益的平衡,实现案件的快速解决及纠纷的实质化解;但从一个更为宏观的角度来看,却不利于规则的确立,以及类似案件处置结果的统一。因此,在何种情形下针对何种案件可以使用此类手段仍需明确,而这恰恰是目前实践中没有关注的问题。

参考文献

一、中文类参考文献

(一)著作类

1. 黄达编著:《金融学》(第 2 版),中国人民大学出版社 2009 年版。

2. 季奎明:《金融创新视野中的商事法变革》,中国法制出版社 2011 年版。

3. 管斌:《金融法的风险逻辑》,法律出版社 2015 年版。

4. 陆泽峰:《金融创新与法律变革》,法律出版社 2000 年版。

5. 李鑫:《金融创新发展中的异化问题》,经济管理出版社 2016 年版。

6. 刘成:《信用创造》,生活 · 读书 · 新知三联书店 2017 年版。

7. 郭锋主编:《金融服务法评论》(第 1 卷),法律出版社 2010 年版。

8. 刘庆飞:《多重背景下金融监管立法的反思与变革》,上海世纪出版集团 2015 年版。

9. 陈经伟:《金融法治与金融规制——转型时期逻辑与经济金融分析》,社会科学文献出版社 2016 年版。

10. 经济合作与发展组织编:《OECD 国家的监管政策——从干预主义到监管治理》,陈伟译,高世楫校,法律出版社 2006 年版。

11. 盛学军等:《全球化背景下的金融监管法律问题研究》,法律出版社 2008 年版。

12. 闫海:《货币即权力:货币调控权论》,法律出版社 2015 年版。

13. 弗雷德里克 · S. 米什金:《货币金融学》(第 9 版),郑艳文、荆国勇译,中国人民大学出版社 2011 年版。

14. 焦瑾璞:《构建中国金融行为监管体系研究》,中国金融出版社 2015 年版。

15. [美]约瑟夫 · E. 斯蒂格利茨等:《斯蒂格利茨报告——后危机时代的国际货币与金融体系改革》,江舒译,新华出版社 2011 年版。

16. 王延川:《现代商法的生成:交易模型与价值结构》,法律出版社 2015 年版。

17. 陈岳琴:《论商法的公法化》,中国人民大学出版社 2015 年版。

18. 张国键:《商事法论》,台北,三民书局 1980 年版。

19. [日]丹宗昭信、厚谷襄儿编:《现代经济法入门》,谢次昌译,群众出版社 1985 年版。

20. 周亮:《新型商事交易标的物的商法调整》,法律出版社 2016 年版。

21. 杨涤:《金融资源配置论》,中国金融出版社 2011 年版。

22. 何颖:《金融消费者权益保护制度论》,北京大学出版社 2011 年版。

23. 辛乔利:《影子银行——揭秘一个鲜为人知的金融黑洞》,中国经济出版社 2010 年版。

24. 吴志攀:《金融法概论》,北京大学出版社 2011 年版。

25. 李永军:《合同法》,法律出版社 2005 年版。

26. 孔祥俊:《合同法教程》,中国人民公安大学出版社 1999 年版。

27. 王泽鉴:《债法原理——基本原理债之发生》(第 1 册),中国政法大学出版社 2001 年版。

28. 强力:《金融法》,法律出版社 2004 年版。

29. 侯春雷:《银行卡民事纠纷法律适用》,人民法院出版社 2013 年版。

30. 王利明:《合同法分则研究》(下卷),中国人民大学出版社 2013 年版。

31. 李永祥主编:《委托理财纠纷案件审判要旨》,人民法院出版社 2005 年版。

32. 王利明、崔建远:《合同法新论 · 总则》,中国政法大学出版社 2000 年版。

33. [英]休 · 柯林斯:《规制合同》,郭小莉译,中国人民大学出版社 2014 年版。

34. [英]阿蒂亚:《合同法概论》,程正康等译,法律出版社 1982 年版。

35. 梁慧星主编:《从近代民法到现代民法》,中国法制出版社、金桥文化出版社 2000 年版。

36. [美]A. L. 科宾:《科宾论合同》(上册),王卫国等译,中国大百科全书出版社 1997 年版。

37. 陆小华:《信息财产权——民法视角中的新财富保护模式》,法律出版社 2009 年版。

38. 白云:《个人信用信息法律保护研究》,法律出版社 2013 年版。

39. 孙平编译:《法国消费法典》,中国政法大学出版社 2012 年版。

40. 齐斌:《证券市场信息披露法律监管》,法律出版社 2000 年版。

41. 高如星、王敏祥:《美国证券法》,法律出版社 2000 年版。

42. 颜延:《金融衍生工具卖方义务研究》,法律出版社 2014 年版。

43. 王锐:《金融机构的适当性义务研究》,法律出版社 2017 年版。

44. 韩祥波:《金融产品销售的适当性法律问题研究》,法律出版社 2013 年版。

45. [日]河本一郎、大武泰南:《证券交易法概论》,侯水平译,法律出版社 2001 年版。

46. 中国人民银行西安分行课题组:《金融消费者保护:理论研究与实践探索》,经济科学出版社 2011 年版。

47. [美]珀森德主编:《流动性黑洞——理解、量化与管理金融流动性风险》,姜建清译,中国金融出版社 2007 年版。

48. 孙天琦:《金融业行为监管与消费者保护研究》,中国金融出版社 2017 年版。

49. 庄玉友:《日本金融商品交易法信息披露制度研究》,人民出版社 2010 年版。

50. 许凌艳:《金融监管法制比较研究——全球金融法制变革与中国的选择》,法律出版社 2016 年版。

51. [美]爱德华・肖:《权力与繁荣》,邵伏军等译,格致出版社 2015 年版。

52. 冯果、李安安:《收入分配改革的金融法进路》,法律出版社 2016 年版。

53. 范愉、李浩:《纠纷解决——理论、制度与技能》,清华大学出版社 2010 年版。

54. 陈文君:《金融消费者保护监管研究》,上海财经大学出版社 2011 年版。

55. 周仲飞:《银行法研究》,上海财经大学出版社 2010 年版。

56. 赵万一主编:《证券市场投资者利益保护法律制度研究》,法律出版社 2013 年版。

57. 张育军、徐明主编:《证券法苑》(第 3 卷),法律出版社 2010 年版。

58. 王卫国主编:《金融法学家》(第 2 辑),中国政法大学出版社 2011 年版。

59. 张育军、徐明主编:《证券法苑》(第 5 卷),法律出版社 2011 年版。

60. 中国证券业协会编:《创新与发展:中国证券业2012年论文集》,中国财政经济出版社2013年版。

61. 王保树主编:《商事法论集》(2009年第2卷总第17卷),法律出版社2010年版。

62. 郭锋主编:《金融服务法评论》(第3卷),法律出版社2012年版。

(二)论文类

63. 刘丹冰:《金融创新与法律制度演进关系探讨》,载《法学杂志》2013年第5期。

64. 王保树:《金融法二元规范结构的协调与发展趋势——完善金融法体系的一个视点》,载《广东社会科学》2009年第1期。

65. 孙国峰、贾君怡:《中国影子银行界定及其规模测算——基于信用货币创造的视角》,载《中国社会科学》2015年第11期。

66. 韩龙:《现代金融法品性的历史考察》,载《江淮论坛》2010年第4期。

67. 韩龙:《金融法为何是规制与监管之法?》,载《甘肃政法学院学报》2008年第3期。

68. 杨东:《论金融法的重构》,载《清华法学》2013年第4期。

69. 杨东:《论金融法制的横向规制趋势》,载《法学家》2009年第2期。

70. 盛学军:《后危机时代下对金融监管法价值的省思》,载《重庆大学学报》(社会科学版)2011年第1期。

71. 宣頔:《金融法律调整的私法转向与理论建构》,载《郑州大学学报》(哲学社会科学版)2016年第2期。

72. 刘成:《多元化货币信用创造格局下货币调控初探》,载《管理世界》2016年第12期。

73. 高晓红、王静:《金融创新与货币政策:冲击与变革》,载《财经问题研究》2002年第8期。

74. 陈小亮、陈惟、陈彦斌:《社会融资规模能否成为货币政策中介目标——基于金融创新视角的实证研究》,载《经济学动态》2016年第9期。

75. 刘迎霜:《金融创新时代的金融监管法制变革趋向——次贷危机的启示》,载《浙江社会科学》2012年第4期。

76. 巴曙松、王璟怡、杜婧:《从微观审慎到宏观审慎:危机下的银行监管启示》,载《国际金融研究》2010年第5期。

77. 李仁真、周忆:《金融消费者保护与国际金融监管法制的变革》,载《武汉大学学报》(哲学社会科学版)2013年第6期。

78. 邢会强:《金融危机治乱循环与金融法的改进路径——金融法中“三足定理”的提出》,载《法学评论》2010年第5期。

79. 李妍:《金融监管制度、金融机构行为与金融稳定》,载《金融研究》2010年第9期。

80. 岳彩申、张晓东:《金融监管制度发展的新趋势——消费者保护与审慎监管的分离》,载《上海财经大学学报》2011年第3期。

81. 孙天琦:《金融业行为风险、行为监管与金融消费者保护》,载《金融监管研究》2015年第3期。

82. 冯乾、侯合心:《金融业行为监管国际模式比较与借鉴——基于“双峰”理论的实践》,载《财经科学》2016年第5期。

83. 张宇润:《金融法的定位及内在冲突的衡平》,载《当代法学》2004年第1期。

84. 董新义:《以功能性规制为基础构建金融消费者保护法》,载《国家检察官学院学报》2016年第6期。

85. 王文宇:《从商法特色论民商合一制度》,载《月旦法学杂志》2016年第4期。

86. 曹兴权:《商事法律制度构建视野的转换——以金融消费者保护为例》,载《上海财经大学学报》2011年第5期。

87. 郑彧:《商法思维的逻辑基础》,载《学术月刊》2016年第6期。

88. 王文宇:《非典型(商业)契约的漏洞填补——论任意规定与补充解释的择用》,载《月旦法学杂志》2009年第1期。

89. 李建伟:《民法总则设置商法规范的限度及其理论解释》,载《中国法学》2016年第4期。

90. 彭真明:《论现代民商合一体例下民法典对商事规范的统摄》,载《社会科学》2017年第3期。

91. 王文宇:《商业组织的特性与选定之道》,载《会计研究月刊》2010年第1期。

92. 施天涛:《商事关系的重新发现与当今商法的使命》,载《清华法学》2017年第6期。

93. 蒋大兴:《论民法典(民法总则)对商行为之调整——透视法观念、法技术与商行为之特殊性》,载《比较法研究》2015年第4期。

94. 汪青松:《主体制度民商合一的中国路径》,载《法学研究》2016年第2期。

95. 杨姗:《新型商事合同效力认定的裁判思维——以融资合同为中心》,载《法学》2017 年第 8 期。

96. 温世扬、武亦文:《物权债权区分理论的再证成》,载《法学家》2010 年第 6 期。

97. 楼建波:《场外衍生品交易担保之信用支持制度研究——以“海升—大摩案”为分析蓝本》,载《法商研究》2011 年第 1 期。

98. 金晓文:《破产程序中的金融合约“安全港”——安全边界的功能性定位》,载《现代法学》2017 年第 1 期。

99. 冯果、洪治纲:《论美国破产法之金融合约安全港规则》,载《当代法学》2009 年第 3 期。

100. 马荣伟:《以商法思维应对金融创新》,载《中国金融》2016 年第 20 期。

101. 韩光明:《论民事法律关系的内容构建:一个基本概念的范式分析》,载《比较法研究》2009 年第 5 期。

102. 俞树毅、金耀龙:《论法律关系在民法体系中的地位》,载《西北师大学报》(社会科学版)2017 年第 4 期。

103. 王文宇、缪因知:《合金论坛笔谈:商事合同与商事组织的内在关联》,载《财经法学》2016 年第 5 期。

104. 刘燕、楼建波:《企业并购中的资管计划——以 SPV 为中心的法律分析框架》,载《清华法学》2016 年第 6 期。

105. 于朝印:《论商业信托法律主体地位的确定》,载《现代法学》2011 年第 5 期。

106. 霍阳、王全兴:《从民法的附随义务到经济法的基本义务(下)——浅析民法、经济法调整现代合同关系的分工与配合》,载《北京市政法管理干部学院学报》2001 年第 2 期。

107. 于莹、贾同乐:《金融经营者不当销售行为的法律规制——以信义义务为进路》,载《财经理论与实践》2016 年第 4 期。

108. 肖宇、许可:《私募股权基金管理人信义义务研究》,载《现代法学》2015 年第 6 期。

109. 廖凡:《金融消费者的概念和范围:一个比较法的视角》,载《环球法律评论》2012 年第 4 期。

110. 吴弘、徐振:《金融消费者保护的法理探析》,载《东方法学》2009 年第 5 期。

111. 方平:《我国金融消费者权益保护立法相关问题研究》,载《上海金融》2010 年第 7 期。

112. 李健男:《金融消费者法律界定新论——以中国金融消费者特别保护机制的构建为视角》,载《浙江社会科学》2011 年第 6 期。

113. 盛学军:《银行与客户的法律关系》,载《现代法学》1999 年第 6 期。

114. 刘丹冰:《存款合同的法律特征的探讨》,载《西北大学学报》(哲学社会科学版)2002 年第 3 期。

115. 宋建立:《储蓄存款合同中的附随义务及责任》,载《人民司法》2009 年第 3 期。

116. 周彦君:《关于我国商业银行信用卡透支计息方式的研究》,载《西部金融》2012 年第 6 期。

117. 张婉苏:《论滞纳金的法律性质》,载《学海》2013 年第 4 期。

118. 陈承堂:《论信用卡滞纳金的性质及其治理》,载《法律科学(西北政法大学学报)》2009 年第 4 期。

119. 徐子良:《委托理财案件法律适用难点辨析——以保底条款负外部性分析及其无效后果处理为重点》,载《法律适用》2011 年第 1 期。

120. 高民尚:《审理证券、期货、国债市场中委托理财案件的若干法律问题》,载《人民司法》2006 年第 6 期。

121. 韩光明:《个人委托理财的法律性质与效力》,载《人民司法》2009 年第 1 期。

122. 刘少军:《信托业经营的法律定位与公平竞争》,载《河南省政法管理干部学院学报》2011 年第 1 期。

123. 倪受彬、江翔宇:《从安信信托案看银信合作理财中信托合同效力问题》,载《法学》2010 年第 4 期。

124. 张雪楳:《银行卡纠纷疑难问题研究》,载《法律适用》2015 年第 3 期。

125. 李浩:《民事证据的若干问题——兼评最高人民法院〈关于民事诉讼证据的司法解释〉》,载《法学研究》2002 年第 3 期。

126. 王伟玲:《金融消费者权益及其保护初探》,载《重庆社会科学》2002 年第 5 期。

127. 盛学军、刘志伟:《证券式众筹:监管趋势与法律进路》,载《北方法学》2015 年第 4 期。

128. 林丽敏:《刍议金融监管的重要目标——金融消费者权利保护》,载《重庆工商大学学报》(社会科学版)2009 年第 6 期。

129. 张新宝、唐青林:《经营者对服务场所的安全保障义务》,载《法学研究》2003年第3期。

130. 王召:《领航消费者保护新事业——解读〈银行业消费者权益保护工作指引〉》,载《中国农村金融》2013年第20期。

131. 李泽:《构筑银行业消费者权益保护工作体系——〈银行业消费者权益保护工作指引〉述评》,载《银行家》2013年第10期。

132. 焦瑾璞:《中国金融消费权益保护现状与思考》,载《清华金融评论》2014年第10期。

133. 粟勤、刘晓娜、尹朝亮:《基于媒体报道的中国银行业消费者权益受损事件研究》,载《国际金融研究》2014年第2期。

134. 盛学军:《信息不完全——对证券公开规制的一种经济分析》,载《现代法学》2002年第6期。

135. 张付标、李玫:《论证券投资者适当性的法律性质》,载《法学》2013年第10期。

136. 刘志伟:《金融创新中证券投资者知情权的法律保护》,载《西南金融》2014年第3期。

137. 曾洋:《投资者适当性制度:解读、比较与评析》,载《南京大学学报》(哲学·人文科学·社会科学)2012年第2期。

138. 陈洁:《证券公司违反投资者适当性原则的民事责任》,载《证券市场导报》2012年第2期。

139. 翟艳:《我国投资者适当性义务法制化研究》,载《政治与法律》2015年第9期。

140. 赵锋:《金融消费者概念探析》,载《金融理论与实践》2012年第1期。

141. 王振栋:《论金融消费者与投资者的识别标准》,载《上海金融》2011年第6期。

142. 杜晶:《金融消费者的界定及其与金融投资者的关系》,载《中国青年政治学院学报》2013年第4期。

143. 杨东:《论金融消费者概念界定》,载《法学家》2014年第5期。

144. 廖凡:《理论突破与机制创新:英国金融消费者保护的晚近发展及其启示》,载《社会科学》2013年第8期。

145. 郭大维:《金融消费争议解决机制之研究——我国法与英国法之比较》,载《中正财经法学》2012年第4期。

146. [日]神田秀树:《金融商品取引法的构造》,载《商事法务》2007 年第 1799 号。

147. 杨东:《论金融法制的横向规制趋势》,载《法学家》2009 年第 2 期。

148. 何颖:《浅析日本的金融消费者保护制度改革》,载《日本学刊》2011 年第 1 期。

149. 蔺捷:《论欧盟投资者适当性制度》,载《法学评论》2013 年第 1 期。

150. 马幸荣、马辉:《台湾地区金融消费者保护法适合度规则之检讨——基于对美国新适合度规则的反思》,载《河北法学》2013 年第 9 期。

151. 杜怡静:《论对金融业者于行销行为之法律规范——以日本金融商品贩卖法中关于"说明义务"及"适合性原则"为参考素材》,载《台北大学法学论丛》2005 年第 57 期。

152. 王锐:《个人理财案件中的商业银行适当性义务研究》,载《人民司法》2013 年第 11 期。

153. 张敏捷:《投资者适当性原则研究》,载《理论与改革》2013 年第 5 期。

154. 中国保监会保险消费者权益保护局课题组:《保险消费者权益问题的思考》,载《保险研究》2012 年第 9 期。

155. 郑伟:《保险消费者权益保护:机制框架、国际经验与政策建议》,载《保险研究》2012 年第 3 期。

156. 郭丹:《保险消费纠纷多元化解决机制的构建》,载《学术交流》2015 年第 5 期。

157. 叶湘榕:《P2P 借贷的模式风险与监管研究》,载《金融监管研究》2014 年第 3 期。

158. 赵毅:《P2P 网贷平台的监管边界探究——以金融消费者保护为宗旨》,载《山东社会科学》2014 年第 S2 期。

159. 王兆星:《金融监管再定位》,载《中国金融》2014 年第 13 期。

160. 王华庆:《论行为监管与审慎监管的关系》,载《中国银行业》2014 年第 5 期。

161. 陈雨露、马勇:《宏观审慎监管:目标、工具与相关制度安排》,载《经济理论与经济管理》2012 年第 3 期。

162. [美]丹尼尔·塔鲁洛:《反思审慎监管的目的》,罗平、林楠译,载《中国金融》2014 年第 13 期。

163. 崔婕、沈沛龙:《资本充足率与杠杆率双重监管指标体系的构建——基于微观审慎监管框架的研究》,载《金融论坛》2013 年第 11 期。

164. 张庆昉:《金融行为监管体系改革》,载《中国金融》2017 年第 11 期。

165. 杨惠:《机构监管与功能监管的交错:美国 GLB 法案的经验》,载《财经科学》2007 年第 5 期。

166. 王兆星:《机构监管与功能监管的变革——银行监管改革探索之七》,载《中国金融》2015 年第 3 期。

167. 顾海峰:《基于金融混业视角的金融监管创新路径:功能监管论》,载《金融理论与实践》2010 年第 10 期。

168. 黄韬:《我国金融市场从"机构监管"到"功能监管"的法律路径——以金融理财产品监管规则的改进为中心》,载《法学》2011 年第 7 期。

169. 巴曙松、沈长征:《从金融结构角度探讨金融监管体制改革》,载《当代财经》2016 年第 9 期。

170. 廖岷:《对危机后银行业"行为监管"的再认识》,载《金融监管研究》2012 年第 1 期。

171. 胡晓珂:《保险法二次修订之理念与路径选择》,载《法商研究》2009 年第 6 期。

172. 赵芳喜:《保险市场行为监管与消费者权益保护研究》,载《中国保险》2012 年第 11 期。

173. 张晓东:《金融监管体制现代化探索:缘起、逻辑与展望》,载《金融理论与实践》2016 年第 9 期。

174. 唐应茂:《金融消费者有什么权利?——也谈美国 2010 年〈消费者金融保护法〉》,载《比较法研究》2013 年第 4 期。

175. 季奎明:《论金融理财产品法律规范的统一适用》,载《环球法律评论》2016 年第 6 期。

176. 倪受彬、张艳蓉:《证券投资咨询机构的信义义务研究》,载《社会科学》2014 年第 10 期。

177. 陈学文:《商业银行非保本理财业务的投资者法律保护——以英美法系国家的"信义义务"为借鉴》,载《政治与法律》2012 年第 7 期。

178. 岳彩申:《民间借贷的激励性法律规制》,载《中国社会科学》2013 年第 10 期。

179. 李文莉:《证券发行注册制改革:法理基础与实现路径》,载《法商研究》2014 年第 5 期。

180. 岑雅衍:《美国猎杀贷款的法律规制与启示》,载《上海金融》2008 年第 4 期。

181. 胡文涛:《普惠金融发展研究:以金融消费者保护为视角》,载《经济社会体制比较》2015 年第 1 期。

182. 陈岱松:《美国次贷危机对我国金融法律的警示》,载《法学》2008 年第 4 期。

183. 刘青文:《德国的消费者撤回权制度》,载《世界经济与政治论坛》2009 年第 4 期。

184. 中国人民银行成都分行法律事务处课题组:《金融消费者概念之反思——基于一元化视角构建我国消费者金融权益保护制度》,载《西南金融》2011 年第 7 期。

185. 刘如翔:《香港金融纠纷解决机制的最新发展及其启示》,载《金融与经济》2014 年第 4 期。

186. 王莹丽:《日本金融 ADR 机制探析》,载《财贸研究》2011 年第 1 期。

187. 刘颖:《日本金融 ADR 制度:发展与评价》,载《现代日本经济》2012 年第 4 期。

188. 杨东:《日本金融 ADR 制度的创新及其对我国的借鉴》,载《法律科学》(西北政法大学学报)2013 年第 3 期。

189. 杨东、毛智琪:《日本证券业金融 ADR 的新发展及启示》,载《证券市场导报》2013 年第 7 期。

190. 刘如翔:《台湾地区金融申诉专员机制述评》,载《金融理论与实践》2014 年第 4 期。

191. 肖光明、崔涛、王天译:《存银行千万莫名"失踪"》,载《北京晚报》2015 年 5 月 19 日,第 14 版。

192. 林育廷:《从雷曼事件之处理检视我国金融消费争议之解决机制》,载《全国律师》2009 年第 8 期。

(三)其他类

193. 贾佳:《民法与商法的公平价值之辨》,载《光明日报》2014 年 11 月 19 日,第 16 版。

194. 刘少军:《客户不是消费者　两者的"保护"有着本质区别》,载《法治周末》2010 年 6 月 8 日,第 18 版。

195. 王亮:《一个月出卖千份大客户资料》,载《广州日报》2012 年 8 月 18 日,第 A16 版。

196. 郭永芳:《银行卡个人信息被随意倒卖,银行称对内鬼没辙》,载《新京报》2015 年 1 月 13 日,第 B01 版。

197.《透支 11 万元　4 年后要还 44 万元》,载《周口晚报》2012 年 10 月 30 日,第 A08 版。

198. 王菲:《2015 银行理财转型步伐加快》,载《上海金融报》2015 年 2 月 3 日,第 B05 版。

199. 王蒙蒙、刘奇琦:《投资 100 万元理财,结果仅剩 6 万余元——民生银行被储户诉至法庭索赔》,载《中国消费者报》2013 年 8 月 19 日,第 B2 版。

200. 陶建华等:《他这样破解盗来的银行卡密码》,载《洛阳商报》2011 年 7 月 14 日,第 4 版。

201. 龚化、虢灿:《成本仅 4 毛,磁条卡能有多安全》,载《三湘都市报》2012 年 8 月 2 日,第 A04 版。

202. 杨立新:《修改消费者权益保护法要注意十个问题》,载《检察日报》2013 年 3 月 22 日,第 3 版。

203. 佚名:《银行内鬼参与盗取 9500 万存款　银行往往说是临时工干的》,载《北京晨报》2015 年 1 月 16 日,第 A17 版。

204. 吉雪娇:《银行理财产品信披不足　"刚性兑付"魔咒难解?》,载《金融投资报》2015 年 8 月 5 日,第 2 版。

205. 陈瑾、李娟:《金融领域的维权也可拨打"12315"》,载《成都日报》2013 年 8 月 7 日,第 6 版。

206. 田珍祥:《全国工商系统这么拼,必须点赞》,载《中国消费者报》2015 年 2 月 6 日,第 A01 版。

207. 黄劼:《广东茂名市从源头解决消费纠纷》,载《中国消费者报》2015 年 2 月 2 日,第 A03 版。

208. 余瑾毅、程南、王运刚、张镝:《金融纠纷不再投诉无门,我省成立首个金融维权中心》,载《湖北日报》2012 年 10 月 12 日,第 9 版。

二、外文类参考文献

209. Richard Thaler & CassSunsten, *Nudge: Improving Decisions About He-alth,*

Wealth and Happiness, Yale University Press, 2008.

210. Gu Weixia, "Civil Justice Reform in HongKong: Challenges and Opportunities for Development of Alternative Dispute Resolution", 40 *H. K. L. J.* 43, 2010.

211. Shahla F. Ali and John Koon Wang kwok, "After Lehman: International Response to Financial Disputes-A Focus on Hong Kong", 10 *Rich. J. GlobalL. & Bus.* 151, 2011.

212. Edward M. Crane, Nicholas J. Eichenseer and Emma S. Glazer. U. S. Consumer Protectio Law: A Federalist Patchwork, 78 *Def. Counsel J.* 305, 316 - 317 (2011).

213. Shahla F. Ali, "Antonio Da Roza, Some More Equal than Others: Hong Kong's Proposed Financial Dispute Resolution Center in the Context of the Experience in the United Kingdom, United States, Australia, and Singapore", 21*Pac. RimL. & Pol'y J.* 485 (2012), 488.

214. Baher Azmy, "Squaring the Preda to rlendingy clrcle", 57 *Fla. L. Re-v.* 295, 2005, 338 - 339.

215. Kathleen C. Engel & Patricia A. McCoy, "A Tale of Three Markets: The Law and Economics of Preda to ryLending", 80 *Tex. L. Rev.* 1255 (2002), 1259.

216. Daniel S. Ehrenberg, "If the Loan Don't Fit, Don't Take It: Applying the Suitability Doctrine to the Mortgage Industry to Eliminate Preda to ryLending", 10 *J. Afford able Hous. & CMTy. Dev. L.* E117, 119 - 20 (2001).

217. Kurteggert, "Held up Induecourse: Preda to Rylending, Ecuritization, and the Hold Erindue Course Octrine", 35 *Creighton L. Rev.* 503, 2001 - 2002, 514 - 518.

218. Dee Pridgen, "Sea Changes in Consumer Finacial Protection: Stronger agency and Stronger laws", *Wyoming Law Review Volume*, 2013, 405 - 409.

219. Cass R. Sunstein, "Behavioral Analysis of Law", *The University of Chicago Law Review*, 1997, (64).

220. M. Neil Browne, Kerin Bischoff Clapp, Nancy K. Kubasek, Lauren Biksacky, "Protecting Consumers from Themselves: Consumer Law and the Vulnerable Consumer", *Drake Law Review*, 2015, (63).

221. Arthur E. Wilmarth, Jr. "The Dark Side of Universal Banking: Financial Conglomerates and the Origins of the Subprime Financial Crisis", *Connecticut Law Review*, 2009, (41).

222. David Reiss, "Consumer Protection Out of the Shadows of Shadowbanking: The Role of the Consumer Financial Protection Bureau. Brooklyn Journal of Corporate", *Financial & Commercial Law*, 2012, (7).

223. Dee Pridgen, "Sea Changes in Consumer Financial Protection: Stronger Agency and Stronger Laws", *Wyoming Law Review*, 2013, (13).

224. Jean Braucher, "Formand Substance in Consumer Financial Protection. Brooklyn Journal of Corporate", *Financial & Commercial Law*, 2012, (7).

225. Neil Gunningham, Joseph Rees, "Industry Self-Regulation: An Institutional Perspective", *Law & Policy*, 1997, (19).

226. Nicola J. Howell, "Revisiting the Australian Code of Banking Practice: Is Self-Regulation Still Relevant for Improving Cons-umer Protection Standards", *Unsw Law Journal*, 2015, (38).

227. Adam C. Smith and Todd Zywicki, "Behavior, Paternalism and Policy: Evaluation Consumer Financial Protection", *New York University Journal of Law & Liberty*, 2015, (9).

228. Paul Ali, Ian Ramsay, Cate Read, "Behavioral Law and Economics: Regulatory Reform of Consumer Credit and Consumer Financial Services", *Common Law World Review*, 2014, (43).

229. Saule T. Omarova, "Wall Street as Community of Tale: Toward Financial Industry Self Regulation", *University of Pennsylvania Law Review*, 2011, (159).

230. Tanyad, Marsh, "Reforming the Regulation of Community Banks after Dodd-Frank", *Indiana Law Journal*, 2015, (90).

231. Avoiding the Anchor: An Analysis of the Minimum-Payment and 36 – Month Disclosures Mandated by the Cred Act and How to Improve Cardholder Repayment Patterns, *Texas Law Review*, 2015, (93).

232. Debra Pogrund Stark, Jessica M. Choplin, Mark Le Boeuf, "Andrew Pizor. Dodd-Frank 2. 0: Creating Interactive Home-Loan Disclosures to Enable Shrewd Consumer Decision-making", *Loyola Consumer Law Review*, 2014, (27).

233. Meghane, "Jones-Rolla, Esquire, Deron J. Rolla, Esquire, Regulation or Retribution. A Synopsis of How the Dodd Frank Wall Street Reform Act, Consumer Financial Protection Bureau, and Consent Orders between the Office of the Comptroller

of the Currency and Eight Major Residential Services Will Change the Way Financial Service Vendors Operate and Drive Some Vendors from the Market" ,*Duquesne Business Law Journal* 15,2013.

234. Claudia Gabriela Baicu, "Legal Aspects and Developments for Financial Consumer Protection: Evidence from the Romanian Banking System", *Contemporary Readings in Law and Social Justice*,2014,(6).

235. Liran Haim, "Rethinking Consumer Protection Policy in Financia Markets", *Journal of Law and Commerce*,2013,(32).

236. Creola Johnson, "America' s First Consumer Financial Watchdog Leash: Can the CFPB Use Its Authority to Declare Payday-Loan Practices Unfair, Abusive, and Deceptive", *Catholic University Law Review*,2012,(61).

237. Liran Haim, "Rethinking Consumer Protection Policy in Financial Markets", *Journal of Law and Commerce*,2013,(32).

238. Ian Ayres, Joshua Mrtts, "Anti-Herding Regulation", *Harvard Business Law Review*,2015,(5):1.

239. Jonathan Macey et al., "Helping Law Catch up to Markets: Applying Broker-Dealer Law to Subprime Mortgages",34 *J. CORP. L.* 789,806 - 07(2008).

240. Kathleen C. Engel & Patricia A. Mccoy, "A Tale of Three Markets: The Law and Economics of Predatory Lending",80 *TEX. L. REV.* 1255,1319(2002).

241. Cass R. Sunstein, "Problems with Rules", 83 *Cal. L. Rev.* 953, 955 - 1021 (1995).

242. The Complaint Conundrum: Thoughts on the CFPB'S Complaint Mech-anism. 7 Brook. J. Corp. Fin. & Com. L. 57.

243. David Choetal, "Lawmakers Guide Dodd-Frank Bill for Wall Street Reform into Homestretch", *The Wash. Post*, June 26,2010, at AO1.

图书在版编目(CIP)数据

新时期金融法变革中的消费者保护研究 / 盛学军等著. -- 北京 : 法律出版社, 2019
(西南政法大学经济法学文库 / 卢代富主编)
ISBN 978-7-5197-3211-0

Ⅰ. ①新… Ⅱ. ①盛… Ⅲ. ①金融法-研究-中国②金融市场-消费者权益保护-研究-中国 Ⅳ. ①D922.280.4②D922.294.4

中国版本图书馆CIP数据核字(2019)第038756号

新时期金融法变革中的消费者保护研究
XINSHIQI JINRONGFA BIANGE ZHONG DE XIAOFEIZHE BAOHU YANJIU

盛学军 等著

策划编辑 陈 妮
责任编辑 陈 妮
装帧设计 李 瞻

出版 法律出版社
总发行 中国法律图书有限公司
经销 新华书店
印刷 北京虎彩文化传播有限公司
责任校对 马 丽
责任印制 吕亚莉

编辑统筹 法治与经济出版分社
开本 720毫米×960毫米 1/16
印张 22.5
字数 400千
版本 2019年2月第1版
印次 2019年2月第1次印刷

法律出版社/北京市丰台区莲花池西里7号(100073)
网址/www.lawpress.com.cn
投稿邮箱/info@lawpress.com.cn
举报维权邮箱/jbwq@lawpress.com.cn
销售热线/010-83938336
咨询电话/010-63939796

中国法律图书有限公司/北京市丰台区莲花池西里7号(100073)
全国各地中法图分、子公司销售电话:
统一销售客服/400-660-6393
第一法律书店/010-83938334/8335　西安分公司/029-85330678　重庆分公司/023-67453036
上海分公司/021-62071639/1636　深圳分公司/0755-83072995

书号:ISBN 978-7-5197-3211-0
定价:88.00元
(如有缺页或倒装,中国法律图书有限公司负责退换)